김유신
말의 목을
베다

김유신 말의 목을 베다

외교, 군사, 문화, 경제의 총력이 이룩한 새로운 시대

초판 펴낸날 | 2023년 8월 12일
지은이 | 황윤

펴낸곳 | 소동
등록 | 2002년 1월 14일(제 19-0170)
주소 | 경기도 파주시 돌곶이길 178-23
전화 | 031 955 6202   070 7796 6202
팩스 | 031 955 6206
페이스북 | https://www.facebook.com/sodongbook
전자우편 | sodongbook@gmail.com

펴낸이 | 김남기
편집 | 하지현
디자인 | 김선미
마케팅 | 남규조

ISBN 979 11 93193 00 6 03910

* 책값은 뒤표지에 있습니다.
* 잘못된 책은 바꾸어드립니다.

황윤 지음

김유신
말의 목을
베다

소동

저자의 글

김유신에게 배우는
통합의 힘

21세기 들어와 한반도 주변 나라들의 세력 다툼이 갈수록 심화되고 있다. 미국과 중국의 대립이라는 큰 틀 속에 한반도는 대한민국과 북한으로 양립하고 있으며 일본, 러시아도 호시탐탐 힘을 투영하기 위해 기회를 엿보고 있는 중이다. 이렇듯 여러 세력이 외교, 군사, 문화, 경제를 동원해 서로 견제하고 동맹을 맺고 대립하는 모습은 7세기 삼국시대의 모습과도 얼핏 닮아 있다. 당나라와 고구려의 대립이라는 큰 틀 속에 한반도 남부에는 신라와 백제가 양립하고 있었으며 일본 역시 호시탐탐 자신들의 국익을 위해 한반도에 관심을 두고 있었으니까.

   흥미로운 점은 21세기 한반도의 운명은 아직 알 수 없으나 7세기 한반도 내 복잡한 세력 다툼의 최종 승리자는 다름 아닌 신라였다는 사실이다. 당시 사람이라면 그 누구도 쉽게 예측하기 힘든 놀라운 결과였다. 이 과정에서 신라는 백제, 고구려를 넘어 놀랍게도 당나라와의 결전마저 승리하면서 이른바 삼한일통을 이룩했으니, 이로써 한반도 역사에서 새로운 이정표를 세운다. 물론 고구려 또한 645년부터 시작된 당나라와의 전쟁에서 여러 번 승리한 경험이 있다. 그러나 결국 고구려는 불과 20년을 더 버티다 무너진 반면 신라는 당나라와 결전에서 승리한 뒤 무려 2백 년 동안 평화를 구가했다. 그만큼 한반도 역사에 남긴 흔적이 더욱 클 수밖에 없다.

고구려, 백제에 비해 약소국이었던 신라는 어떻게 삼한일통까지 이룩할 수 있었을까?

이 부분을 주목하면서 나는 오래 전부터 김유신이라는 인물에 큰 관심을 가졌다. 가야계 신라인이라는 한계를 극복하고 삼한일통이라는 업적에서 가장 높은 공을 세운 그가 동시대 신라인 중 그 누구보다도 신라를 상징한다고 여겼기 때문이다. 김유신의 유지를 이어받아 당나라와의 결전에서 최종 승리한 문무왕 역시 가야의 피가 함께하는 신라인이었다. 이는 곧 내부 분열을 통합하며 만든 힘이 삼한일통까지 이룩하는 성공의 원천이었음을 의미하는 것이 아닐까? 현재 대한민국에서 보이는 극한 국론 분열을 보면 시사하는 점이 많다.

자, 간략한 이야기는 이쯤에서 마치고 지금부터 김유신의 일대기를 따라가면서 삼한일통 과정을 구체적으로 살펴보도록 하자. 이 책을 통해 김유신으로 대표되는 당시 신라인의 모습을 이해하고 신라가 성공한 이유를 간접적으로 경험할 수 있기를 바란다.

잔인한 계절은 새벽의 선선함을 오래 담아주지 않았다. 가만히 있어도 땀이 절로 흐르는 음력 7월이었다. 더위만으로 끝나는 것이 아니라 가끔은 장마나 소나기 같은 강한 비도 내렸기에 어떤 계절보다 변덕스러운 하늘이 원망스러운 시기였다.

이처럼 줄줄 흐르는 땀을 주체하지 못하는 때에 신라와 백제의 양국 병사들은 갑옷과 투구를 동여매고 긴 창과 활을 든 채 언덕과 목책 사이를 옮겨 다니며 어제부터 치열한 전투를 벌였다. 황산벌은 지금의 논산 지역으로 낮은 언덕과 넓은 평야로 길게 이어져 있다. 황산벌 전투를 벌이던 병사들은 태양을 피할 수 있는 그늘 하나 찾기 힘든 곳에서 지옥도와 같은 고통을 수반하며 전쟁에 임했을 것이다. 혹시나 전투 중에 소나기라도 내렸다면 질퍽한 진흙으로 고통이 배가 됐을지도 모른다. 비가 내린 뒤 곧장 찾아온 더위는 살이 타는 듯 참기 어려운 고통이었을 것이다.

어느덧 동쪽에서 태양이 떴다. 그나마 새벽에 있던 선선한 기운은 사라지고 머리 위로 금세 따가운 햇볕이 쏟아진다. 전날부터 밤새 치러진 전투로 황산벌에는 찌는 더위와 함께 피와 땀 냄새가 점차 자욱하게 올라오기 시작했다. 경계를 서는 몇몇을 제외한 병사들은 그늘진 곳에 쓰러져서 정신없이 자고 있었다. 그늘에서 잠을 청하는 자들은 운이 좋은 경우다. 한 그루 나무도 없는 벌판에는 뜨거워지는 햇볕을 피하지 못한 병사로 가득했다. 창을 내려놓은 그들은 고개를 떨구고 힘없이 흐트러져 있었다.

이때 청·적색의 깃발을 안장에 꽂은 한 마리의 말이 신라 진영 가운데를 질러 달려간다. 보아하니 전령인 듯싶다. 말이 소리를 내며 쏜살같이 뛰어가자 그 소리를 듣고 깜짝 놀란 몇몇 병사가 잠에서 깼다. 하지만 말발굽 소리에도 대부분의 병사는 먼지를 덮어쓴 채 아랑곳 않고 쓰러져 있었다. 말은 곧장 나지막한 언덕으로 올라갔다. 멀리 커다랗게 대장군이라 적혀 있는 깃발이 보였다.

말에서 내린 전령은 급히 달려가서 진영 입구에 서 있는 갑옷을 입은 병사에게 귓속말을 전했다. 이야기를 다 들은 병사는 천막 안으로 급하게 들어갔다. 후끈한 천막 안에는 신라 장군들이 심각한 얼굴을 하고 의자에 앉아 있었다. 긴장한 병사가 장군들 앞에서 전령이 알린 이야기를 큰 소리로 전달하자 장군들은 한숨을 쉰다. 이미 크게 울렸던 퇴각 징소리를 들은 이후라 큰 기대를 하지 않았지만 말이다.

김유신 말의 목을 베다

"대장군. 이제 어떻게 할 것입니까?"

장군 김품일이다. 그의 반응을 보아하니 천존이 이끈 마지막 공격대도 결국 계백의 진영을 함락하지 못한 듯싶었다.

"백제 놈들은 어떻게 이같이 악귀처럼 버틴단 말인가."

우측에 앉아 있던 김유신의 동생 김흠순이 김품일의 말을 듣자마자 한숨을 쉬듯 내뱉었다. 5만의 병력이 황산벌에 도착한 것은 7월 9일. 그때부터 전투는 밤새 네 차례에 걸쳐 치러졌으나 새벽까지 이어진 마지막 공격도 백제 성채의 깃발을 빼앗지 못했다. 건곤일척의 전투에서 칠백 년의 백제 명운을 짊어진 계백의 결사대는 인간의 한계를 넘는 끈질김으로 신라 군사를 하루 내내 방어하는 데 성공한 것이다.

천막 중앙에는 하얀 수염의 노장수가 앉아 있었다. 그가 바로 김유신이다. 가야계 무장 집안의 적자로 태어나 이제 신라 대장군으로 최고의 라이벌인 백제를 무너뜨리기 위해 이곳까지 온 것이다. 그가 입은 가죽으로 만들어진 갑옷은 주인의 오랜 연륜만큼 여기저기 긁힌 자국과 변색된 부분이 눈에 띄었는데, 주인의 성정을 닮은 만큼 단단하게 꽉 묶여 있었다. 김유신은 66세의 나이임에도 밤새 치른 전투에서 그는 눈을 곤추뜬 채 전황의 상황을 지켜봤다.

"가족을 죽이고 왔다지?"

네 번째 패배를 알리는 전령이 도착한 뒤로도 한참이 지나서야 김유신이 보인 첫 반응이다.

계백이 이번 전투를 임하기 전 가족을 죽이고 왔다는 소식은 이미 신라 진영에서도 널리 퍼진 이야기다. 죽음을 각오하고 싸움에 임한다는 표식을 위해 계백은 자신이 가장 아끼는 피붙이를 죽이고 그 피로써 무너지는 백제군의 사기를 붙잡았다. 결국 지옥도와 같던 날씨 속에서 벌어진 악귀 같은 네 차례의 전투는 계백이 흘린 가족의 피가 준 힘으로 버텨내고 있었던 것이다. 반면 신라군은?

김유신의 뜬금없는 말에 신라 장군들은 그 뜻을 이해하지 못하고 말없이 대장군의 얼굴을 쳐다볼 뿐이었다. 잠시 뒤 짧은 침묵을 깨고 김품일이 말한다.

"대장군, 오늘이 바로 소정방과의 약속 날입니다. 어떻게든 백제군을 물리쳐야 할 텐데 어떤 구체적 지시가 지금 필요하지 않겠습니까? 백제군을 무너뜨렸다는 소식이 당장 전해와도 약속 시간 내 당군과 만나기란 빠듯하오."

그렇다. 신라는 당과 함께 백제를 무너뜨리기로 약조했는데 7월 10일, 바로 이날이 당군과 만나 백제의 사비성으로 진격하기로 정한 그 날이었던 것이다. 정해진 날짜를 어긴다면 당 장수 소정방의 반응이 어떻게 나올지 알 수 없었다. 그는 성격이 고약하기로 유명했다. 신라 측 인사 중 벌써 그의 행동에 의해 크게 봉변을 당한 자도 있다고 들었다. 하지만 김유신은 급한 기색의 김품일 말에도 깊은 생각을 하는지 별 반응을 보이지 않았다. 자신의 의도와는 동떨어진 질문이었기 때문이다. 반응이 없자 김품일은 다시 말한다.

김유신 말의 목을 베다

"태자께서도 이곳에 와 계십니다. 겨우 백제 5천에게 막혀서 5만의 신라군이 움직이지 못한다는 치욕을 어찌 태자께 설명드린단 말이오."

신라는 이번 전투에 태자 김법민이 참가했다. 그는 김유신과는 개인적으로 삼촌과 조카 사이였으며 아버지인 신라 왕 김춘추를 대신해 상징적으로 신라군을 이끄는 상황이었다. 현재 황산벌의 후방에 위치하고 있었으나 그도 곧 네 번째 패전의 소식을 들을 것이다.

담담히 김품일의 말을 듣고 있던 김유신은 치욕이라는 말이 등장하자 탁자를 치며 일어났다.

"치욕이라?"

단단하게 다문 입술이 벌어지며 차가운 말이 나온다. 냉랭한 기운이 돌았다.

"내가 생각할 때 이번 계백과의 전투에서 패전은 치욕이라 할 수 없다."

김유신의 단호한 반응에 신라 장군들은 어리둥절했다.

"무슨 말씀입니까? 5만이 5천을 못 당해내는 것이 치욕이 아니라니요?"

김품일은 김유신을 보며 물어보듯 따졌다. 김유신은 매섭게 김품일을 쳐다본다. 그 살벌한 기세에 김품일은 고개를 다른 쪽으로 돌렸다. 곧 김유신은 단호하게 말을 이어갔다.

"계백은 백제의 의기를 처자를 벰으로써 보여 주었다. 반면 신라에는 계백과 같은 의기를 보인 장수가 있는가? 그 같은 의기를 지닌 적에게 패하는 것은 당연한 일. 나는 이것이 치욕이라 생각하지 않는다. 또한 적장 계백에 대한 예우도 아니다. 우리가 백제를 이기려면 단순히 병력의 우세가 아니라 군사가 지닌 기세에서 이겨야 할 것이야. 이 지점부터 우리는 잘못 전투를 시작한 것이다. 하지만 이번 네 차례의 실패에 대해 아쉬워할 것은 없다. 지금부터라도 가야할 길을 바로 잡으면 된다."

"그럼 대장군은 이 상황에서 어떻게 하자는 것입니까? 우리는 장기전을 치를 상황이 아니지 않습니까?"

김흠순이 김유신에게 물어본다. 이런 분위기에서 그나마 김유신에게 반박을 하며 대화를 나눌 수 있는 이는 형제인 김흠순뿐이었다. 신라군에게 당과의 약속 시간이라는 제약이 없다면 이렇게 분위기가 급박할 필요도 없었다. 천천히 대규모 병력을 이용해 포위한 다음 몰아친다면 금세 끝날 수도 있는 전투였다. 그러나 워낙 촉박한 일정에 맞추다보니 계속되는 전투에서 시간에 쫓겨 병력을 밀어붙이기만 한 것이다. 그렇다고 달아난 시간을 되찾을 수도 없다. 시간은 더 촉박하게 흘러갈 뿐이었다.

"장군들은 계백처럼 자식을 죽일 수 있겠는가?"

의자에서 일어난 김유신은 등을 슬쩍 돌리고 조용히 물었다.

"예?"

"화랑을 준비해라. 이번 전투는 화랑과 그들의 낭도로만 치러질 것이다."

김유신의 명령에 김품일과 김흠순은 순간 가슴이 철렁 내려앉았다.

김유신 말의 목을 베다

"화랑이면 저의 아들을 말하는 것입니까?"

김품일의 물음에 김유신이 냉정하게 말한다.

"그렇다. 너의 아들이고 신라의 아들이다. 화랑은 바로 이 순간을 위해 존재하는 것이다. 그들의 목숨은 개인의 것이 아니라 신라의 것임을 잊지 말라. 어서 화랑들을 준비시켜라. 이제 그들이 계백에 맞서 신라의 기세를 세워줄 것이야."

김유신은 단호했다. 김흠순과 김품일은 각각 반굴과 관창이라는 화랑 자제를 이끌고 이번 전장에 참가했다. 그들에게 김유신은 죽음으로 신라의 기세를 세우라 명하는 것이다.

김유신은 단호한 표정으로 화랑을 출격시키라는 명을 내린 뒤 더 이상의 명령 없이 천막 밖으로 나왔다. 천막 안 후끈했던 열기가 잠시 식혀지는 느낌이다. 곧이어 엎드린 하인의 등을 밟고 김유신은 자신의 말에 올라탔다. 신라 정예 기마병과 창병 들이 그의 주변을 에워쌌다. 신라 병사들의 움직임을 잠시 지켜보던 김유신은 서쪽을 향해 고개를 돌렸다.

멀리 언덕 위 계백의 진영이 보였다. 단단하게 짜여 있는 그들의 목책도 네 차례의 전투 끝에 어느덧 많이 허물어진 상황이다. 백제 목책 주위로는 시체가 가득하나 신라나 백제나 이를 치울 생각은 엄두도 못내고 있었다. 다들 지친 것이다. 특히 신라 병사들은 황산벌까지 오기 위해 보름 정도 행군을 했다. 피로감과 전투의 패배가 쌓여 쉽게 다음 전투에 임할 수 없었다. 당과 약조된 날짜를 최대한 맞추기 위해서는 극단의 방법을 써서라도 신라군의 사기를 올려야 한다. 한 번만 더 싸울 수 있는 기세를 번다면 사력을 다해 버티던 계백도 결국 무너질 것이다. 장기전이냐 단기전이냐가 이번 한 번의 작전에 달려 있는 거다.

"결국 여기까지 왔군."

백제 진영을 보며 김유신은 생각에 잠긴다. 화랑의 피. 방금 장군들에게 내린 김유신의 명은 화랑에게 죽음을 강요하는 것과 마찬가지였다. 화랑과 낭도가 아무리 전쟁에 대한 훈련을 했더라도 그들은 아직 경험이 부족한 소년에 불과하다. 당연히 계백의 군사에게 상대가 되지 못할 것이다. 그러나 자신의 자리를 죽음의 자리로 알고 당당하게 버티는 계백의 5천 결사대에게 김유신은 젊은 피를 뿌려 신라군에게 전장의 치열함을 알리고 더 나아가 전쟁에 임하는 자세를 보여주고자 했다.

한동안 계백의 진영을 지켜보던 김유신은 자신이 화랑인 때를 기억했다. 사랑하던 여인과 헤어지기 위해 말의 목을 베었던 소년은 그 결단의 마음을 평생 지니면서 대장군의 자리까지 오를 수 있었다. 젊었을 적 낭비성 전투에서 갑옷과 투구를 동여맨 채 낭도들을 이끌고 고구려 기병과 맞붙었던 상황도 떠올랐다. 지금의 반굴과 관창처럼 김유신도 창을 들고 파도같이 몰려오는 적진을 향해 뛰어간 적이 있었다. 비담의 난을 제압해 가야계 신참 귀족인 자신이 신라의 거물로 성장했던 일도 기억났다. 그 사건은 신라 내에서 가야계라는 제약이 완전히 풀리는 계기가 됐다. 이 모든 것이 김유신이 넘어야 했던 언덕이었다. 가야계 신분으로 수많은 언덕을 넘어 신라 대장군이 된 김유신. 이번 언덕만 넘으면 오랫동안 고대

김유신 말의 목을 베다

하던 백제를 멸망시킬 수 있을 것이다.

"이번 전쟁의 승리는 결국 내가 가져가겠지만 사람들은 황산벌에서 나 아닌 계백과 화랑 들을 기억할 것이야."

김유신은 쓸쓸한 표정을 지으며 조용히 혼잣말을 했다. 얼마 뒤 북이 크게 울리며 화랑 반굴과 관창이 자신의 낭도들과 함께 계백의 진영으로 떠날 준비를 하는 것이 보였다. 김유신은 조용히 눈을 감고 다음번 넘어야 할 언덕을 곰곰이 생각했다.

1부

영웅의 탄생

조선을 세운 이성계는 고려와 여진족이 만나는 지점에서 호족의 자제로 자라났으며, 한나라의 고조 유방은 화북과 화중의 경계에서 중류층 집안의 자제로 태어났다. 뿐만 아니라 세계적인 악당인 히틀러의 고향도 독일과 오스트리아의 경계였다. 이외 왕건, 조조, 스탈린, 도쿠가와 이에야스 등도 두 문화의 접선에서 어린 시절을 보냈다. 영웅이 전성기 때 보여주는 과감한 결단력은 옳고 그름을 넘어 상대적 평가를 통해 이루어지는 경우가 많다. 이러한 결단에는 윤리 관념보다 과감한 현실 판단력이 더 필요하다. 여러 영웅들과 마찬가지로 신라, 백제 국경선에서 김유신이 얻은 남다른 어릴 적 경험은 난세에 필요한 두뇌를 만드는 데 큰 도움을 주었을 것이다.

01 ———— 이방인으로 태어난 아이

울음소리

진평왕 12년, 서기 595년에 만노군(지금의 진천군)이라 불리던 작은 마을에서 한 아이가 우렁찬 울음을 터트리며 태어났다. 만노군 태수였던 남편과 그의 부인은 지금까지의 마음고생을 털어버리듯 태어난 아이를 보고 기쁜 미소를 지어 보인다. 이 작은 아이가 태어나기까지 말로 표현하기 힘든 여러 고초를 겪었던 부부는 이름을 다음과 같이 짓기로 했다.

"옛날의 어진 이로 유신이라는 이가 있었으니 유신으로 짓는 것이 어떻겠소?"

남편의 말에 부인은 조용히 고개를 끄덕였다.

김유신 말의 목을 베다

유신은 중국에서 뛰어난 글로 이름을 떨친 문장가의 이름으로 부부는 이 아이가 커서 신라의 당당한 귀족이자 문文을 상징하는 인물이 되기를 기대했던 것 같다. 우리가 알고 있는 김유신과는 전혀 다른 이미지다. 부부의 뜻과는 달리 이 아이는 오랜 기간 지속했던 삼국시대를 칼을 통해 마무리한 무武를 상징하는 인물이 된다. 원래 부모의 바람과 아이의 자라는 모습이 다른 경우가 많다지만 이 경우에는 오히려 부부의 소박한 꿈을 넘는 대단한 영웅의 탄생이었는지도 모르겠다.

공교롭게도 지금도 김유신의 고향을 당연히 경주로 알고 있는 사람들이 많다. 신라의 수도가 경주였고 김유신도 신라의 장군으로 지냈으니 그렇게들 생각하는 듯하다. 그러나 일반적인 인식과는 달리 김유신의 고향은 경주에서 멀리 떨어진 충청북도 진천군에 위치하고 있다. 오히려 경주보다는 백제의 수도였던 부여와 더 가까운 곳이다. 그렇다면 삼국시대 김유신의 고향은 어떤 곳이었을까?

진천군은 삼국시대에 만노군이라 불렸다. 이곳에는 주변 평야를 관리하던 도당산성이라는 성이 지금도 남아 있는데 근처에 백제의 유물과 신라의 유물이 함께 발견되고 있어 치열했던 삼국시대 영토 전쟁의 흔적을 그대로 전해준다. 이는 곧 어떤 시기에는 백제의 영토였다가 다른 시기에는 신라의 영토가 되기도 했음을 의미한다. 진천군은 신라와 백제의 영토 각축전이 벌어지던 국경선이었던 것이다.

당시 진천군, 즉 만노군은 평상시에는 태수가 관아에서 집무를 보고 농민은 평야에서 농사를 짓다가, 적이 공격해 오면 함께 산성

진평왕 시기의 삼국 영토

으로 들어가서 농성을 했다. 다만 적병이 충분히 맞서 싸울 수 있
는 소규모라면 태수가 직접 수하를 이끌고 그들을 멀리 내쫓았을
것이다. 농사라는 것이 중요한 시기에 잘못해서 하루라도 일을 놓
치게 되면 수확에 큰 문제가 발생하기 때문이다. 이에 백제는 농사
일을 조금이라도 방해하기 위해서 꾸준히 소규모의 병사라도 보내
신라를 괴롭히고자 했으며 종종 농민을 납치해 백제 땅으로 끌고

김유신 말의 목을 베다

가기도 했다. 노동력이 곧 자본이었던 시기였기에 이러한 침입을 방어하는 것이 태수의 가장 큰 임무였다.

지리적으로 만노군에서 북으로 가면 신라의 한강 구역 행정지인 남천주南川州가 있고 서쪽으로 가면 당시 신라와 중국을 연결하는 항구였던 당항성을 만날 수 있었다. 한강 주변은 김유신 가문과 매우 연관이 깊은 곳이다. 김유신 할아버지 김무력은 한강 주변을 개척하는 임무로 활약했고 아버지 김서현도 마찬가지였다. 그리고 서쪽에 위치한 당항성은 신라의 항구이자 중국과의 유일한 연결로였다. 당연히 당과의 무역과 사신이 체류할 수 있는 여러 시설들이 설치돼 있었다. 만노군은 이처럼 국경선이면서도 신라 북방 영토의 중요한 지점과 연결되는 고리였다. 이 길을 따라 경주에서 한강의 주요 거점으로 물자와 병력을 이동시켰으니 신라 입장에서는 만노군이 침탈당하는 경우 심각한 문제가 발생할 수밖에 없었다.

기와집이 가득하고 금과 은으로 화려하게 치장한 귀족의 삶의 터전인 경주가 아니라 수시로 칼과 화살이 부딪치고 종종 살벌한 풍경이 벌어지던 만노군. 김유신의 고향은 이러한 곳이었다. 작은 아이는 그가 맞이하게 될 먼 미래와 비슷한 풍경이 펼쳐진 곳에서 태어났다. 지금의 눈으로 보면 신라 명장 김유신의 고향이 신라와 백제의 국경선에 위치한 것이 오히려 그다운 탄생지라는 생각이 든다.

남다른 어린 시절

경진일 밤, 만노군 태수 김서현은 꿈을 꿨다. 화성과 토성이 자신에게 내려오는 신비로운 내용이었다. 그런데 같은 날 서현의 부인인 만명부인도 꿈을 꾼다. 남편과는 조금 다르지만 역시 신비로운 내용으로 금빛 갑옷을 입은 동자가 구름을 타고 집 안으로 들어오는 꿈이었다. 다음날 두 부부는 서로의 꿈을 듣고 깜짝 놀랐다. 좋은 날에 별과 금빛 동자가 등장하는 꿈은 곧 훌륭한 인물이 태어난다는 암시였다. 이것이 기록에서 전해오는 김유신의 태몽 이야기다. 여기다 더해서 태몽 이후 20개월 만에 태어난 아이는 등에 칠성 무늬가 있었고 이를 전해 들은 사람들은 아이가 하늘과 별의 정기를 받았다며 놀라워했다고 전한다.

충청북도 진천군에 위치한 태령산에는 김유신의 탯줄이라고 알려진 태실이 지금도 그대로 존재한다. 산 아래에는 김유신 생가가 복원돼 있어 김유신이 태어날 때 일어난 신비한 이야기가 천 4백여 년이 지난 현재도 생생하게 느껴지는 듯하다. 물론 이 태몽은 실제 있었던 일이 아니라 김유신이 영웅이 된 뒤 만들어진 후대의 신비한 전설일 수도 있다. 그러나 어린 시절 이야기가 거의 남아 있지 않는 김유신이기에 이러한 작은 기록도 중요한 의미가 있다.

아이가 태어난 뒤 김서현 부부가 언제까지 진천군에서 지냈는지에 대한 기록은 남아 있지 않다. 결국 진천군에서 보낸 김유신의 어린 시절을 유추하기 위해서는 지금까지 남아 있는 작은 흔적을 토대로 한 상상력이 필요하다. 김유신이 어릴 적 무술 연습

김유신 말의 목을 베다

과 말달리기를 했다는 이야기가 이 고장에 지금까지도 남아 있는 것으로 보아 그 전설이 사실이라면 어린 김유신은 상당한 기간 동안 이곳에서 자란 것이 아닐까 싶다. 즉 말을 달리고 무술 연습을 했다니 갓난아기를 넘어서 최소한 10살 정도까지 진천군에서 지냈다는 거다.

그 결과 어린 김유신은 신라와 백제가 지적으로 만나는 전략적 요충지에서 많은 것을 보고 배울 수 있었다. 아버지 김서현이 이 지역의 책임자였으므로 군사 및 물자가 이동하는 길과 중요한 군사 시설을 함께 다녀보기도 했을 것이고, 그곳에서 아버지가 수하에게 명령을 내리는 것을 보며 몰래 그 행동을 따라 해보기도 했을 것이다. 집에서는 어머니를 통해 집안 가문의 내력과 조상에 관한 공부를 충실히 했다. 고대에는 한 개인의 능력이 아무리 뛰어나도 가문의 경력이 인정되지 않으면 큰 꿈을 펼칠 수 없었다. 즉 집안 내력에 대한 공부는 앞으로의 사회생활에 꼭 필요한 것이었다.

사는 지역이 신라의 주요 길목을 방어하는 곳이니 보고 만나는 사람들도 다양했다. 스님, 장군, 병사, 농민 등은 다른 곳에서도 만날 수 있다지만 사신단, 백제군 포로, 첩자, 지방민, 부상자, 전쟁 중 죽은 자 등은 이곳에서만 만날 수 있는 특별한 자들이었다. 이처럼 다양한 인간 군상과의 만남은 어린 김유신이 누릴 수 있는 남다른 경험이었다. 다른 귀족 자제처럼 경주에서만 지냈더라면 만나기 힘들 여러 군상을 이곳에서는 다양하게 파악할 수 있었을 테니 말이다. 후대에 김유신이 직급과 출신에 관계없이 인재를 활용하는 것도 아마 이와 같은 어린 시절이 있어서일 것이다. 지금도 마찬가지지만, 어린 시절에 만들어진 세상을 보는 관점은 성인이 된 뒤에도 큰 영향력을 주곤 한다.

뿐만 아니라, 어린 김유신은 국경선을 두고 신라와 백제가 힘겨루기를 할 때마다 성과 집으로 거처를 옮겨 다녀야 했다. 비상 상황이 발생하면 가까운 산성으로 집안사람과 함께 이동했다가 적이 물러나면 집으로 돌아가는 과정을 반복했을 것이다. 이를 통해 전쟁에 직접 참가는 하지 않았어도 전투가 벌어지는 순서와 그 이후의 행동 지침이라는 현장 실습을 어린 시절부터 생활로 습득할 수가 있었다. 백제에 대한 남다른 증오심도 마찬가지다. 이후 이러한 경험은 군인으로 사는 인생에 큰 교육이 되지 않았을까? 신라와 백제의 전쟁터는 김유신의 어릴 적 교육장이자 놀이터이기도 했다.

재미있는 사실은 역사에 등장하는 난세의 영웅들은 김유신처럼 문화의 경계선에서 태어나는 경우가 많다는 점이다. 상이한 두 종류의 문명과 여기서 얻게 되는 다양한 경험이 두뇌를 복잡하고 남다르게 발전시켜 결국 난세에 처한 난국을 타개하는 데 가장 적합한 머리를 갖추게 하는 것은 아닐까. 난세에서는 기존에 당연하게 여기던 가치를 파괴하고 새롭게 세상을 정립하려는 움직임이 필요하다. 당연히 이를 위해서는 다양한 사고방식과 응용력이 필요하다. 사물의 가치를 절대적이 아닌 상대적으로 평가하고, 평형감각을 구사해 현실에 의거한 행동을 하는 것이 무엇보다 중요한 시기이기 때문이다.

김유신 말의 목을 베다

조선을 세운 이성계는 고려와 여진족이 만나는 지점에서 호족의 자제로 자라났으며, 한나라의 고조 유방은 화북과 화중의 경계에서 중류층 집안의 자제로 태어났다. 뿐만 아니라 세계적인 악당인 히틀러의 고향도 독일과 오스트리아의 경계였다. 이외 왕건, 조조, 스탈린, 도쿠가와 이에야스 등도 두 문화의 접선에서 어린 시절을 보냈다. 영웅이 전성기 때 보여주는 과감한 결단력은 옳고 그름을 넘어 상대적 평가를 통해 이루어지는 경우가 많다. 이러한 결단에는 윤리 관념보다 과감한 현실 판단력이 더 필요하다. 여러 영웅들과 마찬가지로 신라, 백제 국경선에서 김유신이 얻은 남다른 어릴 적 경험은 난세에 필요한 두뇌를 만드는 데 큰 도움을 주었을 것이다.

지금부터는 김유신이 왜 신라의 수도 경주가 아니라 하필 전쟁이 코앞에서 벌어지던 만노군에서 태어나게 됐으며 어린 시절을 보내게 되었는지, 그 속에 숨어 있는 이야기를 살펴보도록 하자.

가야의 피

《삼국사기》〈김유신 열전〉의 시작은 다음과 같다.

김유신은 왕경 사람이다. 그의 12대 할아버지는 수로인데, 어떤 사람인지는 알 수 없지만 후한 건무 18년 임인에 구봉九峰에 올라가락의 아홉 촌을 살펴보고 마침내 그 땅에 이르러 나라를 열고 가야加耶라 했다가, 이후 나라 이름을 금관국金官國으로 고쳤다. 그의 자손이 대를 이어 수로의 9세손인 구해仇亥에 이르렀는데, 그는 유신에게 증조부가 된다.

이에 따르면 김유신은 김해에 금관가야를 세운 김수로왕의 후손으로 가야 왕실의 피가 흐르고 있었다. 고려시대에 쓴 《삼국사기》 〈김유신 열전〉에서 시작부터 가야계임을 명확히 하는 것으로 보아 당시에도 김유신은 가야의 피였다는 것으로 꽤 유명세를 치룬 듯하다. 다만 최근 김수로왕 전설이 지역에 맞춰 후대에 재창조된 설화라는 주장이 있어 김수로왕을 실존 인물로 보기에는 많은 의심이 드는 것이 사실이다. 그런 만큼 김유신이 생전에 자신을 김수로왕의 후손으로 자각하고 있었는지도 확실치 않다. 다만 한 가지 분명한 사실은 그의 증조할아버지가 금관가야 마지막 왕인 김구해였다는 점이다.

김유신이 태어나기 전 금관가야 왕인 김구해는 법흥왕 19년 (532), 아들들을 데리고 신라에 항복하기로 결심한다. 한때 금관가야는 신라의 라이벌이었다. 낙동강을 중심으로 신라와 치열한 공방전을 펼쳤으며 가야 연맹을 이끌고 다른 곳도 아닌 경주를 직접 공략하기도 했었다. 허나 세력 다툼에서 천천히 밀리기 시작하더니 어느덧 대가야에도 밀리며 가야 연맹 우두머리에서 물러났고, 이후 법흥왕 시대가 되자 신라의 가야 병합 병력에 최소한의 항전마저 포기하고 무릎을 꿇는다. 마치 다리에 힘이 풀리듯 금관가야

김유신 말의 목을 베다

는 허무하게 무너지고 말았다.

이때 김구해와 함께 항복한 아들은 모두 셋이었는데 첫째 노종奴宗, 둘째 무덕武德, 막내 무력武力이다. 아들 모두를 항복에 대동한 것은 모든 것을 다 신라에 넘기겠다는 굴욕적인 표시였다. 이에 신라 왕은 항복한 김구해에게 김해 지역을 식읍으로 줬다. 사실상 금관가야 영토에 대한 관리권을 마지막 가야 왕에게 부여하겠다는 의미였다. 아무래도 쌍방 간 피를 보지 않은 만큼, 큰 전투를 벌이지 않고 항복한 가야 왕에게 어느 정도 혜택을 부여한 듯하다. 물론 금관가야라는 역사적 지역을 단번에 신라로 편입시킨다는 것은 조금은 무리가 따르는 일인지라, 이에 따른 현실적 판단이 들어간 결정일 수도 있겠다. 이는 회사들 간에 M&A가 이루어진 뒤라도

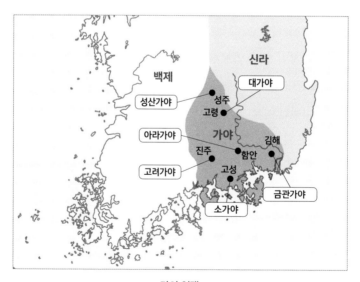

가야 연맹

흡수된 회사 임원들을 한동안 쓰는 것과 유사하다.

거기다 신라의 법흥왕은 가야 왕족에게 진골의 계급, 즉 신라 왕족의 신분을 줘 신라 내에서 표면상으로는 차별받지 않도록 했다. 금관가야가 이처럼 허무하게 무너졌어도 한때 가야를 대표하던 나라였던 만큼 이 기회에 신라가 지닌 포용력을 보여주고자 한 것이다. 금관가야의 후손들은 이렇게 신라로 흡수됐다.

그런데 항복한 금관가야의 세 왕자 중 유독 이름을 떨친 인물이 있었으니 그는 세 번째 아들인 김무력이다. 이름부터 무력이라는 점이 심상치가 않다. 당시 시대 관습상 신라가 허락한 김해 쪽 식읍은 김구해가 죽은 뒤 장자인 노종에게 가장 많이 돌아갔을 것이다. 아니면 신라에서는 김구해 1대에 한해 식읍을 보장하고 이후로는 신라의 직할지로 금관가야 지역을 관리했을지도 모른다. 승자의 아량이라는 것이 본래 그리 오래가는 것은 아니기 때문이다. 정확한 기록이 남아 있지 않아서 알 수 없지만 여하튼 가야 마지막 왕의 막내아들인 김무력은 식읍과 재물을 받을 수 있는 후보군 중 서열 3위인 이상 이것에 연연하기보다는 자신의 재주를 신라에서 마음껏 펼쳐 보이기로 결심했다. 어차피 금관가야는 사라진 나라다. 게다가 나라를 다시 세울 수도 없을 정도로, 형편없이 신라에 무릎을 꿇었다. 그렇다면 일국의 왕자였던 시절은 깨끗하게 잊고 새로운 인생을 개척하는 거다. 김무력은 나름 인생관이 시원시원했던 것 같다. 그래서인지 김무력은 얼마 뒤 성공한 신라 장수로 새롭게 등장한다. 그렇게 그는 꾸준히 신라 원정 공격에 참가하며

　　　　　　　　　　　김유신 말의 목을 베다

공을 세워갔다.

결국 적극적으로 인생을 개척하는 자에게는 기회도 따라오는가. 때마침 가야 왕자에서 신라 장수가 된 김무력에게 이름을 널리 알릴 만한 기회가 찾아온다. 법흥왕에 이어 왕위에 오른 신라 제 24대왕 진흥왕은 각오가 남달랐다. 그는 신라가 단지 소백산맥 안의 작은 왕국이 아니라 고구려, 백제처럼 한반도 패권을 두고 싸우는 큰 나라가 되기를 원했고 또 그렇게 만들 충분한 배포도 있었다.

이를 위해서는 높고 험준한 소백산맥을 넘어 한강 유역을 신라 영토로 만들어야 했다. 한강 유역은 질 높은 토지뿐만 아니라 신라 입장에서는 중국과 직접 연결이 가능한 항구를 지닌 지역이기도 했다. 한반도 내 큰 나라가 되려면 동아시아의 대국인 중국과의 관계도 필수적인 조건이었다. 거기다 한강 유역이 한반도 중앙에 위치한 영토인 만큼 이곳을 차지한 국가는 전략적으로 우세를 누릴 수 있게 된다. 문제는 한강을 어느 누구보다 백제가 노리고 있다는 점이었다. 백제에게 한강은 나라가 시작된 성지이자 되찾아야 할 고토였다. 결국 신라의 한강을 차지하기 위한 노력은 신라와 백제 간의 큰 전쟁으로 이어질 수밖에 없었으니 현재의 충청도 지역에서 벌어진 관산성 전투가 그것이다.

이 전쟁에서 김무력은 신라 한강 유역의 책임자인 신주군주新州軍主로 참가한다. 한때 가야계 왕자였던 그는 연줄 하나 없는 불모지와 다름없는 한강에서 신라군의 첨병 역할을 하고 있었던 것이다. 한편 신라는 백제의 공격에 관산성이 함락되기 직전이었다. 백제는 태자가 직접 군사를 이끌고 출병해 그 공격 수준이 상당히 매서웠다. 그런데 신라가 한계에 부딪칠 때쯤 기대하지 않았던 김무력이 큰일을 해낸다. 과감한 습격을 통해 백제의 성왕聖王을 포함 좌평 4명과 병사 3만여 명을 전멸시키는 승리를 만든 것이다. 이로써 치열했던 전투는 신라의 대역전 승리로 끝났다.

관산성 전투의 패배로 백제는 한강 유역을 영원히 놓치고 만다. 반면 신라는 국력이 한층 상승한다. 단순한 승리가 아니었다. 백제왕을 죽였고 한강을 얻었으니 목표했던 대국으로 가는 길을 연 승리였다. 진흥왕은 결정적인 공을 세운 김무력에게 신라 17관등 중세 번째인 잡간(소판)을 수여한다. 어지간한 신라 진골도 평생 얻기 힘든 관직이었다. 이후에도 신라는 외지에서 큰 공을 세운 이들에게 3등 관등인 소판을 부여하곤 했는데 분명한 근거가 있는 벼슬이었나 보다. 김무력의 아들 김서현, 증손자 원술 등이 외지에서 공을 세우다 최종적으로 소판의 관직을 부여받은 이들이다.

이것만으로도 이방인 출신인 김무력의 성공담은 엄청난 이야깃거리가 될 수 있었다. 신라는 한때 삼국국가 중 가장 보수적인 나라였으나 이제 가야계인 김무력이 라이벌 백제 왕을 죽였다. 외지인의 활용이라는 점에서 신라가 새롭게 눈을 뜬 계기였다. 이것을 기화로 신라 왕실에서는 왕실에 충성한 자는 출신을 묻지 않고 누구든지 김무력처럼 성공할 수 있음을 홍보했을 것이다. 당연히 김무력은 김무력대로 가야계가 아닌 신라의 중앙 귀족으로 당당히 편입할 수 있으리라는 자신감이 생겼다. 그러나 이후에도 김무력은 경주에서 활약하기보다는 신라의 한강 유역 영토를 개척하고

　　　　　　　　　김유신 말의 목을 베다

개발하는 데 오랜 기간 힘을 쏟은 듯하다. 진흥왕이 직접 한강 지역을 순시하러 오자 왕을 따라다니며 새롭게 얻은 영토를 보여주기도 한다. 중앙 귀족이 되기에는 아직도 넘어야 할 편견이 남아 있었던 것이다.

기록에는 김무력의 지위가 그 뒤로도 더 높아져서 신라 1등 관위인 각간角干까지 올랐다고 한다. 그러나 각간에 오르기까지 구체적으로 어떤 활동을 했는지는 알려져 있지 않다. 물론 김무력이 각간이라는 지위까지 올라선 만큼 누구에게나 돋보일 만한 경력을 쌓은 것은 분명하다. 신라 정부에서는 김무력을 하나의 성공 신화 모델로 삼은 것은 아니었을까? 항복한 나라의 왕자에서 신라의 1등 관등에 올랐으니 외지인 배경의 신라인들은 김무력을 보며 자신들도 이처럼 성공할 수 있으리라 생각했을 것이다.

신라는 경주 주변의 여러 세력을 병합하면서 많은 지방 세력가를 신라인으로 귀속시켰지만 김무력 만큼 유별난 공을 세운 자는 매우 드물었다. 무장으로의 큰 성공과 더불어 한강 유역의 영토를 신라의 것으로 만드는 데 공을 세운 김무력에게는 아들이 있었으니 그가 바로 김서현으로 김유신의 아버지였다. 김유신이 전장에서 활약할 수 있었던 것은 할아버지가 이룩한 가문의 토대에서부터 시작됐음을 알 수 있다.

로미오와 줄리엣

김유신의 부계 쪽은 가야계 왕족에서 신라의 성공한 무인 집안으로 발판을 잡아가던 신흥 귀족이었던 반면, 김유신 어머니인 만명부인은 진흥왕의 아우인 숙흘종肅訖宗의 딸로 신라 왕실 가문 출신이었다. 김유신이 태어날 무렵의 신라 왕이었던 진평왕과도 가까운 핏줄이었으니 신라 내에서는 최고로 높은 신분을 지닌 여성 중 한 명이기도 했다.

아무리 성공한 무인이라고 하나 왕실의 높은 눈으로 보면 일개 가야 출신 무장 정도에 불과한 김무력 집안에 이런 고귀한 여인이 며느리가 된 것은 이 시대 기준으로 볼 때 무리가 따르는 결혼이었음은 분명하다. 특히 당시 신라 왕실은 성골이라는 개념 속에서 철저한 핏줄 관리를 했기에 어찌 보면 이와 같은 결합은 상식적으로는 이루어질 수 없는 일이기도 했다. 만명부인 정도면 성골은 아니더라도 진골 중에서는 최상급 핏줄이었다. 반면 김무력 집안은 명색은 왕족으로 대우받는 진골이라지만 사실상 신라 내에서는 가장 낮은 등급의 진골이었다.

실제로 《삼국사기》 기록에 등장하는 김무력의 아들인 김서현과 숙흘종의 딸 만명부인의 만남은 정상적인 만남이 아니었다. 길에서 만명을 본 서현이 눈짓으로 그녀를 꾀어서 중매 없이 야합을 한 것이다. 남자가 먼저 적극성을 보이고 이어서 여자는 남자를 따른 것인데 두 사람은 현재의 동거와 비슷한 개념까지 간 듯 보인다.

당시 상위층 결혼의 대부분은 집안과 집안이 서로의 권력을 유지하기 위해 맺는 전략적인 행위에 가까웠다. 그중 몇몇은 진짜 사랑을 통해 결혼했을 수도 있겠으나 대부분이 당사자가 사랑하느냐 안하느냐라는 감정보다 가문과 혈통을 잇기 위한 연결고리로 결혼을 생각했다. 당연히 숙흘종은 자신의 딸이 김서현과 야합을 했다는 사실을 알고 크게 노한다. 안 그래도 가문이 왕실 적자에서 벗어나기 시작했기에 대를 이어 권력을 유지하기 위해서는 엄격한 핏줄 관리가 필요한데, 딸이 뜬금없이 가야계 남자와 눈이 맞은 것이다.

"누가 좋아라 할 일인가?" 당시 숙흘종이 소식을 듣고 보인 반응은 이러했을 것이다. 딸의 튀는 행동은 왕실 친가에게 큰 이슈가 됐을 테니 숙흘종은 적지 않은 눈치가 보였다. 딸을 관리 못한 잘못은 집안의 가장인 자신의 잘못이기 때문이다. 특히 상위 계층이 지니는 남다른 자긍심도 훼손됐다는 사실이 숙흘종에게 큰 상처를 남겼다.

결국 숙흘종은 딸을 별채에 가두고 두 사람을 아예 만나지 못하게 하는 등 단호한 결정을 보였다. 여기다 만일을 대비해 사람을 시켜 딸을 지키게까지 했다. 마침 김서현은 왕명을 따라 만노군 태수가 돼서 경주를 떠나야 했다. 숙흘종은 남자가 떠난 뒤 시간이 지나면 딸의 마음도 돌릴 수 있을 것이라고 계산했을 것이다. 남자의 부임지가 한강 남부 지역 백제와 국경을 닿고 있는 곳이라는 것도 안심이 된다. 그런 멀고 중요한 곳이라면 자리를 비우고 경주로 자주 오가기란 한동안 힘들 것이니 말이다. 이를 볼 때, 김유신 가문은 김무력 이후로도 여전히 한강 유역 주변을 개발하고 개척하는 임무를 지니고 있었음을 알 수 있다. 즉 신라 외곽을 도는 집안이었다. 신라 권력의 가장 중앙에 있는 숙흘종 입장에서 이런 집안과의 만남은 인정할 수가 없었다.

그러나 사랑이라는 것이 안 된다고 하면 할수록 만나지 말라고 하면 할수록 더욱 불타는 법이다. 《삼국사기》에는 다음과 같이 기록하고 있다.

> 서현이 만노군 태수가 돼 장차 함께 떠나려 하자 숙흘종은 비로소 딸이 서현과 야합한 것을 알고 노해 딸을 별채에 가두고 사람을 시켜 지키게 하였다. 그러나 홀연히 별채의 문에 벼락이 쳐서 지키는 이들이 놀라 흩어지자, 만명은 뚫린 구멍으로 빠져나와 마침내 서현과 더불어 만노군으로 달아났다.

결국 딸은 사랑을 찾아 달아났고 서현은 그녀를 데리고 부임지로 떠났다. 벼락이 쳐서 뚫린 구멍으로 빠져나왔다는 기사를 글자그대로 믿을 필요는 없다. 김서현은 일생일대의 도박을 벌인 듯하다. 자신을 따르는 무리를 이끌고 장인 집으로 쳐들어가 지키는 자들을 벼락치듯 쓰러뜨린 뒤 보쌈하는 것처럼 숙흘종의 딸을 납치해 함께 달아났다. 그것도 당당하게 만노군 태수로 왕명을 지킨다며 가버렸으니 지키던 노비들 중 누가 감히 그를 막을 것인가? 딸이 저항도 안하고 오히려 같이 달아났다는 소식이 들리자 숙흘종의 체면은 그대로 무너진다. 주위 귀족들은 무능한 아버지를 비웃었을 테고 이를 부글부글 속으로 참아야 했다. 최고 귀족의 신분으

김유신 말의 목을 베다

로서 견디기 힘든 인내심이 필요했을 것이다.

한편으로는 목숨을 건 행동이었지만 김서현은 이를 통해 경주 내 꽤 유명 인사가 됐음이 틀림없다. 아버지 김무력이 과감한 전술로 백제 왕을 죽였다면 아들 김서현은 과감한 행동으로 왕실 여자를 얻었다. 숙흘종을 비웃는 귀족들은 가야계 김서현의 무모한 행동을 과감한 행동이라며 칭찬하면서 웃어 넘겼을 것이다. 사람들이란 원래 이런 이야기를 하며 기분을 풀곤 한다. 특히 이른바 최고 가문이라 불리는 왕실에서 벌어진 황당한 사건이니 속으로 고소했을지도 모르겠다. 이렇게 훌륭한 뒷담화의 소재를 어찌 그냥 넘길 수가 있겠는가.

당시 만명부인이 어떤 감정을 가졌을지는 알 수 없으나, 신라 왕족의 고귀한 신분임에도 집안 반대를 무릅쓰고 경주도 아닌 지방으로 따라 나선 점에서 그녀도 김서현을 무척 좋아했나 보다. 현대 관념으로 보면 번화한 도시에서 최고의 문화를 즐기며 살던 여인이 지금껏 즐기던 고급 문화와 생활터전을 버리고 총과 폭탄이 가득한 국경 분쟁 지역으로 가는 것과 같다. 이러한 결심은 보통 마음이 아니었다.

아무래도 만명부인은 가야계인 김서현을 통해 답답한 왕실 문화에서 벗어나고 싶은 마음이 들었던 것 같다. 어릴 적부터 경험했던 왕실의 따분한 의식과 표면과 속이 다른 말, 그리고 권력 움직임에 따른 편 가르기는 웬만한 성격이 아니면 버티기 힘든 왕실 특유의 압박과 스트레스였다. 이 안에서는 피를 나눈 친척도 형제도 소용없었다. 이런 문화 속에서 살던 그녀에게 가야계에 피와 무력을 중시하는 가문의 김서현이라는 존재는 특이하면서도 왠지 자신의 인생에 새로움을 줄 수 있는 사람으로 느껴지지 않았을까? 거기다 적극적으로 자신에게 다가오려는 김서현의 태도에도 감동을 크게 받았을 것이다.

사실 숙흘종은 왕가의 큰 어른이기에 그에게 잘못 보이는 경우 목숨마저 쉽게 부지할 수 없었다. 아버지의 힘을 잘 아는 입장이니 여자를 찾기 위해 집안으로 쳐들어온 김서현을 살리기 위해서라도 그녀는 사랑하는 남자를 따라 나서야 했다. 당시 사회 기준으로 보면 참으로 당돌한 여성일지도 모른다. 하지만 그녀는 김서현의 도박적인 행동이 목숨을 버릴 정도로 자신을 사랑했기에 가능했다고 보았다. 아버지에게는 죄송하지만 이 정도면 믿을 수 있는 남자였다. 결국 김서현의 엄청난 용기 덕분에 그녀는 자신이 사랑하는 남자를 선택해서 결혼할 수 있는 행운을 얻게 된다. 그 시대 여성의 대부분은 가문과 핏줄을 위해 원하지 않는 결혼을 강요받았다.

숙흘종이 이후 어떤 행동을 했는지는 기록이 남아 있지 않아 알 수 없지만 분명 딸과 사위의 행동에 기가 막히기는 했을 듯하다. 달아난 두 사람은 결국 김서현의 부임지인 만노군에서 김유신을 낳았으니 숙흘종도 딸의 사랑을 이해하고 둘의 관계에 대해 단념한 것으로 보인다. 자식 이기는 부모 없다는 말은 바로 이 상황에서 적절한 표현이다.

이와 같은 사정을 이해한다면 이들 부부가 태어난 아이의 이름을 지으며 중국의 문인 '유신'의 이름을 따온 것은 소박하면서도 큰 뜻이 있는 일이었음을 알 것이다. 가야계 가문의 피를 가진 갓

　　　　　　　　　　　김유신 말의 목을 베다

난아이는 아무리 노력을 해도 할아버지, 아버지처럼 외지를 돌며 전쟁에 익숙한 인생을 살아야 할 것이다. 부부는 유신이라는 이름을 지으며 이 아이부터는 당당한 신라 중앙 귀족으로서 '문'을 즐기며 살 수 있기를 바란 것이 아닐까? 혹시 가야계인 김무력이 귀순 1대에 각간의 지위까지 오를 수 있었던 것도 신라 최고위 왕실과 결혼하기에 너무나도 떨어진 가문의 격 때문에 어쩔 수 없이 진평왕이 1등 관등을 내준 것은 아니었을까?

이처럼 어려운 만남과 인연을 통해 김유신이 탄생했다. 만노군에서 김유신 탄생은 여러 일이 겹치다가 벌어진 사건이었다. 신비한 태몽 이야기가 아닐지라도 출생부터 보통 일은 아니었던 것이다. 그렇다면 신비한 태몽 이야기도 후대에 꾸며진 것이 아닌, 도망치듯 결혼한 부부가 부모님께 잘살겠으니 걱정하지 마시라고 알리기 위한 홍보용 이야기일지도 모른다. 상상이지만 부부가 함께 보기 힘든 신비한 꿈을 꾸었다면서 손자 탄생을 알렸다면, 숙흘종도 거짓말 같은 태몽을 다 믿어주며 웃어주었을 듯싶다. 결국 누가 뭐라고 해도 자신의 피가 섞인 손자가 아닌가? 물론 자식에게 배신당했다는 마음속 깊은 분노가 풀리기 위해서는 꽤 오랜 시간이 지나야겠지만 말이다.

02 ———————— 화랑이 된 김유신

김유신과 두 여인

《동국여지승람》과 《파한집》에는 김유신의 사랑에 관한 흥미로운 이야기가 기록돼 있다.

김유신이 젊었을 적 일이다. 그의 어머니는 날마다 엄한 훈계를 하며 아들이 함부로 사람을 사귀는 일에 대해 경계하도록 한다. 김유신은 어머니의 훈계를 명심하고 함부로 처신하는 일을 하지 않도록 노력했다. 그러나 우연한 기회에 천관이라는 기생을 알게 돼 김유신은 자기도 모르는 사이에 그녀와 깊이 정이 들게 됐다. 어느 순간부터 늘 그녀를 찾는 것이 일과였다. 이 일을 알게 된 어머니는 아들을 불러 타이른다.

"나는 이미 늙었다. 내 마지막 소원은 네가 왕과 나라를 위해 봉사해 이름을 널리 알리는 것이다. 이런 때에 술을 마시며 계집을 만나니 어찌 걱정이 안 들겠는가?"

김유신은 엄한 어머니의 꾸중을 듣고 마음을 고쳐먹으며 다시는 천관을 만나지 않겠다고 맹세했다. 그러나 며칠 뒤 낭도들과 술을 마신 유신이 정신을 잃고 자신의 말을 탄 채 집으로 가는데, 말은 주인이 언제나 그랬듯이 자연스럽게 천관의 집으로 발길을 향했다. 어느덧 집에 도착함을 알리며 말이 소리를 지르자 유신이 깨어났다.

유신이 주위를 보니 이곳은 자신의 집이 아닌 천관의 집이 아닌가? 이제서야 정신이 번쩍 든 그는 결연히 말의 목을 베고 안장은 그 자리에 둔 채 그대로 걸어서 집으로 돌아갔다.

천관은 말 울음소리를 듣고 반가워 밖을 나왔다가 남자의 태도를 보고 놀라 눈물을 흘리며 원망하는 노래를 지었는데 지금까지도 세상에 전해 내려오고 있다.

이 이야기는 많은 이야깃거리를 지니고 있기에 소설이나 문학 작품으로도 여러 번 재해석돼 등장해 한국인이라면 모르는 사람이 없을 정도다. 이야기 속 김유신은 어머니와 천관녀 사이에서 방황하는 젊은 화랑으로 그려지는데, 그를 약점 없는 완벽한 영웅의 모습으로만 기록하고 있는 《삼국사기》《삼국유사》와는 달리 유독 인간적인 면모가 잘드러나 유명세를 얻은 일화이기도 하다.

김유신의 어머니는 왜 아들의 사랑을 이처럼 반대하였을까? 당대 보통 여성과는 달리 진정한 사랑을 쟁취하기 위해 가문의 반대까지 이겨내고 가야계인 김서현을 따라갔던 그녀가 아니던가? 지금부터 신라의 당시 분위기를 보며 유신의 어머니가 반대한 이유와 천관녀 설화 속 숨어 있는 이야기를 살펴보도록 하자.

화랑제도

지금도 신라하면 가장 먼저 떠오르는 이미지 중 하나가 화랑이다. 이미지 속 화랑은 젊은이들이 무력을 수련하며 우애를 쌓고 나라에 대한 충성심을 기르는 낭만적인 모습으로 상상되곤 한다. 사실, 화랑도는 신라가 적극적으로 영토를 넓히면서 사회 각지에 수많은 관리와 무장이 필요하게 되자 진흥왕시대부터 인재 양성을 위해 운영한 제도다.

당시 신라는 금관가야를 넘어 새롭게 가야 연맹을 대표하던 대가야를 병합했으며 백제와의 치열한 전투 끝에 한강 유역까지 얻어낸다. 이전 영토의 세 배 가량의 크기를 단번에 획득한 것이다. 그러나 영토가 넓어지자 이번에는 사회적으로 이를 지키고 관리하기 위한 인재들이 필요했다. 화랑의 중요성이 컸기에 국가가 화랑에게 부여하는 책임과 가문의 기대심은 상당할 수밖에 없었다.

화랑은 15세부터 18세에 이르는 청년으로 구성됐다. 처음에는 원화라 하는 어여쁜 두 여자를 통해 인재를 모으게 했는데 단체의

장에 여성을 임명한 것은 종교적 의례에서 여성이 차지했던 지위를 반영한 것이라 볼 수 있다. 그러나 서로의 미모를 질투하다가 두 사람 모두 죽어버리는 불상사가 발생한다. 경쟁과 질투라는 모티브는 이후로도 화랑제도를 이끌고 가는 힘이 되었을 듯싶다. 여하튼 미모가 뛰어난 여성들이 죽고 나자 신라 정부에서는 이번에는 진골 출신 남자를 골라 단장하고 꾸며서 화랑으로 세운 뒤 나라 사람들로 하여금 받들도록 하였다. 즉 진골 출신의 청년이 대표가 되고 이를 따르는 낭도가 하위 조직이 되는 방식이었다.

동일 시대에 많을 경우 3~4명의 진골 화랑이 존재한 것으로 추정하는데, 이들은 서로 경쟁하며 더 뛰어난 재주를 지녔음을 왕과 귀족에게 보이고자 노력했다. 재주를 보이고 눈에 띄어야 진급이 되며 더 나아가 가문의 가치도 높아지기 때문이다. 뿐만 아니라 당시 신라에서는 새로 얻은 지역의 지방 통치를 위해 진골 귀족에게 많은 특혜를 부여하고 있었는데, 이러한 기회를 얻는 것도 화랑 시절부터 왕에게 잘 보여야 가능했다. 분위기가 이러하니 왕과 신라의 귀족은 당연히 화랑들의 경쟁을 부추겼을 것이다. 요즘에도 자식 자랑은 부모에게 신나는 일이다. 중, 고등학교 때 점수를 몇 점 받아왔다부터 시작해 대학을 어디 갔다, 취업을 어디로 했다, 결혼을 어느 집안과 했다 등으로 자랑의 방식은 계속해 발전한다. 신라 시대에는 자식 자랑을 위해 가장 보여줄 만한 일 중 하나가 화랑이었다.

역사서의 기록을 바탕으로 하면 화랑은 낭도를 포함해 동일시대에 수백 명에서 최고 천 명까지 이르렀다고 한다. 이 숫자를 미루어 보아 당시 신라 귀족 자제의 상당수가 화랑에 가입했음을 알 수 있다. 진골은 화랑으로, 그보다 아래인 6부 출신은 낭도로 자신의 아들을 화랑도에 보냈다. 그 열풍은 마치 현재의 학군과 명문대 열풍과 유사했던 것 같다. 줄을 잘 서서 성공할 만한 화랑과 짝지어진다면 자식의 미래도 상당 부분 결정되는 것이니 중요한 일이기도 했다. 결국 이렇게 만들어진 인맥은 주군과 가신 같은 관계로 평생 지속됐고 함께 가야만 하는 공동체적 가치관을 지니게 만들었다.

김유신은 15살에 화랑이 됐는데 그 무리를 '용화향도龍華香徒'라 불렀다고 전한다. 용화향도는 진골인 김유신을 중심으로 그를 따르는 여러 낭도들을 합쳐서 부르는 팀의 이름이었다. 이는 당시 화랑의 모임에 이름도 있었다는 것을 알려준다. 팀 명칭을 지었을 정도이니 당연히 같은 팀의 조직원끼리는 우정과 동질감도 상당한 수준이었다.

《삼국사기》에는 유명한 화랑인 사다함에 관한 이야기가 기록돼 있다. 내물왕 7세손의 왕족 신분에 문벌이 높은 귀족의 후예였으니 빠질 것이 없는 남자였다. 그런 그가 화랑의 신분으로 대가야 함락에 가장 큰 공을 세운다. 성문을 가장 먼저 돌파해 깃발을 꽂은 일을 해낸 것이다. 가문도 좋은 데다 세운 공도 남다르니 무려 천여 명이 그를 따랐다. 지금의 엄친아 아이돌 같은 모습을 생각하면 된다. 이렇게 대단한 경력을 만들어가던 사다함은 뜬금없이도 동료 무관랑이 병으로 죽자 통곡하며 슬퍼하다가 7일 만에 죽

김유신 말의 목을 베다

고 만다. 쌓아온 명망과 공에 비해 너무나도 어이없는 죽음이었다. 이처럼 심할 경우 동료가 죽자 함께 죽을 정도로 동질감을 느끼던 사이가 화랑이었다. 극단적이지만 사다함처럼 화려한 미래가 보장돼 있었음에도 동료의 죽음에 오열하며 모든 것을 버릴 정도였다.

김유신의 팀명인 용화향도라는 명칭은 미륵신앙과 관련된 용어로 용화는 미륵이 부처가 될 때 용화수 아래에 앉게 된다 해서 유래된 말이다. 향도는 향으로 맺어진 무리, 즉 불교 신앙단체를 의미한다. 결국 용화향도는 '미륵을 좇는 무리'라는 의미를 가지고 있다. 이름으로 비추어 보면 낭도들은 조직의 우두머리인 화랑 김유신을 미륵으로 간주했다는 의미다. 화랑 조직이 구성원 간의 결속력과 왕실에 대한 충성도를 높이기 위해 종교적인 개념도 적극적으로 도입했음을 보여준다. 조직이 가진 종교적인 색채 때문인지 이후 성인이 된 김유신이 참전한 전쟁에서 위기마다 김유신의 명령이면 초개처럼 목숨을 바치는 이들이 등장한다. 이들은 젊을 때 김유신과 함께했던 화랑의 낭도였을 것이다.

잘 알려지다시피 미륵은 미래의 부처다. 이 미래의 부처는 이상사회가 구현돼야 등장한다고 한다. 특히 미륵이 등장할 이상사회란 다름 아닌 전륜성왕•이 통치하는 불국토였다. 그런데 삼국시대에는 불교가 크게 번성했고 신라와 백제의 왕 들은 자신을 전륜성왕의 화신으로 여기며 정복 전쟁을 합리화하고 있었다.

당연히 미륵사상이 들어가 있는 화랑 조직도 이와 같은 불교신앙에서 비롯된 것이다. 신라 왕은 자신을 전륜성왕으로 설정하고,

---

• 불교 세계관에 따라 천하를 통일, 지배하는 이상적인 제왕.

화랑에게는 미륵을 상징하는 조직을 맡긴다. '하루라도 속히 불국 토를 구현해 미륵이 오는 세상을 만들자'는 전쟁 구호 속에 미륵의 현신 화랑과 미륵을 보호하는 임무를 지닌 낭도들은 죽음으로 국 가에 보은하며 전륜성왕인 왕에게 충성을 바친다. 모든 정보를 스 펀지처럼 빨아들이는 청소년의 머리에 종교적인 사상을 적극 주입 시켜서 마치 이들을 성전군단처럼 만든 것이다. 주입 교육을 받은 화랑들의 종교에 대한 열의는 유럽 중세시대 십자군 원정대의 기 사단 못지않았다. 삼국시대 전쟁의 치열함과 잔인함도 이처럼 종교 적인 열의가 함께했기 때문에 가능했을지도 모른다. 종교는 이 모 든 처절한 고통을 감내할 만한 신비한 힘을 지니고 있다. 한국의 국보 중 최고의 보물이라 알려진 국보 78, 83호 미륵반가사유상이 제작된 시기가 바로 이때다. 신앙의 고취를 위해 뛰어난 장인들이 실력을 다해 미륵부처를 제작했을 것이다.

거기다 그 유명한 화랑의 '세속오계' 정신도 종교화된 주입 교육 을 통해 어린 나이의 아이에게 국가를 위한 사상을 습득시키기 위 한 것이다. 예를 들어 살생유택, 즉 '살인도 가려서는 가능하다'는 것인데 일반적인 종교 상식에서는 있을 수도 없는 말이다. 결국 이 말의 숨겨진 뜻은 '사람을 죽이는 특권적 능력을 화랑 너희들은 가 지고 있다'라는 것으로 종교적인 안심을 부여하고 있다.

임전무퇴, '싸움에 물러섬이 없다'도 마찬가지다. 죽음을 두려워 말고 싸우라는 종교적 안심이 숨어 있다. 만일 죽는다 하더라도 이 와 같은 세계관에서는 다음 생애가 기다리고 있다. 전륜성왕과 부 처를 위해 죽었으니 당연히 환생의 몸은 지금보다 더 좋은 몸이 기다리고 있을 것이다. 이러한 논리의 정신적 교육을 받은 화랑은 자신의 죽음과 타인에 대한 살인을 두려워하지 않았다. 그러니 국가와 가문에 목숨을 초개처럼 바친 자들이 생겨났으며 몇몇은 자신의 하나뿐인 목숨을 깃털처럼 여기기까지 했다.

나머지 세속오계에 등장하는 사군이충, 사친이효, 교우이신 등도 하나같이 단순하면서도 딱딱 머리에 습득하기 좋은 내용이다. 통일 전쟁 시기 발휘된 신라의 힘은 바로 이와 같은 투철한 종교 정신을 바탕으로 단순한 교리를 주입하는 데서부터 시작됐다. 고구려나 백제에 비해 국가의 발전은 느렸지만, 가야를 정복하고 한강을 얻으면서 생긴 국가적 다양성을 단순한 종교적 교리를 통해 통합하는 데 성공한 셈이다. 나름 현명한 통치 방법이었다.

왕경인과 지방민: 신라의 차별 대우

우리는 한반도 내 북한에 대해서 한민족, 더 나아가 언젠가는 통일해서 함께 살아야 할 존재 등으로 인식하기도 한다. 그런데 한민족이라는 개념은 통일신라 이후에도 수백 년의 세월이 흘러서야 만들어진 것이다. 고려시대만 해도 평양에서는 고구려를 다시 세우겠다며 반란이 일어났으며 경주에서는 신라 부흥운동이 일어나기도 했다. 종족을 넘어선 완전한 정신적 통합은 고려 말에서 조선에 이르러서야 이루어진 듯 보인다. 한반도라는 제한된 영토 안에서도 통합적인 가치와 동족 의식을 만들기 위해서는 이처럼 오랜 기간의 세월과 삶이 필수적으로 필요했다.

삼국시대 한반도는 다양한 종족이 자신만의 뿌리를 내리며 살아가는 땅이었다. 서로에 대한 긴밀한 동족 의식을 가졌다는 기록은 거의 보이지 않는다. 예를 들어 백제는 가장 상층부의 왕족과 귀족은 부여계였지만, 그 외 한강 출신 귀족과 충청도 출신 귀족, 낙랑-대방과 같은 중국계, 일본과 가야계 인원, 기타 지역민 등으로 다양한 종족과 계층이 합쳐져서 구성된 국가였다. 그리고 이들은 서로의 출신에 따라 철두철미하게 위정자와 지배받는 자로 나뉘었다. 이런 그들이 부여계 상층부와 말갈계 하층, 그 외 낙랑-대방 중국계, 북방 중국계, 기타 유목민 등으로 구성돼 있던 고구려와 피 터지는 전쟁을 벌였다는 사실은 삼국시대 사람들이 지금의 관점과는 완전히 다른 세계관과 사회관을 지녔음을 알게 한다. 삼국시대는 현재의 미국, 러시아 사회와 유사한 다종족의 사회였다.

고구려, 백제, 신라뿐만 아니라 가야라 불리던 연맹 국가들도 필요할 때는 서로가 연합할지라도 각각 다른 국가이자 종족으로 서로를 인식했다. 당시 사람들은 우리가 북한과 대한민국을 구별하는 것보다 더 깊은 차별점을 두고 서로를 바라본 것이다. 특히 신라는 고구려, 백제에 비해 훨씬 후발 주자였던 만큼 다양한 종족과 문화를 하나의 그릇에 담아본 경험이 부족했다. 주변 국가를 점령하면서 얻은 것이 단순히 부와 재물이었던 상황에서 발전해 정복된 지역을 통합하는 가치관을 창출하고 더 큰 나라로 구성되는 과정을 6세기에 이르러서야 경험하기 시작한다. 즉 이즈음 신라

김유신 말의 목을 베다

는 경주민, 가야계, 한강 유역 지방민 등으로 구성된 복잡한 국가가 된 것이다. 화랑제도도 이러한 관점을 통해 본다면 또 다른 특색이 눈에 띄게 된다.

사실 인재 양성을 위해 만들어진 화랑제도라지만 그 한계도 분명했다. 화랑은 왕경인만을 대상으로 시행한 것으로, 여기서 왕경인이란 신라 수도에 거주하는 '경주 사람'을 의미한다. 이는 경주가아닌 다른 지역 사람은 화랑도에 쉽게 참여할 수 없었음을 알려준다. 신라 역시 고구려, 백제와 같이 출신지와 종족에 따라 철두철미하게 계급을 나누었기 때문이다.

우리가 익히 알고 있는 화랑제도의 신분제 차별 완화라는 기능도 사실상 수도 시민을 상대로 한 제한적인 기능에 불과했다. 점령지가 넓어지면서 관리해야 할 지역이 많아지자 자연스럽게 수도시민을 상대로는 신분제를 완화할 필요성이 생겼기 때문이었다. 지방인은 점령 지역 거주민民일 뿐이었다. 쉽게 이해하자면 제국주의에서 식민지 주민과 유사한 것으로 보면 된다. 당시 신라인의 세계관에서 경주를 제외한 지역은 차례차례 신라에게 정복당한 식민지와 마찬가지였다.

이러한 인식을 바탕으로 신라는 왕경인과 지방인을 엄격하게 차별하는 제도를 오랜 기간 고수했다. 정복된 지역에는 당연히 정복국가와 다른 권리와 의무가 부여됐다. 정복된 지역의 일부 상위층은 경주 내로 집안을 옮기면서 왕경인의 신분을 획득할 수 있었다. 가야계 김유신 가문이 대표적이다. 그리고 이렇게 편입한 계층에게는 화랑을 할 수 있게 기회를 열어줬다. 이는 분명 제한적이었지만 개방적인 특색이었다고 말할 수 있다.

신라의 골품제도를 구성하는 성골, 진골, 6두품, 5두품, 4두품, 백성 등의 구별도 왕경인만을 대상으로 하는 제도였다. 지방인은 아예 골품이 부여되지 않았다. 즉 우리가 일반적으로 인식하는 골품 운운도 그 자체만으로 이미 일정한 계급 안에 들어갔다는 뜻이다. 현대인의 관점과는 달리 신라인의 관점에서 본다면, 자신들의 구성원을 위한 계층 구별에 군이 새로 정복한 땅의 주민을 끼워줄 필요를 느끼지 않았을 것이다.

거기다 신라는 벼슬의 지위를 정하는 관등제도도 왕경인은 경위제, 지방인은 외위제로 구분해 부여했다. 출신 지역에 따라 격이 다른 성격의 벼슬이 내려졌음을 뜻한다. 이래서야 지방민이 가질 수 있는 권한이란 한계가 분명할 수밖에 없다. 다만 지방 벼슬아치도 자신의 지역 내에서는 신라와 유대 관계를 맺고 얻은 관직으로 인해 힘을 발휘할 수 있었다. 그러니 지방민이 차별 대우를 받았다 해서 생각 외로 큰 불만을 가졌으리라 보이지도 않는다. 자신의 지방 내 권리만 인정해 주고 재산과 권력을 빼앗지만 않는다면 경주인의 생활에 큰 관심을 보이지는 않았을 테니 말이다.

이러한 신라의 세계관 속에서 김유신의 화랑 시절은 어떤 모습이었을까? 화랑 시절 김유신의 나이는 지금의 청소년기에 해당한다. 심적으로 성숙이 덜한 시기에 신라 체제가 지닌 차별적인 요소는 곳곳에서 가야계 출신인 어린 소년의 마음을 의기소침하게 만들지는 않았을까? 아니면 이러한 차별적 요소도 당당하게 극복할

김유신 말의 목을 베다

만한 운명이라 여길 정도로 영웅적인 기질을 지니고 있었을까? 지금부터 김유신의 화랑 시절을 살펴보자.

첫사랑, 말의 목을 베다

화랑이 되려면 두 가지 조건이 충족돼야만 한다. 왕경인과 진골이라는 신분이 그것이다. 김유신의 고향은 충청도 진천군, 즉 신라시대에는 만노군이라 불리던 곳이지만 가야의 마지막 왕 김구해가 신라에 항복한 이후 집안이 경주로 옮겨졌기 때문에 김유신 역시 왕경 사람이었다. 왕경인 구별 기준은 지금으로 치면 본적에 가까운 개념이다. 또한 신라로 편입된 그의 가문은 진골로 인정받았기에 김유신은 화랑이 될 수 있는 두 조건을 모두 갖추고 있었다.

　15세에 화랑이 된 김유신은 당시 다른 귀족 자제들처럼 훌륭한 화랑이 되기 위해 수련에 매진했다. 특히 김유신 집안은 할아버지 김무력부터 무장 집안이었으므로 화랑제도를 통해 만들어진 낭도와의 인연은 어느 귀족 자제보다 중요한 인맥이었다. 신라 귀족으로는 역사가 짧은 만큼 새로운 인맥을 만드는 최고의 기회인 화랑제도에 김유신도 열정적으로 임했을 것이다. 《삼국유사》는 김유신이 검술로 국선이 됐다고 기록한다. 국선은 화랑의 우두머리를 뜻하니 최소한 김유신의 검술 수준이 상당했음을 알리는 기사다. 더불어 김유신이 누구보다 열심히 화랑 생활을 보냈음을 알려주는 증거이기도 하다.

이외에도 《삼국사기》에는 김유신이 화랑이 된 이후의 이야기가 두 편 전해져 오고 있다. 17세에 고구려와 백제가 신라를 침범했을 때 이에 울분한 김유신이 석굴에 들어가 하늘에 고하자 신령이 나타나 신묘한 비법을 전해줬다는 것과, 18세에 다시 산에 오른 김유신이 적국 평정을 하늘에 맹세하니 별 무리가 칼에 드리워졌다는 내용의 이야기이다. 하나같이 너무나 신비하고 영웅적인 이야기라 실제 있었던 일인지 궁금하게 만든다. 어쨌거나 이런 이야기는 당시 화랑이 백제와 고구려 정복을 목표로 열심이었다는 것을 알려준다. 주변 강대국을 적국으로 인식하면서 경주뿐만 아니라 그들이 지배하는 여러 지역에서도 점차 신라인이라는 동족 의식이 확대돼가고 있었다.

하지만 김유신이 아무리 영웅으로 기록됐다고 해도 젊을 때에는 분명 방황하고 고민하는 순간이 있지 않았을까? 화랑이기에 가지는 집안의 기대와 다른 화랑 조직과의 경쟁은 엄청난 스트레스를 유발했을 것이다. 특히 가야계라는 제약은 항시 걸리는 굴레였다. 이런 삶에서는 누구나 한 번쯤 현실을 피하고 싶은 마음이 들게 된다. 결국 영웅의 인간적인 이탈 이야기를 담은 것이 다름 아닌 천관녀 설화이다.

이 이야기 속 젊은 김유신은 특별히 언급돼 있지는 않으나 15세에서 18세 사이의 화랑이었던 것 같다. 당시 15세 이상이면 지금과는 달리 어른으로 취급했었다. 병역의 의무도 15세부터 적용되던 시대였다. 친구들과 함께 술을 마시며 여자를 만나는 행동은

　　　　　　　　　　　김유신 말의 목을 베다

화랑의 남다른 우애가 엇나간 상황이었다. 김유신의 어머니는 이런 아들을 엄하게 교육한다.

"남의 이목을 두려워해라. 네가 잘못되기를 바라는 눈길이 많다. 이런 자들에게는 작은 이야깃거리도 커다란 약점이 된다."

김유신은 진골이지만 가야 출신이면서 또한 신라 왕실의 피도 흐르는 모순적인 존재였다. 거기다 김무력의 공으로 벼락 스타가 된 집안에 왕실 여인을 보쌈해간 아버지. 약점을 잡으려는 자들에게 좋은 먹잇감이 될 여지가 충분했다. 한마디로 꼬투리를 잡고자 마음먹으면 크게 뉴스가 만들어질 수 있는 집안이었던 것이다. 경주 내 편입한 지가 오래지 않아 지지 세력이 얼마 없으니 소문으로 손가락질을 받을 때 이를 제대로 막아줄 울타리도 없었다. 그 경우 잘못하면 급속히 정치력이 줄어들 수도 있다.

지금도 마찬가지지만 기존 세력이 아닌 새로운 집단이 중앙 권력으로 들어오기 위해서는 가능한 모든 점에서 약점을 잡히지 않도록 행동해야 한다. 같은 죄라도 세력이 약하면 크게 부풀려지고 잘못하면 앞길을 영원히 막는 굴레가 되기도 한다. 김유신 집안의 지위에서는 작은 행동거지도 누구보다 조심할 수밖에 없었다. 마치 외줄을 타듯이 말이다. 외지인으로 신라 중앙 귀족이 되기 위해서는 인내와 절제가 무엇보다 필요했다.

김유신도 어머니 말을 듣고 깨달은 바가 있었는지 또다시 실수를 할 뻔하자 타던 말을 베어버리는 단호함을 보인다. 자신의 호불호만으로 인연을 만들기에는 어깨에 짊어진 가문의 무게가 너무나 컸다. 거기다 그는 가야계를 대표하는 가문이면서 화랑이기에 자신을 따르는 낭도의 인생도 책임져야 했다. 그의 실패는 곧 신라로 편입한 수많은 외지인과 그를 따르는 낭도 수백 명의 실패를 의미한다. 김유신은 어린 나이부터 이와 같은 압박과 책임 의식 속에서 살았던 것이다. 결국 말의 목을 벤 것은 바로 자신에게 주어진 무게와 압박을 일탈로 피하는 것이 아닌 정면으로 이겨내겠다는 의지의 표시였다. 이로써 김유신은 정신적으로 한 단계 성장을 했다.

이 이야기에 따르면 김유신은 젊을 때 방황도 했지만 마음을 정하자 누구도 생각하지 못하는 행동으로 결심을 보이는 엄격한 면도 있었다. 오히려 《삼국사기》속 화랑 김유신보다 영웅적인 모습이 잘 드러난다고 하겠다. 젊은 시절 방황은 할 수 있지만 이를 어떻게 이겨내느냐가 중요하다. 이탈의 시기를 훌륭하게 이겨낸 이상 김유신은 새롭게 일어설 수 있었다.

한편, 최근 들어 이야기 속 천관이 사실은 단순히 술과 웃음을 파는 여성이 아니라 여사제라는 주장이 힘을 얻고 있다. 신라 고유 신앙에 따라 하늘에 제사를 지내던 제사장이 신궁에 머물렀는데, 그녀를 당시에는 '천관'이라 불렀다고 한다. 그렇다면 화랑 시절 김유신은 나라의 제사장과 사랑에 빠진 것이다. 그러나 당시 신라는, 법흥왕 시대부터 중국과의 관계 개선과 함께 불교를 적극적으로 받아들이면서 친불교 세력이 강화되던 시기였다. 왕실이 앞장서서 불교와 관련된 행사에 나섰고 큰 절을 세웠다. 여러 귀족도 왕실을 본받아 가문을 위한 절을 경주 곳곳에 세웠다. 점차 불교 왕국이 만들어진 것이다.

김유신 말의 목을 베다

높은 신분으로 인정받던 고유 신앙 제사장도 이러한 분위기에 따라 신분 대접이 낮아질 수밖에 없었다. 이에 후대의 설화에 들어와 천관이 마치 기생처럼 낮은 신분으로 묘사된 듯하다. 이는 신라뿐만 아니라 다른 지역에서도 종종 보이는 현상이다. 새로운 종교가 기존 종교를 넘는 인기를 얻으면서 생겨나는 비극 말이다. 김유신과 천관은 신라 주류 세력에서 밀려나 있는 처지에 서로 공감하며 사랑을 피워갔다. 한쪽은 새롭게 경주인이 된 신분이며, 한쪽은 한때 존경받는 위치였으나 이제는 계륵과도 같은 신세가 된 처지였다. 이 만남은 헤어짐을 예견하고 있는 슬픈 인연이었다.

김유신 어머니는 고유 신앙의 영향력이 줄어드는 시기에 아들이 그와 관련한 여인과 만나는 것을 알게 되자 이를 과감히 끊어버리라고 한다. 어머니 입장에서는 그렇지 않아도 아들이 가야계 출신이라 신라 최상위 왕족의 피가 흐르고 있음에도 사회에서 인정받기가 쉽지 않은데, 여기다 세력이 약해지는 종교 집단 여성과 만남을 가진다면 김유신의 미래가 좋게 열리지 못할 것이라 생각했던 것 같다. 이제야 만명부인은 아버지 숙흘종의 기분을 좀 알았을 것이다. 결혼을 한 뒤 남편이 받는 스트레스를 옆에서 지켜봐야 했던 그녀는 자식은 이 굴레에서 벗어나길 바랐고 이 때문에 아들의 만남을 손들고 환호할 수가 없었다.

김유신은 큰 아들이니 집안의 분위기를 누구보다 잘 알았다. 마지막으로 자신이 아끼는 말의 목을 벰으로써 결심을 보인다. 하지만 어머니가 원하는 대로 천관과 헤어졌다고 하나 진정으로 원한 일은 아니었다. 이후 천관이 죽자 김유신은 그녀를 위해 천관사라는 절을 세웠다고 전해진다. 첫사랑에 대한 추억과 안타까운 이별은 한 남자의 가슴속 깊은 곳에 잊혀지지 않는 상처로 남아 있었던 것이다. 이때의 군은 심지는 큰일을 치룰 때마다 과감히 결단을 내려 상황을 역전시키던 성격으로 이어진다. 이 사건을 통해 평생을 지녀온 단단한 마음이 형성된 듯 보인다. 마음을 굳게 먹은 김유신은 젊은 나이에 겪어야 했던 이별을 이처럼 헤쳐 나갔다.

김유신 말의 목을 베다

03 ——————— 김유신, 동지를 만나다

불로 누이를 태우려 하다

《삼국유사》에는 놀랍게도 김유신이 자신의 여동생인 문희를 불로
태우려는 장면이 등장한다. 다른 사람도 아닌 누이를 불태운다는
점에서 일의 심각성이 느껴진다.

때는 선덕여왕이 공주이던 시절, 왕이 되기 이전에는 덕만공주
로 불리던 그녀는 남산으로 김춘추를 포함한 여러 신하를 거느리
고 산책을 나가다가 경주 시내에 연기가 자욱하게 올라가는 것을
보게 된다.

"저것이 무슨 연기인가?"

공주가 놀라 알아보라 하니, 신하 하나가 산 아래로 말을 타고 내려갔다 돌아와 보고했다.

"유신이 장작을 마당에 쌓고 불을 질러 자신의 여동생을 태우려고 하고 있습니다."

공주는 여동생을 태우려 한다는 소식에 놀라 다시 물어본다.

"여동생에게 무슨 죄가 있어 이런 일을 벌이는고?"

신하가 답하길

"그 누이가 남편도 없이 아이를 가졌기 때문이라 하옵니다."

"누구의 아이란 말인가?"

공주가 다시 물었다. 그런데 공주와 신하가 이와 같은 대화를 하는 중에 마침 옆에 있던 김춘추의 얼굴이 벌겋게 물들고 있었다. 공주는 춘추의 얼굴을 보고 그의 아이임을 직감했다.

"어서 가서 너의 아이를 구하라."

공주의 명을 들은 김춘추는 말을 타고 내려가 누이를 태우려는 유신을 만류하고 자신의 아이를 밴 김유신의 여동생과 결혼을 하게 된다.

이 이야기는 《삼국유사》에서는 선덕여왕시대의 사건으로 나오나, 김춘추와 김유신의 여동생 문희 간에 첫 아들이 태어난 것은 진평왕 48년의 일이었으므로 선덕여왕이 아직 공주였던 시절에 일어난 사건이다. 즉 김유신은 공주 앞에서 누이를 불태우려는 마지막 수단을 통해 김춘추와 자신의 누이를 결혼시키는 데 성공한 것이다. 이러한 장면을 볼 때 이 결혼이 결코 쉽지 않은 결합이었

김유신 말의 목을 베다

음을 알 수 있게 한다. 과연 그 속에는 어떤 숨겨진 일이 있었던 것일까?

이방인의 운명

김유신이 가야 출신이라는 한계를 넘어 신라의 당당한 중앙 귀족으로 올라서기 위해서는 할아버지 김무력처럼 남다른 공을 세우거나 또는 아버지 김서현처럼 신분 높은 여성을 부인으로 삼는 방법이 필요했다. 한 걸음 한 걸음 단계를 밟아 올라갔으니 신라인이 된 지 3대가 된 시점에서 목표 지점이 손아귀에 잡힐 듯한 느낌도 있었다. 허나 쉽게 계획대로 안 되는 것이 또한 인생이기도 하다.

　역사 기록이나 남아 있는 유적 등에서 별 다른 내용이 발견되지 않는 것을 보아 김유신은 화랑 생활이 끝난 뒤 10여 년의 시간이 지날 때 까지 큰 공을 세우지 못했던 것 같다. 사실 김무력의 경우 신라의 영토가 크게 팽창하던 시기라는 때를 잘 만나서 높은 공을 세울 수 있는 기회도 여럿 얻어낼 수 있었다. 즉 개천에서도 용이 나올 수 있는 시기였다. 또한 한강 유역 개척이라는 일도 당시에는 신라에서 왕이 일차적으로 관심을 둘만큼 중요성을 지닌 일이기도 했다. 단순히 새로운 영토를 만든다는 것을 넘는 의미가 있는 일이었던 것이다. 덕분에 김유신 가문은 혹시나 있을 금관가야 지역의 반발을 막기 위한 인질 개념의 신라인에서 벗어나 당당한 신라 내 신흥 무장 가문으로 발돋움 할 수 있었다.

하지만 김유신이 젊었을 때에는 백제, 고구려와 소규모 격전만 있었을 뿐, 할아버지 때처럼 큰 전투가 없었다. 사실상 큰 공을 세울 기회조차 얻기 힘든 상황이었다. 이런 분위기라면 경주 내에서 정치적인 인맥 다툼으로 높은 자리를 잡아야 한다. 문제는 수백 년간 신라의 중심에서 지내며 겹겹으로 두텁게 만들어진 중앙 귀족에 비해 김유신 가문은 짧은 신라 역사만큼 중앙 정치 인맥이 크게 부족했다는 점이다. 당연히 이런 상황이면 힘있는 자리를 얻기도 쉽지 않았다. 그러니 또다시 외지만 계속해서 돌 수밖에 없게 된다. 하지만 언제까지나 한강 유역에만 있을 수도 없었다. 수도와 지방을 엄격하게 차별하는 문화 속에서 경주와 지근거리의 일을 맡아야 가문이 지속할 수 있는 추진력도 얻게 된다.

뿐만 아니라, 후대에 신라 최고의 거물이 되는 김유신임에도 젊었을 적 결혼과 당시 태어난 자제에 대해서는 아무런 기록이 남아 있지 않은 것을 보면 결혼 생활도 그리 순탄치는 않았나 보다. 아버지는 인생을 건 도박 끝에 신라 내 최고급 핏줄과 결혼할 수 있었건만 그에 비해 김유신이 처음 사랑한 여인은 다름 아닌 천관이었다. 아버지와는 달리 낮은 계급의 여성과 만나고자 한 것이다. 결국 어머니 반대로 천관과 헤어지게 됐고 그 뒤 유신은 어느 정도 격이 있는 집안과 결혼했을 것으로 추정된다. 천관 일화만 봐도 최정상 왕실 출신이었던 어머니가 이런 아들을 가만히 두지는 않았을 것이다. 하지만 그의 젊은 시절 결혼은 오랜 기간 적자 자손이 없는 결과를 맞이하고 말았으니, 나중에 김유신의 서자라며 기록에 등장하는 김군승의 경우 6두품 신분에 불과했다. 즉 자세한 이유는 모르겠지만 김유신에게는 한동안 적자가 없었고 6두품 여인과의 사이에서 태어난 서자 아들만 있었던 것이다. 그러나 6두품 신분의 자식만으로는 높은 가문과 결혼을 통한 깊은 교류를 만들어 내기가 결코 쉽지 않았다. 이에 가문의 성장을 위해서 어엿한 진골 신분을 지닌 여동생을 고위 진골 남성과 연결시키는 노력이 필요할 수밖에 없었다.

게다가 젊은 시절 김유신은 집안이 금관가야에서 신라로 옮겨온 지 어느덧 3대가 되는 시점이었다는 냉정한 현실에 직면해야 했다. 대부분의 역사를 볼 때 정복국이 합병한 지역의 권력자를 특별히 우대해 주는 정책은 길어봐야 2대를 넘어가지 않는다. 그 뒤로는 알아서 살아남아야 한다. 문제는 우대 정책이 끝나는 순간부터 기존의 권력층에게 견제와 무시를 당하며 권력을 유지하기 위한 좋은 기회를 얻기 힘든 상황이 연출된다는 점이다. 결국 이러한 과정을 겪다 어느 순간 집안은 몰락해 조용히 사라지게 된다. 김유신이 조급할 만한 상황이었다.

신라에는 금관가야의 김유신 집안과 유사한 경우로 대가야 출신의 도설지가 있었다. 도설지의 아버지는 대가야 이뇌왕이고 어머니는 신라 왕실의 친척인 이찬 비조부의 누이 동생이다. 즉 도설지도 김유신처럼 피의 절반은 가야인이고 다른 절반은 신라인이었다. 당시 약소국이었던 대가야는 신라와 백제 사이에서 줄타기 외교를 하고 있었는데, 신라와 결혼 동맹을 취하는 과정에서 도설지가 태어났다.

그러나 이렇게 태어난 도설지는 대가야가 친백제 성향의 정책을 펼치자 신라로 망명을 할 수밖에 없었다. 대가야 내에서 신라가 도설지를 통해 영향력을 확대할 것을 두려워해 해치려는 분위기가 있었기 때문이다. 그의 가혹한 운명은 이렇게 시작된다. 이때 집안을 경주로 옮기면서 도설지는 왕경인으로 대우받는다. 이후로는 신라 장수로 정복 전쟁에 참가해 여러 작은 공도 세웠다. 특히 진흥왕은 대가야 지역을 정복하기 위해 군사를 일으켰으니 이와 관련해 도설지가 필요한 일도 많았을 듯싶다.

결국 그는 사척간까지 관등이 올랐으며 이와 함께 대등이라는 직위도 겸직했는데 국왕의 순행시 왕을 수행할 수 있는 높은 관직이었다. 신라를 대표하는 화백회의는 상대등을 중심으로 여러 대등들이 함께 정사를 토론하던 자리였다. 아무래도 도설지가 외부인이었던 만큼 화백회의 발언권이 제대로 보장되지 않는 상징적인 의미를 주는 대등이었을 확률이 높다. 신라 입장에서는 외지의 최고 신분을 지닌 이에게 신라 귀족의 회의에 참가할 수 있는 기회를 준다면 신라의 포용력에 대한 홍보 효과를 줄 수 있다고 여겼을 것이다. 이처럼 도설지도 여러 이유로 인해 골품적으로는 진골의 대우를 받았음을 알 수 있다. 여기까지는 금관가야 출신인 김무력과 비슷한 길을 가고 있었다.

그러나 대가야가 신라로 완전히 합병된 562년 이후 신라 장군 도설지는 대가야 왕으로 즉위하게 된다. 신라인에서 가야인으로 인생이 다시 바뀐 것이다. 대가야를 무력으로 정복하는 데 성공한 신라는 이후 이들의 반감을 무마하기 위해 피의 절반은 신라인이었던 도설지를 왕으로 추대한다. 즉 허수아비 왕이었다. 금관가야

김유신 말의 목을 베다

는 평화적으로 항복해 그만큼 지역 내 반발이 없었지만 대가야는 달랐다. 신라와의 처절한 전투 끝에 패망했기 때문이다. 그리고 여전히 이들은 백제 쪽에 손을 내밀고 있었다.

이후 도설지의 삶에 대해서 자세히 남겨진 기록은 없다. 어느 정도 대가야에 대한 병합이 완료될 때까지 신라의 허수아비 대가야 왕으로 지내다가 결국 쓸모가 없어진 어느 순간에 왕위에서 내려와 조용히 은퇴했을 것으로 추정된다. 경상남도 합천군에 있는 월광사月光寺는 그가 가야 왕에서 내려온 이후 승려가 돼서 세운 절이라고 알려진다. 그나마 낭만적으로 표현한다면 망한 대가야를 위로하기 위해 그곳에 지냈을 듯 보이나, 사실상 도설지의 입장은 살아남기 위한 칩거였다.

자신은 원하지 않았을지도 모르겠으나 가야 왕이 된 이상 물러나더라도 그는 신라의 요주의 인물이었기 때문이다. 조금이라도 잘못 보이면 죽음과 연결되는 살벌함 속에서 살아야 했다. 당연한 것이겠지만 그의 후손에 관한 이야기도 기록에 더 이상 등장하지 않는다. 가문을 중시하던 삼국시대 세계관에서 집안의 흔적이 소리 소문 없이 끊겨버린다는 것은 엄청나게 비극적인 말로다. 김유신 역시 할아버지인 김무력과 동시대 인물이었던 대가야 왕 도설지의 말로에 관해 잘 알고 있었을 것이다. 그의 집안에서 도설지는 반면교사였다.

한 인물의 비극적 말로를 통해 우리는 김유신의 아버지인 김서현이 무리한 결혼을 성사시키고자 노력한 이유를 이해할 수 있게 된다. 왕실과 같은 든든한 울타리가 없다면 효용성이 떨어지는 순간 가차 없이 사라지는 것이 이방인의 운명이었다. 거기다 기존 진골 귀족과 비슷한 수준의 공을 세울 수 있는 기회를 얻기 위해서라도 왕실과 최대한 가까운 피가 집안에 연결돼야 했다. 가야계인 이들에게는 생존의 문제였다. 고민을 하던 김유신은 때마침 한 인물을 포착한다. 김유신 가문에 새로운 희망을 줄 인물이었다.

김춘추, 몰락한 왕실의 적자

김춘추는 신라 25대 왕인 진지왕의 손자이지만 처음 김유신을 만나던 시기에는 적통 왕계에서 조금 벗어난 인물이었다. 춘추의 할아버지인 진지왕이 폐위당하면서 왕실의 적통이 다른 계열로 이동했기 때문이다.

진지왕의 아버지인 진흥왕이 통치하던 신라는 영토 확장의 계속된 성공으로 엄청난 자신감을 표출하던 시대였다. 낙동강을 사이에 둔 전통의 라이벌 가야가 완전히 신라에 병합되면서 소백산맥 안으로는 더 이상 신라의 적수가 없었다. 한강 유역을 둔 전쟁에서는 강호 백제를 무너뜨리고 한반도의 강국으로 자리매김했다. 뿐만 아니라 한때 신라를 보호국으로 삼았던 고구려의 영토까지 깊숙하게 들어가 신라의 힘을 잠시나마 함경도의 함흥까지 미치게 했다. 이는 지금까지 가지고 있었던 작은 국가 신라라는 이미지를 완전히 떨쳐버릴 만한 쾌거였다. 그런데 신라가 짧은 시기 만에 작은 나라에서 큰 나라로 발돋움하자 진흥왕은 엉뚱한

김유신 말의 목을 베다

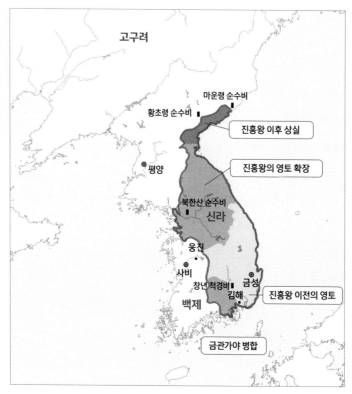

고구려

마운령 순수비

황초령 순수비

진흥왕 이후 상실

평양

진흥왕의 영토 확장

북한산 순수비

신라

웅진

사비

창녕 척경비

금성

김해

진흥왕 이전의 영토

백제

금관가야 병합

진흥왕 시기의 삼국 영토

생각을 하게 된다.

전륜성왕 의식은 신라, 백제뿐만 아니라 동시대 중국의 여러 왕
조에서도 인기를 끌던 개념이었다. 이것은 불경에 등장하는 위대
한 정복왕인 전륜성왕과 현존하는 왕 자신을 동일시하는 것으로,
불교가 성행하던 시대에 왕권 강화와 이데올로기 정립을 위해 많
은 국가에서 퍼트리던 이념이었다. 이것이 신라로 넘어와 진흥왕에

게 큰 영향을 미치게 된다. 그런데 진흥왕이 생각하는 전륜성왕의 개념은 지금껏 다른 국가에서 보인 내용을 한 차원 더 넘어서는 것이었다. 왕이 된 뒤 엄청난 성공이 연속되자 이것은 부처님이 자신과 이 왕국을 돌보기 때문에 나온 결과라는 믿음을 넘어 왕실이 곧 석가모니 일족이라는 집단 최면으로 이어지게 된 것이다. 진흥왕의 이와 같은 종교 철학은 왕이 된 뒤 계속되는 성공에 대한 자신감과 엄청난 자기애가 바탕이 되었다.

전륜성왕은 금륜, 은륜, 동륜, 철륜의 4등급으로 나뉜다고 하는데, 진흥왕 아들들의 이름이 각기 동륜과 사륜인 것도 이 때문이었다. 얼마나 불교 사상에 빠졌는지 자식들 이름마저 자신이 믿는 종교에 합치되도록 지은 것이다. 결국 왕실 일가의 상향 의식은 상위 귀족 및 방계 왕족이 속해 있던 진골과는 구분해 정통 왕실은 곧 성골 집단이라는 개념을 탄생시키기에 이르렀다. 그 유명한 성골이라는 개념은 다름 아닌 석가의 집안이 윤회를 통해 신라 왕실에서 재현되고 있다는 사상과 결합돼 나온 것이다. 즉 인도에 있던 석가의 가문이 한 치의 오차도 없이 그대로 신라에 환생해 한 번 더 부처의 탄생 시기를 만들어 내고 있다는 상상력이 토대가 된 것이다. 현대로 치면 마치 예수의 재림과 같은 이야기를 대통령이 하고 있다고 보면 된다. 이런 순박한 이야기를 믿어줄 만큼 당시 신라인의 종교에 대한 순수함은 남달랐던 것 같다.

그러나 진흥왕의 계속된 성공과 행복한 시간은 태자 동륜의 죽음과 함께 막을 내린다. 자신의 뒤를 이어 위대한 석가의 세상을 열 것으로 믿었던 첫째 아들이 갑자기 먼저 죽게 되자 진흥왕은 팔

김유신 말의 목을 베다

관회를 열어 전사자를 비롯한 수많은 영혼을 위로하고 거대한 불상을 주조했다. 거기서 한발 더 나아가 자신의 법명을 법운法雲으로 지은 뒤 머리를 깎고 승복을 입는 삶을 시작했다. 세속의 왕이 아닌 출가한 승려가 되고자 한 것이다. 부인인 왕비도 남편을 따라 여승이 돼서 이들 부부는 진정한 부처님의 제자가 됐다.

그러나 진흥왕의 이런 행동을 단순히 큰아들의 죽음에 대한 슬픔으로 판단하면 심오한 진흥왕의 세계관을 완전히 이해하기 어렵다. 《장아함경》의 〈전륜성왕 수행기〉에 따르면 전륜성왕은 불법의 상징인 금살바퀴가 왕을 떠나 사라지자 죽음이 다가옴을 느끼고 승려가 됐다고 전한다. 한때 세속의 위대한 정복왕이었으나 부처님의 제자로 죽음을 맞이한 것이다.

여기서 진흥왕은 큰 아들 동륜의 죽음을 불법의 상징인 금살바퀴가 전륜성왕을 떠나는 장면과 일치시킨 듯하다. 그렇다면 승려가 된 것도 당연히 전륜성왕의 발자취를 그대로 따라간 것이다. 놀랍게도 죽은 태자 동륜의 아들 이름은 백정白淨이며 그의 부인은 마야摩耶였다. 실제 석가모니의 부모 이름과 동일하다. 진흥왕은 손자 이름을 이처럼 지으면서 손자 대에는 불경 속의 석가모니 가문이 그대로 신라 왕실에서 재현될 것이라 믿었다. 그렇게 본다면 태자의 죽음부터 모든 것이 계획대로의 진행인 것이다. 아들의 죽음이라는 현실마저 완전히 종교에 짜 맞추어 새롭게 해석할 정도로 사이비 종교 같은 광신적인 믿음이 신라 왕실에서 이루어지고 있었다.

하지만 진흥왕의 위대한 계획은 그가 죽자 잠시 흐트러지게 된다. 승려가 된 진흥왕이 불과 43세의 나이로 죽었을 때 태자 동륜의 아들은 왕이 되기에는 아직 나이가 어렸다. 이런 상황에서 정치적 안정을 걱정하던 원로들의 합의로 진흥왕의 둘째 아들이 왕위에 오르니 그의 이름은 사륜이고 진지왕이다.

당시 원로의 대표이자 상대등이었던 거칠부는 70대 후반의 노인이었으나 전성기에는 고구려를 공격해 신라를 승리로 이끈 위대한 장군이자 신라 역사서인 《국사》를 편찬한 대학자이기도 했다. 역사서를 편찬할 정도였으니 어느 정도 이성적인 사고도 하지 않았을까? 현재는 거칠부가 쓴 《국사》가 남아 있지 않아 정확히 어느 정도 수준의 기록이 있었는가 알 수 없으나 신라에서 최초로 작업한 역사서인 만큼 상당한 가치를 부여받는 일이었을 것이다. 이런 여러 일들을 책임자로 행했으니 거칠부가 분명 대단한 인물이었음에 틀림없다. 당연히 진흥왕 말기에는 국가의 최고 원로이자 노련한 정치가로 인정받고 있었다.

그런데 진흥왕과 여러 차례 순행도 함께하고 공을 세워 이찬과 대등의 지위까지 오르는 등 누구보다 왕의 지근거리에서 지냈던 거칠부가 진흥왕의 의견에 반해서 둘째 아들을 왕위에 올렸다. 거칠부는 사실 진흥왕 말기에 행해진 왕실의 황당한 행동에 불만이 있지 않았을까 싶다. 허나 감히 진흥왕이 살아 있을 때에는 잘못됨을 지적하지 않았을 것이다. 누가 봐도 제정신은 아니었기 때문이다. 제정신이 아닌 자가 가족 중 한 명이어도 가정이 파탄 나는데, 그것이 절대 권력자인 왕이라면 잘못하다간 말 한 마디에 죽을

김유신 말의 목을 베다

수도 있었다. 단순히 자신뿐만 아니라 가족과 친지도 함께 말이다. 가문을 박살낼 생각이 아닌 이상, 자기애가 너무도 강했던 진흥왕에게는 바른 말을 할 수 없었다.

이제 종교 세계에 빠진 왕이 죽은 이상 모든 것을 정상으로 되돌릴 필요가 있었다. 정치는 엄연히 현실이지 개인의 종교적 신념으로 운영되는 것은 아니기 때문이다. 그러나 거칠부의 생각과는 달리 진흥왕의 종교적 신념은 결과적으로 이 사상에 기생하는 거대한 권력 집단을 만들어 냈다. 사실 이들에게 진흥왕의 신념은 설사 마음속 깊이 신봉하지 않아도 상관없는 것이었다. 신념보다는 이 사상으로 인해 만들어지는 권력과 재력에 관심이 더 많았다. 이들에게는, 신라를 이전 모습으로 돌리려는 거칠부가 마음에 들 수 없었다.

신라의 혈통주의

과천 경마장은 토, 일요일마다 뜨거운 열기로 가득하다. 사람들은 서로 모여 마권을 사고 자신이 응원하는 말이 승리하기를 기원한다. 결국 선택한 말이 우승을 하는 순간 적게는 몇 배에서 많게는 수백 배의 돈을 획득할 수 있기에 경마장의 뜨거운 열기는 마지막 레일이 끝날 때까지 이어진다. 오늘날 경마에서 당당하게 뛸 수 있는 말은 보통 말이 아니다. 백여 년이 넘는 엄격한 혈통과 종 관리를 거친 말만이 레이스에 오를 수 있다.

혈통도 알 수 없는 제주산 말이 좋은 기수를 만나 뜬금없이 우승을 한다는 이야기는 말 그대로 소설이다. 현실에서는 그런 일이 일어나지 않는다. 혈통의 격이 떨어지는 말은 처음부터 게임 자체에 끼워주지 않기 때문이다. 열 번 우승한 수컷 말과 여섯 번 우승한 암컷을 교배시켜 좋은 유전자만 물려받은 종자를 낳게 하고 이렇게 얻은 말을 또다시 서로 교배시켜서 태어난 말들이 바로 경마장의 말이다. 현실에서는 레이스를 뛰는 말 중 많은 수가 형제이자 부자이자 친척이다. 최근이야 덜하지만 한때 혈통의 우수성을 중시한 나머지 우수한 종마끼리의 근친 교배가 너무나 성행했기 때문이다. 오죽하면 유명한 한 명마는 현재 세계에서 뛰고 있는 특정 경마 종의 90%에 자신의 피를 남겼다고 한다. 이러한 이야기를 하는 이유는 신라시대 왕실의 결혼도 마치 경마의 말처럼 혈통을 중시한 결혼이 성행했기 때문이다. 당시 신라는 이름 있는 귀족부터 왕까지 혈통적으로는 다들 친척이자 형제였다. 다만 거리가 가깝거나 멀거나 하는 정도의 차이가 있었을 뿐이다. 이와 같은 세계에서 전혀 다른 피가 섞인 이가 갑자기 성공한다는 이야기는 마치 족보 없는 제주도 말이 뜬금없이 우승한다는 것과도 마찬가지다.

김춘추의 할아버지인 진지왕은 거칠부로 인해 왕이 됐지만 형인 동륜에 비해 성골 정통성이 부족하고 처가 쪽 영향력마저 미약했다. 실제로 그가 왕이 되려는 의지가 있었는지도 의심스럽다. 형이었던 태자 동륜은 아내가 진흥왕의 여동생이었으니 고모와 근친

김유신 말의 목을 베다

결혼을 한 것이다. 진흥왕 시대 만들어진 성골이라는 왕실 상향 의식은 최고의 신분과 최고의 신분이 합쳐져야 하는 상황을 만들고 말았다. 신라 최고 귀족으로 구성된 진골 신분도 성골에 비하면 격이 낮았기에 정통성을 이을 태자의 결혼 상대로는 부적격이었다. 결국 성골의 신분에 가장 걸맞는 결혼 상대는 같은 성골인 왕실 직계 일가에서 나와야 했다. 여기에는 왕실의 혈통에 가장 가까운 핏줄과 핏줄이 만나서 탄생하는 자손은 혈통적으로 더 우수하다는 인식이 바탕으로 깔려 있다. 근친결혼은 이와 같은 의식세계에서 등장한 것이다.

반면 이와 대비돼 진지왕의 왕비인 지도부인은 부친이 박씨인 기오공이었다. 왜 둘째 아들이었던 진지왕은 성골임에도 그보다 혈통이 떨어지는 박씨 성을 지닌 여성과 결혼한 것일까? 기록에 더 이상의 이야기가 남겨져 있지 않아 알 수 없지만, 진흥왕은 태자의 권위를 높여주기 위해 태자에게는 왕실 직계인 자신의 동생과 배필을 맺어준 반면 둘째인 진지왕에게는 전통적으로 왕비를 배출하던 박씨 집안의 여성과 결혼시킨 것이 아닐까 싶다. 이로써 둘째의 자손은 태자의 자손에 비해 격이 한 단계 떨어지게 되기 때문이다. 즉 피의 순혈도에 따라 직계 자손 사이에서도 계급이 나뉘는 거다. 이처럼 당시 신라 사람들에게 피의 순혈도에 맞춘 특정 인물에 대한 평가라는 것은 굉장히 중요한 문화였다.

이렇듯 아버지 진흥왕의 전륜성왕 계획으로 둘째인 진지왕은 즉위한 뒤부터 정치적으로 큰 부담을 가질 수밖에 없었다. 결국 자신의 울타리였던 거칠부가 늙어 집에서 죽음을 맞이하자 진흥

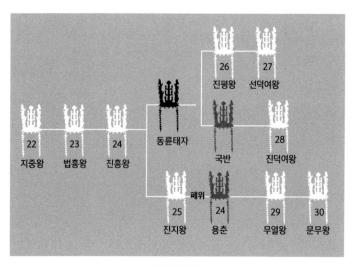

신라 왕 가계도

왕의 계획이 다시 꿈틀거리기 시작하는 것을 막을 힘이 진지왕에게는 없었다. 여러 대에 걸쳐 만들어진 사이비 종교와 같은 이 음산한 계획은 미신과 운명을 믿지 않는 자라도 움츠러지게 만들 만한 권위가 있었다. 하물며 이와 같은 집안 분위기 속에서 자라난 진지왕의 기분은 어떠했을까? 당당했던 거칠부가 갑자기 죽자 이것이 운명이라고 지레 포기하지는 않았을까? 결국 귀족 대표 상대등이 사라진 뒤, 권력의 추는 진흥왕 신념에 기생하는 집단으로 곧바로 옮겨갔다.

진지왕은 즉위한 지 4년이 되는 해에 왕위에서 물러나 죽음을 맞이한다. 거칠부가 빠진 화백회의에서 진지왕이 정치를 문란케 하고 주색에 빠져 왕위를 지속할 수 없다는 이유로 폐위를 결정했

김유신 말의 목을 베다

기 때문이다. 구체적이지도 않은 모호한 이유를 댔다는 것은 반드시 진지왕을 폐위하겠다는 의미였다. 이렇게 내려온 왕이 자신의 삶을 살기란 불가능하다. 폐위된 뒤 얼마 지나지 않아 조용히 진지왕은 제거되었다.

불쌍한 삼촌을 이어 태자 동륜의 아들이자 석가모니 아버지 이름을 가진 백정白淨이 왕위에 올랐다. 근친결혼의 결과물인 그가 바로 진평왕이다. 진흥왕의 여동생이면서 동시에 태자 동륜의 처였던 만호부인과 그를 위시로 하는 왕실 핵심 권력층이 거칠부가 죽자 진흥왕의 유지를 명목으로 진지왕을 제거하고 다시 동륜계로 권력을 되찾아온 것이다. 진흥왕 사후 벌어진 동륜파와 사륜파 간의 왕위 싸움은 이렇게 막을 내렸다. 그러나 진지왕에게는 유일한 혈육이 하나 남아 있었다. 그가 바로 김춘추의 아버지 김용춘이다. 어찌된 일인지 김용춘은 아버지는 죽음을 당했어도 진골의 신분을 인정받아 목숨을 부지할 수 있었다. 당시 굳이 죽일 필요가 없을 정도로 어린 나이였던 것 같다.

가문의 운명을 건 작전

김유신과 김춘추, 두 사람이 정확히 언제부터 친하게 지냈는지는 자세한 기록이 없어 알 수 없으나 626년에 김유신 여동생과 김춘추 사이에 큰 아들 김법민이 태어나니 최소한 620년대 초, 중반부터는 친했던 사이로 추정된다. 하루아침에 김유신이 김춘추에게 여동생을 소개할 정도로 금세 친밀해지지는 않았을 테니 말이다.

두 사람의 나이 차는 7살로 친하게 지낼 당시 김유신은 20대 후반에서 30대 초이고 김춘추의 나이는 20대 초반이었다. 김유신은 집안에서도 밖에서도 당당한 어른으로 대접받고 더 나아가 말 한 마디에도 책임을 져야하는 나이인 반면, 김춘추는 이제 막 사회에 이름을 올린 젊은 나이였다. 어찌 보면 나이 차가 많이 나고 어찌 보면 적은 차이이기도 하다. 그래도 친하게 지내며 서로의 부족함을 보완해줄 나이였다.

김유신과 김춘추 두 사람 모두 신라 왕실 사람이고 서로의 성격이나 집안의 사정에 대해서는 친밀해지기 이전부터 어느 정도 알고 지냈을 것으로 보인다. 당시 진골 귀족은 은근히 근친이 많았으니 조금만 올라가면 서로 친척이고 왕실 가계였다. 여기서 결혼할 집안으로까지 친해진다는 것은 만남이 지속되면서 이루어진 일이었다. 현실 상황에 대한 두 집안의 인식에 비슷한 부분이 있었던 것이다.

김유신의 입장에서 김춘추는 왕실의 남자로 괜찮은 인물이었다. 우선 적당히 방계로 빠진 가계는 가야계인 김유신 집안에서 어렵지만 충분히 공략이 가능하다고 여길만 했다. 아버지 김서현도 왕실 여인을 부인으로 삼아 김유신을 낳았으나 그녀 역시 결혼할 당시에는 왕실 직계 최고 라인에서는 한 단계 아래인 가계였다. 그러했기에 집안의 반대가 있었어도 결국 결혼을 성공시킬 수 있었던 것이다. 김춘추 역시 이와 유사한 배경을 가지고 있었다.

두 번째로 김춘추의 가능성이다. 동륜파와 사륜파의 싸움에서 패배하며 물러앉은 김춘추 가계지만, 동륜파인 진평왕에게는 딸만 존재했으며 진평왕의 다른 형제도 아들이 없기는 마찬가지였다. 여기에 김춘추의 어머니는 진평왕의 딸인 천명공주이므로 진평왕은 그에게 당숙이자 외조부가 된다. 만일을 대비해 진평왕이 자신의 딸과 사촌 김용춘을 결혼시킨 것이다. 성골 핏줄에서 아들이 탄생하지 않으니 걱정이 들었나 보다. 할 수 없이 다시 한 번 혈통 관리에 들어갈 수밖에 없었고 노력 끝에 자신의 피가 들어간 진골 김춘추를 탄생시켰다.

그 결과 김춘추에게는 동륜과 사륜의 피가 함께 있었다. 혈통 상 동륜계에서 새로운 왕자가 뜬금없이 탄생하지 않는다면 충분히 김춘추도 왕위를 노릴 만한 서열에 속했다. 물론 패권 싸움에서 패배한 집안이 왕을 배출하기란 기존 진골 귀족보다 오히려 더 어려울 수 있다. 그러나 확률적으로는 낮을 수도 있지만 사람의 인생이란 어찌될지 모르는 것이다. 성골이라는 엄청난 왕실 상향 의식에 빠져있던 신라 왕실이라면 최후의 경우 자신들의 피가 조금이라도 섞여 있는 김춘추를 선택할지 모른다. 김춘추와 사돈을 맺은 뒤 만약 김춘추가 왕위에 오르게 된다면 김유신 집안은 단순한 왕실 집안의 한 가문을 넘어 왕을 배출한 외척 가문으로 성장할 수 있었다. 지금까지와는 격과 대접부터 완전히 달라지는 것이다. 이런 면에서는 오히려 아버지 김서현의 결혼보다 훨씬 단 열매를 수확할 확률도 충분했다.

반면, 김춘추의 입장에서 김유신은 신흥 무장 집안의 주인이 될 자로 친하게 지내두면 나쁠 것이 없는 인물이었다. 김춘추에게 가장 큰 걱정이 있다면 진평왕이 지나친 성골 의식 때문에 언제든 자신을 해코지할 수도 있다는 점과 다른 진골 귀족이 만약을 대비해 자신에 대한 견제를 심하게 한다는 점이었다. 더욱이 진평왕 또는 그의 형제들에게서 성골 피가 들어간 아들이 지금이라도 탄생한다면 어찌될지 모르는 인생이라는 점도 고달픈 문제였다. 때문에 왕실 관련한 여러 의식과 행사에 참여해 서로 인사는 할지라도 일반 진골 귀족이 쉽게 김춘추 집안에 마음을 열거나 친밀감을 표시하지는 않았을 것이다.

김춘추에게 김유신은 그래서 편했다. 가야계 출신이라 경주 내에 오랜 끈이 없으며 또한 가문의 생존을 위해 왕실에 대한 충성도가 남달랐으니 이런 집안과 친하게 지낸다고 해서 진평왕의 눈치를 크게 볼 필요가 없다. 또한 왕은 자신의 권력을 강화시키기 위해 새로이 신라에 편입한 지역을 통치하는 데 관심이 컸는데, 김유신 가문은 이 점에서도 가장 눈에 띄는 활약을 진행 중이었다.

즉, 김춘추 입장에서도 가문의 정치력을 강화시키기 위해 김유신과 손잡을 필요성을 느끼고 있었던 것이다. 김춘추는 경주 내 권력 다툼보다는 영토 확장과 지방민 통솔을 통한 외부 확장 방식으로 권력을 창출하는 것이 앞으로 가문이 가야할 길로 정한 듯싶다. 거기다 외톨이가 될 수 있는 상황에서 김유신이 친밀감을 표시하며 친하게 지내고자 하니 속으로 기뻐할 수밖에 없었다. 김춘추에게 김유신이란 그런 존재였다. 7살 나이는 많지만 편하게 대할 수 있는 한 단계 아래의 상대. 바로 그것이다.

서로 다른 생각으로 연결된 만남이지만 김춘추에 비해 절실함

김유신 말의 목을 베다

이 더 분명했던 김유신은 가문을 위한 대범한 작전을 시작했다. 기록에 따르면 두 사람은 만나면 공놀이를 즐겨했다. 가죽으로 싼 공을 차고 노는 놀이로 현재의 축구와 유사한 게임이었다. 이를 축국이라 칭하기도 한다. 물론 축국이 끝나고 나면 땀을 식힐 겸 술을 마시면서 현실 정치에 대한 비판과 안타까운 심정도 공유했을 것이다. 한쪽은 막 진골이 된 가문이고 다른 한쪽은 피는 고귀하나 이 덕분에 오히려 곤란한 인생을 살고 있었다. 말이 통했다.

여느 날처럼 공차기 놀이를 하다가 김유신은 일부러 춘추의 옷자락을 밟아 옷고름을 뗐다.

"우리 집에 들어가 꿰맵시다."

김유신은 김춘추를 자신의 집으로 데리고 온다. 그렇게 오래 준비했던 일이 펼쳐질 때가 왔다.

김유신은 몰래 여동생인 문희를 불렀다. 그리고 방으로 들여보내며 김춘추의 옷을 꿰매 주라고 시켰다. 오직 방 안에 두 사람만 있게 만든 것이다. 귀족이었던 김유신 집에 바느질 하는 노비 하나 없어서 여동생을 보낸 것은 아니었다. 김춘추는 큰 의심 없이 옷고름 인연 이후로 유신의 여동생인 문희와 가까이 지냈고 결국 문희를 임신시키기에 이른다. 김유신은 일이 이렇게 진행되자 속으로 쾌재를 불렀을 것이다. 춘추를 만나 여동생을 어떻게 할 것인지 따지지 않았을까? 책임지지도 못할 것이면 왜 이런 일을 만들었냐며 화도 냈을 테다.

그러나 예상 외로 김춘추의 반응은 미지근했던 것 같다. 춘추는 잠시 문희를 가까이 했어도 결혼 상대로까지는 생각하지 않았을 가능성이 크다. 본래 역사를 보면 왕족은 성에 대한 관념이 일반인에 비해 유독 개방적이다. 우선 먹을 걱정을 하지 않으며, 자손을 널리 퍼트리는 것이 자신이 태어난 이유 중 하나라고 인식하며 살기 때문이다. 물론 김유신 집안과 김춘추 집안의 격이 크게 차이가 났다는 점도 김춘추가 이와 같은 반응으로 나오는 이유가 될 수 있었다. 성골이 아닌 진골이자 몰락한 왕계라 할지라도 김춘추는 엄연히 진흥왕의 핏줄이다. 진흥왕은 지금까지 존재한 신라 왕 중 최고로 공이 높은 왕인만큼 그 후손들이 가지는 자부심도 상당했다. 춘추는 여기다 더해서 진평왕의 피도 이어받고 있었다. 할아버지 지증왕까지 포함해 신라 왕 세 명의 혈통이 춘추의 핏속에 함께하고 있었다.

반면 김유신은 김춘추와 같은 진골에 포함되나 신라에 패망한 가야계의 집안 아닌가? 신라 내 진골 중 가장 막차로 합류한 집안이고 그만큼 진골 중에서는 서열이 가장 낮았다. 자손의 순혈도를 위해 근친결혼까지 서슴지 않았던 신라 왕족 세계에서 가야계 피와 결혼해 핏줄의 격을 낮춘다는 것은 지금까지의 신라 왕실 계보를 볼 때 좋은 선택이 아니었다. 이러한 관점 차가 있으니 문희의 임신에 대한 입장이 다를 수밖에 없었다. 그래서 김춘추는 미안하지만 결혼은 힘들겠다고 김유신에게 말했을지도 모른다.

하지만 이대로 물러날 것이면 김유신은 처음부터 이런 계획을 진행하지도 않았다. 조용히 해결할 수 없다면 아예 크게 일을 벌이기로 마음먹는다.

"네가 부모에게 말도 없이 아이를 뱄으니 어찌된 일이냐?"

《삼국유사》에서 나오는 김유신이 여동생에게 한 말이다. 이처럼 뻔뻔하게 동생을 타박한 다음, 이 소문을 경주 시내에 크게 퍼뜨린다.

김유신 집안은 가야계이자 김무력의 공으로 벼락스타가 된 집이기에 집안 서열은 떨어져도 경주 내에 모르는 사람은 없었다. 김춘추 역시 나름 이야깃거리가 많은 왕실의 유명한 집안이다. 소문은 금세 퍼져나갔다. 김유신이 조금 더 거짓말을 붙여 "춘추가 내 여동생과 결혼하겠다며 꾀더니 임신만 시켜놓고 이럴 수 있는가?" 라는 식으로 억울한 듯 떠벌리면 더 파급력이 커질 수밖에 없었다. 더 이상 이미지가 내려갈 것도 없는 김유신 집안에서 물귀신 작전을 편 것이다.

그래도 반응이 없자 김유신은 마지막 작전을 계획한다. 진평왕의 딸인 덕만공주가 남산으로 행차하는데 여기에 김춘추도 함께한다는 정보를 얻은 것이다. 덕만공주는 여자임에도 핏줄 때문에 사실상 진평왕의 후계자로 낙점 받은 상태였다. 덕만공주 앞에서 김춘추를 꿰 버리면 춘추는 이후 다른 말을 할 수 없을 것이다. 그녀가 불교를 크게 신봉하고 있었기에 불교 교리에 관한 일이라면 골품과 혈통을 넘는 집착을 가지고 있다는 것도 계산에 넣었다. 자신의 누이가 배에 품은 것은 다름 아닌 위대한 진흥왕계 왕실의 자손이 아니던가?

드디어 김유신은 공주가 산책을 나가는 그 시점을 정확히 맞춰 누이를 불태운다며 장작에 불을 붙인다. 그리고 연기가 뿌옇게 올라오면서 김유신의 계획은 성공한다. 경주에 소문이 크게 퍼져 모르는 사람이 없게 된 데다 덕만공주의 타박까지 받은 김춘추가 결국 항복하고 김유신의 여동생 문희와 결혼을 하게 된 것이다.

그런데 이처럼 거대한 일을 《삼국유사》에 나오듯 김유신 혼자서 기획하고 실현하는 것이 가능했는지는 의문이다. 아버지 김서현이 과거 자신의 부인을 꾀어낸 일화를 볼 때 최소한 가문의 어른인 김서현과도 충분한 의견 수렴 끝에 펼친 연극이었을 것이다. 당연히 왕실과 가까운 끈이 있던 김유신 어머니의 물밑 역할도 충분히 상상해 볼 수 있다. 사실 이 결혼이 성사된다면 가장 큰 혜택을 받는 자는 가문의 수장인 김서현이었다. 김춘추의 장인이 되는 것이 아닌가? 김유신이 받을 혜택은 이에 비하면 부차적인 일에 불과했다. 이에 김서현과 만명부인은 자신들의 경험에 비춰 이 연극에 필요한 여러 재료를 조달하고 상황극까지 짜주었을 것으로 상상된다.

유신의 낭도들도 큰 역할을 했을 것이다. 경주 내 소문을 퍼트리는 일과 계획에 맞추어 여러 정보를 획득하는 것은 바로 낭도를 통해 이룬 일이니 말이다. 그들은 자신이 모시는 화랑 김유신을 위해 뻔질나게 경주 시내를 돌아다녔다. 이처럼 유신의 누이를 불태우는 사건은 여러 사람과 가문이 함께 힘써서 만든 일이었다. 결혼

김유신 말의 목을 베다

소식이 알려지자 김유신 집안만큼 기뻐한 것은 낭도들의 집안이었다. 주군에게 가능성이 새롭게 열리는 만큼 그들에게도 미래의 기회가 열리는 것이기 때문이다.

김유신 부모만큼 황당하게 만들어진 결합이었지만 그래도 김춘추와 문희 사이의 궁합은 남달랐던 것 같다. 이 두 사람 사이에는 법민法敏, 인문仁問, 문왕文王, 노차老且, 지경智鏡, 개원愷元이라는 이름의 아들만 무려 여섯이 있었다. 이를 볼 때 김춘추도 문희의 뜻밖의 임신에 처음에는 가문이 지닌 무게감과 부끄러움으로 결혼을 피해왔지만 실제로는 문희를 상당히 마음에 들어한 것으로 여겨진다. 문희는 이 결혼을 통해 왕비의 자리까지 올랐으며 그녀의 아들은 왕이 되었으니 당시 이와 같은 행운을 지닌 여성도 존재하기 힘들었다. 과거에는 여자는 남편과 자식으로 귀해진다는 말이 있었으니 신라판 신데렐라였다.

재미있게도 《삼국유사》에는 김유신의 여동생 문희가 언니 보희로부터 꿈을 사는 이야기가 있다. 문희의 언니는 어느 날 자신이 산에 올라 오줌을 누어 경주를 물에 잠기게 하는 꿈을 꿨다. 이를 괴상히 여기자 문희가 비단 저고리와 그 꿈을 바꿔 결국 기묘한 꿈을 자신의 것으로 만들었다. 이후 문희는 김춘추의 부인이 됐고 더 나아가 왕비에 오른다.

이런 전개 내용을 보아 이 꿈 이야기는 실제 존재한 것이 아닌 후대에 문희의 인생을 부러워한 사람들의 이야기가 뭉쳐져서 만들어진 것이 아니었을까? 그 정도로 김춘추와 문희의 결혼은 신라인들에게 깊은 인상을 남겼던 것이다. 시대 관념상 불가능하다는 일을 해냈기 때문이다. 덕분에 좋은 꿈은 돈 주고도 산다는 문화가 한반도 내에 뿌려졌으니 현대를 살아가는 한국인에게도 문희의 인생은 신라판 신데렐라로 인식되고 있는 듯하다.

김유신 말의 목을 베다

04 낭비성 전투

이곳에서 공을 세우리라

고구려 낭비성 앞에서 김유신은 땀범벅인 채로 헐거워진 투구 끈을 다시 동여맸다. 1차로 몰려오는 고구려 보병을 상대로 강력한 저지선을 펼쳐 승리했으나 곧이어 이번에는 고구려 기병이 몰려오고 있었다. 이번에도 단단히 각오해야 하는 싸움이다. 고구려 기병은 파도가 밀려오듯 금세 눈앞으로 다가왔다.

"자, 여기서 죽기로 싸워 신라의 아들로 거듭나자!"

김유신이 다가오는 적을 향해 긴 창을 세우며 크게 외친다. 그를 젊었을 적부터 따르던 낭도들도 갑옷을 입고 말에 탄 채 고함을 지르며 김유신 주변을 따라 일렬로 길게 줄을 섰다. 열이 맞추어지자 기병들은 창끝을 앞으로 겨누고 천천히 앞으로 움직인다. 말부터 사람까지 갑옷으로 온몸을 꽁꽁 싸맨 중갑기병은 적과의 거리가 점차 가까워지자 마치 먹이를 잡는 호랑이의 걸음처럼 서서히 가속도를 올리기 시작했다. 뒤를 따라 김유신 휘하 보병도 바쁘게 기병을 따라 진격했다.

고구려 기병은 김유신이 이끄는 신라 기병을 보고 속으로 비웃는다.

'감히 신라 따위가 고구려와 기병으로 맞붙으려 들다니……'

허나 이번 상대는 지금껏 비웃던 신라 기병과는 수준이 달랐다. 김유신과 그의 부하 들은 신라군을 쫓던 고구려 기병과 맞부딪치며 열과 오를 맞춘 채 과감히 창과 칼을 휘둘렀다. 말과 말이 스쳐 지나가면서 창에 맞아 기수가 굴러 떨어지자 곧 도끼를 가진 보병들이 떨어진 자에게 다가가 머리를 마구 찍어버린다. 무거운 갑주를 입은 기수는 말에서 떨어지는 충격으로 뼈가 부러지고 곧이어 날아오는 도끼질에 머리가 두 동강이 나버렸다. 말 아래로 떨어지는 순간 죽음의 도끼질이 시작되는 것이다. 이에 신라, 고구려 기병들은 말에서 떨어지지 않기 위해 다리에 힘을 주며 안장을 잡고, 창으로는 상대를 밀어 넘어뜨리기 위해 힘을 썼다. 달리던 말이 서로 부딪치면서 어느 정도 병력 소모가 이루어진 이후에도 여전히 신라와 고구려 기병 들은 한곳에 뭉친 채 혈전을 벌였다.

김유신은 아비규환의 상황 속에서 고구려 기병을 이끄는 젊은 장수를 발견했다.

"이랴!"

　　　　　　　　　　　김유신 말의 목을 베다

하도 찔러대서 헐거워진 창을 버린 김유신이 칼을 뽑는다. 집안 대대로 내려오던 보검이었다. 그리고 곧장 고구려 장수에게 다가갔다. 김유신의 낭도들은 주공이 목표한 자가 누군지 빠르게 파악하고 길을 열어주기 위해 김유신 주변을 감싸고 창을 휘두르며 호위했다. 수하들의 노력으로 마침내 김유신은 고구려 기병을 이끄는 장수와 마주쳤다.

"나는 가야 구형왕의 자손이자 백제 명왕明王의 목을 벤 각간 김무력의 손자인 김유신이다. 어디 나와 붙어볼 수 있겠는가?"

김유신은 칼로 고구려 장수를 지목하고 있는 목청껏 크게 가문의 내력을 외친다. 고구려 장수도 성이 고高씨인 왕족으로 당당하게 자신의 가문에 대해 통성명을 했다. 그 역시 쉽지 않은 기병 전투를 과감히 대장끼리 결판 낼 의사가 있는 듯했다.

통성명이 끝나자 말을 탄 장수끼리 1 대 1 대결이 시작됐다. 김유신 주위를 지키던 낭도들은 오늘의 주인공들을 위해 뒤로 빠져준다. 고구려 기병들도 그들 대장의 뒤로 이동했다. 한참을 치열하게 싸우던 신라, 고구려 보병 들은 자신을 이끌던 장수들이 가문과 나라의 명예를 걸고 결투를 벌일 준비를 하자 약속이라도 한 듯 싸움을 멈췄다.

방금 전만 해도 아비규환의 지옥도를 그리던 이곳은 어느새 오직 김유신과 고구려 장수 두 명을 위한 결투 공간으로 변했다. 두 사람은 지금껏 살아오면서 갈고 닦은 무예를 목숨을 담보로 펼쳐 보이기 시작했다. 당시 이와 같은 1 대 1 결투는 아무나 할 수 있는 것이 아니었다. 전쟁의 주인공으로 병력을 통솔할 수 있는 고귀한 신분을 가진 인물만이 결투를 펼칠 수 있는 자격이 주어진다. 수백 명에서 수천 명의 눈이 한곳으로 주목되는 주인공의 자리에 하찮은 신분이 낄 수는 없기 때문이다.

두 젊은 장수는 땀이 범벅이 된 채로 서로의 목을 노렸다. 잡은 칼이 땀으로 인해 흘러내릴까 힘줘 꽉 잡다보니 손은 파란색으로 변해갔다. 신라, 고구려 장병 들은 자신의 주인이 칼을 휘두를 때마다 크게 소리를 질러 호응한다. 칼과 칼이 수차례 부딪치고 말과 말이 달리며 스쳐지나가기를 수차례 드디어 김유신의 외침과 함께 허공의 칼이 고구려 장수 목을 찌른다.

"으악."

외마디의 비명 소리와 함께 피가 솟구치며 고구려 장군이 쓰러졌다. 수천 개의 눈이 주목한 결투의 주인공은 결국 김유신이었다.

"와와!"

곧이어 신라군의 함성이 들린다. 기세가 오른 지금이 기회였다. 이어 화랑 시절부터 김유신을 따르던 낭도들이 주축이 돼 강하게 고구려 군을 밀어 붙였다. 분위기는 완전히 신라의 것이 되었다. 김유신은 부하를 시켜 쓰러진 고구려 장수의 목을 잘라 창에 꽂도록 한다. 창끝에 매달린 젊은 고구려 장수의 목을 본 신라군의 사기가 올랐다. 반면 고구려군은 크게 사기가 떨어지고 우왕좌왕이다.

김유신은 결투의 피곤은 잊은 채 새 창을 부하로부터 건네받고 다시금 말을 달려 고구려 진영을 흩트려 놓는다. 이제 서로 공수가 바뀌었다. 고구려 군사는 후퇴를 시작하고 신라군은 이를 쫓았다. 김유신은 이 와중에 자신이 뺏은 적의 깃발을 신라 본영으로 보내

김유신 말의 목을 베다

어 자신이 세운 공을 신라의 고위 장군들에게 증명하도록 했다. 어려운 상황 속에서 무려 세 번을 돌격해 적장의 목을 베고 적의 깃발을 쓰러뜨린 것이다.

얼마지 않아 후방까지 후퇴했던 신라군이 군단을 정렬해 김유신 군을 구원하러 왔다. 갑옷을 꽉 맨 중갑기병을 몰고 이 이상 버티기는 체력적으로 한계였다. 구원군이 보이자 저절로 몸에 힘이 빠졌다. 살았다는 안도감도 든다. 김유신은 피곤에 지친 몸을 안장에 뉘이며 나머지 전투는 다른 신라 군단에게 맡기고 돌아왔다.

언덕 위에서 쭉 아들의 모습을 지켜보던 김서현의 얼굴에 비로소 웃음꽃이 핀다. 신라 내 가문의 역사가 짧은 김유신 집안은 전쟁터가 곧 공을 세울 수 있는 최고의 길이었다. 여기서 김유신이 큰 공을 세웠으니 집안의 대우도 당연히 높아지게 될 것이다. 거기다 이번 전투를 함께한 김용춘에게 사돈으로서 위신까지 서게 되었으니 아버지는 아들이 자랑스럽기만 했다.

조금 떨어진 자리에서 신라 장군들과 함께 김유신의 활약을 지켜보던 김용춘은 김서현의 기뻐하는 표정을 보고 다가와 말을 건넸다.

"사돈, 아드님의 실력이 상당합니다. 신라에 있어 저런 범 같은 장수가 있다는 것이 복이 아니겠습니까?"

김서현은 기뻐하는 표정을 추스르고 태연한 척 말한다.

"이것이 다 대왕폐하의 복이지요. 대장군, 감사하외다."

김유신이 이번에 세운 공은 결혼으로 손을 잡은 두 집안의 미래에 새로운 기대심을 부여할 만큼 장한 일이었다. 김서현은 사돈과 대화를 한 뒤 고개를 돌려 다시 아들을 기특한 표정으로 쳐다보았다. 어느덧 김유신을 위시로 한 그와 그의 낭도들은 신라군의 뜨거운 환호를 받고 있었다.

신라, 먹구름이 다가오다

진평왕 중기부터 신라에 대한 고구려와 백제의 강력한 반격이 시도된다. 백제는 관산성 전투에서 왕을 포함한 수많은 병사를 잃으며 오랜 기간 불안한 정국을 보냈지만 한 세대가 지나자 다시금 예전 전력을 어느 정도 되찾게 되었다. 이에 무왕武王의 등극과 함께 백제는 신라에 대한 공격의 고삐를 바싹 올리기 시작했다. 고구려 역시 당나라와의 전쟁에 앞서 남쪽 경계선을 안정화시키기 위해 신라의 한강 유역을 공격한다.

비슷한 시기에 시작된 두 나라의 공격으로 신라는 커다란 위기에 몰린다. 사실 진흥왕의 영토 확장 성공 이후 신라 내에서 벌어진 왕실에 대한 비이상적인 종교 우상화는 신라의 문화 수준이 주변국에 비해 떨어지고 평화 시기가 한동안 유지됐기에 가능했던 일이었다. 관산성 전투 이후 백제는 전의를 상실했고 고구려는 수나라와의 전쟁으로 정신이 없어 신라를 제대로 공략하지 못했다. 이 시기에 신라는 갑자기 영토가 크게 넓어진 것을 감탄하며 '석가모니 집안이 윤회를 통해 신라 왕실에 그대로 재현되고 있다'라는

신라에 대한 고구려와 백제의 반격(7세기 초)

왕실의 쇼에 찬사를 날리고 있었던 것이다.

하지만 신라인의 반응이 조금씩 바뀌고 있었다. 너무 무리하게 추진된 왕실 상향 의식은 점차적으로 신라 왕실을 외톨이로 만들었다. 당항성黨項城을 통한 중국과의 외교가 활성화되면서 선진 문화가 대거 들어오자 어리숙했던 왕실의 쇼가 서서히 한계에 부딪치게 된 것이다. 그러다 석가모니 일족을 자랑하던 진평왕이 아들이 아닌 딸을 낳으면서 왕실의 쇼는 파탄을 맞이할 수밖에 없었다.

석가모니 아버지 이름인 백정白淨은 진평왕 이름이요, 석가모니 어머니 이름은 마야摩耶로 진평왕 왕비의 이름이다. 진흥왕의 계획에 따르면 진흥왕과 동륜 태자가 이룩한 전륜성왕의 불국토에서 태자의 아들인 백정과 그 부인 마야 사이에는 아들인 석가모니가 태어나며 빙점을 찍어야 했다. 이것이 신라 왕실을 지탱하던 위대한 사상이다. 그러나 하늘의 뜻인가? 진평왕은 딸만 계속 낳았고 결국 아들은 태어나지도 않았다. 수십 년간 진행된 왕실의 엄숙했던 쇼가 웃음거리가 되고 만 것이다.

거기다 신라는 갑작스럽게 넓어진 영토를 효율적으로 관리하기가 쉽지 않았다. 작은 나라에서 한순간에 영토가 넓어졌기에 관리에 동원할 수 있는 인적, 물적 자원의 한계가 분명했다. 이 같은 상황에서 더 이상의 영토 확장은 어려웠다. 이후 신라는 고구려와 백제의 공격으로 진흥왕 시절 획득한 영토 일부를 잃을 수밖에 없는 상황이 된다. 일이 이렇게 진행되자 백제와 고구려와의 전쟁 양상도 진흥왕 시대와 많이 달라졌다. 진흥왕 시절에는 신라가 주도한 과감한 전략과 선제 공격이 삼국 간 전쟁의 시발점이 되었다. 그만큼 적극적인 신라 공세에 고구려, 백제가 밀리는 분위기였다. 반면, 진평왕 시대에는 고구려와 백제의 파상 공격을 방어하기에 급급해진다. 고구려의 경우 신라가 고구려 남쪽 국경을 침범 못하게 하는 수준의 방어적 공격으로 한강 북쪽을 공략했기에 그나마 나았다. 그러나 백제의 공격은 남달랐다.

백제는 관산성 전투에서 성왕聖王이 전사한 뒤 신라를 국가적인 원수로 여기고 있었다. 특히 무왕은 불안한 정국 속에 백제 왕실의 직계가 아닌 방계 출신에서 왕위에 오른 인물이라, 전쟁 승리를 통해 귀족의 권력을 억누르고 왕의 권위를 높이고자 했다. 이를 위해 무왕은 즉위하는 순간부터 신라에 대한 강력한 공격을 시작한다.《삼국유사》〈서동요〉에 따르면 무왕의 부인은 진평왕의 딸이다. 허나 무왕의 신라에 대한 공격 수준으로 보아 결혼과는 별도로 신라에 대해 상당한 증오심을 가지고 있었던 것이 분명하다. 조선시대 말, 일제로부터 죽음을 맞이한 명성황후에 대한 이야기가 나오면 상당한 시간이 지난 지금까지도 한국인은 일본을 비난하곤 한다. 하물며 당시 백제는 왕을 잃은 상황이었으니 신라에 대한 백제인의 분노와 증오는 엄청날 수밖에 없었다.

　백제의 공격 경로는 다양했다. 소백산맥을 넘어 한강으로 이어지는 신라의 물자, 군사 이동 지점을 뺏기 위해 끊임없이 군사를 출전시켰고 신라가 획득한 대가야 지역을 공략하는 데도 공을 들인다. 무왕은 익산에 미륵사라는 거대한 절을 짓고 사실상 수도에 준하는 물자와 인력을 배치했는데, 이곳을 경영하며 지리산과 덕유산 사이의 옛 대가야 지역으로 들어오는 입구 쪽 영토를 야금야금 백제의 것으로 함락하기 시작했다. 당연하게도 이와 같은 국경선의 혼란은 신라 왕실의 위대함을 흠집 내는 데 충분한 효과를 준다. 진흥왕이 이룩한 전륜성왕의 불국토가 안과 밖으로 일그러지고 있었다.

새로운 기회와 고구려 공략

진평왕 51년 가을이 되자 신라군은 오랜만에 적극적인 선제공격에 나섰다. 지금의 포천에 위치한 고구려의 낭비성을 공략하기로 한 것이다. 포천은 지금도 북한과 서울을 연결하는 전략적 요충지라서 군부대가 여럿 배치돼 있다. 즉 낭비성을 함락시키면 고구려에서 신라의 한강 유역으로 진입할 수 있는 주요 길을 봉쇄할 수 있었다.

당시 신라는 백제와의 전쟁으로 힘겨운 상황이 지속되고 있었다. 특히 지금의 충청북도 지역을 중심으로 벌어지는 신라와 백제 간의 힘겨루기는 한강 유역의 안전에 큰 위협이 됐다. 만일 이 지역을 백제에 뺏긴다면 소백산맥에서 한강으로 이어지는 신라의 물자, 군사 이동 경로가 끊어져서 한강 유역의 신라군은 그대로 전멸할 수도 있었기 때문이다. 그래서 신라의 한강 유역 행정지인 북한산주*에서는 지금의 충청도 지역에서 벌어지는 백제군과의 전투에 휘하 병력을 적극적으로 참가시키고 있었다.

문제는 백제와의 전투에 군사가 동원된 상황에서 고구려가 한강 유역을 공격해 온다면 방어가 결코 쉽지 않다는 점이다. 실제로 신라는 고구려가 북한산성을 침입해 위급한 상황이 오자 진평왕이 직접 군사 만 명을 이끌고 방어전에 나선 경험이 있었다. 왕이 긴급히 북방으로 올라갔다는 것은 그만큼 분위기가 신라에게 상당히 위급했다는 증거였다. 결국 양방향에서 고구려와 백제의 침

---

* 한강유역을 통치하는 신라의 지방 행정 구역. 지금의 경기도, 충청도 일부 지역을 포함한다.

김유신 말의 목을 베다

입이 계속되자 이러한 위급 상황을 막기 위한 근본적인 해결책이 강구된다.

이에 낭비성을 함락시키려는 계획이 세워졌다. 전략상 포천에 위치한 낭비성을 함락시켜 신라의 것으로 만들면 옥토인 한강 유역의 피해 없이 포천에서 1차적으로 고구려의 침입을 방어할 수 있다. 또 한강 유역의 방어선을 조금 더 북쪽으로 올리는 효과를 가져와 백제군을 방비하면서도 여유를 가지고 고구려의 공격에 대처 할 수 있었다.

낭비성 공략을 위해 진평왕은 여러 장군을 파견했다. 고위층에 위치한 인물이 상당수 포함된 면면을 보아도 신라가 이번 공격에 만반의 준비를 했음을 알 수 있다. 《삼국사기》 기록에 출병한 군사 수가 정확히 얼마인지 나오지 않으나 동원된 병력이 상당했을 듯하다.

흥미로운 점은 참가한 장군단의 구성에 대해 《삼국사기》 〈진평왕전〉 부분과 《삼국사기》 〈김유신 열전〉에서 서로 다르게 기록하고 있다는 점이다. 우선 〈김유신 열전〉에서는 이찬 임말리任末里, 파진찬 용춘龍春과 백룡白龍, 소판 대인大因과 서현舒玄 및 중당中幢 당주幢主 김유신이 파견된 것으로 나온다. 반면 〈진평왕전〉에서는 대장군 용춘과 서현이 부장군 유신과 함께 참가한 것으로 기록돼 있다. 거기다 김춘추의 아버지 용춘은 낭비성 전투 이전에 내성사신內省私臣이라는 지위로 이미 2등 관등인 이찬을 가진 적이 있었다. 낭비성 참전 당시 4등 관등인 파진찬이라던 〈김유신 열전〉 기록과도 분명한 차이점이 있다.

기록의 혼선이 없다고 가정한다면 이런 해석이 가능하다. 진평왕 44년에 신라 왕은 왕실의 재정과 인력을 관리하는 내성사신의 책임과 권한을 크게 강화시키면서 집안사람인 김용춘에게 이 일을 맡긴다. 허나 내성사신의 주요 임무가 왕의 권력을 강화시키는 것이었기에 귀족들의 큰 반발이 생겼다. 그 결과 용춘은 왕을 대신해 책임을 지고 자리를 내려온다. 허나 귀족들은 이것으로 끝내지 않았다. 용춘에게 힘을 실어 준다는 것은 곧 그가 차기 권력자가 될 확률도 높아진다는 의미다. 이에 용춘은 자신에게 권력의 뜻이 없음을 보여주기 위해 당분간이나마 이찬 관등도 물러날 수밖에 없었다. 신라 관등에서 이찬이 지닌 상징성이 상당했기 때문이다.

　이 일이 생긴 뒤 불과 4년이 지난 진평왕 48년, 김유신의 큰 조카인 김법민이 김춘추와 문희 사이에 태어났다. 기존 귀족에 대한 불만이 있던 김유신과 김춘추의 두 집안이 절치부심하다 서로 뜻이 맞았던 것이다. 거기다 이들 두 집안은 결혼의 중매자로 덕만공주를 이용했다. 이것을 유심히 지켜보던 진평왕은 두 가문을 자신의 딸이자 다음 보위를 이을 덕만공주를 위한 울타리로 만들기로 결심한다.

　두 집안의 결합이 이루어진지 얼마 뒤인 진평왕 51년, 신라 왕은 지위를 다 버린 김용춘에게 새로운 기회와 경력을 만들어 주기 위해 낭비성 전투를 이끄는 대장군으로 임명했다. 당시 용춘의 지위는 4등 관등인 파진찬에 불과했지만 왕의 뜻에 따라 사실상 군을 통솔하는 임무를 맡을 수 있었다. 이를 보좌하는 역할로는 김유신의 아버지 서현이 참가한다. 이로써 신라 왕은 새로운 공을 세울

　　　　　　　　　　　　김유신 말의 목을 베다

수 있는 좋은 기회를 이들 두 가문에게 부여해 왕권 강화에도 일정한 보탬이 되게 한다. 물론 나른 귀족도 전쟁에 일부 참가시켜 왕후원 세력과 귀족 간 힘의 균형을 어느 정도 맞췄다.

이러한 일련의 과정은 김유신이 적극적으로 김춘추를 꾀어내어 누이와 결혼을 시켰다는 《삼국유사》의 이야기가 후대에 조금 과장돼 부풀려진 것일지 모른다는 생각이 들게 만든다. 실제로 김유신 집안과 김춘추 집안의 결혼 동맹은 김서현과 김용춘의 뜻이 맞았기에 가능했던 일이었다. 기존 귀족의 반발과 견제로 일반적인 방식으로는 신라 권력의 중심에 위치하기가 어렵다는 것을 깨달은 몰락한 왕실 후손과 가야계 후손은 서로가 힘을 합쳐야 할 정치적 필요성이 생겨났고 그에 따라 핏줄 교류라는 화학적 연합을 통해 결합한 것이다. 이것이 후대에 김유신과 김춘추가 아버지들보다도 훨씬 유명해지자 결혼 동맹의 주체도 아버지들이 아닌 젊을 때부터 남다른 재주를 지니던 아들들이었다고 기록된 것은 아니었을까?

여하튼 이번 공략의 성공은 단순히 신라의 전략적 우세를 가져오기 위한 것뿐만 아니라 김유신 집안과 김춘추 집안 간의 결합이 어떤 성과를 만들지 가늠해 볼 좋은 기회였다. 다음번 보위를 이을 덕만공주도 이 전쟁의 결과에 따라 유무형적 영향을 받을 수 있었다. 현실 정치의 복잡한 계산 아래에 한 젊은 장수가 마음을 다 잡고 있었다.

죽음을 각오한 분전

신라가 군대를 이끌고 낭비성으로 진격하자 소식을 들은 고구려도 대응을 준비했다. 그런데 고구려군은 단순히 성 안에서 농성하는 것 대신 적극적으로 군사를 출전시켜 신라군을 맞아 싸우는 작전을 펼쳤다. 방어에 유리한 성을 버리고 공격 측과 같은 불리한 조건으로 싸우겠다는 뜻이었다. 이는 신라군의 전력을 무시하는 의미였다.

사실 고구려는 군사력 면에서 신라, 백제를 넘는 대국이었다. 한때 광개토대왕과 장수왕의 진격 앞에 신라, 백제는 변변한 저항도 할 수 없었다. 중국 대륙을 새롭게 통일한 국가인 당나라와 긴장이 높아지는 상황이라 고구려가 적극적인 남방 공략을 할 수 없어서 그렇지, 만일 중국과 평화 협정을 맺고 요동 지역 국경선에 전쟁 위협이 사라진다면 신라 정도의 나라는 쉽게 정복할 수 있는 상대였다. 고구려 장군들은 기본적으로 이런 생각을 하고 있었을 것이다. 한때 신라는 고구려의 보호국에 불과했던 나라가 아니었던가.

고구려군과 신라군의 대치는 고구려의 예상대로 신라가 밀리는 상황으로 이어졌다. 원정 공격의 피로함과 고구려의 적극적인 공격 태세로 신라군의 전사자는 늘어갔고 사기까지 떨어지기 시작했다. 전쟁에서 사기만큼 중요한 것도 없다. 사기가 떨어지면 아무리 보급이 잘 되고 군사 수가 많아도 허깨비에 불과한 것이다. 신라의 진영은 이미 전쟁에서 패할 것이라는 분위기가 만연해지며 급속도로 약해지고 있었다.

김유신 말의 목을 베다

이대로 무너지다 진형이 흐트러지게 되면 끝장이다. 병력은 한 순간에 산산조각이 나서 뿔뿔이 흩어지고 고구려는 자신들이 자랑하는 기병을 이용해 추격전에 나설 것이다. 그렇게 된다면 고구려의 끈질긴 추격에서 살아남아 신라로 돌아갈 수 있는 인원은 얼마 되지 못한다. 김유신은 자신이 나서 이 상황을 타개하기로 마음을 먹는다. 이번 전쟁의 실패는 가문의 실패와도 연관이 깊었다. 특히 낭비성 공략은 진평왕이 김유신 가문을 밀어주기 위해 맡긴 일이 아닌가. 패배할 경우 다른 가문과 달리 이들에게는 뒤가 없었다.

《삼국사기》에는 이때 김유신이 아버지 김서현 앞에 가서 투구를 벗고 이와 같이 고했다고 기록한다.

"우리 군이 패하고 있습니다. 저는 평소 스스로 마음속으로 충과 효를 기약해 왔던 바, 전투에 임해 용맹하지 않을 수 없습니다. 듣자옵건대 '옷깃을 들면 옷이 바로 되고 그물의 벼리를 당기면 그물이 펴진다' 했으니, 제가 바로 그 옷깃과 벼리가 되고자 합니다."

이 말의 의미는 '위가 힘을 다하면 아래가 따른다. 나 김유신이 모범을 보여 적과 싸우겠다'였다. 신라와 가문을 위해 목숨을 던지겠다는 것이다. 김유신의 각오는 대단했다. 고구려 군대는 중국을 여러 번 이겼다는 명성만으로도 한반도 내에서 유일무이한 존재였다. 그 명성 높은 병력을 상대로, 그것도 패배한 신라군을 쫓아오는 기세 좋은 적과 붙어보겠다는 결심은 아무나 할 수 있는 것이 아니었다.

　당연히 김유신은 최악의 경우 이곳에서 죽는다는 생각을 했을 것이다. 설사 자신이 죽더라도 동생 김흠순이 남아 있기에 가문은 계속해서 명맥을 이어 나갈 수 있었다. 뿐만 아니라 자신의 죽음으로 가문이 더 높은 위치에 오르게 된다면 후손의 기억에 영원히 남을 수 있으며 다음 생애는 윤회에 의해 더 좋은 세상이 보장될 것이다. 이러한 세계관이 있었기에 김유신은 죽음을 각오한 방어진을 펼칠 수 있었다. 김서현도 아들의 결심을 존중해 주며 당당히 고구려군과 맞서도록 명했다. 부자의 비장미를 보면 가문의 생존이 걸린 문제에서 김유신과 김서현이 어떤 각오를 지니고 전장에 임했는지를 알 수 있다.

　드디어 준비가 끝난 김유신은 고구려군을 향해 진격했다. 김유신에게 배속된 군사와 김유신의 화랑 시절 낭도였던 이들도 김유신과 함께 적진으로 돌격했다. 낭도의 경우 자신이 모시는 화랑이 공을 세우고 살아남아야 뒷일이 보장된다. 또한 어릴 적부터 교육받은 것에 따르면 화랑은 미륵이고 낭도는 미륵을 보호해야 할 의무가 있었다. 종교적인 열의는 화랑이 끝나고 10여 년이 지난 이때에도 여전했다.

　김유신은 반드시 공을 세우고 죽어도 가문과 신라를 위해 죽겠다는 이들을 이끌어 고구려 진영을 죽기 살기로 한 번도 아닌 무려 세 번을 돌격해 헤집고 다녔다. 그리고 들어갈 때마다 적장의 목을 베고 깃발을 쓰러뜨렸다. 다 이겼다고 방심한 고구려군은 신라군을 향해 진격하다가 갑작스러운 김유신의 공격에 진형이 흐트러졌다. 먹잇감을 쫓던 범 같던 존재가 소수의 신라 결사대에 의해 진격이 막혀버린 것이다.

죽음을 각오한 젊은 장교의 분전으로 인해 패배의식에 사로잡혔던 신라군에게는 이길 수 있다는 자신감이 생겨났다. 김유신이 세 차례 싸우며 분전하는 동안 시간을 번 신라군은 빠르게 군단을 정비했다. 그리고 오와 열이 맞추어지자 북을 울리고 함성을 지르며 진형이 흐트러진 고구려 군사를 향해 돌진했다.

요즘 전쟁이야 엄폐물에 숨고 진영도 다양하게 구비해 진행되지만 과거에는 총과 폭탄 같은 대량 살상 무기가 없었기에 오와 열로 꽉 짜여진 진陣을 바탕으로 힘과 힘을 부딪치며 전투를 진행했다. 덕분에 얼마나 진형陣形을 오래 잘 유지하며 버티느냐가 전투의 승패를 좌우했다. 마치 줄다리기와 비슷한 힘겨루기를 하다가 먼저 무너지는 진형이 그대로 패배하는 것이다. 이것이 바로 '뭉치면 살고 흩어지면 죽는다'의 본보기인 셈이다. 김유신이 적진을 무너뜨리고 그 사이 신라 군대는 정비되면서 역전의 발판은 마련됐다. 예상과는 달리 힘겨루기의 승리는 신라였다. 고구려는 다 이긴 전투에서 김유신의 갑작스러운 돌격에 무너지며 5천 명이 죽고 천 명이 사로잡히는 대패를 당한다.

낭비성 성주는 이 장면을 성 위에서 보고 두려워하며 대항을 포기했다. 그리고 곧 신라에 항복을 청한다. 성 밖을 나간 대부분의 병력이 패해 달아나니 방어할 방법이 사라진 것이다. 신라의 대승이었다. 더욱이 백제도 아닌 고구려를 상대로 한 전투에서 이런 대승은 놀라운 일이었다. 김유신은 낭비성 함락 작전에 참가해 목숨을 걸고 싸운 끝에 패배 직전의 아군을 구하고 큰 승리를 세웠다. 이때 나이 서른다섯이었다.

화랑 출신이었던 김유신은 당연히 이전에도 여러 전투에 참가했을 것이다. 그러나 이번처럼 승리의 주역으로 주목받지는 못했나 보다. 《삼국사기》에서 어린 시절 이야기를 제외하고 성인 이후의 김유신 이야기 중 처음 등장하는 기사가 바로 낭비성 전투의 활약상이다. 오랜 기다림 끝에 화려하게 역사에 등장한 것이다. 오죽하면 얼마나 큰 공인지 《삼국사기》 〈고구려전〉에서 수많은 신라 장군들의 이름은 배제되고 김유신에 의해 낭비성이 함락됐다고 기록할 정도였다. 일개 젊은 장교에 불과했던 김유신이 한반도 전체로 이름을 떨친 순간이었다.

귀족의 반발

고구려를 상대로 한 큰 승리의 기쁨도 잠시였다. 낭비성 함락 이후 2년 뒤, 신라에서는 이찬 칠숙柒宿과 아찬 석품石品이 반란을 일으킨다. 이는 작은 사건이 아니었다. 진흥왕 이후 신라에서 귀족이 반란을 일으킨 건 이번이 처음 있는 일이다. 물론 중간에 진지왕을 내쫓는 일이 있었지만 이것은 화백회의를 통한 합법적인 절차였다. 원인도 왕실이 주도한 파워 게임이었다. 성골이라는 정통성을 기반으로 왕위에 오른 진평왕에게 감히 신하에 불과한 자가 도전을 한 것은 이와 성격이 다른 문제가 분명하다. 칠숙의 지위인

김유신 말의 목을 베다

이찬이면 관등 2위에 해당하며 귀족 대표인 상대등이 될 수도 있는 상당히 높은 지위였다. 허나 넘볼 수 없는 지위인 성골을 상대로 진골이 반란을 일으켰다는 것은 왕실의 권위가 크게 흔들리고 있다는 분명한 증거였다.

다행히 반란은 쉽게 제압돼 칠숙과 석품은 제거된다. 아무래도 이들은 진평왕이 말년에 김용춘과 김서현과 같은 왕실 측근을 아끼고 더 나아가 이들을 이용해 딸인 덕만공주의 울타리를 만들려 하자 불만을 가지고 반란을 일으킨 듯 보인다. 여자를 왕위로 올리겠다는 진평왕의 목표가 귀족들에게 큰 불만이었던 것이다. 이 시대 여성상을 고려할 때 남자들의 눈에는 진평왕의 행동이 억지처럼 느껴졌을 것이다.

이러한 귀족의 반응을 보면 진흥왕 시절부터 구축된 성골이라는 개념이 왕실과 진골 간에 구별점을 주기 위해 급히 짠 틀이 아니었을까하는 생각이 든다. 성골과 진골을 구별하는 정확한 기준은 아직도 정확하게 잡혀 있지 않다. 학자에 따라 다양한 견해가 있을 뿐이다. 다만 왕을 중심으로 권력을 집중시키는 문화가 중국에 비해 엷었던 신라에서 강력한 왕권을 바탕으로 국가를 운영할 필요성이 제기되자 성골 개념을 탄생시킨 것은 분명하다.

여기에 성골은 석가모니 핏줄이라는 종교적인 성역화도 고위 진골과 성골 간에 혈통이 크게 다르지 않았던 현실에서 불교가 가진 종교적 권위를 입혀 차이를 만들고자 한 것이다. 즉 나름 탄탄해 보이면서도 논리상 허점도 분명했던 것이 성골과 진골의 구별이었으니 당시 사람들도 이와 같은 맹점은 깨닫고 있었을 것이다. 다만 왕실이 주도한 영토 전쟁이 계속 승리를 가져오는 동안에는 모르는 척 믿어준 것일지도 모른다. 뭐든 상황이 그럴듯하게 진행되면 희한하게 추종자도 생기는 법이다.

진평왕도 성골이라는 개념이 지닌 허망함과 모순점을 알고 있기에 할아버지 진흥왕과는 달리 왕위에 있는 동안 중국처럼 제도를 통한 왕권 강화책에 노력을 기했다. 하지만 그에게 꼭 필요한 직계 왕자가 없다는 것은 이 모든 계획에 커다란 구멍이 존재한다는 의미였다. 결국 왕권 강화와 중앙집권적 국가를 만들기 위해 평생을 일궈 만든 모든 제도적 노력이 다른 핏줄의 남성에게 넘겨지게 될 운명에 처하자 진평왕은 새로운 지평선을 열기로 했다. 성골의 피가 흐르는 자신의 딸에게 왕위를 물려주기로 한 것이다.

사실, 딸에게로 왕위를 넘기고자 한 진평왕의 결심은 엄청난 고뇌 끝에 나온 결정이었다. 여자가 왕이 된다는 것은 전례가 없던 일이며 당시 논리와 정통성 면에서도 한계가 분명했기 때문이다. 거기다 덕만공주도 자식이 없었다. 신라 왕실의 혈통에 대한 집착은 분명한 끝을 향해 달려가고 있었다. 그러나 덕만공주가 왕이 되면 최소한 자신이 죽은 뒤 다음 세대까지는 성골과 그 혈통의 힘은 이어지는 것이다.

얼마 뒤 노년의 진평왕이 죽자 귀족들이 우려하던 일이 현실이 되었다. 40대 나이의 덕만공주가 왕위에 오른 것이다. 바로 선덕여왕이다. 한국 역사에서 여자가 왕이 된 것은 이때가 처음이었다. 당연히 친왕 계열인 김유신 가문은 선덕여왕이 왕이 된 것을 기회로 잡아 한 단계 더 높이 오르는 발판을 마련해야 했다. 대부분의

김유신 말의 목을 베다

귀족이 불만을 표할 때 반대로 김유신은 좋은 기회가 자신에게 오기를 바랐을 것이다. 그러나 김유신의 기회는 낭비성을 함락시키고도 한참이나 지나서야 온다. 신라 중앙의 기준으로 볼 때 고구려성 하나를 함락시킨 공은 결코 감탄 받을 일이 아니었다. 젊은 장교가 목숨을 거는 것은 당연한 것이고 이것으로 특별 대우를 받기란 어려운 것이 현실이었다. 혈통과 가문의 한계가 분명한 김유신이 신라 중앙 귀족이 되기 위해 해야 할 노력은 아직도 한참 남아보였다.

대기만성,
큰 그릇은 늦게 이루어진다

오랜 기간 김서현의 아들로 혹은 무명의 무장으로만 자신의 자리를 지키던 김유신이 48세의 나이로 사령관 자리를 맡게 되자 기다렸다는 듯이 공을 세우는 모습을 보면 이날을 위해 그가 철저한 준비를 했음을 알 수 있다. 기회도 준비를 한 자만이 잡는다. 사회적 편견과 오랜 무명을 이겨내는 힘은 바로 여기에 있었다. 기회가 적어도 한 번은 올 것이라는 믿음과 그것을 반드시 잡겠다는 의지로 김유신은 지난 시간을 지탱해 온 것이다.

05 ──────────── 고타소랑의 죽음

선덕여왕 즉위

선덕여왕은 이름이 덕만德曼으로 진평왕과 왕비인 김씨 마야부인 사이에서 태어났다. 진흥왕의 위대한 계획에 따르면 선덕여왕은 본래 아들로 태어나서 석가모니가 돼야 할 인물이었으나 결국 아들이 아닌 딸로 태어났기에 이에 맞추어 새로운 논리가 필요했다.

《삼국유사》에 나오는 〈선덕왕 지기삼사〉에 의하면 여왕은 자신이 죽은 뒤 도리천에 묻어달라고 하였는데, 불경에 따르면 여성이라도 열심히 불법을 지키면 도리천의 왕인 재석의 아들로 태어날 수 있다고 한다. 즉 선덕여왕은 도리천에서 우선 남자로 다시 태어난 뒤, 다음 윤회 과정을 통해 부처가 될 계획이었던 것이다.

김유신 말의 목을 베다

이렇게 논리를 짜보면 대충 이번 생애에 여성으로 태어난 것은 미래의 부처가 되기 위한 준비과정으로 이해할 수도 있다. 미래의 부처가 될 몸이니 나름 준準부처인 것이다. 그렇다면 부처에게 왕위를 물려준다는 진흥왕의 계획도 실패가 아닌 성공으로 볼 수도 있다. 석가모니 부모와 같은 이름을 지닌 진평왕과 마야부인 사이에 부처님에 준하는 딸이 태어난 것이니까. 이런 모습을 보면 신라 왕실의 종교에 대한 집착이 진흥왕이 죽은 이후에도 상상을 넘을 만큼 영향력이 심각했음을 알 수 있다.

진흥왕 시절, 신라의 문화 수준이 떨어지고 계속된 성공으로 왕실의 권위가 남달랐던 때에는 이런 이야기가 통했을지 모르겠다. 그러나 조공을 통해 당나라와의 접촉과 교류가 계속 증가하고 세상 물정을 파악할 수 있는 시대가 됐다. 논리적으로 비약이 크고 끼워 맞추기에 가까운 합리화는 당시 진골 귀족이라면 쉽게 납득하기 힘들었을 것이다. 이처럼 선덕여왕은 귀족이 지닌 불만을 안고 정치를 운영해야 했다. 그래도 남아 있는 여러 전설적인 이야기를 보면 신라 민중은 그런 선덕여왕을 이해하고 사랑했던 것 같다. 주로 남성의 힘으로 움직이는 정치 세계에서 여성으로 안간힘을 쓰며 버티던 모습에 연민의 정이 생긴 것일지도 모르겠다. 또한 여러 대에 거쳐 신라 왕실이 쌓아온 권위와 그 과정 속에 만들어진 종교적인 색체가 오히려 대중에게는 잘 먹히는 수단이었던 것 같다.

김유신에게 선덕여왕의 통치는 좋은 기회였다. 왕실이 다른 진골 가문과 유리됐던 만큼 친왕 세력에 대한 후원은 강해졌다. 이런 현상은 이미 진평왕 후기부터 진행되던 일이었지만 여왕에 대한 훨씬 심한 반발에 직면했던 선덕여왕은 주변에 믿을 만한 자들이 없어 왕실 가족에 더욱 의지할 수밖에 없었다.

특히 선덕여왕은 김춘추 집안을 아꼈는데 김춘추 아버지 김용춘은 선덕여왕을 대신해 주현州縣을 순무했고 나중에 황룡사 9층 목탑을 건설하는 일도 주관한다. 김춘추 역시 덕만공주 시절부터 지근에서 그녀를 모시는 신하였으며 그녀가 왕위에 오르자 이찬의 관등과 대신의 지위를 얻어 국가 주요 정책에 참가했다. 오랜 기다림 끝에 김춘추 집안에 빛이 들기 시작한 것이다. 이에 김춘추의 장인인 김서현과 사위 김품석은 각기 경주에서 가장 가까운 요충지의 방어 사령관을 역임할 수 있었다.

한편 고구려와 백제의 침공은 선덕여왕 시대에도 이어졌다. 파주에 위치한 신라의 칠중성을 고구려가 공격하며 한강 유역으로 진입하고자 노력했으나 신라의 완강한 저항으로 실패한다. 그러나 이후에도 꾸준한 공격을 통해 신라의 북방 영토에 위협을 가했다. 그래도 고구려의 공격은 그나마 나았다. 역시 문제는 백제다. 백제는 여왕이 즉위하자 신라를 깔보는 심산이 생겼는지, 636년, 기상천외한 작전을 시행한다. 이 기사는《삼국사기》와《삼국유사》에 다 등장하고 있다.

궁궐 서쪽에 옥문지玉門池라 불리는 연못이 있다. 하루는 두꺼비가 모여 크게 우는데 울음소리를 삼일 동안 그치지 않았다. 경주 사람들은 이 일이 이상하다 여겼다. 그런데 왕은 이 이야기를 들

김유신 말의 목을 베다

고 "두꺼비의 성난 눈은 병사의 모습이다. 일찍이 서남쪽 국경 지대에 땅 이름을 옥문곡玉門谷이라 하는 곳이 있다고 들었으니, 생각건대 혹시 백제의 군사가 몰래 이곳에 잠입한 것이 아닐까?"라 말하고 장군 알천閼川과 필탄弼呑에게 정예병 2천 명을 주어 여근 곡女根谷을 수색하도록 명했다. 과연 백제의 장군 우소于召라는 자가 군사 5백 명을 거느리고 매복하고 있었다. 알천은 이를 습격해 우소를 죽이고 병사 5백 명도 남김없이 처리했다. 이후 숨어 있다가 백제의 후속 부대 천 2백 명이 오자 다시 습격해 이들도 패주시킨다.

이야기에 따르면 선덕여왕은 두꺼비 울음소리에 지기를 발휘해 멀리서 다가오던 백제의 매복한 군사를 처단했다. 이는 백제 공격이라는 위급한 상황을 극복한 이후, 성골 여왕에게 마치 미래를 내다보는 신비한 능력이 있어 이번 방어가 가능했다며 적극 포장한 결과물이라 하겠다. 다만 《삼국유사》에서는 옥문곡 전투를 경주시 건천읍 신평리에 위치한 여근곡女根谷에서 일어난 사건으로 기록했지만 이것은 옥문과 여근의 뜻이 같은 데서 기인한 오류다. 실제 옥문곡은 경상남도 합천에 있으며 합천에서 경주로 들어가는 중요 길목이었다.

백제군은 경주로 진격할 수 있는 지름길로 병사 천 7백 명을 진입시켰던 것이다. 비록 알천 장군에 의해 국경선 진입을 눈앞에 두고 무너졌지만 백제 입장에서는 실패해도 성공한 작전이었다. 신라의 수도인 경주를 언제든 위협할 수 있음을 알려줬기 때문이다. 반대로 신라 귀족에게는 망연자실한 사건이기도 했다. 한강 주변의 영토가 침탈당하는 것은 그렇다고 쳐도 경주로 들어오는 길목까지 백제가 공격한다는 것은 자신의 안전에 직접적인 위협이 다가왔음을 의미했다. 더욱이 이런 일이 생기기 전까지 여왕은 분황사芬皇寺 건립과 같은 불교 치적에만 힘을 쓰고 있었으니 여왕의 통치력에 더 큰 의구심이 들 수밖에 없었다.

백제군의 옥문곡 진격은 무왕의 옛 대가야 지역에 대한 공략이 상당한 성과를 보이고 있음을 의미했다. 계속된 옛 대가야 지역에 대한 백제의 적극적 공략이 결국 이 지역에 대한 신라의 영향력을 약화시키게 만든 것이다. 이에 익산에서 경주까지의 길을 따라 점차 신라 중심부로 백제 군사가 진격할 수 있게 됐다.

새로운 위기가 오고 있었다. 이제 삼국시대 전쟁은 각 국가들의 주변부 영토 획득이 아닌 적국 수도를 직접 함락시킬 목적으로 벌어지고 있었다. 그만큼 전쟁의 규모와 잔인함도 커져갔다.

의자왕 즉위

641년, 백제에 무왕이 죽고 의자왕이 등극한다. 무왕의 맏아들이자 왕자 시절에는 해동증자로 칭송받았던 의자왕은 즉위 후 왕권 강화를 위해 정치 개혁에 착수했다. 동생인 왕자 교기를 비롯한 여러 명의 왕실 권력자, 그리고 좌평을 포함하는 40여 명의 대관을 섬으로 추방시킨 것이 그 첫째였다. 이들은 의자왕 태자 시절에 차

김유신 말의 목을 베다

기 왕 자리를 두고 대립한 세력이 아닐까 싶다. 의자왕의 별명인 해동증자도 권력 싸움의 최후 승리를 위해 태자 시절에는 인내를 가지고 형제와 권력자 들을 대우했음을 의미하는 완곡한 표현일 것이다. 이렇게 자신의 즉위를 반대했거나 또는 차후라도 분란을 일으킬 만한 세력을 정리한 의자왕은 다음 계획을 진행한다.

무왕에 이어 의자왕도 왕권 강화를 위해 가장 좋은 방법인 전쟁이라는 수단을 가볍게 여기지 않았다. 백제에게 신라는 원수의 나라이니 전쟁을 일으킬 명분은 언제나 있었다. 이 명분을 이용해 비상시국을 선포하고 전쟁을 일으키면 즉위 이후 안정되지 못한 왕의 권력을 빠른 시간 안에 강화시킬 수 있게 된다. 설사 자신에게 불만을 가진 세력이 있더라도 전쟁 시국인 이상 함부로 움직이지 못할 것이다. 계엄령과 유사한 분위기에서 행동 하나 하나에 조심할 수밖에 없기 때문이다.

사실 이 정도 효과만 있어도 전쟁을 일으킨 일차 목적은 달성된다. 이다음부터는 보너스다. 전쟁에서 승리하면 왕의 명예와 지지는 크게 오를 것이며 패배해도 대패만 당하지 않으면 그 패배를 갚는다고 하며 다시 전쟁을 일으키면 그만이다. 전쟁에 필요한 노동력과 재물을 각출하면서 왕을 중심으로 하는 중앙집권적인 힘은 더욱 강해지며, 승리해서 새롭게 얻은 영토는 왕의 힘을 키우는 데 경제적으로 큰 보탬이 된다. 이처럼 전쟁은 국내외적인 문제를 한 번에 해결할 수 있는 좋은 방법이었다. 이것이 당시 삼국시대 왕들이 전쟁을 바라보는 관점 중 하나였다.

의자왕은 642년 7월에 친히 군사를 일으켜 신라의 서쪽 40여 성을 함락시킨다. 《삼국사기》에는 40여 성을 함락시켰다고만 기록돼 있을 뿐 함락된 성의 위치는 적혀 있지 않다. 순식간에 40개의 성을 함락시킨 것으로 보아 옛 대가야 영향력 아래에 있던 의령, 합천, 거창, 고령, 성산, 칠곡, 구미 등 낙동강 서쪽 지역이 아닐까 싶다.

선덕여왕 즉위 이후 일어났던 옥문곡 전투에서 백제의 병력은 경주로 가는 길목으로 진격하는 동안 어떤 저항도 받지 않았다. 이 당시 대가야 지역에 대한 신라의 통제력에 상당한 문제가 있었음을 의미했다. 혹시 신라와 백제 사이에 위치했던 대가야 지역의 지방 세력은 이때 어떤 세력의 편도 들지 않고 중립적으로 상황을 관망한 것이 아닐까? 그렇지 않고서는 천 7백 명이나 되는 백제 병사가 어떤 저항도 받지 않고 경주로 가는 입구까지 진격한 것을 이해하기 어렵다.

이처럼 무왕시대 이후 백제가 적극적으로 옛 대가야에 대한 공략을 시도하면서 이 지역 지방 세력은 신라에 등을 돌리기 시작한다. 신라가 대가야를 합병할 때 그리 좋은 감정으로 이루어지지 않은 것도 이러한 분위기가 생기는 데 큰 역할을 했을 것이다. 그러다 백제군이 옥문곡까지 진격하는 상황이 알려지자 옛 가야계 세력들은 신라를 믿기보다는 백제의 편을 들기로 했다. 그 결과가 의자왕의 40여 성 함락이다. 백제의 새로운 왕이 직접 군사를 이끌고 오자 낙동강 동쪽의 옛 대가야 지역 세력들은 큰 저항 없이 백제로 넘어갔다. 새로운 지배자에게 충성을 맹세하는 방법으로 이보다 좋은 것도 없었다. 이제 대가야 지역에서 신라에게 남은 것은 마치 바다 위 떠있는 섬 격인 대야성 하나뿐이었다.

김유신 말의 목을 베다

대야성 함락

경상남도 합천군에 있는 대야성은 낙동강 지류인 황강을 벽으로 삼아 만들어진 요새다. 진흥왕 시대 대가야를 공략한 뒤 이곳에 도독부를 두면서 낙동강 서쪽 지역을 통치하는 신라의 중요한 거점으로 발전했다. 그러다 642년 7월에 백제 의자왕이 이 지역 40여 성을 함락시키자 낙동강 서쪽에 위치하는 유일한 신라 성이 됐다. 위기 속에서 같은 해 8월이 되자 백제의 왕은 사비로 돌아가고 장군 윤충이 남아 대야성 공략을 시작했다.

만 명의 백제군이 대야성을 둘러싸고 공격을 시작했는데, 윤충은 병법을 잘 아는 장수였나 보다. 성을 단순하게 병력으로 포위해치는 것보다 내부 분열을 일으켜 알아서 항복하게 만드는 작전을 폈다. 이러면 큰 피해 없이 성을 획득할 수 있기 때문이다. 마침 대야성 도독인 김품석은 그의 부하인 검일의 아내가 아름다운 것을 보고 빼앗아 자신의 여자로 만든 과거가 있었다. 이 일을 잘만 이용하면 백제에게 유리한 작전을 펼칠 수 있을 것이었다.

김품석은 김춘추의 사위이자 신라에게 중요한 지역이었던 대야성의 도독을 맡았고 이찬의 관등을 지니고 있었다. 상당히 높은 책임과 관등으로 보아 나이는 적어도 40대 중반에서 50대 초반은 됐을 것이다. 그런데 김품석의 부인인 고타소랑은 김유신의 여동생 문희의 딸이었으니 당시 많아야 17살 전후에 불과했다. 어린 소녀인 것이다. 그렇다면 두 사람의 결혼은 정략결혼일 가능성이 크다.

이러한 배경을 통해 본다면 김품석은 경주 내 상당한 실력을 지닌 가문의 대표로 추정된다. 다만 선덕여왕이 왕위에 오르는 일에 여타 귀족과는 달리 왕의 편을 들었고 이에 김춘추는 자신의 딸을 줌으로써 그를 집안사람으로 만든 것이다. 여왕은 자식이 없는 상황이니 춘추의 자제들이 왕실의 측근을 만들기 위한 거미줄이 돼야 했다. 한 가문을 완전한 편으로 만들기 위해서는 결혼 동맹만큼 확실하고 믿을 만한 방법은 없었기 때문이다. 신라시대의 많은 명문 집안 딸들은 이와 유사한 결혼의 희생양이 될 수밖에 없었다. 남편감으로 사랑을 선택하기가 힘든 것이 그녀들 대부분의 운명이었다.

한편 자신의 부인을 상관에게 뺏긴 대야성의 검일은 김품석에 대해 깊은 원한을 품고 있었다. 백제군은 신라 40여 성을 빼앗으면서 이 소식도 전해들었을 것이다. 좋지 않은 소문인 데다 경주에서 파견된 지역 총책임자의 행동이라 이 지역에서는 유명한 이야기였다. 윤충은 이러한 사정을 알고 신라에서 백제로 도망쳐 온 모척을 검일에게 접근시켜 백제군과 내응하도록 전한다. 대답은 "알겠다"였다.

백제군의 공격이 시작되자 약속대로 검일은 성 창고에 불을 피웠다. 그렇지 않아도 낙동강 서쪽 옛 대가야 대부분이 백제로 넘어갔기에 신라의 구원군은 올 수 없는 상황이었다. 그런데 내응하는 세력까지 등장하니 성을 수비하기란 더욱 힘들어졌다. 견디기 힘들어지자 품석의 보좌관인 아찬 서천은 성 위에서 윤충에게 말한다.

"만약 장군께서 우리를 죽이지 않는다면 성문을 열어 항복하고자 합니다."

윤충은 자신이 원하는 계획대로 일이 진행되고 있기에 이런 분위기가 당연히 마음에 들었다. 그는 그렇게 하겠다는 답을 내놓았다. 부하가 윤충과 약속한 일을 말하자 김품석은 항복을 결심했다. 품석은 어떤 것보다 자신의 목숨을 귀히 여기는 인물이었나 보다. 신라의 자랑스러운 화랑 정신이 부족한 것을 보니 아무래도 젊을 적 패기와 꿈은 사라진 자가 아니었을까?

그러나 죽죽이라는 자가 신라 장수들 중 유일하게 반대 의견을 표했다.

"백제는 늘 뒤집어 배신하는 나라인지라 믿을 수 없습니다. 그런데도 윤충의 말이 달콤한 것은 반드시 우리를 유혹하려는 것입니다. 만약 성을 나가면 틀림없이 적들에게 잡힐 것이니, 달아나 엎드려 삶을 구걸하기보다는 용감하게 싸워 죽음에 이르는 것이 낫습니다."

기록에 따르면 죽죽의 아버지 학열이 찬간이라는 외위관등을 가지고 있는 것을 보아, 죽죽은 이 지역 촌주 가계 출신으로 추정된다. 신라는 경위제와 외위제로 나누어 경주인과 지방인 간에 차별을 두고 관등을 줬다. 죽죽은 바로 지방 촌주로 지방민 관등을 받은 집안이었다. 더불어 부인을 뺏긴 검일과 죽죽과 함께 마지막까지 대야성을 지킨 용석도 죽죽과 같은 지위인 지방민 출신 장교였다. 이를 볼 때 혹시 경주인으로 지방민의 재산을 함부로 뺏은 품일의 행동이 나중에 지방 세력가의 부인을 훔쳤다는 이야기로 변형돼 남은 것이 아닐까? 당시 가야 지역에서 이런 일은 빈번했을 것이다. 이래서야 지배자인 경주인을 상대로 지방민이 동질성을 가질 수가 없었다.

그런데 여기서 《삼국사기》 대야성에 등장하는 다양한 인물을 통해 우리는 신라의 지방군 체제가 어떻게 구성됐지를 파악할 수 있게 된다. 대야성에는 왕경인인 도독 김품석 그리고 아찬 서천이 지휘부를 구성했고 지방 촌주인 사지(舍知) 검일, 죽죽, 용석 등이 하위 장교에 배치돼 있었다. 그리고 왕경인이 데리고 온 소수의 군사를 제외하면 대야성 대부분의 병력은 이 지역 촌주가 관리하는 지방민으로 편성된 듯 보인다.

즉 신라 정부는 군단의 우두머리 역할인 장군과 장교를 왕경인에 맡겼지만, 그 지역 유력자와도 공동체적 유대 관계를 맺고 지방 관직을 부여한 뒤 필요한 군사 등을 모집하고 관리하는 임무를 맡긴 것이다. 지방 유력자는 신라의 관직을 통해 지역 특권층으로 계속해서 활동할 수 있으며 신라에서는 병력을 모을 수 있으니 서로 좋은 일이다. 당연히 당시 국가의 체제를 볼 때 백제, 고구려도 비슷한 형식으로 지방군을 운영했을 것으로 보인다. 그러나 경주 출신의 상위 장교가 자신의 특권을 믿고 함부로 행동하는 경우 대야성 같은 분란이 일어날 수 있었다. 윤충은 때마침 이것을 노린 것이다. 검일을 꾀어낸 이상 그와 관계가 깊은 대야성 지방 군사도 반란에 합류했을 것이고 더 나아가 큰 분열로 이어질 것이 분명했다.

하급 장교에 불과한 죽죽의 주장은 왕경인 출신 성주 김품석의 귀에는 들리지 않았다. 그는 같은 지역민 출신 검일이 배신을 한 이상 죽죽의 말도 믿을 수 없었다. 다만 죽죽의 말을 듣고 의심은

김유신 말의 목을 베다

생겼는지 품석은 성문을 열고 사졸부터 밖으로 보냈다. 역시나 백제는 이들이 나오는 족족 죽여 버렸다. 백제 장군 윤충은 죽죽의 말대로 이들을 살려 보낼 생각이 없었다. 품석은 이제야 속은 것을 알고 자신의 부인이자 김춘추의 딸인 고타소랑과 자식을 모두 직접 죽인 뒤 자결을 택한다. 만일 부인과 자식이 백제 손에 산 채로 잡히면 그들은 백제의 노리개가 될 것이며 신라 내 김품석 가문이 느끼는 치욕도 상당했을 것이다. 연속된 의심과 배신 끝에 돌아온 것은 결국 허망한 최후였다.

백제에 항복해서는 안 된다고 주장하던 죽죽은 끝까지 싸우고자 성문을 닫고 적을 막다가 처절한 죽음을 맞이했다. 죽죽과 같은 지방 촌주 출신인 용석도 함께 백제군과 싸우다 죽는다. 윤충은 성을 함락한 뒤 남녀 천 명을 사로잡아 백제로 끌고 갔으며 품석의 목은 잘라서 사비성으로 보냈다. 아무래도 지역 촌주 출신의 장수까지 나서서 항전했던 성인 만큼 백제 입장에서는 본보기를 보일 필요가 있었다. 주민 천 명이 빠지며 텅 빈 성에는 백제군이 주둔하며 이 지역 통치 거점으로 운영했다. 이제 대야성은 신라 공격을 위한 백제 전진 기지가 되고 말았다.

진정한 동맹의 시작

신라는 연이은 패전 소식으로 우울해졌다. 특히 김춘추는 충격이 커서 기둥에 기대어 서서 온종일 눈도 깜박이지 않았으며 사람이

나 물건이 앞에 지나가도 깨닫지 못할 정도였다고 전해진다. 대야성 함락으로 인해 사랑하는 딸인 고타소랑이 죽자 큰 충격이 온 듯했다. 그녀는 김춘추와 문희 사이의 첫 딸로 오랜 기간 집안의 행복으로 존재했다. 그런 아이를 정치와 가문의 이익을 위해 나이든 남자에게 혼인시켰을 때 얼마나 미안한 감정이 들었겠는가. 하물며 백제에 의해 어린 나이로 죽임까지 당했으니 김춘추가 딸에게 느끼는 죄책감은 상당했다.

세월이 지나 660년 백제가 멸망할 때의 일이다. 태자 김법민이 백제 왕자 부여융을 꿇어앉히고 얼굴에 침을 뱉으며 말한다.

"지난 날 네 아비가 내 누이를 억울하게 죽여 옥중에 묻어버린 탓에 나로 하여금 20년 동안 가슴이 아프고 골치를 앓게 하더니, 오늘이야 네 목숨이 내 손안에 들었구나."

이 대목은 대야성 함락에 이은 어린 신부의 죽음이 아비인 김춘추와 그녀의 형제들에게 엄청난 슬픔으로 다가왔음을 알게 한다.

이런 저런 감정으로 한동안 실의에 빠진 김춘추지만 빠르게 정신을 차려야 했다. 자신의 집안사람인 품석이 이처럼 허무하게 성을 잃음으로써 선덕여왕의 정책을 반대하는 진골 귀족에게 이번 대야성 함락은 좋은 공격의 빌미가 될 수 있었다. 귀족들의 공격은 당연히 김춘추의 능력에 대한 의구심으로 연결될 소지가 있었다. 귀족들이 여왕의 울타리이자 팔, 다리 역할을 하는 김춘추를 이번 기회에 실각시키고 다음으로 여왕에게 자신들의 권리를 주장할 가능성이 컸다.

이에 김춘추는 대야성 함락과 딸 죽음으로 받은 충격을 극복하

김유신 말의 목을 베다

고 적극적으로 문제 해결에 나서기로 한다. 《삼국사기》에는 당시 김춘추가 선덕여왕에게 고구려로 가서 원병을 청하겠다고 말한 뒤 고구려로 떠나기 직전 김유신을 만났다고 기록돼 있다. 그러나 기록과는 달리 엄청난 위급 상황에서 김유신과 김춘추는 왕을 만나기 전 미리 만나서 앞으로의 계획과 말을 맞춰보았을 듯하다. 김춘추가 왕에게 고구려 원군을 지원받겠다고 청하고 김유신이 신라 군단을 맡는다는 계획은 이미 두 사람 사이에서 결정이 끝난 이야기였을 것이다.

계획에 따라 김춘추는 왕에게 나아가서 백제를 막기 위해 고구려에 군사를 청하겠다며 승낙을 받는다. 외교를 통해 군사적으로 밀리는 상황을 풀어보려는 것이었다. 또한 국내에 있으면 귀족들의 표적으로 공격을 당할 것이 분명하니 잠시 어려운 일을 맡는다며 이를 피할 필요가 있었다. 춘추가 없는 동안에는 아버지 용춘이 대신 비난을 막아줄 것이다.

사실 고구려 원병 요청은 백제뿐만 아니라 고구려도 신라의 영토를 노리고 공격하는 이때에 뜬금없는 행동인 것처럼 보이기도 한다. 그러나 한때 신라는 고구려의 속국인 적도 있었던 만큼 국가 위기 상황에서 최대한 자존심을 죽이고 도움을 요청하면 좋은 결과가 나올지도 몰랐다. 지금의 김춘추에게는 선택의 폭이 좁았다. 나름의 승부수였다.

다음으로, 낙동강 서쪽은 백제에게 무너진 상황이니 낙동강 동쪽에 새로이 방어선을 구축할 차례였다. 지금의 대구와 경주 사이에 있는 경산시 압량주押梁州가 이제는 백제 동진을 막는 신라의 방어벽이 돼야 했다. 대야성 함락으로 선덕여왕은 귀족에게 공격을 당하는 어려운 시기였다. 그럼에도 중요한 지역의 방어를 위해 군주 자리에 잊지 않고 왕실 측근이자 김춘추의 집안사람인 김유신을 임명했다. 김유신 나이 48세였다. 압량주는 경주와도 지근거리며 백제가 낙동강 상류를 거쳐 경주를 진입할 때 반드시 지나가야 했던 길목에 있었다. 즉 이곳을 김유신이 지키면 백제를 방어하면서도 경주 내 귀족 세력에 대한 견제도 가능했다. 일석이조의 자리였던 것이다.

두 사람은 고구려에 지원 요청을 해도 신라를 적극적으로 도와줄 가능성이 크다고 보지는 않았을 것이다. 위기 타계를 위해 무언가는 해봐야 한다는 책임감과 최소한 고구려에게 신라 영토를 침범하지 않겠다는 약조를 받아내기 위해 움직인 것이다. 약조를 받아내면 모든 전력을 백제와의 전쟁에만 집중할 수 있다. 이 점을 노리고 김춘추는 고구려로 떠났다. 최악의 경우에는 아무 성과도 없이 김춘추가 고구려에 인질로 잡힐 가능성도 있었다. 춘추가 걱정을 털어놓자 김유신은 만일 잘못된 방향으로 일이 진행돼 고구려가 김춘추를 억류하는 일이 생긴다면 군사를 이끌고 고구려를 공격해 압박을 놓겠다고 당당하게 말한다.

아무래도 압량주 군주가 되기 전까지 김유신은 총책임자로 굵직굵직한 일을 맡은 적이 없었던 것 같다. 48살이라는 당시 기준으로 적지 않은 나이임에도 이에 맞는 높은 관등과 지위가 없었으니 이는 한동안 그가 소외된 상황에 있었음을 보여준다. 젊을 때 이룩

김유신 말의 목을 베다

한 낭비성 함락이라는 공도 어느덧 지나간 일이 된 것이다. 거기다 김춘추마저 유신보다는 사위 김품일한테 큰일을 맡기며 기대를 걸었으니 어쩔 수가 없었다. 그러나 믿었던 도끼에 발등을 찍혀 대야성이 함락됐고 이제 김춘추의 주변에 믿을 만한 자는 김유신뿐이었다. 그는 춘추와 집안사람으로 통하는 관계다. 이처럼 삼국시대는 결국 최후의 단계가 오면 믿을 수 있는 자는 가족, 그것도 가능한 가까운 촌수의 가족으로 축약되는 시대였다.

김유신도 춘추의 불안을 알고 있었다. 우선 경험 많은 아버지 김서현이 퇴장한 이때, 이제까지 큰일을 맡은 적이 없는 그를 김춘추가 못미더워하는 것은 당연한 일일 수도 있다. 춘추와 유신은 직접적인 혈연관계가 연결된 것도 아니며 여동생 문희를 통한 처남과 매부의 관계에 불과했다. 그것도 바깥 신분만으로 보면 김춘추가 높지만 집안 내 서열로는 오히려 손위 처남인 김유신이 대접을 받아야 한다. 젊을 때에는 친하게 지냈다지만 어느덧 나이가 들고 나니 미묘하게 가까운 친척이면서 어중간한 분위기를 연출할 수 있는 사이가 된 두 사람이었다. 이에 김유신은 춘추를 안심시키는 것을 넘어 그에 대한 남다른 충성을 보이기 위해 만일 일이 잘못되는 경우 군사를 이끌고 고구려를 압박하겠다고 장담한 것이다.

김춘추는 김유신의 말에 감격했고 두 사람은 함께 손가락을 깨물어 피를 머금고 맹세를 한다. 유신의 적극적인 행동을 보고 김춘추의 마음속에 있던 한줌의 걱정과 의심이 사라지게 된 것이다. 한동안 해외로 가는 만큼 김춘추는 절대적으로 김유신을 믿을 수밖에 없었다. 그런데 김유신이 자신에 대한 강한 충성심을 보여주니 안심이 됐다. 당연히 김유신 입장에서는 춘추에게 충성을 보여 압량주의 군주가 된 이번 기회를 꼭 살려야 했다. 적지 않은 나이로 볼 때 그가 얻는 마지막 기회가 될 수도 있었다. 각각의 생각을 하나로 뭉치기 위한 피를 통한 맹세로 이제 두 사람은 진정으로 어려운 일도 함께할 동지가 된다. 김유신과 김춘추, 두 사람 간 진정한 동맹은 바로 이때부터였다.

조카의 죽음으로 김유신 역시 슬픈 상황이었다. 고타소랑은 김유신 집안에서도 사랑받는 존재였다. 이에 김유신은 눈물을 흘리는 누이 문희를 직접 만나고 슬픔을 함께 나누기도 했을 것이다. 허나 품일의 실패와 조카의 죽음으로 나라의 방어선을 책임질 장군으로 임명될 수 있었다. 이런 면에서 대야성 함락은 분명 그에게 새로운 기회를 준 것도 맞다. 누이의 슬픔과 새로운 기회를 얻었다는 흥분을 함께 지닌 채 김유신은 단단히 결심했다. 조카의 안타까운 죽음은 백제를 물리쳐 갚아야 한다.

김유신 말의 목을 베다

06 ——————————내우외환의 시기

군복무

《삼국사기》에는 설씨녀라는 기사가 있다. 유명한 장군이나 문인도 아닌 일반 여인이 열전의 한 부분을 차지했다는 것은 그만큼 당시 사회에서 공감되는 이야기였기 때문일 것이다.

신라가 한창 고구려와 백제에 의해 침탈을 당하던 시기에 설씨녀의 아버지가 먼 변방으로 군복무를 가야할 순번이 됐다. 딸은 나이 든 아버지를 보고 슬퍼하면서 혼자 근심하고 있었다. 병든 몸으로 국경선을 방위하는 일을 맡기란 매우 힘들 것이기 때문이다. 잘못하면 죽을 수도 있다.

이때 설씨녀를 남몰래 사랑하던 가실이라는 남자가 있었다. 그는 비록 가난했지만 자신의 뜻을 위해 끊임없이 노력하는 건실한 청년이었다. 그는 설씨녀가 근심을 한다는 소식을 듣고 단박에 그녀에게 찾아온다.

"내 비록 일개 나약한 사나이이지만 일찍부터 지조와 기개를 자부하는 터이니, 이 보잘것없는 몸으로 그대 아버님의 군역을 대신하고자 합니다."

설씨녀는 매우 기뻐 이 이야기를 아버지에게 전하자 어버지는 가실을 불러 자신의 딸 설씨녀를 배필로 맺어주겠다고 했다. 이 말을 들은 가실은 매우 기뻐했다.

사실 말이야 그렇지 자신이 사랑하는 여자를 위해 전쟁터로 기약 없는 길을 간다는 결심이 결코 쉬운 것은 아니다. 그만큼 사랑했나 보다.

이 두 사람은 거울을 가져다 반으로 쪼개서 각각 한 쪽씩 간직하고 언젠간 가실이 군복무를 끝내고 오는 날, 이것을 맞추어 보고 혼인을 치르기로 약조했다. 가실은 떠나기 전 자신이 기르던 말을 설씨녀에게 맡긴다.

"이 말은 천하에 좋은 말인데 반드시 쓰임이 있을 것입니다. 지금 나는 걸어서 떠날 터이니 말은 이곳에 두고 부리도록 하십시오."

가실은 군복무뿐만 아니라 기르던 말까지 설씨녀에게 주고 자신은 맨발로 걸어서 군복무를 떠났다. 당시 가축이 지닌 중요성을 볼 때 모든 것을 다 바친 남자였다.

그러나 가실은 연락이 없었다. 당시 군대는 한 번에 3년이 복무의 한도였나 보다. 그러나 심각한 위협이 다가오는 시기에는 이런

　　　　　　　김유신 말의 목을 베다

약속이 잘 지켜지지 않았다. 가실은 6년이 되었건만 아직도 돌아오지 못하고 있었다. 이에 아버지는 딸을 불러 타이른다.

"처음에 3년을 기한으로 했건만 이미 6년이 됐으니 이제 다른 집으로 시집을 가더라도 괜찮을 것이다."

아버지 입장에서는 딸의 혼기가 차감에도 결혼을 하지 않으니 걱정이 된 것이다. 딸이 강하게 거절하자 몰래 한 마을에 사는 사람과 약혼을 시켰다. 설씨녀는 아버지가 약조한 약혼을 거절하고 몰래 달아날 생각도 했지만 아버지가 걱정돼 이러지도 저러지도 못했다. 이에 마구간에서 가실이 남겨두고 간 말을 보면서 그를 생각하며 눈물을 흘렸다. 이때 형용이 비쩍 말라 수척하고 의복은 남루한 사나이가 마구간에 나타났다. 자세히 보니 가실이었다. 가실이 거울 한 쪽을 보이니 설씨녀가 이를 받아들고 흐느껴 울었다. 그녀의 아버지와 집안사람 들은 이 소식을 듣고 매우 기뻐했다. 마침내 좋은 날을 잡아 혼례를 치렀으니 설씨녀와 가실은 평생 해로했다고 한다.

지금도 한반도에는 군복무라는 제도가 유지되고 있다. 남과 북으로 나뉘어 있는 불안한 상황인지라 어쩔 수 없는 현실이기도 하다. 그런데 젊은 남성에게 군복무에 대한 걱정은 한동안 인생을 크게 압박하는 힘이 있다. 안 가고 싶고 가능하면 뒤로 미루고 싶지만 결국 한 번은 가야 한다. 군대를 아직 다녀오지 않은 젊은이는 자다가도, 술을 마시다가도 뒤가 걸리는 느낌을 풀 수가 없다. 국방의 의무를 끝내고 나야 그 묘한 기분이 사라진다. 참으로 군복무라는 숙명이 주는 힘은 무섭다. 그나마 다행인 것은 전시라는 최악의 상황이 아니기 때문에 참혹한 전장의 모습을 눈으로 확인하는 사람은 현재 국방의 의무를 하는 청년들 중 몇 안 된다는 점이다.

삼국시대의 군복무는 기약 없는 이별은 물론, 잘못하면 죽음에 이르는 험난한 여정이었다. 전쟁터로 끌려가면 오늘은 목숨을 유지해도 내일은 어찌될지 모르는 참혹한 고통 속에서 지내야 했다. 거기다 정해진 기한보다 군복무가 연장이 돼도 어쩔 수 없이 인내해야 했다. 당장 적이 쳐들어오는 상황에서 혼자 빠질 수 있게 해줄 리가 없었다. 설씨녀와 가실의 사랑 이야기는 그래서 그만큼 널리 퍼지게 된 것이다. 당시 많은 여성과 가족 들이 전쟁터에서 사랑하는 사람을 잃고 평생 슬픔을 간직한 채 살아야 했다. 또는 오랜 기간 사랑하는 사람을 보지도 만나지도 못한 채 시간을 보내야 했다. 대부분의 역사 기록이 위정자나 영웅의 이야기를 담고 있는 반면 설씨녀 이야기는 삼국시대 백성들의 적나라한 현실을 보여주고 있다는 점에서 의미가 크다.

김유신이 이끌어야 하는 병사들 하나하나가 바로 이러한 운명을 지니고 있었다. 이들을 위해서라도 김유신은 남모를 책임 의식을 가져야만 했다. 이제 한 지역을 책임지는 장군이 된 이상 수많은 가실과 설씨녀의 운명이 유신의 손에 의해 결정될 테니 말이다.

가야계 무장 집안의 적자

김유신이 낭비성 전투 전후로 무엇을 했는지는 남겨진 기록이 없어 정확히 알 수 없다. 다만 김유신 아버지 김서현은 지금의 양산 지역을 지키는 양주 총관으로 복무하며 백제와 여러 번 싸워 영토를 지킨 공이 있었고 더 나아가 최종적으로 소판대양주도독안무대양주제군사蘇判大梁州都督安撫大梁州諸軍事라는 벼슬까지 올랐다. 즉 김서현은 전성기 시절 낙동강 주변 지역을 방위하는 사령관으로 활약했음을 알 수 있다. 이 시대에는 아버지의 행군에 따라 자식도 함께 움직였기 때문에 같은 시기 김유신도 김서현과 함께 신라 국경선의 방위군에 편성돼 아버지를 보좌했을 것이다.

이로써 김유신 가문은 경주에서 멀리 떨어진 한강 유역을 개발하고 방어하던 임무에서 벗어나 나름 중앙에 더 가까워진 요직으로 들어올 수 있었다. 경주와 지방을 엄격하게 차별하는 문화를 가진 신라였던 만큼 아무래도 경주에 가까운 곳의 임지가 더 각광받았다. 이 경우 임지의 일을 하면서도 경주 내 인맥을 관리하기가 훨씬 쉬우며 수시로 경주를 다녀올 수 있으니 고위층에게 꾸준히 얼굴을 알릴 수도 있다.

이를 볼 때 김유신 가문은 낭비성 함락 이후 왕실의 주목을 받았고 더욱이 김춘추 집안과 사돈이 돼 조금 더 중앙의 요직으로 들어올 수 있는 기회를 얻게 됐다. 그러다 김서현과 김유신은 임기를 마치고 경주로 돌아왔고 그 뒤 어느 순간부터 이 지역 방어 책임자는 대야성 도독으로 부임한 김품석이 된다.

하지만 새로운 책임자 김품석은 백제의 공격을 제대로 방어하지 못하고 부하의 여자를 뺏는 등의 황망한 일을 벌이다가 결국 백제 장수 임충에게 목이 잘렸다. 이는 신라가 가야 지역에 대한 위무 활동에 실패했음을 의미했다. 보통 지배받는 입장에서 반란을 일으킨다는 것은 수없이 고민하고 고뇌하다 보이는 행동이다. 결코 쉽게 할 수 있는 일이 아니라는 의미다. 이는 거꾸로 신라가 대가야 지역에 그만큼 압력을 동반한 통치를 했다고도 볼 수 있다. 이에 따라 지역 유력자의 인내심도 한계가 다다른 것이다. 이런 상황에서 신라를 대체할 수 있는 백제 세력이 우호의 손길을 보이니 굳이 신라의 편을 들 필요가 없었다.

대야성 함락으로 낙동강 서쪽 방어선이 무너지자 선덕여왕은 부랴부랴 낙동강 동쪽에 위치한 압량주에 방어선을 새로 구축하도록 명한다. 방어 책임자에는 아버지와 함께 오랫동안 이 지역을 방위하면서 많은 경험을 쌓았던 김유신을 임명했다. 급박한 분위기에서도 김서현의 이름이 등장하지 않는 것으로 보아 아무래도 이때쯤 이미 죽었거나 관직에서 은퇴한 것 같다. 이제 김유신이 가야계 신무장 가문의 적자이자 대표가 된 것이다.

압량주

압량주押梁州는 삼국시대 초에는 압독군이라 불리던 소국이 위치한 곳으로 오래 전 이미 신라로 복속된 지역이다. 복속된 뒤 반란이 일어나서 신라가 다시 제압한 적도 있지만 이 일도 오랜 시간이 지난 만큼 어느덧 신라에 가장 가까운 우방이었다. 경주로 들어오는 길목에 있고 신라 입장에서 가장 오래된 정복지 중 하나였으니 대가야 주변이 백제 측으로 돌아선 이때 경주인 입장에서 그나마 신뢰할 수 있는 지역이기도 했다. 김유신은 이곳에서 우선 병사를 모집해 내실화를 꾀하고자 한다.

《삼국사기》에는 고구려에 들어간 김춘추가 60일이 지나도 소식이 없자 김유신이 춘추를 구하기 위해 나라 안 용사 3천 명을 가려 뽑았다는 기사가 있다. 그러나 사실 김춘추 때문이 아니더라도 이곳 방어선을 단단히 만들기 위해서는 자신의 명에 죽고 사는 병사들이 필요했다. 다만 개인적으로 병사를 소집하면 이에 대한 안 좋은 소문이 나올까 봐 김유신은 김춘추를 구하기 위해 병사를 모집한다고 이야기를 퍼트렸을지도 모른다.

김유신은 대야성 김품석이 부하의 변절로 죽음을 당했다는 것을 소식을 통해 알고 있었다. 전쟁에서 내부의 적만큼 무서운 것은 없다. 같은 일을 방지하기 위해 김유신은 자신만을 따르는 전쟁에서 함께할 용사들이 필요했다. 한 사람의 명령에 죽고 사는 병력 3천 명은 당시 삼국시대의 병력 수를 볼 때 상당한 힘을 발휘할 수 있는 숫자다.

이렇게 모인 용사들은 김유신에게 다음과 같이 말한다.

"비록 만 번 죽고 한 번 사는 곳으로 간다 한들, 감히 장군의 명령을 따르지 않겠나이까?"

김유신은 용사들에게 뭔가 대단한 약속을 했던 것 같다. 이들의 충성은 보다시피 김유신만을 따르겠다는 표현을 서슴없이 보일 정도였다. 김유신은 위급 상황이라는 현실을 이용해 당당하게 자신의 명에만 죽고 사는 병사를 모집했다. 모집된 이들이 사병 같은 분위기인 것으로 보아 단순한 군사 모집은 아니었음을 알 수 있다.

여하튼 충성스러운 용사를 모은 김유신은 최소한 김품석처럼 죽을 일은 없을 듯했다. 물론 김유신의 3천 용사를 기본으로 신라의 여러 군단도 최일선 방어에 투입됐을 것이다. 이곳이 뚫리면 경주가 무너지기 때문이다. 신라 정부에서는 대당大幢과 서당誓幢을 포함하는 여러 군단을 김유신에게 제공했을 것으로 판단된다.

대당은 진흥왕 시절에 설치된 신라 최초의 군단이다. 종래 귀족의 연합 부대와 유사하던 조직을 영토 확장의 시기에 왕을 중심으로 운영되도록 새롭게 조직한 것이다. 그러나 여전히 귀족 연합체의 잔재가 남아 있는 것이 문제였다. 이후 《삼국사기》 기록을 보면 오랜 기간 신라 측에서는 거의 김유신 혼자 백제 공격을 방어한다. 진골 귀족들이 선덕여왕의 정치에 반대해 적극적으로 자신의 권한에 속한 부대를 지원하지 않았기 때문이다.

사실 경주 내 진골 귀족의 관점에서는 이번 선덕여왕의 결정에 불만을 가질 수밖에 없었다. 그동안 가야 지역으로 진입하는 백제 세력을 상대로 전투를 벌인 군단 총사령관들을 보면 소판 김서현, 이찬 알천, 이찬 김품석 등으로 다들 신라 2등에서 3등 관등에 속했다. 그나마 3등 관등도 김유신 아버지인 김서현뿐이며 나머지는 이찬의 관등으로 신라 내에 상당한 명망을 지닌 인물들이었다.

정확한 기록은 남아 있지 않으나 김유신이 압량주 군주에 올랐을 때에 그의 관등은 가장 높게 잡아봐야 4등 관등인 파진찬, 아니면 그보다 한 등급 아래였던 것 같다. 진골이라는 보장된 신분에 48세의 나이라는 점을 보면 그리 높은 지위가 아니었다. 같은 시기 김춘추는 41살임에도 2등 관등인 이찬이었다. 김춘추가 왕실 핏줄에 가장 가까운 인사라는 점을 감안해도 김유신과 차이가 컸음은 분명한 사실이다. 참고로 나중에 김유신의 적자로 태어난 삼광의 경우 아버지의 후광 때문인지는 몰라도 30이 안된 나이에 이미 4등 관등인 파진찬에 올라선다. 이를 볼 때, 당시 여러 명망 있는 귀족은 최소한 김유신의 나이에 그보다 높은 관등을 지니고 있었을 것이다. 즉 김유신이 압량주 군주가 됐을 때 적절한 나이에 그보다 높은 관등을 가진 귀족이 꽤나 존재했다는 의미다.

결국 진골 귀족 입장에서 볼 때 선덕여왕은 다른 귀족을 제쳐둔 채 직급도 낮고 나이도 많은 김유신을 백제 침입에 맞서 싸울 군주로 임명한 것이다. 더욱이 경주 바로 옆에 위치한 압량주에 병력을 배치했으니 귀족들은 왕의 행동을 믿을 수가 없었다. 그들의 눈에는 백제와의 위험 상황을 기회로 김춘추와 공작을 꾸민 선덕여왕이 직급도 낮고 명망도 떨어지는 김유신에게 무력의 힘을 쥐어준 뒤 왕실에 반대하는 자신들을 제압하려는 것처럼 보일 만도 했다. 사실 동서고금하고 왕이 직급이 낮은 자를 자신의 측근에 올린 뒤 기존 귀족을 제거하는 사례가 종종 있다. 본능적으로 진골 귀족들은 가야계인 김유신이 새롭게 떠오르는 것에 대해 반감을 표시하게 된다.

이 같은 내부 분위기를 볼 때 경주민을 대상으로 구성된 대당이, 편입된 진골 출신인 김유신의 명을 완벽하게 따르기는 조금 어려웠을 듯싶다. 왕과 관련한 부部에서 차출된 대당 병력이 그나마 김유신의 명을 받았다. 압독주에 도착한 김유신이 3천 명의 병사를 따로 모은 것도 이러한 이유가 있었기 때문이다.

반면 서당은 진평왕 시절부터 조직된 군단인데 대당과는 달리 처음부터 왕에 직속된 부대로 편성됐다. 또 대당은 경주인을 중심으로 구성됐지만 서당은 정복민이라도 왕에게 충성을 하는 자들이면 편성이 가능했다. 즉 기존 경주 귀족 세력이 바탕이 되는 대당과 구별돼 새로 편입된 신라 주변 지역의 장정도 상당한 비율로 포함되던 부대였다. 그만큼 왕실에 대한 충성도는 대당에 비해서 강했을 것이며 가야계 출신 김유신과도 동질감을 가질 수 있었다.

마침 김유신이 새롭게 압량주에서 모집한 병사의 출신은 대부분 압량주와 가야였다. 마치 경주 내 진골 유력 가문이 부를 통해 자신들의 힘을 투영하듯이 경주의 외곽 세력을 규합해 김유신의 힘이 투영되는 조직을 구성한 것이다. 다만 김유신 가문은 가장 늦게 신라로 편입한 귀족이므로 3천 명이나 되는 병력을 후원할 만한 경제력은 없었다. 그러나 해결 방법은 남아 있었다. 모집한 병사의 소속을 비슷한 성격을 지닌 기존 조직 서당으로 포함시키면 된다. 이 경우 김유신의 직계 병사처럼 활용돼도 겉으로는 왕을 위한 병사로 인정받아 필요한 경비가 국가에서 나올 테니 말이다. 어차

　　　　　　　　　　김유신 말의 목을 베다

피 아랫사람이야 자신에게 경제적인 혜택만 부여된다면 돈이 누구의 호주머니에서 나오든지 상관없었다.

이로써 3천 명의 용사들이 김유신에게 충성을 서약한 이유와 김유신이 이들에게 어떤 보상을 약속했는지도 파악할 수 있다. 김유신은 경주 주변 세력에게 백제와 싸워 승리하면 왕이 경주민과 같은 특권을 여러분에게도 나누어 줄 것이라 했을 것이다. 그러면서 자연스럽게 왕의 직계 병사라는 자부심도 가지도록 강조했다. 이에 그동안의 차별 대우에 한이 있었던 경주 외곽 지역민은 김유신의 약속을 믿고 신라 왕에게 충성을 보이기로 한다.

선덕여왕은 내부의 흔들기와 외부의 위기로 힘든 상황에서 김유신이 날렵한 행동을 취해 병력을 끌어모으자 무릎을 쳤을 것이다. 이 가야계 친구가 보통 능력이 아니었다. 반면 같은 장면을 보며 진골 귀족들은 한탄을 했다. 자신들이 병력을 지원하지 않으면 제풀에 여왕이 쓰러질 줄 알았는데, 저 가야계 놈이 계획을 망쳤기 때문이다.

토끼와 거북이

김유신이 압량주 방어를 위한 준비에 힘을 쏟는 동안 동지인 김춘추는 고구려 평양에 도착했다. 평양은 고구려의 수도이자 당시 한반도를 대표하는 최고의 문명 지역으로 중앙에는 안학궁이 있었다. 안학궁은 지금의 경복궁에 비견될 정도로 넓은 면적에 건물의 크기가 경복궁을 훨씬 넘는, 거대함과 화려함으로 가득했다고 한다. 문제는 김춘추가 이토록 강대한 평양에 왔으나 원하는 바를 얻기는 힘들었다는 점이다. 당시 고구려 왕은 보장왕이었지만 사실상 권력은 신하인 연개소문이 장악하고 있었다. 연개소문은 642년 쿠데타를 통해 영류왕과 대신들을 제거하고 대막리지^{大莫離支}에 올라 고구려의 최고 권력자가 되었는데, 때마침 김춘추가 방문한 것이다. 사실상 고^高씨 성을 지닌 왕은 허수아비였으며 연개소문이 왕 아닌 왕이었다.

이러한 상황에서 김춘추는 보장왕을 접견한 자리에서 신라를 도와달라고 청했으나 이에 대한 대답은 다음과 같았다.

"죽령은 본래 우리 땅이니 죽령 서북쪽 땅을 돌려준다면 군사를 내줄 수 있다."

여기서 죽령은 소백산맥을 넘는 고개 이름이다. 고구려 대답을 따른다면 죽령 서북쪽 한강 유역을 고구려에게 넘기고 신라는 소백산맥 안으로 들어가라는 뜻이다. 이렇게 되면 신라는 진흥왕 이전 소백산맥 안의 작은 국가가 되고 고구려는 한강 유역을 지배하던 장수왕 시절로 돌아간다. 장수왕 시절 신라는 고구려의 속국이었으니 당연히 도움을 청하면 도와주던 때다. 즉 고구려는 도움을 받고 싶으면 과거같이 신라 위에 고구려가 서겠다는 것인데, 그렇다면 신라는 말로만 고구려를 치켜세우며 도와달라고 할 것이 아니라 한강 영토를 넘기고 알아서 본래 제자리로 돌아가라는 거다.

이와 같은 고구려의 행동은 이치에 맞지 않는 말을 통해 신라와 김춘추를 욕보이는 것에 불과했다. 당연히 김춘추는 고구려의 주

김유신 말의 목을 베다

장에 동의할 수 없었고 그대로 회담은 결렬된다. 보장왕은 회담 결렬 뒤 김춘추를 억류하도록 명했다. 당연히 이는 보장왕이 아닌 연개소문의 의견이었을 것이다.

김춘추는 고구려에 억류되자 사람을 보내 신라에 현 상황을 알리고 그 나름대로 탈출할 방법을 찾아본다. 마침 고구려 신하 중에 당시 고구려 왕의 총애를 받는 선도해라는 인물이 있었다. 춘추는 그에게 푸른 베 3백 보를 선물로 보내어 도움을 청했다. 뇌물을 통한 해결책은 고금을 통틀어 가장 많이 쓰이는 방법이다. 다만 이 방법은 상대를 잘 골라야 했다. 세상에는 '안 되는 것을 되게 하고, 되는 것을 안 되게 하는 것'으로 부를 챙기는 부류들이 존재한다. 김춘추는 선도해에게 이런 자들의 특징을 보았나 보다. 또한 아무리 허수아비 왕인 보장왕일지라도 연개소문과 권력에 대한 의견 다툼이 아예 없을 수는 없었다. 나름 왕의 총애를 받는 인물이라면 연개소문과 반대되는 의견을 내어 고구려 왕에게 충성하는 모습을 보일 확률도 충분히 있었다.

뇌물의 효과는 곧바로 나타났다. 선도해는 사신을 대접한다는 명목으로 김춘추가 억류된 방으로 와 이야기한다.

"공은 토끼와 거북이 이야기를 아시는지요. 용왕이 병에 걸려 토끼의 간을 먹어야 치료가 된다고 하니 거북이가 명을 받들어 토끼를 잡으러 육지로 나왔습니다. 그리고 토끼 하나를 잡아 감언이설로 물속의 용궁으로 데려왔는데, 도착하자 말하길 '용왕께서 토끼 간을 먹어야 병이 낫는다 해서 너를 데리고 온 것이다'라 했지요. 그러자 토끼는 '아, 그런 일이 있었으면 어찌 빨리 이야기 하지 않았는가? 우리들은 간을 마음대로 빼고 넣을 수가 있어서 날씨가 좋은 날에는 바위에 간을 꺼내고 햇볕을 쬐어 둔다네. 어서 육지로 돌아가 간을 찾아오세'라 합니다. 이에 거북이가 토끼를 업고 다시 육지에 오르자 토끼는 멀리 뛰어간 뒤에 '참으로 어리석구나, 간 없이 사는 동물이 세상에 어디 있는가? 다른 곳에서 토끼 간을 찾아보아라'하고 사라졌지요. 이에 거북이는 민망해 하며 아무 말도 못했다 합니다."

선도해가 괜히 토끼와 거북이 이야기를 하는 것이 아니었다. 춘추는 깨달은 바가 있었다. 한강 유역을 내놓아라 안 된다로 자존심 싸움을 할 것 없이 자신은 토끼처럼 거짓말로 "알았다"라 해버리고 신라로 복귀하면 그만이다. 사실 고구려 역시 진지하게 김춘추와 이야기하는 것은 아니지 않는가? 그리고 김춘추가 고구려 왕에게 거짓말을 하는 동안 선도해는 춘추를 지원해 줄 것이다. 김춘추는 고구려 왕에게 곧바로 글을 썼다.

죽령 이북은 본래 대국인 고구려 땅이니, 신이 귀국하면 우리 왕에게 청해 반환하도록 하겠습니다. 제 말을 믿지 못하시겠거든 저 밝은 해를 두고 맹세하겠습니다.

과연 김춘추는 청출어람이었다. 어차피 지키지 않을 약속이면 해든 달이든 하늘이든 뭘 두고 맹세하지 못하겠는가?

편지를 읽은 보장왕은 어떻게 김춘추를 처리할지 연개소문과 의논했다. 김춘추가 이렇게 나오는 이상 굳이 억류할 필요는 없어졌

　　　　　　　　　　　　김유신 말의 목을 베다

다. 마침 신라는 춘추의 억류 사실을 알고 김유신을 통해 군사 작전을 펼 움직임을 보였고 신라에 있는 고구려 첩보병은 이 일을 평양에 알린 상황이다. 연개소문은 쿠데타에 성공한 지 얼마 되지 않았기에 한동안 변경의 안전이 무엇보다 중요했다. 특히 당나라와 전쟁을 앞두고 있어 신라까지 양동으로 고구려 영토를 침입하는 경우 문제가 어떻게 번질지 아무도 몰랐다. 선도해는 선도해대로 이와 같은 논리를 찬성하며 김춘추 억류를 풀어주자고 뇌물을 먹은 만큼 목청껏 주장했을 것이다.

결국 연개소문은 이런 시기에는 조용히 넘어가주는 것도 좋은 방법이라고 결정한다. 국내적으로는 신라가 대신을 파견해 고구려에 읍소했다고 자랑하는 것만으로도 연개소문에게는 득의양양한 일이 될 테다. 여러 고난은 있었지만 김춘추는 풀려나서 신라로 돌아왔다. 그래도 아예 아무것도 못 얻은 것은 아니었다. 최소한 하나는 알았기 때문이다. 강국인 고구려와의 연합은 더 이상 힘들다는 사실이었다.

백제와의 전쟁이 심각해지자 고구려에 김춘추가 간 것은 이때까지도 고구려의 한반도 내 영향력이 상당했음을 보여준다. 강대국인 만큼 신라는 신라와 백제 사이에 중재 역할을 고구려에 기대했다. 그러나 결과는 아주 나쁜 쪽이었으니 이후 신라는 당나라와의 외교에 힘을 쏟을 수밖에 없게 된다.

백제의 파상 공격

백제 의자왕은 한 번 승세를 잡은 이후 끊임없이 신라를 공격했다. 이에 신라는 백제와 계속해서 성을 뺏고 뺏기는 전쟁을 치를 수밖에 없었다. 전장은 크게 낙동강을 중심으로 옛 대가야 지역에 대한 힘겨루기와, 경주에서 한강 유역으로 연결되는 물자, 군사 등의 이동선 방어로 나뉘었다. 특히 백제는 이전과는 달리 당항성을 공격해 신라와 당 사이의 연결을 끊고자 했는데, 이는 외교적으로 신라를 완전히 고립시키기 위한 작전이었다.

신라는 고구려와의 외교 협상이 실패로 돌아가면서 중국에 모든 외교력을 집중하기 시작한다. 반면 당시 백제는 고구려와 화친을 맺고 왜와는 예전부터 친밀한 관계였으며 중국과도 조공을 통해 꾸준히 교류를 해왔기에 외교적으로 막힘이 없었다. 다만 신라의 친 중국적인 외교 정책으로 중국이 백제를 압박할 수 있기에 미리 싹부터 없애고자 한 것이다.

그러나 신라가 당에 사신을 보내어 백제가 당항성을 공격해 방문길을 막는다고 항의하자 백제군은 당항성 포위를 풀고 철수할 수밖에 없었다. 어느덧 신라도 당나라의 당당한 국제 일원 중 하나가 된 것이다. 사실 신라는 삼국 중 가장 대중 외교에 관심이 없었으며 대외적으로 폐쇄적 길을 걸었던 나라였다. 중국과의 직접적인 연결은 진흥왕 이후부터야 적극적으로 열렸다. 그러나 고구려와 백제의 압박과 선진 문화를 가진 중국으로부터 받은 문화적 충격으로 이후 가장 열심히 중국에 통로를 여는 나라로 변화한다.

김유신 말의 목을 베다

당 입장에서도 고구려, 백제뿐만 아니라 신라의 조공을 통해 한반도의 사정을 더 상세히 알 수 있었고 한반도에 영향력을 발휘하기 위해서는 기존의 강대국인 고구려, 백제가 아닌 신라를 이용해야 하는 필요성을 느끼게 된다. 무엇보다 신라는 외교적 고립으로 당과의 관계가 절실했기 때문에 중국 입장에서 믿을 만한 상대로 인정받았다. 즉 신라와 백제의 대중국 외교는 누가 더 열심히 조공을 하고 현 상황을 설명하며 더 나아가 충성을 보여 황제의 마음에 드느냐는 외교 경쟁으로 넘어가게 된다. 결국 백제가 원하는 신라의 외교적 고립은 중국을 제외한 국가만으로 구성할 수밖에 없었다. 한계가 분명한 포위였다. 이때 당항성을 무너뜨리지 못한 결과, 백제는 더욱 친밀해지는 신라와 당의 관계를 막을 수가 없게 된다.

한편, 옛 가야 지역에 대한 두 나라의 힘겨루기는 여전히 낙동강을 두고 대치하는 상황으로 이어진다. 전쟁 양상은 한쪽이 일곱 성을 뺏으면 다음 해에는 다른 쪽이 뺏긴 일곱 성을 탈환하는 식이었다. 그래도 김유신이 이 지역 방위 사령관이 되면서 끊임없이 밀리던 신라군이 이제는 백제와 대등한 싸움을 시작했다. 그만큼 신라 정부도 이전과 달리 한결 여유를 찾을 수 있었다.

백제나 신라나 이 전쟁에 수도의 정규군뿐만 아니라 가야 주변의 지역민까지 주력으로 동원하고 있었다. 다만 신라 측 총사령관 김유신은 이곳 지역민과 유대 관계가 각별한 혈통의 가문이었다는 점이 특별했다. 그가 선덕여왕에 의해 이곳 사령관이 된 이유도 출신 배경과 연관성이 있었기 때문이다. 이때 김유신은 엄청나게 바쁜 일과를 소화하고 있었다. 《삼국사기》에는 다음과 같은 일화가 있어 당시 상황을 잘 전해주고 있다.

김유신이 백제를 정벌하고 돌아와서 아직 왕을 뵙지도 않았는데, 백제의 대군이 다시 와서 변경을 공격했다. 왕이 유신에게 출정을 명하니 유신은 마침내 집에도 가지 않고 나가 처부수고 2천 명의 목을 베었다. 유신이 경주로 돌아와 왕에게 복명하고 아직 집에 돌아가지 못한 터에 또 백제가 다시 침범한다는 급보가 이르렀다.

왕은 사태가 위급하므로 말하기를 "나라가 보존되고 멸망하는 것이 공의 한 몸에 매였으니, 수고로움을 꺼리지 말고 가서 대책을 꾀하기 바란다"라고 했다.

유신이 또다시 집에 돌아가지 않고 밤낮으로 군사를 훈련해 서쪽으로 행군하는데, 길이 자기 집 문 앞으로 지나게 됐다. 이때 유신의 집안사람들이 모두 문 밖에 나와 기다리고 있었다. 유신이 문 앞을 지나치면서 돌아보지도 않고 가다가, 50걸음쯤 떨어진 곳에서 말을 멈추더니, 집에서 마실 물을 가져오라 해 마시고 말했다.

"우리 집 물은 여전히 옛날 맛 그대로구나!"

이에 군사들이 모두 말했다.

"대장군께서도 오히려 이와 같으신데, 우리들이 어찌 골육과 이별하는 것을 한스럽게 여기겠는가."

　　　　　　　　　　　　　김유신 말의 목을 베다

이처럼 계속된 백제와 신라의 힘겨루기는 김유신에게 쉴 틈도 주지 않고 전장으로 나가게 만들었지만 덕분에 김유신의 지위는 끊임없이 상승했다. 김유신은 압량군 군주로 있다가 선덕여왕 13년(644년)에는 3등 관등인 소판이 된다. 소판은 김유신 아버지 서현이 신라 조정으로부터 받은 가장 높은 벼슬이었다. 선덕여왕은 김유신이 이룬 공을 높게 보아 아버지가 지닌 직책과 명예를 그대로 물려준 것이다.

그러나 이것만으로 부족했는지 여왕은 같은 해 9월에 상장군上 將軍의 직위를 더해줬다. 기록에 따라 대장군을 줬다고도 돼 있다. 이 벼슬은 아무나 받을 수 없는 상징성이 있는 지위였다. 신라군 권력의 책임자 중 하나로 김유신을 삼겠다는 의도였다. 선덕여왕의 김유신에 대한 신뢰가 상당했음을 알려준다. 기존의 오른팔인 김춘추뿐만 아니라 새롭게 유능한 무장인 김유신까지 얻었으니 여왕은 기분이 좋을 만했다. 이에 군사적으로 권위 있는 직위를 주어 김유신을 정치적으로도 키워줄 심산이었다. 또한 김유신에게 주는 높은 관직은 곧 그를 따르는 지방 세력의 왕실에 대한 충성도도 크게 높일 수 있게 만드니 일석이조였다.

이와 같은 승진과 군사상 성공으로 신라 조정에서 김유신의 입지는 크게 올라가기 시작한다. 당시 그가 백제와 맞서서 방어하는 곳은 경주와 지척이었기에 시시각각의 전쟁 승패가 시차 없이 그대로 경주에 전해졌다. 이에 경주 시민들은 누구보다 가슴 졸이며 김유신의 전쟁 상황을 지켜봤다. 만일 김유신이 패배한다면 백제군은 거칠 것이 없이 경주로 밀고 내려올 것이다. 왕을 반대하는 귀족을 제외한 대부분의 경주 시민에게 김유신은 누구나 승리를 기원하게 만드는 영웅이었다.

김유신은 자신의 이름을 신라의 중앙인 경주 내로 널리 알리게 됐다. 지금도 정치인이든 연예인이든 이름을 널리 알리기 위해서는 이슈가 돼서 대중에게 크게 알려질 계기가 중요하다. 대중은 한번 각인된 인물에게는 큰 실망을 느끼지 않는 이상 웬만하면 끝까지 환호와 믿음을 보내기 때문이다. 김유신의 방어전은 그런 의미가 있었다. 압량주의 총사령관이라는 자리는 단순한 가야계 무장이 아니라 신라, 그것도 경주인에게 각인될 만한 장군으로 인정받는 계기가 됐다. 뿐만 아니라 김유신이 이끄는 병사 대다수가 그동안 소외됐던 경주 주변 지역 출신이었다는 점에서 그를 응원하는 사람의 숫자는 이전 어떤 신라 장군들에 비해 많았다. 경주와 지방민의 수많은 눈이 지켜보고 있으니 김유신의 가치는 더욱 높아질 수밖에 없었다.

오랜 기간 김서현의 아들로 혹은 무명의 무장으로만 자신의 자리를 지키던 김유신이 48세의 나이로 사령관 자리를 맡게 되자 기다렸다는 듯이 공을 세우는 모습을 보면 이날을 위해 그가 철저한 준비를 했음을 알 수 있다. 기회도 준비를 한 자만이 잡는다. 사회적 편견과 오랜 무명을 이겨내는 힘은 바로 여기에 있었다. 기회가 적어도 한 번은 올 것이라는 믿음과 그것을 반드시 잡겠다는 의지로 김유신은 지난 시간을 지탱해 온 것이다.

김유신 말의 목을 베다

황룡사 9층 목탑을 완성하다

신라와 백제 사이에 치열한 전쟁으로 얼룩지던 시기, 경주에는 놀랍게도 황룡사 9층 목탑이 완성됐다. 때는 선덕여왕 14년(645년)이었다. 이 탑은 지금까지 회자될 정도로 그 크기가 엄청났는데, 탑의 높이가 80미터에 달했으니 이는 아파트 30층 높이에 해당한다. 지금 황룡사 9층 목탑은 사라지고 없지만 초석과 심초석은 남아 있어 과거의 위용을 그대로 전해준다. 그런데 과연 이러한 거대한 탑이 어떻게, 무슨 목적으로 만들어진 것일까?

《삼국유사》에 따르면 643년 당나라에서 유학을 마치고 귀국한 승려 자장慈藏의 요청으로 9층 목탑 건축이 시작됐다. 자장이 중국에 있을 때 한 신인神人과 대화를 해보니 신라가 안팎으로 어려움을 겪는 것은 여자를 왕으로 삼았기에 부드러움은 있으나 위엄이 떨어져서라 한다. 이에 9층탑을 세우면 왕실의 위엄이 올라 이웃 나라가 항복할 것이라는 거다.

신인의 말을 전해들은 자장은 신라로 돌아와 선덕여왕에게 이 사실을 알리고 큰 탑을 지을 것을 주청한다. 태생 자체가 부처가 돼야 할 몸이었다고 믿는 선덕여왕은 성골이라는 자부심으로 뭉쳐 있었다. 그러니 자신을 무시하는 진골 귀족에게 무언가 큰 힘을 과시하고 싶은 욕구가 있었을 것이다. 이런 그녀에게 자장의 이야기는 충분히 설득력이 있게 들렸다. 선덕여왕은 결심을 하고 신하를 불러 탑을 지을 것을 의논하게 했다. 하지만 신라의 건축술로는 높은 기술이 요구되는 거대한 탑을 짓기란 불가능했다. 이에 백제의 장인이 필요했다.

경주에는 지금의 눈으로 보아도 놀랄 만한 건축물이 여럿 남아 있다. 석굴암과 불국사 삼층석탑 등이 그것이다. 그러나 신라의 문화와 경제력을 상징하는 이런 기물은 대부분 통일신라시대에 만들어진 것이다. 이때만 해도 신라는 변경에서 무력을 기반으로 주위 세력을 편입시키며 간신히 힘을 과시하기 시작한 신진 세력에 불과했다. 오래된 역사와 문화를 지닌 고구려와 백제 입장에서 보면 그랬다는 거다. 그런 상황이었으니 당대 최고의 기술력이 동원돼야 하는 황룡사 9층탑을 신라 힘만으로는 세울 수가 없었다.

반면 백제는 이미 상당한 실력의 목조 건축 기술을 지니고 있었다. 신라와 다르게 예전부터 중국과 문물 교역을 해서 높은 수준의 문화와 기술을 습득했고 이를 통해 축적된 자신들의 문화, 기술을 일본과 가야로 수출까지 했다. 뿐만 아니라 이미 일본으로 기술자를 파견해 탑과 절을 여럿 세워준 경험도 가지고 있었다. 신라와 비교할 때 문화적으로도 어엿한 대국이었던 것이다. 그만큼 역사와 전통 면에서 백제는 신라를 낮춰볼 만했다.

하지만 아무리 그렇다 해도 신라와 엄청난 전쟁을 치루고 있는 상황에서 적국의 기술자 파견 요청을 백제는 어떻게 받아들였을지 의문이다. 결국 아비지라 불리는 백제의 유명한 장인이 신라로 파견된 것으로 보아 전쟁 중임에도 이와 무관하게 백제가 신라의 요청을 받아들였음을 알 수 있다. 치열한 전쟁의 이면에 이러한 문화적인 교류도 존재했던 것이다.

신라는 기술자 아비지를 백제로부터 데려오기 위해 보물과 비

김유신 말의 목을 베다

단을 백제에 제공했다고 한다. 덕분에 신라는 옛 대가야 지역을 대부분 잃고 낙동강을 방어선으로 삼아 백제의 파상 공격을 방어하던 국가 총력전 상황에서도 경주에서 백제 기술자를 공사 총지휘자로 임명해 9층 목탑을 건설할 수 있었다. 귀족들은 이러한 여왕의 행동에 좋은 반응을 보이지는 않았을 테다. 그러나 여왕의 결심은 굳건했다. 한편 지휘는 아비지에게 맡겼어도 황룡사 9층 목탑건축의 전체적인 주관은 김춘추의 아버지 김용춘에게 맡겼다. 왕실의 위엄을 세우는 일인 만큼 당시 왕실 종친 중 가장 명망 있고 나이도 많았음직한 김용춘이 이번 일의 책임자로 등용된 것이다.

김춘추 집안에서도 황룡사 9층 목탑의 건립은 중요한 일이었다. 선덕여왕은 자식이 없었으며 또한 형제 중에도 남자가 없었다. 선덕여왕의 사촌동생인 승만勝曼이 선덕여왕을 제외하면 유일한 성골이었지만, 그녀도 역시나 자식이 없었다. 성골 집단의 혈통이 끊어지기 직전이었던 것이다. 남아 있는 성골이 다 사라지면 진흥왕 핏줄에 가장 가까운 이가 바로 김춘추 집안이다.

이처럼 단순히 친왕 세력이어서가 아니라 왕실의 일은 당연히 김춘추 일가의 일이 되고 있었으니 김용춘은 황룡사탑 건설에 최선을 다해야 했다. 황룡사는 본래 진흥왕이 세운 왕실 전용 사찰이었다. 이러한 사찰에 9층 목탑을 더한다는 것은 분명 의미가 컸다. 중요한 의미를 가진 절에 웅장한 9층 목탑이 생기면 진흥왕계 왕실의 큰 위업으로 남을 것이다. 지금이나 과거나 토목공사와 건축물을 통해 역사에 위업을 남기겠다는 발상은 비슷한 듯 보인다. 여왕은 자신의 이름과 함께 남을 만한 건축물을 통해 여왕이라는 이유로 멸시받고 힘들었던 시기를 보상받고자 했다. 긴 세월이 지난 뒤에도 이 거대한 탑을 통해 후세의 사람이 자신을 추억하고 더 나아가 이 시대가 위대한 왕에 의해 신민이 완벽하게 통합되는 사회였음을 알아줄 것이라 여겼다.

완성된 황룡사 9층 목탑은 이후 신라를 대표하는 세 개의 보물 중 하나가 됐으며 선덕여왕이 원하는 대로 오랜 기간 경주의 랜드마크이자 불교를 상징하는 기물로 인정받았다. 목탑은 지어진 지 약 6백여 년이 되는 1238년 고려를 침입한 몽고가 불로 태워버리면서 추억 속으로 고요히 사라졌다. 그러나 지금도 경주에 남은 유적을 보며 황룡사 9층 목탑과 선덕여왕을 떠올리는 사람이 많으니 여왕의 의도는 나름대로 성공한 듯 보인다.

김유신 말의 목을 베다

07 _____ 비담의 난

반란 진압

대장군 김유신은 압량주 병력 일부와 왕궁 병력을 이끌고 명활산
성明活山城 아래에 진을 치고 있었다. 반대 측 산성에는 신라 명문 진
골 가문들의 깃발이 보였다. 이들은 오랜 기간 신라를 좌지우지했
던 최고 가문으로 가깝게는 내물왕 후손을 위시해 수백 년의 역사
를 자랑하는 집안이었다. 그들의 병사는 부를 통해 육성된 노비와
자신들의 식읍에 속해 있는 민호 들이다. 이 역시 절대 무시하지
못할 숫자로 채워져 있었다.

　이에 비해 김유신과 함께하는 장교들은 가장 늦게 진골로 편입
된 가야계 귀족, 6~4두품의 하위 귀족 그리고 김춘추로 대변되는

친왕계 진골 귀족으로 구성돼 있었다. 명망과 숫자에서 비담 세력에 비해 왜소해 보이는 것도 사실이다. 펄럭이는 깃발 아래 서로의 군사가 대치하는 상황에서 김유신과 김춘추는 말을 탄 채 적진을 바라보고 있었다.

"대장군, 오늘이라도 역적 놈들을 반드시 처단해야 할 것이오."

김춘추는 지금도 분이 풀리지 않은 모습이다. 찬바람이 부는 겨울이지만 흥분으로 인한 열로 인해 그의 얼굴은 붉게 물들어 있었다. 상대등 비담毗曇을 중심으로 한 귀족 세력은 선덕여왕을 암살하고 새로운 왕을 세우고자 했다. 이 과정에서 선덕여왕은 결국 죽음을 맞이했고 김춘추도 수차례 죽을 위기를 겪었다. 춘추의 말을 듣고 있는 김유신도 당연하다는 듯한 표정이다.

"춘추공 말씀이 옳습니다. 준비가 마무리되면 북을 울리고 역적 놈들을 처단하겠소."

김유신 군단의 양 끝 지점에서 각기 기병이 출발해 중앙으로 달려온다. 전 부대가 출진이 완비되었다는 의미였다. 김유신이 서 있는 본영으로 들어온 두 기병은 말에서 내려 구령을 붙이고 무릎을 꿇었다.

"좌, 우익이 전부 준비가 마쳐졌습니다. 명을 내리십시오. 장군"

"음."

김유신은 짧게 숨을 내신 뒤 큰 소리로 명한다.

"선대왕을 시해한 역적 놈들이다. 비담의 목을 벤 자에게는 그에 합당한 관직을 내릴 것이며 그 나머지 귀족들의 목을 베어도 마찬가지다. 그들의 일족은 살려달라며 목숨을 구걸하더라도 살려

둘 필요가 없다."

"옛!"

"대왕의 복수를 갚자!"

김유신의 화랑 시절 때부터 함께했던 낭도들은 이제 장교의 신분으로 김유신의 명을 떠받들었다. 김유신이 고개를 끄덕이자 곧 전투를 시작하라는 깃발이 올라간다. 그와 함께 북이 크게 울리기 시작했다.

북이 울리자 크게 함성을 한번 지른 뒤 김유신의 병사들은 산성으로 진격했다. 비담을 포함한 귀족 세력도 이를 가만히 지켜보고 있지만은 않았다. 사다리를 밀어 떨어뜨리고 화살과 돌을 굴리며 강하게 저항한다. 김춘추는 말 위에서 분을 제어하지 못하고 씩씩거리며 상황을 지켜보았다. 반면, 오랜 전쟁에서 단련된 김유신은 담담한 표정이다.

전투는 잠시 치열한 듯 보였지만 김유신 병력이 하나 둘 성을 올라가는 데 성공하자 싱겁게 끝나는 분위기였다. 화살과 돌이 굴러떨어지는 상황에서도 열과 오를 맞추어 진격하는 김유신 병력 앞에 숫자만 많은 귀족들의 병력은 기가 질려버렸다. 곧 창과 칼이 맞붙자 자기 자리를 지키지 않고 살겠다며 도망치는 병사들로 귀족 연합 진형이 흐트러진다.

비담과 귀족들은 풍비박산 나버리는 자신들의 진형을 보자 전투가 끝나지도 않았건만 놀라서 달아났다. 신라를 좌지우지하던 여러 가문의 화려한 깃발은 땅에 그대로 버려졌으며 그 위로 거대한 살육의 현장이 이어졌다. 김유신은 서둘러 징을 쳐서 더 이상

무의미한 살육이 일어나지 않도록 병사들을 제어했다. 장교들은 "무기를 버리면 목숨은 구할 수 있다"라 외치고 일부는 "항복한 자는 죽이지 말라"고 외친다.

사실상 신라인끼리의 전투인 만큼 가능한 직위가 높은 자들만 제거하고 그들의 병력은 그대로 김유신 측이 인수받아야 했기 때문이다. 대다수의 반란 세력 병사들은 분위기가 밀리자 창과 칼을 멀리 던지고 살려 달라 울고 빌며 항복을 맹세했다. 김유신은 이들을 받아들였다. 다만 반란 귀족은 철저한 응징을 가하도록 했다.

비담과 염종廉宗은 멀지 않은 곳에서 죽은 상태로 발견됐고, 연루된 나머지 귀족은 그나마 목숨은 붙어있는 상태로 손, 발이 묶여 잡혀왔다. 이미 비담의 시체는 머리, 팔, 다리 일부가 찢어져 성한 상황이 아니었다. 신체 일부라도 베어 오면 큰 상을 받을 수 있다고 여긴 병사들로 인해 크게 훼손됐기 때문이다.

본영으로 끌려온 비담과 염종의 너덜너덜한 시체는 확인 작업이 끝나자 기다렸다는 듯이 갈가리 찢어졌으며 목은 잘려 높은 창대에 매달렸다. 김유신과 김춘추는 반란군을 섬멸했음을 왕궁에 알린 뒤 승전 북소리를 울리며 복귀했다. 김유신은 몇몇 장교에게 명활산성에 남아 뒤처리를 하도록 명한다. 뒤처리 중 가장 중요한 일은 잡힌 포로의 숫자를 파악하고 배치하는 문제였다.

내전이 끝났다는 소식이 들리자 경주 시민들은 10여 일 만에 밖으로 나와 경주 내 가장 높은 신분에서 이제는 한낱 구경거리가 돼 개와 소처럼 끌려가는 명문가 귀족들을 지켜보았다. 난 중에 새

김유신 말의 목을 베다

롭게 즉위한 진덕여왕 앞에서 역적을 토벌했음을 알린 김유신은 의식이 끝나자 곧 이어 김춘추와의 만남을 가졌다.

"붙잡은 귀족들은 어찌 처단해야겠소?"

김춘추가 묻자 김유신은 눈을 지그시 감는다.

"춘추공, 한 번 반란을 일으켜서 왕실을 능멸한 자입니다. 더욱이 선대왕을 시해했고요. 이런 자들을 용서하신다면 다음에 공이 왕이 되신 뒤에도 이런 일이 벌어지지 않으리라 어찌 보장하겠습니까? 세상의 구경거리로 삼아 엄히 다스려야 할 것입니다."

김춘추도 그 말이 옳다고 여겼다.

"내 대왕께 이들의 처형을 바로 주청드리겠소."

김춘추는 대답 뒤 진덕여왕을 만나러 궁으로 들어갔다.

곧 이어 왕의 명이 떨어지자 토목 기술자가 급히 처형대를 만들었다. 귀족은 아무리 죄를 지었어도 격을 갖추어 백성들의 구경거리로 만들지는 않았던 것이 불문율이다. 허나 왕을 시해하였으니 인간이길 포기한 자들이 아닌가? 경주 시민들이 다 볼 수 있는 자리에서 처형식이 진행될 예정이었다.

다음날, 아침부터 귀족 우두머리 수십 명이 처형대에서 목이 달아났으며 그와 관련한 일족들도 하루 사이에 대부분 제거된다. 이 장면을 많은 경주 시민들이 널따란 광장에 모여서 구경했다. 소름끼치는 살생이 끝나갈 쯤 어느새 해가 서쪽 산에 걸쳐 있었다. 높은 누대에서 처형식을 끝까지 확인한 김유신은 피로 붉게 물든 땅과 노을로 붉게 물든 하늘을 보며 새로운 시대가 열렸음을 직감했다.

불안한 귀족들

선덕여왕 16년(647년) 정월 초, 상대등인 비담이 염종 등과 함께 반란을 일으킨다. 반란의 규모는 상당했는데, 경주 내에서 친왕파와 비담파가 나뉘어 10일 동안 공방을 펼칠 정도였다. 지금껏 신라에서 좀처럼 보기 힘든 커다란 내전이었다. 비담이 역임하던 상대등은 화백회의를 주관하는 신라 최고의 벼슬로 상당한 정치력과 권력을 지닌 가문만이 얻을 수 있는 관직이었다. 이른바 귀족 대표직이니 신라 귀족을 대표함을 의미하며 왕 못지않는 강한 발언권을 지닌 자리이기도 했다.

《삼국사기》에 따르면 반란 세력은 진흥왕계 왕실을 절단하고 비담을 중심으로 새로이 왕을 세우고자 한 듯 보인다. 다만 비담이 직접 왕이 되고자 했는지 아니면 젊고 유능한 자를 왕으로 삼으려고 했는지는 알 수 없다. 반란을 일으키며 내건 명분은 '여왕이 잘 다스리지 못한다'라는 것으로 이들 나름대로는 오랜 기간 참아왔던 것이 터져버린 것이다. '석가모니 일족이 환생해 이루어진 왕실은 곧 성골'이라는 개념 속에 이어오던 진흥왕계 신라 왕실은 점차 진골 귀족들과 유리돼가고 있었다. 이미 진평왕 말기에 벌어졌던 이찬 칠숙의 난은 귀족이 왕실의 이와 같은 상향 의식에 큰 공감을 하지 않고 있었음을 보여준다.

거기다 선덕여왕은 성골이라는 이유로 여자의 몸임에도 왕위에 올랐다. 이에 대한 논리도 비록 남성으로 태어나지는 않았으나 다음 생애에는 부처가 될 몸이니 왕이 될 수 있다는 것이었다. 하지

김유신 말의 목을 베다

만 부처라는 선덕여왕이 왕이 된 뒤 신라는 오히려 백제의 세찬 공격에 바람 앞의 촛불 신세가 됐고 백제 병력은 수시로 다른 곳도 아닌 경주를 노리고 접근해 왔다. 거기다 당나라 황제에게는 여자를 왕으로 삼았기에 신라가 위험을 겪는 것이라며, 당나라 종친을 보낼 테니 신라 왕으로 삼으라는 모욕적인 말까지 들었다. 그럼에도 불구하고 여왕은 분황사와 첨성대 건립에 이어 황룡사 9층 목탑을 건설하는 일에만 몰두했다. 여전히 석가의 자손이라는 철학 속에 갇혀 사는 것이 분명했다.

특히 귀족 세력이 불만이었던 것은 여왕이 김춘추를 우대했다는 점이다. 다음번 왕위가 혹시 김춘추에게 이어지지 않을까 하는 걱정이 그들을 불안하게 만들었다. 김춘추는 가야계 인사와 6두품 이하 하위 귀족을 중용하고 중국과의 외교에 모든 역량을 걸고 있었는데, 이는 기존 신라 귀족 체제의 독자성을 철저히 무시하는 자세였다. 뿐만 아니라 중국의 유교식 제도를 배워 율령 중심의 신라 제도를 만들고자 했으니 이 같은 일도 귀족 체제가 가진 힘을 약화시키는 일이었다. 이런 자가 왕위에 오르면 선덕여왕시대보다 더 불쾌한 시대가 열릴 수 있었다.

김유신도 눈 안의 가시였다. 경주 가까운 압량주에 있으면서 귀족 세력에게 군사적인 압박을 줬고 백제와 전쟁에서 공을 세우면서 서서히 경주 내에 그 이름값을 높여가고 있었다. 그가 계속된 승진으로 주목받으면서 숨어 있던 인재들이 김유신을 중심으로 모여드는 점도 두려운 일이었다. 이들 대부분은 이전 제도권에서는 빛을 받지 못했기에 기존 귀족에 대한 불만과 반감도 상당했다. 귀족 세력이 볼 때 춘추를 무너뜨리려면 김유신이 더 크기 전에 제압할 필요가 있었다. 김유신의 실력이 더 성장하고 지금처럼 대중적인 인기를 얻는 상황이 지속된다면, 여왕을 중심으로 하는 신진세력과 대항하기란 더욱 힘들어질 것이 분명했다.

비담, 계획을 실행하다

공교롭게도 황룡사가 건립된 해인 선덕여왕 14년(645년)에 신라는 백제에게 성 일곱 개를 빼앗긴다. 상대등으로 오른 비담은 1여 년간 세력을 규합해 여왕을 내쫓는 반란을 준비한다. 이번 백제의 공격은 신라가 당의 병력 지원 요구에 따라 고구려 변경 지역으로 군사를 대거 옮기는 상황에서 벌어졌다. 결국 낙동강 주변이 유린되면서 다시 한 번 경주는 위협에 휩싸였고 이에 귀족들은 크게 반발을 일으킨 듯 보인다. 선덕여왕도 이들의 반발을 잠재우기 위해 어쩔 수 없이 반왕파의 대표 비담을 상대등에 임명시킬 수밖에 없었다.

분위기가 점차 왕당파와 반왕당파의 일촉즉발의 상황으로 진행되는 때에 비담 세력은 한번에 왕실을 뒤집을 좋은 기회를 잡았다. 마침 일본에는 정변이 일어나서 친백제계 가문이 무너지고 중립적인 정권이 들어섰는데, 이들은 이 일을 알리기 위해 신라에 사신을 보냈다. 일본 사신이 오자 신라 조정에서는 김춘추를 중심으로 일본과의 관계 개선에 관한 여러 논의를 했을 것이다. 잘하면 신라의

김유신 말의 목을 베다

외교적 고립을 타계할 수 있는 기회였기 때문이다. 이와 같은 일로 신라 조정이 부산한 틈을 타 비담은 준비했던 계획을 시행하기로 한다.

《삼국사기》에는 자세한 반란 진행 상황이 기록돼 있지 않으나 비담의 작전이 시작되면서 선덕여왕은 독약을 먹었든지 자객에게 갑작스러운 공격을 당했든지 해서 상처를 입고 쓰러졌던 것이 아닌가 싶다. 왕이 쓰러진 것을 확인한 뒤 비담은 귀족들이 추대하는 형식으로 자신 또는 누군가를 왕으로 세우고자 했으나 왕은 아직 살아 있었고 비담 일당은 반란군으로 몰려 공격당한다. 1차 작전 실패였다.

그러나 비담은 이런 일까지 계산해 상당한 숫자의 가노家奴와 자신들의 식읍에 속한 민民을 동원한다. 그리고 경주 동쪽에 위치한 명활산성에 주둔하며 더 많은 귀족 세력이 반란에 합류하도록 독려했다. 목표는 김유신이 병력을 이끌고 오기 전에 군사와 세력을 정비한 뒤 왕궁을 장악하는 것이었다. 《신당서》〈동이열전〉 신라 부분에 따르면 신라 상위 귀족이 동원할 수 있는 병력의 힘은 생각보다 상당했던 것 같다.

> 재상가는 녹祿이 끊이지 않고 가노들이 3천 명이다. 갑병, 소, 말, 돼지의 숫자도 그 수와 비슷하다. 바다 가운데 있는 산에서 목축하고, 잡아먹어야 할 때 쏘아 잡는다.

집안에 일하는 노예가 3천 명이라는 것은 과연 어느 정도 규모

일까? 대충 한 가구에 2명의 노비가 동원된다고 계산해도 천 5백 호에 다다른다. 신라 귀족의 권력은 이처럼 엄청났나 보다. 다만 《신당서》의 이 기록은 통일신라시대의 모습을 남긴 것이므로 비담이 난을 일으켰을 때에는 이보다는 규모가 작았을 듯싶다.

참고로 비담의 난이 일어난 지 10년 뒤 김춘추의 둘째 아들인 김인문에게 3백 호의 식읍이 수여된다. 이 정도가 당시 귀족 중 꽤 잘나간다는 가문이 보유하는 힘일 것이다. 3백 호는 위 계산에 따른다면 장정 6백 명을 동원할 수 있는 힘이다. 거기다 비담은 염종과 함께 반란을 기획했고 함께한 가문도 꽤 여럿이었다. 반란이 진압된 뒤 죽은 귀족 수가 30명에 이르렀으니, 이들이 동원한 병력은 최소한 3천은 넘어간 듯하다. 30명이 각각 백여 명의 장정을 동원했다는 가정 아래의 숫자다.

주류 교체, 김유신이 동원되다

신라의 혈통주의는 지금의 경마 핏줄 관리와 유사하다는 이야기를 했었다. 족보와 혈통을 엄격하게 따지는 신라의 문화에서 김유신은 가야 출신의 이방인이었다. 그러나 근래 영국의 경마 연구에서 재미있는 결과가 도출돼 눈길을 끈다. 우승을 많이 하는 명마의 경우 10퍼센트가 우수한 혈통에서 나오는 유전자의 힘이고, 90퍼센트는 기수의 교육과 말의 성격, 훈련을 받는 인내심에 기인한다는 것이다. 즉 혈통에 집착해 수천에서 수억하는 말을 분양받는

김유신 말의 목을 베다

것보다 말의 훈련 상태나 성격을 보고 선택하는 것이 우수한 말을 뽑을 성공 확률이 높다는 것을 의미한다.

이는 사람의 세상도 마찬가지다. 훌륭한 집안 또는 재벌의 피를 지니고 있다는 사람이 오히려 망나니 같은 행동을 해서 선친이 만든 부와 명성을 사라지게 하는 일이 다반사다. 결국 새로운 시대를 이끌어나가는 영웅은 인내와 노력 끝에 올라간 자수성가형 사람이다.

김유신은 피의 반은 우수한 혈통이고 반은 가야계로서 한계를 가지고 있었다. 당시 신라 중앙에서 뭔가 이름을 걸고 큰일을 해내려면 혈통의 근거가 반드시 필요했다. 여기서 턱걸이로 통과한 김유신이지만 누구보다 끈기 있고 인내심 있게 자신의 실력을 충실히 키워왔다. 기존 귀족이 반란을 일으킨 이때, 누구보다 기회가 왔음을 직감하는 사람은 김유신이었을 것이다. 새로운 시대를 만들 기회였다.

비담의 난을 제압하지 못해 다급해진 왕실은 김춘추가 왕을 대신해 왕궁을 방어하던 월성月城에서 군사를 지휘하며, 전장에 나가 있는 김유신을 부른다. 외부의 군사를 쓴다는 것은 최후의 수단이었다. 좋은 선례가 될 수 없기 때문이다. 그러나 빨리 진압하지 않으면 귀족 세력으로 투항하는 자들이 더 많이 생겨날 수 있었다. 경주 내 분위기는 이미 귀족층으로 많이 기울고 있었다. 소식을 전해 들은 김유신은 재빨리 자신과 함께하면 '만 번 죽고 한 번 사는 곳으로도' 간다던 3천 명의 용사 중 일부와 함께 경주로 진입한다. 압량주 진영을 단단하게 지키도록 해 헛소문이 백제 쪽으로 가지 못하게 막은 뒤 가장 주력이자 용감한 병사들을 이끌고 들어온 것이다.

그러나 김유신이 군사를 이끌고 급히 들어왔을 때 선덕여왕은 반란이 일어난 지 8일째 되는 날 상처가 깊어져 이미 죽은 뒤였다. 반란군이 산성에서 머물며 기세를 올리고 있는 난리 중에 왕이 죽었다는 소식까지 경주 내에 퍼지자 분위기가 안 좋게 흐르고 있었다. 이에 대해 《삼국사기》에서는 다음과 같이 나온다.

> 밤하늘을 보던 비담은 큰 별 하나가 월성으로 떨어지는 것을 확인하고 병사들에게 다음과 같이 말했다. "별이 떨어졌으니 이는 여왕이 패망할 징조인 것이다" 이에 반란군들은 크게 환호하며 기뻐했는데, 이 환호하는 소리가 궁까지 들릴 만큼 우렁찼다.

세상에 다 알려진 왕의 죽음에 대해 김유신은 의연하게 대처하도록 한다. 아예 여왕의 죽음을 숨기지 않고 당당히 선포한 뒤 그녀의 사촌 동생인 승만勝曼을 데리고 와서 새로운 왕으로 즉위시키자는 것이다. 김춘추와 의논해 곧 승만이 왕위에 오르니 그녀가 바로 진덕여왕이다. 진덕여왕은 진평왕 친동생인 국반 갈문왕의 딸이다. 다만 그녀의 어머니는 박씨 집안의 여성이므로 사실상 진흥왕이 만든 성골 개념에서 딱 떨어지는 최고급 핏줄이라 보기는 힘들었다. 결국 성골 여왕이 갑작스럽게 죽자 급한 대로 대리인의 개념으로 승만을 왕위에 올린 듯 보인다. 위기 상황에서는 당당하고 단호하게 행동하는 자가 승리할 수 있다. 《삼국사기》에서 이와 관

김유신 말의 목을 베다

련된 이야기가 다음과 같이 기록돼 있다.

> 반란군의 환호성과 반대로 왕은 두려워 어쩔 바를 몰라했다. 이에 김유신이 아뢰었다. "길함과 흉함은 정해진 것이 아니옵고 오직 사람이 불러들이는 바에 달려 있는 것이옵니다. 그러므로 별자리의 변괴 따위는 두려워하지 마옵소서" 그러더니 연에 허수아비를 묶어 불을 지른 뒤 하늘로 올려 보냈다. 그러자 마치 별이 다시 하늘로 올라가는 듯했다. 김유신은 사람을 시켜 "지난밤 떨어졌던 별이 다시 하늘로 올라갔다"고 소문을 냈다. 자연히 왕실을 수비하던 군사들은 사기를 되찾고 반란군은 어리둥절했다.

여기서 떨어진 별을 연을 이용해 인위적으로 올렸다는 것은 김유신과 김춘추가 죽은 왕을 대신하는 새로운 왕을 빠르게 옹립했음을 의미한다. 경주 시민은 연에 불을 질러 올린 것을 진짜 별이 올라갔다고 속을 만큼 어리숙한 백성이 아니었다. 당연히 상징적인 이야기다. 죽은 여왕을 대신해 새로운 여왕을 추대했으니 왕실의 이와 같은 행동은 여왕 축출을 목적으로 반란을 일으킨 비담과 그의 세력에게 새 왕을 선전하는 효과도 컸다. 또한 이 이야기에서 주목할 점은 이전과는 달리 김유신이 주가 돼 일을 진행한다는 것이다. 당시 김유신의 발언권이 상당했음을 알려준다. 어쩌면 당연한 일이다. 정예병을 끌고 온 그의 말을 궁 안에서 거역할 자가 누가 있겠는가?

이윽고 병력이 완비되고 왕의 죽음도 어느 정도 수습되자 김유신은 흰 말을 잡아 제사를 올리고 축문을 지어 축원했다. 정당성은 우리에게 있다는 선언이었다. 그리고 의식이 끝나자 장군과 병사를 독려해 명활산성으로 나아간다. 내전이라지만 맞붙는 세력의 우두머리부터 병사까지 출신과 성분이 판이하게 다른 싸움이었다. 김유신은 가야계이며 당연히 그를 따르는 부장, 장교 들도 대부분 가야 또는 압량주 출신의 경주 외부인이었다. 병사도 서당에 소속돼 있던 경주 외지인이 주축이었다. 반면 비담이 중심이 된 귀족 세력은 최고의 혈통과 가문을 배경으로 다들 신라의 역사라 불릴 만한 가문의 대표자였다. 그를 따르는 병사도 경주민이 대부분이었다. 한 나라 안에서 성분이 다른 세력끼리 오랫동안 감정이 쌓인 채 평행선을 달리다 끝내 끝을 보게 된 것이다.

그러나 아무리 귀족이 반란 병력을 잘 모았다고 해도 최일선에서 백제와 치열한 전쟁을 하던 김유신의 병사를 이길 수는 없었다. 지휘 계통이 일사불란한 김유신의 군대는 반란군을 분쇄한다. 그대로 패해 달아나는 것을 끝까지 쫓아서 비담의 목을 베었고 반란에 관련된 고위 귀족 30명도 죽었다. 신라의 역사가 바뀌는 순간이었다.

남은 자들의 이야기

비담의 난은 선덕여왕이 반란 진압 중에 죽음을 맞이할 정도로 엄

　　　　　　　　　김유신 말의 목을 베다

청난 내부 분란이었으나 반란이 진압되고 나자 신라가 가야 할 길은 선명해졌다. 선덕여왕의 정책에 반대하던 힘있는 진골 세력은 대부분 비담과 함께 죽음을 맞이했고, 그들의 빈 자리는 새로운 귀족이 채웠다. 대표 주자는 김유신과 김춘추다. 지금부터는 두 사람의 의견이 곧 신라가 가야 할 길이었다. 신라는 전시시대에 맞게 국가총동원령이 가능한 체재로 완벽히 전환됐다.

이미 이찬이었던 김춘추는 다음번 왕이 될 수 있는 후보군 중 가장 높은 서열이 됐다. 반란 진압 중에 승만이 왕위에 올라 신라 28대 왕인 진덕여왕이 됐지만 실제 권력자는 김춘추나 마찬가지였다. 전통 있는 고귀한 귀족이 대부분 사라졌으니 신분을 겨룰 만한 경쟁자도 더 이상 존재하지 않았다. 진덕여왕이 재위하는 시기는 김춘추가 신라 왕이 되기 위한 명분을 쌓는 기간이 됐다. 설사 진덕여왕이 오래 살더라도 그녀는 자손이 없으니 김춘추 가문이 그 뒤를 잇는 데 아무런 문제가 없었다.

한편 이번 진압으로 김유신은 경주에 남아 있는 진골 귀족에게 확실한 인상을 남긴다. 백제와의 오랜 전투를 통해 육성된 변경의 강인한 병사는 어느덧 김유신의 명령 한마디면 가병처럼 동원될 수 있는 무서운 존재가 돼 있었다. 단순히 가야계 무장 집안의 적자가 아니라 신라를 좌지우지할 수 있는 군벌 가문이 된 것이다. 비담의 난 이전만 해도 진골 귀족이 김유신에게 가진 이미지는 싸움 잘하는 문 지키는 개 정도였다. 하지만 이제는 잘못 보인 자는 누구든 목숨을 보내버릴 수 있는 저승사자였다.

무려 30명의 귀족이 김유신 손에 의해 죽임을 당했다. 겹겹의 결혼과 필요할 경우 근친결혼마저도 서슴지 않았던 것이 신라의 귀족 문화다. 이번에 처단된 30명의 귀족과 직, 간접적으로 연결되지 않는 귀족은 신라 내에 거의 없었다. 즉 반란 제압의 결과, 신라에서 그동안 쌓아왔던 인맥과 여러 연결고리가 한번에 무너지게 된 것이다. 과거의 인맥을 이용하려다가 밉보이는 경우 김유신에 의해 죽음을 맞이할 수도 있을 테니까. 김유신도 남은 귀족의 이러한 불안을 알기에 비담과 관련한 사건의 전모를 완전히 파악하고 알아내기보다는 가능한 주모자만 죽이고 덮어두는 쪽으로 갔을 것이다. 산 자는 지금은 목이 붙어 있어 한숨을 쉬지만 언제 덮어둔 살생부가 열릴지 모르니 함부로 행동할 수 없게 된다.

이처럼 김유신의 과감한 반란군 제압은 수백 년의 권위를 지닌 진골 귀족 역사를 한번에 뒤엎은 사건이었다. 이와 같은 일을 눈 깜빡하지도 않고 김유신은 해냈다. 역사가 짧은 신진 가문이었기에 더 과감했을지도 모르겠다. 수백 년 역사의 신라 귀족이 주는 위엄과 권위가 김유신에게는 크게 다가오지 않았을 테니. 이는 그를 따르던 병사도 마찬가지였다. 신라 내분임에도 30명의 귀족을 죽일 만큼 혹독한 진압이 가능했던 것은 승리자 측에 이와 같은 배경이 있었기 때문이다.

하지만 새로운 시대를 열었어도 앞서 나가면 안 된다. 경주 안에서 절반과 절반이 나뉘어 싸운 결과물인 만큼 설사 패해 사라진 자들의 지지자일지라도 책임자를 제외하고는 함부로 대할 수 없었다. 너무 급격한 변화는 오히려 사회적으로 불안함을 키울 수 있다. 이에 김유신은 반란에 연관된 귀족은 제거했지만 급하게 권력

김유신 말의 목을 베다

의 추를 옮겨오지 않았다.

왕은 김춘추와 의논해 상대등에는 이찬 알천을 임명한다. 알천은 선덕여왕 시절 옥문지에 매복한 백제군을 전멸시킨 공이 있고 고구려가 칠중성에 쳐들어왔을 때에는 대장군으로 칠중성에 파견돼 성공적인 방어전을 펼친 인물이다. 상당한 명망을 지닌 진골계 인물이었지만 비담의 난에는 참가하지 않았다. 그렇다고 딱히 김유신을 도운 것도 아니었다. 남아 있는 기록으로는 정확한 정치 성향을 알 수 없으나 선덕여왕에 의해 대장군 지위에도 올랐으니 친왕파 또는 최소한 중립을 지키는 인물임은 틀림없었다. 상징적인 인물로는 그만이다.

신라는 당나라에 사신을 보내 선덕여왕을 광록대부光祿大夫로 추존한다. 전왕에 대한 예를 갖춘 것이다. 그리고 현 왕인 진덕여왕에게는 낙랑군왕樂浪君王의 이름을 받아옴으로써 신라 왕의 정통성을 이어가게 했다. 낙랑군왕은 진흥왕 이후 신라 왕들이 중국으로부터 받은 관직이었다. 이로써 국내 정치와 외교 문제는 대충 매듭이 지어졌다. 그러나 김유신은 여전히 소판의 지위를 유지했다. 내전의 승리를 빌미로 관등을 올린다는 것은 상식적으로 맞지 않았다. 정치에서 중요한 것은 민심을 잡는 것이다. 개인적인 명예는 그 뒤에 알아서 따라온다. 이처럼 새로운 세력에 의해 안정적으로 통치가 이루어지자 신라 백성도 빠르게 평정심을 찾게 됐다.

국정을 안정시킨 이후 비로소 김유신은 가장 중요하다 여긴 일을 추진한다. 그는 김춘추와 의논해 시위부侍衛府 조직을 크게 강화시켰다. 국왕을 호위하는 군사 조직은 예전부터 있었지만 이를 조직화한 것은 진평왕 후기에 이르러서다. 하지만 비담의 난에서 보았듯이 시위부는 왕을 호위하고 초반의 반란을 제압하는 임무를 제대로 수행하지 못했다. 그 결과 외부에서 김유신이 끌고 온 군사를 통해 비담을 제거할 수밖에 없었다. 이런 일이 또다시 벌어진다면 왕실의 권위에 큰 타격을 입을 것이다. 이에 시위부의 수를 크게 늘려 3도로 편제하고 국왕의 무력 조직이자 왕권을 뒷받침할 만한 실질적인 조직으로 발전시킨다. 하지만 김유신의 노림수는 왕실 권위 확보, 비단 이것만은 아니었다.

김유신은 이때 그동안 자신이 키워왔던 군사와 문인 중 충성도와 능력이 특히 뛰어난 자들을 시위부에 대규모로 편입시킨 것으로 보인다. 흥미로운 점은 일반 군단과는 달리 6두품 신분도 시위부의 최고위직을 차지할 수 있게 만들었다는 것이다. 철저한 계급 사회였던 신라에서 군부의 최고위직은 진골 출신이 아니면 오를 수 없는 지위였다. 아무리 훌륭한 공을 세우고 능력을 가졌어도 타고난 두품이 안 되면 장군직에 오를 수 없었다는 의미다. 이를 시위부에서는 예외로 둬 경주 내 합법적인 무장 세력에 기존 진골 귀족을 배제할 수 있게 한다. 이렇게 구성된 시위부는 한동안 김유신을 비롯한 가야계 진골에 의해 운영되다가 어느 정도 안정화된 뒤부터는 하위 귀족인 6두품이 시위감이라는 벼슬 아래 마치 다른 군단의 장군처럼 활동했다.

《삼국사기》에는 강수라는 인물이 나온다. 그는 중원경 사람으로 신라의 북진 당시 새로운 영토를 개척하는 일에 참가했던 가야

김유신 말의 목을 베다

계의 후손이다. 김무력이 한강을 개척할 때 이보다 하위직에서 일한 이가 강수의 조상이었다. 특히 강수는 유교에 관련한 상당한 지식을 쌓았는데, 이 시기쯤 경주에 편입한 것으로 기록에 나온다. 왕은 필요할 때 강수를 불러서 당과 외교 문서를 쓰거나 해석하는 일을 맡겼다. 기록에는 많이 드러나지 않으나 이처럼 시위부 확대와 더불어 새롭게 경주로 편입된 인물은 강수 외에도 상당히 많이 있었을 것이다.

어쩌면 당연한 수순이었다. 신진 인사였던 김유신이 경주 내 단단한 기반을 만들려면 그를 따르는 인원 역시 경주 내에 대규모로 포진해야 한다. 마침 시위부는 조직의 성격상 경주 내에 관련한 인원이 다수 배치돼야만 했다. 즉 합법적인 방법으로 대규모의 인원을 경주민으로 만들 수 있는 계기가 된 것이다. 로마시대 집정관이 혁명에 성공하거나 또는 집정관 표심 싸움이 다가올 때 그에게 속한 병력을 로마로 대규모 편입시킨 것도 이와 유사한 이유가 있었기 때문이다.

이렇게 김유신은 시위부 확대라는 빌미로 경주에 자신의 세력을 대규모로 편입시켰고 경주 내 합법적인 무력 기반을 다졌다. 뿐만이 아니라 앞으로 중요해질 유교를 바탕으로 한 실력 있는 새로운 인사까지 등용해 정권을 장악한다. 오랜 기간 경주 외부에 자신의 조직을 충실하게 구성해 놓았기에 가능한 일이기도 했다. 자신의 조직이 신라 중앙인 경주로 편입한 이상 이는 정치력 강화로 곧장 연결된다.

한편 새롭게 완비된 시위부로 인해 남아 있는 귀족 세력은 더 이상 신라 왕과 김유신, 김춘추 연합에 대항해 무력을 기반으로 하는 반란을 꾀하기가 힘들어졌다. 또한 새롭게 편입된 실력 있는 인재가 유교 제도 도입과 더불어 빠르게 중앙 관료가 돼 발판을 굳히니 기존 귀족이 설 자리가 줄어들었다. 이런 모습은 신라 내 묘한 긴장감을 불러일으키는 긍정적 효과도 가져왔다. 김춘추 역시 자신을 따르는 새로운 인사가 필요하므로 적극적으로 김유신의 행동을 도왔을 것이다.

이제 내부적으로 모든 것이 정리된 신라는 김유신과 김춘추의 합작 아래 신속하게 움직일 수 있었다. 처음 두 사람이 만났을 때만 해도 이런 날까지 올 것이라고는 예상하지 못했을 것이다. 그러나 자신의 자리에서 최선을 다하던 김유신은 인내심을 가지고 견디다 기회가 오자 이를 단박에 붙잡고 새로운 시대를 여는 주역이 될 수 있었다. 이제 김유신에게 가야계는 더 이상 족쇄가 아니었다.

역사는 결코 한 인물에 의해 좌우되는 것이 아니다. 사실 역사는 큰 흐름에 따라 움직인다. 그리고 그 흐름은 한 인물에 의해 좌지우지될 수 없는 필연적인 움직임을 지니고 있다. 비담의 난과 이를 김유신이 진압하는 과정은 신라를 새롭게 변모하는 계기를 만들었지만 김유신 하나로 인해 역사의 흐름이 새롭게 만들어진 것은 아니었다. 오히려 김유신은 그 흐름의 촉매제 역할에 충실했을 뿐이다.

삼국전쟁이 한창이던 시절, 세계적인 흐름은 분열이 아닌 통합으로 가고 있었다. 당시 세계의 중심국가로 군림했던 중국은 여러 종족과 국가로 나뉘어 치열했던 오랜 분열의 시대를 끝내고 수, 당으로 연결되는 통일국가시대를 열었다. 이는 황제 1인 독재 정치를 바탕으로 움직이는 체제로 바뀌었음을 의미한다. 그러자 중국의 주변 국가도 서서히 작은 세력이 합쳐져서 하나의 큰 세력으로 통합되는 과정을 거치게 된다. 중국이라는 나라가 하나로 통합되면서 생겨나는 두려움과 견제 심리가 이 같은 분위기를 함께 이끌어 나갔던 것 같다.

예를 들어 고구려는 연개소문이 왕을 제거하고 1인 독재 정치를 통해 고구려 내부를 통일된 중국과 대립해 하나로 뭉치도록 만들었고, 백제도 그 방법에서 조금 순화됐을 뿐 왕을 중심으로 권력이 결집되고 있었다. 반면 신라는 왕과 신하가 대립해 한동안 세력 다툼이 심하게 일어났지만, 결국 큰 흐름을 따라 기타 권력이 무릎을 꿇고 1인자를 중심으로 권력이 결집되는 과정으로 가고 있었다.

역사에 성공한 영웅으로 기록되기 위해서는 시대에 역행하지 않는 흐름을 따라가야 한다. 김유신이 그러한 흐름을 개인적으로 인식했는지는 알 수 없으나 가문의 태생이나 그의 지금껏 삶의 흔적에서 보듯이 당시 시대 흐름에 꼭 필요한 인물로 성장하고 있었던 것은 분명하다. 신라는 더 이상 오직 경주민을 위한 나라로는 운영될 수 없었다. 가야와 한강을 넘어 다양한 종족을 통합하는 큰 나라로 발전해야만 강대국인 백제와 고구려의 틈새에서 살아남을 수 있었다. 이를 위해서는 과거와 같은 귀족 합의제를 통한 통치보다 1인 권력자의 명에 의해 빠르고 효율적으로 움직일 수 있는 통치체제가 요구됐다. 또한 균질한 통치를 위해서 지방민에 대한 태도도 이전과는 달리 차별을 최소한으로 하며 신라인으로 동질성을 지니고 대우할 필요성이 있었다.

이때쯤 김유신의 발언권이 강해지고 더 나아가 신라 정계의 중심에 들어간 인물이 된 것은 가야계 출신이라는 배경이 오히려 큰 역할을 했음이 분명하다. 그의 미묘한 사회적 지위는 어느 순간 경주인이나 지방민 모두가 동질성을 느낄 만한 모습으로 다가오고 있었다. 3대째 왕경인으로 살아온 집안 배경은 경주민을 안심하게 만들기 적합했고, 가야계 핏줄이라는 또 다른 배경은 지방민들이 동질성을 느낄 만한 이유가 됐다. 단순히 그가 전쟁에서 공을 세웠다고 해서 뜨게 된 것이 아니라는 의미다. 김유신은 사회적 요구에 걸맞은 배경을 지닌 인재이자 수도민과 지방민을 연결하는 고리 역할을 할 수 있었기에 새로운 시대를 맞아 영웅으로 성장할 수 있었던 것이다.

반면, 비담은 역사에 역행하는 길을 선택했고 그 결과는 실패한 반란이었다. 진골 귀족과 경주 중심의 사고방식은 더 이상 통하지 않는 구시대의 논리였다. 설사 그가 반란에 성공했어도 수년간 정권을 잡고는 끝났을 것이다. 이러한 정부를 신라의 지방에서 믿고 따를 일은 없기 때문이다. 역사의 흐름은 잠시 막을 수는 있을지라도 결국 역행할 수는 없다.

김유신 말의 목을 베다

08 ──────────── 김춘추의 외교와 김유신의 전장

숨어 있는 실력자

김춘추는 어느 정도 국내 상황이 정리되자 경주에 와 있던 일본 사신과 함께 외교 사절로 직접 일본에 가기로 한다. 선덕여왕 시대와는 달리 왕과 버금가는 위치에 오른 그가 경주를 비우고 외교 사절로서 해외에 나간다는 것은 국내에는 더 이상 적이 없다는 자신감의 표현이기도 하지만 한편으로는 의문이 생기는 행동인 것도 사실이다.

《삼국사기》를 포함한 역사 기록에 따르면 김춘추의 신라 내 위치는 《삼국지》에서 승상이 된 조조와 비견된다. 표면상 한나라 2인자였던 승상 조조는 황제를 상징적인 존재로 두고 무력은 자신의 오른팔에게 맡겼다. 사실상 한나라를 좌지우지하는 인물은 조조였던 것이다. 당시 신라도 이와 비슷했다. 기록을 보면 왕은 상징적 존재에 불과했고 정치, 무력은 김춘추의 오른팔인 김유신이 장악하고 있다. 그러나 《삼국지》의 조조는 권력자가 된 이후 결코 다른 국가에 사신으로 가지 않았다. 반면 김춘추는 당당히 일본으로 간 것이다.

현대인에게는 국정 1인자인 대통령이 해외 순방을 하고 국외 정상들과 만나는 것이 당연한 일로 보일 것이다. 그러나 대통령이 국외로 나가는 순간부터 행정, 국방 등 모든 부서는 비상 관리에 들어가게 된다. 특히 국방부에서는 북한군에 대한 동태 감시와 특별 태세 등을 통해 긴장감을 높이는데, 이는 대통령이 있고 없고 등에 따라 명령 체계가 크게 다르기 때문이다. 당연히 북한 또는 다른 국가와 문제가 발생한 비상시국 중이라면 대통령이 해외 순방 자체를 할 수 없다. 이처럼 대통령의 국외 이동은 여러 위험 부담을 안고 행동하는 일이다. 물론 이것은 한국뿐만 아니라 미국, 러시아, 중국 등 어느 나라나 마찬가지다.

국가 체제가 나름 관료화와 제도화를 통해 운영되는 지금도 이러한데, 1인 권력자가 유무형적 힘을 대부분 쥐고 있는 과거의 정치 시스템에서 김춘추와 같은 행동은 어떻게 보면 엄청난 모험이었다. 요즘이야 비행기라도 있어서 길어야 일주일 정도의 순방으로 끝난다지만 과거에는 교통의 한계 때문에 단순히 오고 감에도 수개월이 걸리는 일이 외교였다. 실제 다른 나라 역사에서도 새롭게 권력을 잡은 집단의 최고위직이 국내도 아닌 해외를 돌아다는 경

김유신 말의 목을 베다

우는 거의 등장하지 않는다.

이를 볼 때 신라의 정치적 실력자는 《삼국사기》 기록과는 달리 김춘추가 아닌 다른 누군가가 있었던 것은 아니었을까? 물론 상대 등에는 알천이 위치하고 있었지만 실제 국정을 운영할 만한 이는 김춘추와 가장 가까운 인물이었을 것이다. 마침 가장 적임자로는 김용춘이 있었다.

김춘추의 아버지 김용춘은 선덕여왕 시절 황룡사 9층 목탑을 만드는 데 큰 역할을 해낸다. 그러나 그 뒤의 행적에 대해서는 남아 있는 기록이 없다. 다만 김춘추가 654년 왕이 된 뒤 돌아가신 아버지를 문흥대왕으로 추존하는 것으로 보아 진덕여왕 재위 기간 중에 사망한 것으로 추정된다. 춘추가 외교로 동분서주하는 이때에 김용춘은 나이 60대 중반의 왕실 최고 어른이었다. 거기다 그는 젊을 때 대장군을 역임해 군대를 운영한 경험도 있었으니 군사적인 역량도 겸비했던 인물이다. 마침 김용춘이 대장군으로 활약한 낭비성 전투에서는 김유신이 크게 발탁돼 전장을 누볐다. 당연히 김용춘과 김유신의 관계도 그 이후로 남다른 인연으로 이어졌을 것이다.

즉 김춘추의 자유로운 외교 활동을 보아 실제로는 당시 김용춘이 왕실의 큰 어른이자 1인자로 국정 전반을 운영했던 것 같다. 역사 속 숨어 있는 실력자였던 것이다. 그렇다면 선덕여왕 시절부터 김춘추 가문은 김용춘의 지휘 아래 여왕과 정치 권력을 나누어 국정을 관리했던 것은 아니었을까? 다음번 왕위는 김춘추 가계에서 나온다는 약속 아래에 두 세력이 긴밀하게 움직였던 것이다. 결국 김유신의 압량주 도독 임명과 비담의 난 정벌도 경주 내 김용춘의 강력한 지지가 있었기에 가능했던 것으로 추정된다. 김용춘은 김유신의 가장 큰 조력자이기도 했던 것이다.

　여하튼 김춘추는 아버지의 탄탄한 지위와 김유신의 무력을 바탕으로 자신의 정통성을 더욱 단단하게 만들 기회를 얻게 된다. 다음번 왕은 성골이 아닌 진골이 되므로 누가 보아도 남다르고 상당한 공이 필요했다. 일본과의 외교는 그 시작점이었다. 한편 김용춘은 아들의 이런 모습을 보며 흐뭇했을 것이다. 왕실의 가장 가까운 핏줄이었지만 젊었을 때에는 죽은 듯 죄인처럼 살았다. 그러나 김유신 집안과 사돈이 되자 아들은 다음번 왕을 노리는 1순위 순번이 되었다. 말년 운이 참으로 좋았던 인물이었다.

일본과의 외교

일본에서는 645년 거대한 정변이 일어났다. 나카노오에 황자中大兄皇子는 당시 일본 왕을 좌지우지할 정도로 힘을 지녔던 소가蘇我 가문을 멸문시키기로 마음을 먹었다. 이에 소가 가문의 적자인 소가노 이루카蘇我入鹿가 천왕을 만나러 온 그때를 노려 암살해 버린 뒤 그의 집안까지 대대적으로 척살시켰다. 친 백제계이자 일본 왕보다 더 강력한 힘을 뽐내던 소가 가문이 몰락해 버린 것이다. 그리고 646년 1월, 일본은 다이카 개신大化の改新이라 불리는 정치 개혁을 시도한다. 외교적으로는 백제에 의존하는 방식에서 벗어나 다양한

　　　　　　　　　김유신 말의 목을 베다

국가와 교류하는 것으로 개혁의 물꼬를 틀고자 했다.

이미 백제와는 다이카 개신 이전부터 이 문제로 소원해지기도 했었다. 일본이 백제를 배제하고 중국과 직접 교류를 하려 하자 일본을 계속해서 자신의 영향력 아래에 두고 싶었던 백제가 이러한 행동을 저지했기 때문이다. 백제 입장에서는 한참 아래로 여기던 일본이 독자적 행동을 보이는 것이 못마땅했다. 일본이 다이카 개신 직후 신라에 외교 사절을 파견한 것도 이와 관련해서 이해하는 견해도 있다. 당시 일본이 중국으로 외교 사절을 보내기 위해서는 백제의 무역로를 거쳐야 했다. 그러나 백제는 일본의 독자적인 행동을 달가워하지 않는다. 이에 일본은 신라와 협력을 맺기로 한다. 신라의 당항성을 이용해 사신을 중국으로 보내기로 한 것이다.

김춘추는 일본 내 친백제계 가문이 몰락하고 새로운 정권이 들어선 이때 확실하게 얼굴 도장을 찍어두기로 한다. 이번 외교는 일본을 최소한 적으로 두지 않을 수만 있어도 신라 입장에서는 상당한 진전이었다. 과거 일본은 백제와 함께하며 신라 후방을 노릴 수도 있는 적국이었다. 실제 544년 신라가 백제 성왕과 관산성 전투로 부딪쳤을 때 일본은 백제에 동맹 군사를 파병한 경력이 있었다. 602년 아막성 전투 당시에도 일본은 백제와 함께 신라로 군대를 파견하고자 했었다. 더 과거로 돌아가면 가야와 전쟁이 한창일 때 일본 세력은 신라가 아닌 가야의 편을 들며 신라를 공격했었다. 비담의 난 때, 비담의 은거지였던 명활산성은 다름 아닌 일본 세력의 경주 침입을 방어하기 위해 세워진 성이었다.

《일본서기》에는 김춘추가 정확히 일본에서 어떤 행적을 보였는지는 기록하지 않으나 "춘추의 용모가 수려하고 화술이 뛰어나다" 라는 내용이 남겨져 있어 당시 일본인이 김춘추에게 상당한 감명을 받았음을 짐작하게 한다. 김춘추나 일본의 나카노오에 황자나 기존 귀족 세력을 무너뜨리고 권력을 잡은 신세력의 대표 주자였으니 말이 잘 통했을지도 모르겠다. 기록만으로는 신라와 일본 사이의 외교에서 두 나라 간에 어떤 구체적인 이야기가 나왔는지 알 수 없지만 이후 일본이 한동안 신라의 발목을 잡는 일은 없었던 것으로 보아 신라 입장에서는 흡족한 결과가 아니었을까? 신라가 일본한테 기대한 것도 딱 이 정도였을 것이다.

위기를 기회로 만든 비령자의 죽음

춘추가 일본에 가서 외교 활동을 하는 동안 김유신은 여전히 백제와 치열한 방어전을 치루고 있었다. 647년 10월에 백제 장군 의직 義直은 보병과 기병 3천을 거느리고 신라의 무산성 아래에 주둔한다. 그리고 병력을 나누어 신라의 감물과 동잠 두 성도 함께 공격했다. 백제는 신라가 왕실과 귀족으로 나뉘어 싸움이 벌어지고 그 와중에 왕까지 죽음을 당하는 것을 지켜본 뒤 지금이 외부에서 공격하기에 가장 좋은 기회라 여긴 듯 하다.

　타이밍이 조금 늦은 듯 보이나 당시에는 교통과 정보 교류 방식이 지금보다 느렸으니, 경주의 소식을 듣고 사비성에 소식을 알린 뒤 다시 신라를 공격하라는 명이 떨어지는 과정에만 상당한 시간이 걸렸다. 거기다 병력을 모집하고 공격할 수 있는 시기도 어느 정도 정해져 있었다. 대다수 병사들이 농민이기 때문에 농사일을 해야 하는 시기에는 대규모의 병력을 징집할 수 없었다. 결국 이런저런 조건을 다 갖추고 움직이다 보니 벌써 비담이 제거된 지 10여 개월이 지난 뒤였다. 그래도 어부지리를 노리고 들어온 상황인지라 백제군의 기세는 당당했을 듯하다.

방어를 위해 김유신은 보병과 기병 만 명을 동원했지만 숫자상 훨씬 적은 백제군에게 밀려 악전고투의 상황이 되고 만다. 동원된 만 명에는 비담의 난 이후 그들에게 속해 있던 병력도 상당수 포함됐다. 그러나 단순히 숫자만 많을 뿐 신라군에게 비담의 난이 남긴 여파는 상당했던 듯 보인다.

비담이 제거된 뒤 이에 연루돼 죽은 고위 계층이 30명이었다. 이들 자제나 형제도 분명 함께 죽음을 맞이하거나 또는 살아남더라도 정치, 군사의 요직에서 퇴출됐을 것이다. 군대에서 귀족 자제는 장교와 병력의 꽃인 기병을 전담했으므로 이들이 순식간에 빠져나간 자리를 메우는 것은 쉬운 일이 아니었다. 당시 기병은 단순히 계산해도 보병의 세배 정도 파괴력을 지니고 있었다. 아무리 김유신이 대장을 맡더라도 기병과 중간 장교가 부족하다면 병력을 효율적으로 운영하기가 힘든 것은 당연하다. 김유신은 부족한 질을 양으로 대처하기 위해 만 명이라는 병력으로 백제군과 맞섰으나 상황은 좋지 않았다.

훨씬 많은 병력임에도 오히려 적에게 밀리는 상황이 전개되자 신라군의 사기가 순식간에 크게 하락한다. 이를 볼 때 병사의 질과 훈련도가 숫자의 우세를 활용하기 힘들 만큼 엉망진창이었나 보다. 거기다 각기 다른 명령 체제에 익숙한 병사들이 합쳐진 터라 통솔도 힘들었다. 공포심에 사기가 떨어져도 이를 제어할 중간 간부가 부족한 신라군에게는 치명적인 패배만 남은 듯 보였다.

이때 김유신은 휘하 장교인 비령자를 부른다. 김유신은 사기가 떨어진 군사는 숫자가 많아도 전투에서 무용지물이 된다는 사실을 알고 있었다. 시간을 다투는 일이다. 이 이상 물러서면 진형이 무너지며 신라군은 개미처럼 흩어질 것이다. 하지만 기세를 되돌릴 기회만 만든다면 숫자적 우세로 반격을 꾀해 적을 부술 수 있을 것이다. 김유신의 경험에 따르면 아직 전장에는 한 번의 반격 기회가 더 남아 있었다. 이 기회를 비령자가 만들 것이다.

김유신은 비령자의 인물됨을 이미 알고 있었다. 이러한 상황에서 힘껏 싸워 적진 깊숙이 들어갈 용기가 있는 자는 드물었다. 하지만 유신이 아는 비령자는 이런 용기가 있는 자다.

"추운 겨울이 된 뒤에야 소나무와 잣나무가 맨 나중에 시드는 것을 안다 한다. 오늘 사태가 위급하니 그대가 아니면 누가 힘을 떨치고 기묘한 계책을 내서 여러 사람들의 마음을 격동시킬 수 있겠는가?"

이렇게 말하며 막사에서 김유신은 비령자에게 은근히 술을 권한다. 그러자 비령자는 장군에게 절을 올리고 말한다.

"지금 하고 많은 사람들 가운데 유독 일을 저에게 부탁하시니 저를 알아주심이라 하겠나이다. 진실로 죽음으로 보답하겠습

김유신 말의 목을 베다

니다."

두 사람의 대화는 이것으로 끝났지만 비령자는 자신이 해야 할
일을 잘 알고 있었다. 그는 유신을 화랑 시절부터 따르던 낭도가
아닐까 싶다. 어릴 때부터 주입된 교육으로 비령자는 화랑인 미륵
을 지키는 것이 낭도의 임무임을 잘 알고 있었다.

사실, 비령자가 해야 할 일은 그 예전 김유신이 낭비성에서 보인
것과 유사했다. 즉 무너지는 신라군이 정비할 시간을 버는 동안 병
력을 이끌고 방패막이를 하는 일이었다. 비령자가 유신을 따르던
낭도였다면 당연히 고구려 낭비성을 함락했을 때도 이와 유사한
경험을 했을 것이다. 다만 그때는 유신의 뒤를 따랐다면 이번에는
자신이 방어 병력을 이끌고 대장으로 나서야 한다는 점만 다를 뿐
이다.

이처럼 전쟁은 비인간적인 명령이 수반될 수밖에 없다. 대장은
죽어라고 명하고 부하는 당당하게 죽어서 승리를 바치겠다고 한
다. 장기를 두면 알겠지만 엄청난 장기의 고수라도 자신의 말을 단
하나도 잃지 않고 승리를 얻을 수는 없다. 대부분의 경우 승리하
더라도 최소한 자신이 거느린 말 3할 이상은 죽는다. 방어선을 뚫
고 적의 왕이 있는 곳까지 포위해 승리하기 위해서는 그만큼의 치
열한 다툼과 병력 소비가 있어야 가능하다. 다만 장기 말은 죽어
도 그대로 들어 통 안에 넣으면 그만이지만 실제 전쟁터에서 죽은
병사는 무덤으로 간다. 장군은 승리를 위해 명을 내리지만 승리를
위해서는 죽어야 하는 사람이 있다. 이것이 바로 전쟁이다.

비령자는 전쟁터까지 따라온 집안 종인 합절을 불러 아들을 부탁한다. 자신은 장렬하게 적군에 돌진해 죽을 테지만 아들은 살아남아야 아내는 자식을 의지해 남편 없는 슬픔을 이겨내지 않겠는가? 종에게 아들을 부탁한다는 명을 내린 뒤 비령자는 말을 타고 적진으로 돌진해 산화했다.

비령자 아들 거진은 아버지의 이런 모습을 보고 크게 화가 나 자신도 백제군을 향해 달려가려고 했다. 이것을 합절이 만류한다. "대인께서는 저보고 도련님과 함께 집으로 돌아가 부인마님을 위로하라고 하셨습니다. 자식이 아버지 명을 어긴다면 어찌 효라고 하겠습니까?" 허나 거진은 "아버지가 죽는 것을 보면서도 구차하게 사는 것이 어찌 효라고 하겠는가?"라 외치고 백제 진영으로 말을 돌진시켰다. 이에 합절도 "나의 주인들이 다 돌아가셨는데 나 혼자 살아서 무엇을 하겠는가"라 외치며 백제 진영으로 달려나갔다. 이러한 모습을 볼 때 합절도 단순한 종이 아니었던 것 같다. 비령자의 가신 정도의 위치에 있는 인물이었나 보다. 이렇게 세 명의 전사가 병사를 이끌고 적진으로 달려 나가 처절하게 죽음을 맞이하니 이를 본 신라군은 용기를 얻고 기세가 올라 앞다투어 백제 진영으로 나간다.

백제군이 아무리 강해도 세 배가 넘는 병사들이 기세가 올라 달려오는 것을 막을 방도는 없었다. 결국 완전히 포위돼 대장 의직만 살아서 겨우 도망쳤고 나머지 백제 병사는 대부분 죽음을 맞이했다. 밀리던 전투를 세 사람의 희생을 통한 분전으로 분위기를 바꿔 역전승으로 이끈 것이다. 김유신은 전쟁이 끝난 뒤 세 사람의

　　　　　　　　　　　　　김유신 말의 목을 베다

시신을 거둬 자신이 입던 옷을 벗어 덮어 주고 서럽게 통곡한다. 이때만큼은 장군으로 짊어지고 있던 무게감을 내린 듯 보였다. 이런 장군의 눈물을 보고 기존의 병사뿐만 아니라 새로 편입된 병사도 함께 슬퍼하며 하나로 뭉친 동지애를 키워나갔다. 이렇게 신라인들은 비담의 난에 의한 내부 분열을 서서히 치료하게 된다.

성공적인 유인 작전

백제는 전쟁에서 패한 지 5개월 만에 수복전에 나섰다. 이번에도 백제 대장은 의직이었다. 아무래도 옛 대가야 지역을 통치하는 백제 사령관이 의직이었나 보다. 김유신의 계책으로 거의 다 이긴 전투에 진 것에 화가 났는지, 의직은 이번에는 대규모 병력을 동원해서 신라 10여 성을 단번에 함락시켰다. 김유신과는 장군 멍군이 된 격이다.

저번 전투의 패배를 되갚으려는 백제의 기세는 대단했다. 그러나 김유신은 백제군을 상대해주지 않았다. 그저 압량주에서 버티며 가만히 신라 성이 함락되는 것을 지켜보고만 있었을 뿐이다. 오히려 전쟁에 아무 생각이 없는 것처럼 술을 마시고 풍류를 즐기며 여러 달을 지내기까지 했다. 이래서야 김유신과 싸울 수가 없으니 백제군은 성으로 돌아간다. 백제군은 김유신을 겁쟁이라 비웃었고 신라인도 김유신을 용렬한 장수라 야유하고 비방했다.

이쯤 되자 김유신은 싸울 때가 왔음을 알았다. 10여 성을 함락시키며 한창 기세를 올리던 백제군은 시간이 지나자 다시 예전으로 돌아가 김유신을 업신여기고 있었다. 반면, 신라군은 백제의 태도에 자존심이 상하고 분노해 싸워 이기고자 하는 마음이 용솟음치고 있었다. 김유신이 원하던 바가 바로 이것이었다. 기세 좋은 적과 일부러 붙을 필요는 없다. 이럴 때는 피해가는 것도 상책이다. '소나기는 피해 가라'가 바로 이런 상황이다.

김유신은 지난번 전투는 운 좋게 비령자의 희생으로 승리했으나 전투 결과를 볼 때 아직도 이전 군사와 새로 편입된 군사가 완전히 한마음으로 싸울 수 있는 상태는 아니라고 판단했다. 이제 자신의 태만한 행동으로 백제는 신라군을 다시 낮춰 보고 있고 신라군은 분노해 서로 굳건히 뭉치고 있었다. 싸울 때란 바로 이 시기인 것이다. 김유신은 압량주에서 특히 단련되고 날렵한 병사를 뽑았다. 이번에는 적극적으로 적의 영토에 진입할 예정이었다. 이렇게 뽑힌 병사를 중심으로 전진을 시작한 신라군은 여기저기 작은 성은 피하면서 오직 대야성 앞으로 전진했다.

신라의 당돌한 움직임에 백제군은 병력을 모아 대야성 앞에 진을 쳤다. 그런데 전투가 시작되자 신라군은 싸움을 피해 달아나는 것이 아닌가. 백제군은 이 기회에 김유신을 완전히 꺾어 버리기로 하고 주변 성에 빠르게 연락해 병사를 끌고 신라군을 추격했다. 백제군에게 신라의 김유신은 신라 방어군 총사령관이기도 했지만 더불어 그의 조상인 김무력이 백제 성왕의 원수이기도 했다. 아마 이런 악연으로 의자왕은 명을 내려 김유신의 목을 베는 자에게는 높은 관직과 상을 내린다고 했을 것이다. 백제 장군들은 승리가 눈앞에 보이자 너도나도 의심 없이 군사를 몰아 김유신을 뒤쫓았다.

　이런 백제 장군들의 심정을 아는지 김유신은 계속해서 패배하는 척하며 적을 신라 영토로 깊숙이 끌어들인다. 쫓고 쫓기다 보니 어느새 백제군은 경주로 가는 통로인 옥문곡에 이르렀다. 이 지경이 되자 백제는 김유신을 잡아 신라군을 괴멸시키는 것을 넘어 경주를 손아귀에 넣을 기회까지 생겼다며 흥분하기 시작했다. 바로 이때였다. 어느 순간 나타난 신라군이 백제의 후방을 막아버렸다. 압량주에 가지 않고 옥문곡에 미리 숨어 있던 병사들이었다. 앞서 도망가던 날렵한 병사들 또한 걸음을 돌려 백제 앞으로 전진하기 시작하자 백제는 순식간에 진퇴양난에 빠지게 된다. 이 모든 것이 김유신의 작전이었다.

　패배를 직감한 백제군은 승리감에 흥분했던 머리의 열기가 급속도로 식어가는 것을 느꼈다. 결국 신라군이 만든 그물망에서 백제군은 엄청난 패배를 맛본다. 여덟 명의 장군이 사로잡히고 천 명의 병사가 죽거나 잡혔다. 김유신을 잡을 수 있다는 공명심에 백제의 장수들이 너도나도 할 것 없이 적은 병력으로 급히 나서서 쫓아 온 덕분이었다. 승리한 김유신은 백제에 제의한다. 대야성 성주로 있다가 윤충에게 죽임을 당한 김품석과 춘추의 딸 고타소랑의 시신을 여덟 명의 백제 장수와 교환하자는 내용이었다.

　　우리나라 군주였던 품석과 그 부인 김씨의 유해가 너희 나라 옥중에 묻혀 있고, 지금 너희 비장 여덟 사람이 나에게 잡혀 땅바닥을 기면서 목숨을 구걸하고 있다. 나는 여우나 표범도 죽을 때가 되면 머리를 제 살던 언덕으로 향하는 뜻을 생각해 차마 죽이지 못하고 있다. 이제 너희가 죽은 두 사람의 유골을 보내서 살아 있는 여덟 명의 목숨과 바꾸는 것이 어떻겠는가?

백제의 의직은 이 내용을 사비로 전했고 사비에서는 토의 끝에 품석 부부의 유골을 나무함에 넣어 보내왔다. 유신은 "낙엽이 한 잎 진다한들 무성한 숲에 덜어지는 바가 없으며, 티끌 하나 더한다 한들 태산에 보태질 바도 없도다"라 말한 뒤 여덟 장수를 풀어줬다. 놀라운 행동이다. 이로써 김유신은 살아 있는 사람과 죽은 유골의 교환을 통해 신라인의 마음을 얻었고 백제인에게는 창피를 주는 승전 이상의 결과를 만들어 냈다. 또한 대야성에서 목숨을 잃은 자신의 조카 고타소랑에게 빚진 마음을 조금이라도 풀 수 있었다. 이제 옛 대가야 영토를 두고 벌인 신라와 백제의 전투도 그 끝을 향해 가고 있었다.

김유신은 여덟 명의 백제 장군을 풀어줌과 동시에 적광석화처럼 백제의 성 열두 곳을 접수한다. 김유신을 쫓다가 잡힌 여덟 명의 백제 장수가 관리하던 성이었다. 우두머리가 사라졌기에 백제군은 어리둥절해 제대로 싸울 수 없었고 성은 쉽게 함락됐다. 김유신이 여덟 명의 백제 장수 목숨과 품석 부부 유골의 교환을 요구하며 정말로 노린 것은 바로 이것이었다.

중국에서 가장 유명한 황제 중 한 명인 당 태종 이세민은 둘째 아들임에도 황제에 올랐다. 형인 이건성과 동생인 이원길이 합세해 이세민을 제거하려고 했지만 이를 미리 알아챈 이세민은 두 형제

김유신 말의 목을 베다

를 아버지의 이름으로 궁성에 불러들인다. 아무래도 동원할 수 있는 가병의 숫자에서 밀리는 만큼 두 사람을 먼저 지지 않으면 이세민에게 위기가 닥칠 분위기였다. 형과 동생은 황제의 부름에 아무런 의심 없이 자신들의 병사를 밖에 두고 궁 안으로 들어왔다. 머리와 몸이 분리된 것이다. 최측근 인사만 거느린 두 형제가 황궁에 들어오자 갑자기 궁성문인 현무문이 잠기면서 병사들이 뛰쳐나오기 시작했다. 그리고 이들이 아낌없이 쏜 화살에 이세민의 형과 동생은 고슴도치가 돼 죽고 말았다. 결국 이세민은 형과 동생이 모아온 가병을 일일이 제거할 필요 없이 핵심 인원만 제거하고 황위를 인수하게 된다. 이처럼 머리와 몸을 분리하면 큰 병력 차의 싸움도 손바닥 뒤집듯이 쉽게 승리를 거둘 수 있다. 하물며 성 공략은 안 그렇겠는가?

사실 신라와 백제 간 치열한 전투가 벌어지고 있었으나 우두머리를 제외한 실제 싸우는 백제 병력 구성의 대부분은 가야계 인원이거나 지방민이었다. 이같은 구조를 잘 알기에 김유신은 장군직에 위치한 백제인만 사라진다면 기세에서 우세한 신라군이 쉽게 성을 함락시킬 수 있다고 보았다. 이에 일부러 백제 장수들을 오랜기간 포획했다가 풀어주는 행동을 한 것이다. 이러면 가야에 위치한 여러 성은 자연스럽게 백제와의 연결망이 끊기면서 적극적인 저항이 불가능해진다. 역사상 평지에서 1 대 1로 적과 붙어 승리를 쉽게 공취했던 위대한 장군도 성을 공략하는 전투에서는 패배하는 일이 종종 벌어졌다. 그만큼 성을 공략하는 것은 쉬운 일이 아니었다. 그러나 김유신은 머리와 몸을 분리하는 작전을 통해 손쉽게 백제 성을 무너뜨릴 수 있었다.

패배하는 척하며 적장을 성 밖으로 나오게 한 것만으로도 전장을 유리하게 만든 일인데, 오히려 이들을 신라 영토 내로 깊숙이 끌어들여 공수가 바뀐 상황을 연출했다. 압량주에서 술을 마시던 때부터 큰 그림을 그리고 있었음을 알 수 있다. 그러나 이것으로 전쟁이 마무리된 것은 아니었다. 승세를 완전히 잡은 김유신은 다시 군대를 이끌고 들어가서 사기가 떨어진 백제의 아홉 성을 더 빼앗고 백제군을 더 멀리 쫓아내버렸다. 기세를 제대로 잡은 이상 완벽하게 몰아치는 것도 병법의 상책이다. 역시나 결과는 대승리였다.

이로써 열 개의 성을 뺏기며 시작된 전쟁은 김유신이 20여 개의 성을 얻고 3만 명의 백제군을 괴멸시키며 마무리된다. 다만《삼국사기》에 등장하는 3만 명 괴멸이란 기록은 실제 3만 명을 죽였다는 것이 아니라 이 지역에 속한 장정을 더 이상 백제군으로 활용할 수 없게 흩뜨렸다는 의미일 것이다. 그러나 이러한 과장이 충분히 이해될 정도로 완전한 승리였음은 분명하다. 김유신은 전략, 전술뿐만 아니라 기세 싸움에서도 완벽한 승리를 이룩했기 때문이다.

신라 조정은 유례없는 큰 승리에 김유신에게 신라 두 번째 관등인 이찬과 상주행군대총관上州行軍大摠管 직함을 내린다. 압량주 방어사령관으로 임명된 지 5년 만에 이룬 쾌거였다. 그의 무명 기간은 누구보다 길었으나 실력에 맞는 지위를 얻는 것은 이처럼 발탁된 지 불과 5년이면 충분했다. 김유신 53세의 일이다. 이제 신라 2등 관등인 이찬에 오른 이상, 정치적으로도 김유신은 어엿한 권위

　　　　　　　　　　　　김유신 말의 목을 베다

를 얻을 수 있게 된다. 이찬은 권한과 지위에서도 실질적인 힘을 지니고 있었기 때문이다. 이렇게 탄탄하게 쌓아올린 명성은 신라 내에서 김유신의 힘을 더욱 빛나게 만들어 줬다. 거기다 상주는 당시 신라가 경주를 제외하고 가장 많은 인력과 재력을 투입한 군사 도시였다. 이 지역이 김유신의 관리에 놓였다는 것은 그가 명실공히 신라 최고의 군부사령관으로 발돋움했음을 의미한다.

경주를 중심으로 압량주, 아버지가 관리했던 양주 지역, 금관가야가 존재한 김해, 거기다 상주까지 김유신의 힘이 직간접적으로 미쳤다. 또한 상주는 신라의 한강 유역 경로가 시작되는 지점인 만큼 한강 유역의 군단까지도 김유신의 힘이 투영될 수 있었다. 물론 한강 유역의 여러 군단은 이미 김유신의 할아버지 김무력 때부터 친밀한 관계를 가지고 있었다. 알게 모르게 가문이 퍼뜨린 힘이 대를 이어가다 김유신에 이르러서는 지방 곳곳에서 거대한 힘을 지니게 된 것이다. 이제 김유신은 신라의 군사력을 상징하는 인물이 됐다. 백제인이 생각하는 신라군은 곧 김유신을 의미했다.

다만 이번 전투에서 대야성을 신라가 완전히 함락시켰는지는 《삼국사기》 기록에 남아 있지 않아 정확히 알 수가 없다. 압량주가 폐지되고 다시 대야성이 경주 방어 사령부 임무를 맡게 되는 것은 백제가 멸망한 뒤에야 이루어진다. 즉 이번 김유신의 승리로 신라의 영향력이 대야성 가까이까지 미치는 데는 성공했으나 온전히 대야성으로 신라의 주력을 옮기기에는 여러 문제가 아직 남아 있었던 것으로 추정된다.

김춘추, 당나라에 가다

이 당시 동아시아 문명권에서 중국이 가지는 위치는 실로 엄청났다. 세계 문명의 상징이자 기준점으로 통했기 때문이다. 많은 국가가 중국에 조공을 하고 각각 왕호와 중국식 관직을 수여받고자 했다. 예를 들어 고구려의 요동군공遼東郡公, 백제의 대방군왕帶方君王, 신라의 낙랑군왕樂浪君王, 왜의 안동대장군安東大將軍 같은 명칭이 그 것이다. 이것은 중국 주변의 국가 사이에서도 서로 인정받기 위한 공인된 형식이기도 했다. 그리고 이렇게 중국으로부터 부여받은 공인된 힘은 국내 통치에서 권위를 높이는 데도 매우 유용했다.

신라와 백제 왕실은 중국과의 관계에서는 조공을 통해 상위 문화를 수혜받는 입장이었으나 국내에서는 상위 문화를 귀족 또는 지방 호족에게 하사하는 또 다른 중심 권력자가 됐다. 뿐만 아니라 중국의 화이사상처럼, 자신들이 주변 소국을 통치하는 또 하나의 천하관을 지닌 중심 국가라 생각하기도 했다.

예를 들어, 백제는 전라남도의 소국과 일본, 가야, 한때 신라까지도 자신의 부용국으로 여겼다. 현재의 전라남도 해안가에 위치하던 소국을 백제는 한때 '남만 침미다례'라 불렀는데, 이는 백제가 전남 해안의 소국을 남만의 조공국으로 간주하는 의식이 투영된 것이다. 물론 고구려와 신라의 세계관도 이와 유사했다. 하지만 신라와 백제가 치열하게 다투면서 어느 한쪽도 머리를 굽히지 않는 상황이라면 이야기가 달라진다. 누가 더 상위에 있는 국가인가? 이는 중국이 가려줄 것이다. 마치 현대 외교전에서 미국이 일본을

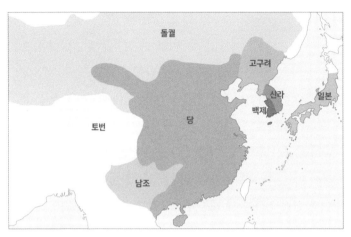

7세기 전반의 동아시아

더 많이 언급하는지 한국을 더 많이 언급하는지 양국이 자존심 싸움을 벌이는 것과 유사하다.

이처럼 신라와 백제는 외교전에서도 불똥 터지는 경쟁 중이었다. 백제는 오랜 기간 중국과 통교를 지속했으며 그만큼 중국이 가지는 백제에 대한 신뢰도 상당했다. 백제 무왕이 죽었을 때, 당 태종은 현무문에서 애도식을 거행하고 조서를 내리며 무왕을 광록대부光祿大夫에 추증했다. 이는 중국 황제가 주변 국가 왕에게 행하는 가장 높은 수준의 예였다. 의자왕이 왕이 된 뒤에도 백제는 꾸준히 중국에 조공을 올렸고 방물을 바쳤다. 그러나 중국이 보는 백제에 대한 관점은 이전과 달리 조금씩 부정적으로 변해가고 있었다. 이러한 변화의 중심에는 신라가 있었다.

신라는 백제보다 늦게 중국과 통교를 시작했지만 적극성은 백제 이상이었다. 고구려, 백제, 일본으로 포위돼 있는 국제 현실의 타계를 위해 당과의 외교에 모든 힘을 쏟으며 신뢰를 얻고자 했기 때문이다. 노력은 결실을 맺게 된다. 당나라에서는 고구려를 제압하기 위해 백제와 신라의 도움을 받고자 했다. 이때 백제는 당을 돕겠다며 무기와 갑옷 등을 제작해 지원했지만 그것으로 끝이었다. 당이 기대했던 군사 파병 등은 결코 이뤄지지 않았다. 이에 당은 말과 행동이 다르다며 백제에 대한 불만을 표출한다.

이와 달리 신라는 당 태종이 고구려를 공격할 때 3만의 병력을 내어 고구려 남쪽 국경선을 압박했다. 황제의 파병 요구에 응답한 것이다. 급히 3만의 병력을 빼는 바람에 국경선 수비가 허술해져 백제군의 공격을 받고 성이 함락되는 위기도 겪었지만 이 일로 인해 당나라에 신라를 확실하게 각인시키는 데 성공한다.

신라는 여기서 한 발자국 더 나아가기로 한다. 648년 겨울, 국가의 최고 실력자이자 사실상 태자의 위치에 있었던 김춘추가 당나라 황제를 직접 만나 결판을 짓고자 한 것이다.

당 장안에 위치한 태극궁太極宮, 대명궁大明宮 등은 당 황제가 있는 궁궐이다. 특히 대명궁의 경우 당 태종 시대에 지어진 궁궐로 전체 둘레가 무려 현재 북경 자금성의 네 배에 이르렀다고 한다. 자금성 면적이 경복궁의 1.5배 정도라 볼 때 당나라 대명궁은 대충 어림잡아 경복궁의 여섯 배 이상 정도 면적이다. 그만큼 당시 사람들에게 대명궁이 보여주는 힘은 대단했을 것이다. 이 거대한 건축물을 보면서 김춘추는 어떤 감정이 들었을까? 듣는 것과 보는 것은 느끼는 바가 다를 수밖에 없다. 신라뿐만 아니라 고구려, 일

김유신 말의 목을 베다

본의 왕궁을 다 돌아보았지만 그들과는 비교조차 불가능한 궁궐 크기를 보면서, 김춘추는 당이 지닌 국력을 다시금 일깨우게 된다. 마치 19세기 말에서 20세기 초에 아시아 지식인들이 유럽과 미국의 도시를 방문하고는 그 거대한 마천루를 보고 놀랐을 때의 감정과 비슷했을 것이다.

이번에 김춘추가 중국으로 가서 이루고자 한 일은 다름 아닌 군사 출병 약조였다. 중국에 대한 군사 출병 요구는 과거 백제가 여러 번 시도한 일이었다. 백제는 고구려 압박에서 벗어나기 위해 중국 왕조에 여러 차례 고구려 공격을 위한 군사 출병을 요구했다. 이때 백제는 "고구려가 백제의 조공을 막으며 괴롭히니 중국이 혼내주면 백제는 충성을 하겠다"라는 논리를 폈다. 김춘추는 당에게 백제를 공격해 달라 청했다. "백제가 신라의 조공을 막으며 괴롭히고 있으니 중국이 공격해 달라. 만일 중국이 백제를 공격하면 이후 고구려 원정에 대한 신라의 지원도 커질 수 있다" 이전 백제가 고구려 출병을 요구했을 때와 논리가 유사했다.

당 태종 이세민은 김춘추의 당돌한 요구가 마음에 들었다. 백제를 넘어 고구려를 멸망시킨다면 '대동강 이남은 신라의 것'이라는 약속까지 한다. 즉 평양 이남까지 신라에게 주겠다는 것이다. 그러자 춘추는 감격스러워하며 신라 관리의 공복을 중국에 따르겠다고 했고, 태종은 얼씨구나 중국 의복을 김춘추와 그 수행원에게 내렸다. 또한 조서를 내려 춘추를 특진으로 삼고 같이 들어온 춘추의 아들 문왕에게는 좌무위장군左武衛將軍이라는 작위까지 준다. 특진特進은 중국의 최고위직인 삼공三公 바로 아래에 위치하는 상당히 높은 직위였다.

　당 태종 이세민의 이러한 행동은 단순히 개인적인 호감으로 김춘추가 마음에 들어서 행한 것만은 아니다. 신라를 확실하게 당나라 편으로 끌어들여 한반도에 영향력을 확대하는 계기를 만들고자 한 일이었다. 물론 김춘추도 당태종의 이런 생각을 알고 있었다. 그러나 김춘추에게는 또 다른 의미가 하나 더 있었다. 당태종과 직접 만나서 국가 간의 약조를 받아내고 중국 고위 벼슬까지 얻었으니 당시 동아시아의 중심인 중국 황제가 인정한 인물이 된 것이다. 이는 곧 신라에서 김춘추의 위상이 이전보다 훨씬 크게 작용된다는 의미였다. 왕경인과 지방인을 구별해 벼슬도 달리 주던 신라다. 이 같은 관점에서 중국의 관직을 얻은 춘추에 대한 경외감은 남다를 수밖에 없었다. 왕위에 오를 수 있는 큰 명분이 하나 더 쌓인 것이다.

　그런데 《삼국사기》 〈김유신 열전〉에는 이때 당 태종이 김춘추에게 이렇게 물어봤다고 기록돼 있다.

　　"내가 너희 나라 유신의 명성을 들었는데, 그 사람됨이 어떠한가?"
　　이에 대해 김춘추는 이렇게 반응했다.
　　"유신이 비록 약간 재주와 지혜가 있다고는 하나 황제의 위엄을 빌리지 않고서야 어찌 주변 나라로부터 환란을 이겨내겠습니까?"

　이 이야기는 과장된 거짓이거나 실제 김유신에 대한 대화를 나

　　　　　　　　　　　　김유신 말의 목을 베다

녔더라도 다른 형식으로 이야기를 나누지 않았을까?

사실 중국 황제가 신라의 김유신을 미리 알았다는 것부터 어찌 보면 조금은 허황된 이야기다. 다만 김춘추가 자신의 정치적 동지이자 신라 대표 무장인 김유신도 함께 위상을 높여주기 위해 당 태종에게 김유신에 대한 이야기를 하고 이에 대해 황제가 답하는 방식으로 김유신을 띄워준 게 아닐까? 그렇다면 대화 형식은 이런 형태였을 것이다.

"너희 나라가 주변 공격에 그리 힘든 상황임에도 자네 정도의 대신이 바다 건너 이곳까지 올 수 있었음은 무언가 믿을 만한 장수가 있기 때문이 아니겠는가?"

황제가 이 같이 묻자 춘추는 답한다.

"황제 폐하, 폐하의 지혜는 하늘과 같사옵니다. 사실 작은 나라인 신라가 승냥이 같은 적의 공격에서 버티는 것은 그나마 장군 김유신이 있기 때문이옵니다."

"음. 그 자가 과연 그리 대단한 장수인가?"

당 태종이 다시 묻자 김춘추는 이렇게 대답한다.

"유신이 비록 재주가 있어 한 나라의 공격을 방어할 수는 있다 하더라도 이것으로 어찌 신라가 지닌 모든 고통을 해결할 수 있겠습니까. 문제의 근본적 해결은 오직 황제 폐하의 힘과 위엄이 함께할 때야 가능할 것이옵니다. 김유신도 황제 폐하의 위엄이 함께한다면 더 큰 공을 세울 수 있을 것입니다."

황제는 이런 김춘추의 말에 기뻐했다. 이로써 김유신도 황제가 직접 언급까지 한 국제적인 장수로 한 단계 더 오르게 됐다.

신라로 돌아가기 전 김춘추는 마지막으로 태종에게 자신의 아들들이 황제를 숙위할 수 있게 해달라 청한다. 숙위는 황제를 가까이 모시는 벼슬로 김춘추가 아들을 숙위로 남기겠다는 것은 곧 자신의 핏줄인 아들을 중국에 인질로 두겠다는 의미였다. 이렇게 되면 중국에는 믿음을 주고 숙위가 된 아들을 통해 중국 사정을 수시로 자세히 알아볼 수도 있다. 당 황제는 이를 기분 좋게 허락했다.

중국에서 여러 성과를 얻고 바다를 통해 신라로 돌아오던 김춘추는 한 차례 고비를 맞는다. 고구려 해군이 미리 정보를 알고 기습해 온 것이다. 이에 김춘추를 수행하던 온군해溫君解가 김춘추의 옷을 대신 입고 배 위에 의젓이 앉아 있다가 고구려 군사에게 잡혀 죽임을 당했다. 부하의 희생으로 작은 배를 타고 탈출하는 데 성공한 김춘추는 신라 경주에 도착한 뒤 온군해에게 대아찬의 관위를 추증한다. 이는 대신해 죽은 이가 진골임을 보여준다. 이를 볼 때 어느 정도 지위 있는 가문이 김춘추를 목숨 걸고 지원하기 시작했음을 알 수 있다. 이제 신라 권력의 추가 김춘추에게 확실히 넘어온 것이다.

하지만 당나라가 약속한 백제 공격은 그 뒤로 12년이 지나서야 이루어졌다. 신라에게는 급한 사정이었지만 당나라 입장에서는 신라를 자신의 편으로 묶어두기 위한 용도로 군사 출병이라는 약속을 해준 듯하다. 사실 큰 나라에서는 구체적으로 어떻게 언제 도와주겠다는 식의 약조를 잘 하지 않는다. 최대한 작은 나라를 이용할 수 있을 만큼 이용하다가 진짜로 효용 가치가 있을 때 움직이

김유신 말의 목을 베다

는 것이 큰 나라의 습성이기 때문이다. 결국 고구려가 수차례의 공격을 더 받고도 무너지지 않자 신라의 적극적인 후방 지원을 받기 위해 660년에 이르러야 당나라의 백제 출병이 이루어진다. 외교란 본래 그런 것이다.

가야 영토를 둔 마지막 혈전: 전략으로 승리하다

김춘추가 중국 외교를 마치고 온 다음해 가을(649년)이 되자 백제군이 다시 움직이기 시작했다. 백제군의 목표는 김유신에게 뺏긴 옛 대가야 영토를 수복하는 것이었다. 이번 전투는 백제 좌평 은상殷相이 주도한다. 백제에서 장군 의직이 물러나고 새로운 장군이 파견된 만큼 전쟁의 양상은 이전과 달랐다. 지금도 기업의 실적이 부진하면 CEO를 교체하곤 하는데, 삼국시대에도 이러한 충격 요법이 쓰였던 것이다. 이는 반드시 일정한 성과를 얻어내라는 백제 왕의 엄명이 담겨 있었다.

각오를 새롭게 다졌는지 백제군은 정예병 7천으로 석토성을 포함한 신라의 일곱 개 성을 쳐서 함락시켰고 그 뒤 김유신과 함께 온 신라군과도 대등한 전면전을 벌였다. 10일간 두 나라 군사가 격전을 벌였지만 어느 하나 밀리지 않고 팽팽한 상황이 지속되니 그 치열함에 시체가 산이 되고 피는 강물이 되는 상황이었다.

김유신은 이때 죽지竹旨, 진춘陣春, 천존天存 등의 장군과 함께 백제군과 싸웠으나 승부가 쉽지 않았다. 이들 장군은 비담의 난 이후 새로 등장한 인물로 이후로도 김유신과 함께했다. 이들의 나이와 이전 경력이 어떠한지는 기록이 거의 남아 있지 않아 알 수 없지만 모두 최종적으로 신라 1등 관위인 각간까지 오르는 것으로 보아 이번 전쟁에서의 인연이 작은 인연은 아니었다.

우선 죽지의 아버지는 김술종金述宗으로 그는 이 시절 신라 최고 귀족 회의인 화백회의의 구성원이었다. 그렇다면 죽지가 상당히 높은 집안 출신이었음이 틀림없다. 또한 귀족 연합체 성격을 지닌 대당군단도 이때쯤이면 김유신의 통제 안에 상당히 들어간 것으로 추정된다. 화백회의 구성원의 아들이 김유신을 보좌하는 역할로 등장하니 말이다.

실제 《삼국사기》도 이제껏 전투는 김유신 혼자만 고군분투 하듯 기록했지만 이찬의 관등과 함께 상주행군대총관으로 김유신이 진급한 이후부터는 여러 진골 장군이 김유신과 함께 움직이는 모습을 기록하고 있다. 이는 사실상 경주 주변의 군단을 다 장악할 만큼 김유신의 영향력이 대단히 커졌음을 의미한다. 죽지는 이 전쟁 이후 집사부 중시로 임명되는데, 직위가 신라 4등 관위인 파진찬이었다. 이번 전쟁에서 승리한 뒤 1계급 승진했다고 본다면 이때는 5등 대아찬 정도였을 것이다. 당시 이찬이었던 김유신과는 3등 관위의 차이가 나는 만큼, 경력이나 나이도 훨씬 아래였다. 아무래도 아버지와 아들 정도의 나이 차가 있었던 것으로 보인다.

진춘은 진순陣純으로도 《삼국사기》에 기록되는데, 이 전투 이후로도 여러 전쟁에 장군으로 나섰으며 특히 고구려 정벌전에서는 죽지와 함께 경정총관을 역임하기도 했다. 그 역시 죽지처럼 가문

김유신 말의 목을 베다

이 김춘추 세력과 함께하기로 결정한 듯 보인다. 그렇다면 나이도 얼추 죽지와 비슷했을 것이다. 《삼국유사》에는 김유신, 죽지의 아버지 김술종, 고위 귀족 김의원 등 세 명이 함께 소원을 빌며 원원사라는 절을 지었다고 한다. 혹시 김의원이 진춘의 아버지일까?

천존은 이 전투 이후 김유신의 오른팔처럼 움직이는 인물이다. 신라 왕실에 대한 충성도나 친밀도도 남달랐던 것으로 보인다. 기록을 보면 김유신에 속한 병력을 지휘하는 경우가 많았는데 정확한 나이는 알 수 없으나 그 역시 죽지와 비슷했을 듯싶다. 그런데 여러 정황으로 미루어보아 아무래도 김유신과 비슷한 가야계 출신 진골인 것 같다. 이 전쟁 때만해도 《삼국사기》에 이름이 죽지, 진춘 다음인 세 번째로 기록돼 서열에서 마치 다른 두 명보다 아래인 듯 표현된다. 하지만 가야계 피가 들어간 문무왕이 왕이 된 이후부터는 이들 세 명 중 이른바 가장 잘나가는 장군이 된다. 핏줄로 연결되는 무언가가 있었을 것이다. 천존은 이후 죽지와 함께 귀당총관貴幢摠管을 역임하기도 했다.

여하튼 이들 세 사람과 김유신의 관계를 보면 사회 인연이라는 것이 얼마나 중요한 지를 알려준다. 또한 젊은 인연들을 이어주는 역할을 김유신이 했다는 점에서 신라 내 새로운 인적 연결망이 김유신을 중심으로 구성되기 시작했음을 보여주기도 한다. 김유신 사단의 등장이었다. 이제 이들 사단의 활약은 곧 김유신의 공과 능력으로도 연결된다.

한편 전쟁이 팽팽하게 지속되자 백제는 지원군을 더 증파했다.

반드시 이겨야 하는 전투인 만큼 만반의 지원을 했던 것이다. 백제는 신라 진영에 척후병과 첩자를 보내서 염탐도 시도했다. 장기전이 예측되는 만큼 정보전도 필수적이었다.

같은 시기 신라군은 도살성 아래 주둔하며 여러 의견을 교환하고 있었다. 백제가 이번 전쟁을 이기고자 하는 의지가 강한 만큼 물러났다가 다시 거병할 것인지 아니면 더 싸워볼 것인지에 대한 토론이었다. 장군단의 전반적인 분위기는 상당히 지쳐 있어 전황에 대해서 부정적이었다. 젊은 장군들에게 이렇게 처절한 전투는 쉽지 않은 난관이었다. 때마침 물새 한 마리가 동쪽을 향해 날아가며 군막을 지나가자 장군들은 이를 상서롭지 못한 일로 여길 정도였다.

하지만 경험 많은 김유신은 달랐다. 전쟁은 기세 싸움이 반 이상인 만큼 서로 팽팽하게 맞선 상황에서 먼저 물리고 간 쪽이 다음 전쟁에서도 밀릴 확률이 높았다. 이런 전쟁은 반드시 이겨야 한다. 특히 대가야 지역의 실력자에게 신라가 충분히 백제를 밀어낼 수 있다는 인식을 심어줘야 다시는 백제가 이곳을 노리지 못할 것이다. 다만 아군이 지쳐가기 때문에 빠른 시일 내에 결판을 내야 하는 것이 문제다. 이에 정공법이 아닌 교란 작전을 짜기로 한다. 사령관의 뜻이 이와 같으니 신라군은 한번 더 싸워보기로 했다.

작전은 다음과 같았다. 백제군이나 신라군이나 서로를 염탐하는 것은 피차마찬가지다. 최대한 정보를 알아내고 이에 맞추어 전략, 전술을 짜야만 전쟁을 이길 수 있다. 백제군 척후병이나 첩자는 현재 신라 진지의 분위기를 그대로 보고 상부에 알릴 것이다.

김유신 말의 목을 베다

이때 거짓된 정보를 알려주면 어떻게 될까? 김유신은 이 같은 작전을 수립한 뒤 사람을 시켜 군대 사이를 돌아다니며 다음과 같은 명을 지시하게 하였다.

"방어벽을 견고히 하고 움직이지 말라. 내일 아침 응원군이 도착하는 것을 기다린 다음에 결전할 것이다."

백제군은 정말 훌륭한 정보를 얻었다. 내일 아침에 신라 응원군이 오며 이들을 이용해서 신라군은 다시 결전할 생각인 것이다. 그렇다면 최소한 오늘 밤에는 신라군이 쳐들어올 일은 없다는 것이 백제 측에서 내린 결론이었다. 백제의 장군들은 신라군이 증파된 뒤 어떻게 전황을 끌고 갈 것인지 의견 교환을 하는 시간을 가지기로 했다. 그동안 오랜 전투에 지친 군사들은 잠시나마 휴식을 취하게 해줬다. 백제군이 서서히 긴장을 풀기 시작했다. 바로 김유신이 노리는 순간이었다.

밤이 되자 신라군은 일시에 떨쳐 일어나 야간 습격을 시작했다. 갑작스러운 적의 기습에 백제군 진영은 난리가 났고 그 틈에 신라군은 백제 진영으로 침투해 마음껏 공격을 퍼부었다. 신라군의 기습에 백제군 총사령관 좌평 은상과 달솔, 자견 등 장수 열 명이 목숨을 잃었으며 병사 8천 9백 80명이 죽음을 당한다.

아무리 전쟁에서 패배해도 총대장이 죽는 경우는 무척 드문 일이다. 거기다 장수 열 명이 죽었으니 그만큼 백제에게 뜻밖의 공격이었으며 엄청난 패배였다. 신라군은 군마와 병장기도 수없이 노획했다. 이를 볼 때 백제군은 야습을 전혀 의식하지 못하다가 신라군의 기습에 그대로 무너진 듯하다. 거짓 정보를 흘린 김유신의 작전이 성공한 것이다. 정보전에서 가장 중요한 것은 정확한 정보를 습득하는 일이다. 잘못된 정보는 오히려 나쁜 결과를 도출할 수 있으니 이 전쟁에서도 그러한 사실을 보여준다.

살육이 끝나고 미처 대피하지 못한 백제군 좌평 정복이 병사 천 명과 함께 항복해 왔다. 서슬 퍼런 신라군의 포위를 벗어날 길이 없다 여긴 것이다. 허나 김유신은 이들을 자유롭게 풀어주도록 명한다. 이는 승자의 넉넉한 마음씨를 펼쳐 보인 것이 아니다. 풀어준 천 명의 백제군은 어젯밤 살육의 현장과 참혹하게 패배한 현실을 그대로 백제에 알릴 것이다. 그럼 그 공포가 소문이 되고 소문이 점차 커지면서 더 이상 신라 영토에 백제군이 발을 들이기란 힘들게 될 것이다. 김유신은 백제 천 명에게 신라군이 얼마나 강한지를 알리게 할 선전 도구의 임무를 맡긴 셈이었다. 남다른 자신감의 표현이기도 했다.

이로써 치열한 공방전은 다시 한 번 신라의 승리로 끝난다. 김유신은 또다시 전쟁 영웅이 됐고 백제는 이후 한동안 반격을 하지 못할 정도로 충격받았다. 대가야 지역 세력가들에게는 신라와 백제 사이에서 다시 저울질을 할 때가 찾아왔다. 간 옛 대가야 영토를 두고 두 국가가 벌인 전투는 이것으로 일단락된다. 이제 신라와 백제의 전장은 다른 곳으로 옮겨지고 있었다.

김유신 말의 목을 베다

09 _____ 김춘추 왕위에 오르다

진덕여왕 후기: 왕위를 위한 초석

비담의 난과 백제와의 전쟁으로 어수선하게 시작된 진덕여왕 치세였지만 김유신이 얻어낸 전쟁에서의 계속된 승리와 김춘추의 외교술로 후반기 치세는 비교적 평화롭게 운영될 수 있었다. 백제는 김유신에게 대패를 겪으며 한동안 신라 영토를 침범하지 못했고 고구려는 당과의 전쟁으로 국가총동원령이 내려진 상황이라 쉽사리 신라를 노릴 수가 없었다. 뿐만 아니라 당나라는 신라를 한반도 최고의 우군으로 받아들였으며 일본은 중립 세력이 됐기에 오랫동안 힘들었던 외교적 고립에서도 벗어날 수 있었다. 이제 김유신에게 남은 목표는 내부 정치를 안정화해 김춘추가 다음 보위에 오를 준비를 충실히 하는 것이었다. 젊었을 적 계획한 꿈에 한 발자국씩 다가가고 있었다.

김춘추가 당에서 돌아온 뒤 신라 조정은 관복의 양식을 당처럼 바꾸고 신라 고유의 연호도 폐지한 뒤 당의 연호를 따른다. 이는 과거의 신라가 자신의 독자적 세계관에 따라 운영됐다면 앞으로의 신라는 당 중심의 천하 질서에 귀속하겠다는 것을 의미했다. 아이러니한 것은 당시 신라의 행동에 대해 고려, 조선시대는 우호적으로 평가했으나 근·현대에 들어 비판의 목소리가 커지고 있다는 점이다. 이는 다름 아닌 근대 사상가이자 교육자였던 신채호 선생의 김유신에 대한 평에서도 볼 수 있다.

김유신은 지용이 있는 명장이 아니요, 음험하기가 독수리 같았던 정치가이며, 그 평생의 큰 공이 전장에 있지 않고 음모로 이웃 나라를 어지럽힌 자다.

신채호 선생은 김유신에 대해 음험한 정치가이자 외세를 끌어와 민족을 배신한 자라고 했다. 사실 외세 세력에 대한 불안감과 분노를 가졌던 일제 강점기 시대 한국인의 관점을 통해서라면 그렇게 보일 수도 있을 것이다. 일제 세력에 호가호위하며 배불리 지내던 위정자에 대한 좋지 않은 눈길은 지금까지도 이어져 요즘 사람들도 친일파하면 이를 갈며 유명한 근대인 중 일부가 친일파 출신이었다며 비판한다. 그러나 분명한 사실은 지금과 삼국시대에 살던 사람들의 인식은 세상을 보는 관점부터 완전히 달랐다는 점이다.

김유신 말의 목을 베다

신라가 당과 연합해 백제와 고구려를 멸망시켰다지만 사실 신라 사람의 기준에는 당이나 백제나 고구려나 다 다른 나라인 점은 매한가지였다. 삼국 국가 간에 같은 민족이라든지 아니면 함께 해야 할 한 핏줄이라는 인식도 크게 존재하지 않았다. 우리의 인식과는 달리 한반도 내 사람들의 동질감이라는 것은 삼국통일이 이루어진 뒤에야 만들어졌기 때문이다.

거기다 신라만 중국에 사신을 보내고 천하질서에 귀속하고자 한 것은 아니었다. 고구려, 백제도 이에 대해선 신라 못지않은 정성을 보였다. 반중국의 대표 주자로 알려진 고구려는 수차례 전쟁을 벌이며 중국과 다투었지만 꾸준히 황제에게 사신을 보내 충성을 보였다. 더불어 그때마다 중국 천하를 인정하며 고개를 숙였던 일도 고구려가 보여준 또 다른 행동이다. 백제는 고구려를 공격해 달라며 수차례 중국으로 사신을 보낸 전력이 있다. 즉 신라 못지않게 고구려와 백제도 중국과 친밀한 관계를 원했던 것이다. 중국은 외교적인 관점에서 오랜 계산 끝에 신라와 손을 잡았을 뿐이다. 그리고 중국의 선택에서 밀려난 고구려, 백제는 생존을 위해 반중국 정책을 펼칠 수밖에 없었다.

현재 한반도의 상황에 대입해 미국과 동맹을 맺은 대한민국과 주체 정신을 주장하며 김일성 가문이 대를 이어 국가를 운영하고 있는 북한을 비교해보자. 대한민국은 외세 세력과 연동하는 음험한 나라이고 북한은 자주성을 지키는 독립적인 나라일까? 과연 후세 한반도 사람들은 대한민국과 북한을 어떻게 평가하게 될까?

다시 이야기로 돌아와서 당의 연호를 따르기로 한 신라는 중앙

관부 조직도 크게 확충해 왕권 중심으로 운영되는 국가 체계를 추진하고자 했다. 이는 정치적으로 강력한 왕권을 만들기 위한 중앙집권 체제 확립에 목적을 둔 것으로 이 역시 중국의 제도를 받아들인 것이다. 진덕여왕 5년 이후, 재정 지출을 담당하는 창부倉部와 형률과 입법을 관장하는 좌리방부左理方府가 창설됐다. 이로써 재정과 법률 체계가 중앙을 중심으로 통일되는 계기가 마련된다.

이와 함께 국가 최고 집행 기구로 집사부를 설치하는데, 이것은 왕에 직속된 행정 기관이었다. 처음 만들어진 중시의 자리에는 김유신과 함께 전쟁을 치른 죽지를 임명했으니 그 권한과 능력은 지금의 대통령 비서실장 정도였던 것 같다. 다만 앞으로의 계획에 따르면 귀족 대표직인 상대등에 비견되는 힘을 집사부를 관리하는 중시에게 부여할 예정이었다. 그러면 중시가 국무총리급 자리가 될 것이다. 이 같은 개혁은 진덕여왕을 위한 것이 아니라 다음 왕이 될 김춘추의 통치 기반을 만들기 위한 것이었다. 김춘추가 왕이 되기 위한 모든 준비는 이처럼 빈틈없이 진행됐다.

진골 출신 김춘추 왕이 되다

654년 진덕여왕이 죽는다. 마지막 성골의 퇴장과 함께 진골이 왕위에 오르는 시대가 열린 것이다. 그런데 계획과 달리 화백회의에서는 김춘추가 아닌 상대등을 역임한 알천閼川을 섭정왕으로 추대한다.

　　　　　　　　　　김유신 말의 목을 베다

과연 무슨 일이 있었던 것일까? 혹시 화백회의에 있던 김춘추-김유신 연합의 반대 세력이 마지막 도전을 시도한 것일까? 《삼국유사》에는 다음과 같은 기사가 있다.

> 진덕여왕 시대에 알천공, 임종공, 술종공, 호림공, 염장공, 유신공 등이 있었다. 어느 날 이들이 남산 우지암에 모여 나랏일을 의논하는데, 큰 범 한 마리가 좌석에 뛰어들어왔다. 여러 사람들이 깜짝 놀라서 일어나는데 알천공은 꼼짝하지 않고 태연히 담소하면서 범의 꼬리를 붙잡아 땅에 내려쳐서 죽였다. 알천공의 힘이 이처럼 셌으므로 좌석의 맨 윗자리를 차지했다. 그러나 모든 사람들은 유신의 위엄에 복종하고 있었다.

내용을 보면 당시 알천에게는 상당한 권위가 있었던 모양이다. 나랏일을 의논할 때 큰 범 한 마리가 좌석에 뛰어 들어왔다는 글을 있는 그대로 해석할 필요는 없다. 이는 나라에 벌어진 큰 변고나 일을 태연히 해결한 알천의 담대함을 표현한 것이다. 실제 알천은 비담의 난을 제압한 직후 신라 최고 관직인 상대등에 올랐다. 그리고 백제나 고구려와의 전쟁에서 대장군으로 앞장서서 적들을 제압한 경력도 있었다. 당연히 경력으로 보나 가문으로 보나 누구나 인정할 수밖에 없는 인물이었다.

하지만 《삼국유사》의 기사에서 확인할 수 있듯이 알천이 좌석 맨 윗자리를 차지했어도 모든 이들이 복종하고 있는 사람은 김유신이었다. 김유신은 화백회의 구성원 중 가장 마지막에 이름이 적혀 있어 신참자임을 알려준다. 가야계 출신인 그가 신라 전통의 고위 귀족회의인 화백이 된 것이다. 그럼에도 불구하고 기존 화백회의의 귀족들은 신참인 김유신을 함부로 대할 수 없었다. 그는 다음 왕위에 오를 김춘추를 대변하는 인물이며 신라의 대표적 군벌이자 무장이었기 때문이다. 화백회의 의장직인 상대등을 알천이 역임했어도 결국 실제 권력자는 김유신이었다.

그렇다면 진덕여왕의 죽음 이후 벌어진 알천의 섭정왕 추대는 어떻게 된 일일까? 여왕이 죽고 나자 화백회의에서는 알천을 섭정왕으로 추대한다. 어찌 보면 김춘추 즉위 반대 세력이 등장한 것 같기도 하다. 그러나 이것도 김유신의 전략이었다.

화백회의는 만장일치 제도를 원칙으로 삼았다. 김유신이 구성원인 이상 김춘추를 배제하고 알천을 왕위로 올리기 위한 안건을 올렸다면 만장일치가 불가능했을 것이다. 김유신을 제외하더라도 화백회의에는 왕당파가 있었다. 예를 들어 같은 화백회의 일원인 김술종의 경우 김유신과 함께 경주 내에 원원사라는 절을 지었을 정도로 김유신 가문과 친밀했으며 진덕여왕 시절에 지금의 춘천 방면을 관리하는 장관인 삭주도독朔州都督을 역임하기도 했다. 즉 왕실 측근 귀족이었던 것이다. 술종의 아들 죽지는 백제와의 전쟁 때 김유신과 함께 장군으로 참가했고 곧이어 왕실 직속 기관을 책임지는 중시까지 임명된다. 이러한 예를 볼 때 다른 화백 구성원도 구체적인 기록만 남지 않았을 뿐 김유신과 이런 저런 끈으로 연결된 관계였을 것이다. 즉 알천의 섭정왕 추대는 김유신 통제에서 벗어난 일이 아닌 분명 어떠한 의도가 숨겨진 사건이었다.

김유신 말의 목을 베다

중국에서는 한 국가가 사라진 뒤 다음 국가가 생기는 과정에서 선양禪讓이라는 형식을 취해 새로운 황제의 등극에 정당성을 부여하곤 했다. 이 제도는 멀리 요·순 시대부터 시작됐다고 전해진다. 고사에 의하면 순이 왕이 될 자질이 있다 여긴 요 임금이 덕이 있는 자에게 제위를 양보한다며 자신의 자식이 아닌 순에게 왕위를 물려줬다고 한다. 이 고사를 바탕으로 조조의 아들 조비가 위나라의 황제로 새롭게 등극할 때 선양의식이라는 것을 고안한다. 이 내용은 소설 《삼국지》에도 잘 묘사돼 있다.

한나라 황제는 자신이 덕이 없음을 알리고 아버지를 이어 위나라 왕이 된 조비에게 황제위를 넘긴다고 전한다. 하지만 조비는 이를 겸공히 거절한다. 그러자 한나라 황제는 다시 한번 자신에게 덕이 없음을 한탄하며 조비에게 황제위를 넘긴다. 다시 조비는 거절한다. 마지막으로 높은 단을 쌓고 모든 신하가 사열한 자리에서 한나라 황제가 황제의 위를 넘긴다고 하자 조비는 이를 못이기는 척 받는다. 세 번에 걸친 지루한 형식 끝에 새로운 황제가 등극한 것이다.

이 제도는 패배자에게는 엄청난 수고로움과 수치심을 안기지만 승자는 겸양의 덕을 알리고 평화로운 정권 교체라는 정당성을 주장할 수 있게 된다. 즉 실제로는 힘으로 뺏는 자리지만 요·순 고사에 따라 표면상 부족한 덕을 대신한다는 이유를 앞세워 교체가 이루어지는 것이다. 위대한 성인이 시작한 제도이니 고증과 형식 면에서도 훌륭하다. 이 혁신적인 제도는 조비 이후 송나라 때까지 중국에서 수백 년간 꾸준히 새로운 권력자들에게 애용됐다.

김유신이 화백회의를 통해 추진하고자 한 것이 다름 아닌 선양이었다. 《삼국사기》의 또 다른 기록에는 유신과 상대등 알천이 의논해 춘추를 왕으로 등극시켰다는 기사가 있다. 즉 이와 같은 계획 수립을 위해 화백회의 일원이 함께 의견을 맞춘 것이다. 신라라는 나라 이름은 그대로 유지되지만 성골이 끊기고 진골이 왕위에 오르는 것은 마치 새로운 집단이 새로운 왕실을 여는 것과 유사했다. 수대에 걸쳐 이어진 성골이라는 개념은 신라 지도층뿐만 아니라 백성에게도 깊이 박혀 있는 관념이었다. 그만큼 진골 왕이 등장하기 위해서는 거창한 연극이 필요했다. 기존의 왕을 핍박해 내치고 왕위에 오르는 것이 아니기 때문에 중국과는 다른 내용으로 각색한 연극이었다.

우선 신라 전통의 귀족 회의인 화백제도를 통해 누구나 인정할 만한 직책을 지닌 알천을 섭정왕으로 추대한다. 이러면 알천은 담담히 사양할 것이다. 실제로 알천은 다음과 같이 말했다.

나는 이미 늙었고 이렇다 할 만한 덕행도 없다. 오늘날 덕망이 높고 두터운 것이 춘추공만 한 이가 없으니, 실로 세상을 잘 다스려 백성을 구제할 영웅호걸이라고 할 만하다.

그러나 이번에는 김춘추가 알천의 추천을 사양한다. 《삼국사기》에는 춘추가 세 번이나 사양하다가 부득이 왕위에 올랐다고 기록하니 알천은 이후로도 두 번 더 김춘추의 왕위를 추천한 듯 보인다. 즉 알천이 망하고 사라진 중국의 황제 역할을 대신했던 것이

김유신 말의 목을 베다

다. 이것이 신라식 각색이었다.

　김춘추는 김유신의 계획대로 세 번 사양한 뒤 왕위에 오르니, 그가 바로 태종무열왕이다. 신라가 당나라의 세계 질서에 귀속하겠다고 선포한 만큼 격식을 차리면서도 중국의 고사를 잘 응용한 쇼였다. 과거 진평왕이 선덕여왕에게 왕위를 물려주며 부처가 태어났다고 주장한 것에 비해 훨씬 세련되고 세계화된 방식이었다. 선양제도를 통한 김춘추의 즉위는 앞으로 신라가 가는 길이 어떠한 것인지를 극명하게 보여주는 상징적인 사건이다. 이전 신라가 불교 사상을 통한 종교적인 권위로 운영되던 국가였다면 이제는 유교를 통해 제도적으로 짜임새 있는 국가를 운영하겠다는 것을 선포한 것이다.

두 개의 연합

태종무열왕이 즉위한 다음해, 고구려와 백제가 함께 신라를 공격했다. 기회를 노리다가 신라에서 왕이 바뀌자 공세를 취한 것이다. 이번 두 나라의 공격은 면밀한 계획 속에 연합을 맺고 동시에 신라를 공격했다는 점에서 이전과는 분위기가 사뭇 달랐다.

　백제는 김유신과 옛 대가야 영토를 놓고 벌인 전쟁에서 패배한 뒤 한강 유역의 신라 영토로 공격 방향을 튼다. 고구려도 적극적으로 공격에 참가해 말갈을 이용해서 신라의 동북쪽 영토를 침략했다. 지금도 강릉에는 말갈이 쳐들어와 김유신이 이를 급히 방어해냈다는 전설이 남아 있다. 정확한 사실인지는 모르겠지만 당시 급박했던 정세를 그대로 전해준다. 이 전쟁에서 화랑 출신이자 태종무열왕의 사위인 김흠운이 백제와 싸우다 죽음을 맞이했으니 신라군의 피해가 상당했음을 알 수 있다. 태종무열왕은 이로써 두 명의 사위와 딸 하나를 백제에게 잃었다. 왕가의 사람들이 최일선에서 죽어나가고 있었던 것이다. 또다시 조카사위의 죽음을 겪게 된 김유신에게도 백제를 멸망시켜야 할 이유가 하나 더 생겼다.

이때 신라가 두 나라에게 뺏긴 영토는 성 33개에 이르렀다. 고구려는 당나라와 한창 전쟁 중이었고 백제는 652년 이후 당나라에 대한 조공을 중단한 상황이었다. 즉 중국과 적대적인 두 나라가 중국과 연합 전선을 펼치는 신라를 협공한 것이다. 고구려는 오래 전부터 중국과 대결을 벌인 나라이기 때문에 그렇다 치더라도 백제의 이러한 변화는 놀라운 일이었다. 중국과 오랜 기간 친밀한 관계였던 백제가 당나라에 등을 돌리고 신라 공략에 모든 것을 걸고 있었다. 조공을 끊었다는 것은 독한 마음을 먹었다는 의미다.

백제의 태도가 바뀐 이유는 신라의 적극적인 대당외교로 인해 백제가 중국의 우선순위에서 뒤쳐지면서 오히려 불편한 관계가 돼버렸기 때문이다. 어느 순간부터 황제는 조공을 위해 당나라에 온 백제 사신의 앞에서 신라 편을 들며 백제를 적대했다. 중국 황제는 백제 사신에게 신라에게서 뺏은 영토를 돌려주고 전쟁을 그만 할 것을 명령하지만 백제 입장에서는 신라가 먼저 백제의 영토를 빼앗아 간 가해자였다. 여기서 더 나아가 황제는 백제와 고구려를 한

김유신 말의 목을 베다

통속으로 몰면서 두 나라가 서로 구원하지 못하게 할 것이며 명령을 어길 경우 신라의 청을 받아들이겠다고 까지 한다. 백제에게는 받아들이기 힘든 이야기였다. 더욱이 중국이 고구려와 백제를 하나로 보고 있다는 사실에 큰 경각심을 가질 수밖에 없었다.

중국은 한나라 멸망 이후 오랜 분열을 끝내고 수나라로 통일이 됐다. 그 분열 시기의 경험 때문인지 수나라는 주변 국가에 대한 대규모 정복 사업을 추진했다. 끈질기게 버티는 고구려로 인해 수나라는 백만 대군을 잃었다. 자신이 직접 친정을 한 수차례 공격이 실패로 돌아가자 당 태종이 요동을 치지 말라는 유언을 남길 정도로 고구려의 기세는 대단했다. 그러나 계속된 중국과의 전쟁으로 고구려도 점차 그 강인한 힘을 잃어가고 있었다. 고구려의 저항도 대단했지만 적대국에 대한 당의 공격도 끈질겼던 것이다. 백제의 입장에서는 당나라가 고구려와 자신들을 같은 세력으로 본다면 이러한 공격이 비단 고구려만의 일이 아닌 것이 된다.

이제 백제는 양자택일을 해야만 했다. 이전과 같이 당나라의 천하에 들어갈 것인가? 신라를 제압해 나라의 깊은 원한을 갚을 것인가? 여기서 의자왕은 중대한 결심을 한다. 중국에 등을 돌리고 신라 공략에 모든 것을 걸기로 한 것이다. 쉽지 않은 결정이지만 어쩔 수 없는 일이었다. 왕이 된 이래로 꾸준히 이루어진 신라 공격이 중국의 개입으로 무의미하게 끝나는 순간, 의자왕이 백제에서 설 땅도 없어지게 된다. 또한 중국 천하에 속해봤자 신라의 한 단계 아래로 취급받을 것이 뻔했다. 이는 백제인으로서 자존심이 허락하지 않는 일이었다.

결국 백제의 선택은 고구려와 연합이었다. 그러나 고구려-백제 연합만큼 신라-당나라 연합도 긴밀한 작전을 펼친다. 신라가 당에 사신을 보내 구원을 요청하니 당나라는 고구려 북쪽 영토를 공격해 백제와 협공 작전을 펼치던 고구려 병력을 뒤로 빼도록 만든다. 이로써 전쟁은 끝났다. 그러나 성 33개를 빼앗은 것으로는 고구려와 백제가 충분한 승리를 얻었다고 할 수 없었다. 결국 고구려의 병사가 물러났으니 표면상의 결과는 장군 멍군과 같았다. 더욱이 대제국 당나라가 신라와 긴밀한 군사 작전을 펼칠 만큼 친밀해졌음을 알게된 백제는 불안감을 지우기 어려웠다. 중국의 천하관에서 자신들의 순위는 어느덧 신라 아래로 내려온 것이다. 믿을 수 없는 현실이었다.

두 개의 나라

대규모 연합 작전이 펼쳐진 655년의 전쟁이 끝난 뒤 백제와 신라의 내부 분위기는 극명하게 갈렸다. 태종무열왕은 맏아들 김법민法敏을 태자로 삼고 나머지 아들들에게도 각기 높은 관등을 부여했다. 가야의 피가 섞인 왕자가 드디어 태자의 지위까지 올랐으며 나머지 왕자도 당당하게 어깨를 펼 수 있는 직위를 부여받은 것이다. 이는 신라라는 나라가 과거와 달리 경주민을 위한 나라가 아니라 가야 그리고 그 외의 지역민과도 동질성을 느낄 수 있는 큰 나라로 변모했음을 알리는 증표였다. 특히 가야계의 사회적 지위는 과거

김유신 말의 목을 베다

와 비교도 되지 않게 높아져 당당히 신라 권력의 중심부에 들어섰다. 이에 대한 귀족의 적극적인 반발이 있었어도 고구려, 백제의 공격으로 33개의 성을 잃고 사위까지 잃은 왕의 분노가 그들을 잠재웠을 테다.

다음으로 태종무열왕은 셋째 딸 지조智照와 김유신의 결혼을 추진한다. 지조는 김춘추와 김유신의 여동생 문희 간에 낳은 딸로 나이 차가 상당했던 외삼촌과 조카의 근친결혼이었다. 이때 김유신 나이 61세였으며 지조는 20세가 되지 않았다. 정략결혼에 나이 차이는 크게 중요한 것이 아니었다. 근친이라는 것도 현대인의 눈에는 걸릴 수 있으나 삼국시대의 근친혼은 혈통을 더욱 고귀하게 만들어 주는 의미였기에 삼촌과 조카의 결혼도 무리 없이 이루어질 수 있었다.

이로써 태종무열왕은 신라 최고의 장군이자 군벌인 김유신을 사위로 두게 됐으며 김유신은 가문의 혈통을 탄탄하게 구축할 좋은 기회를 얻었다. 사실 이번 결혼은 가문끼리의 결합을 넘어서는 의미를 지녔다. 지금껏 함께한 김유신-김춘추 동맹이 이들 1세대로 끝나는 것이 아니라 교차 결혼 동맹을 통해 대를 이어 영원토록 함께할 것임을 천명했기 때문이다. 앞으로 태어날 김유신의 자손은 신라 왕인 김춘추의 피가 흘렀으니 사실상 신라 내 최고 혈통을 지닌 집단으로 살 수 있었다.

전장에서 주로 활약해 정착하는 삶을 살지 못했던 김유신은 서자 아들만 있고 적자 자손이 없었다. 왕실 여인과의 혼인으로 이제 그는 적통을 이을 수 있었다. 상대가 신라 왕의 피뿐만 아니라 가야계의 피도 들어간 최고 신분의 여인이라는 점에서 이 결혼은 가야계의 또 다른 성공을 증명하는 일이기도 했다.

손위 처남인 김유신보다 사위 김유신이 그나마 왕의 입장에서도 편한 상대였다. 어느덧 김유신은 왕에 버금가는 거물이었기에 설사 태종무열왕이라도 편하게 대할 수 있는 상대가 아니었다. 평균 생존 나이가 짧았던 시기에 60이 넘은 김유신에게 어린 딸을 주었다는 것은 그만큼 김유신을 믿으면서도 두려워했다는 의미였다. 물론 김유신을 추켜세우는 만큼 김유신이 자신에 대한 충성뿐만 아니라 자손들의 울타리 역할도 충실히 해줄 것이라는 기대도 있었다.

신라가 새롭게 즉위한 왕의 권력을 단단히 다지는 동안 백제도 왕실 권력을 강화했다. 그러나 그 분위기는 신라와 분명 달랐다. 《삼국사기》 의자왕 15년부터 20년의 기록은 백제가 내부적으로 크게 어지러웠음을 잘 보여주고 있다. 아무래도 중국과의 외교 단절과 녹록치 않았던 신라와의 전쟁으로 의자왕은 신하와 백성 모두에게 신뢰를 잃은 듯하다.

《삼국사기》에서는 백제에 붉은 말이 울고 흰 여우가 등장하며 궁궐에는 곡하는 바람 소리가 들렸다고 전한다. 이는 실제로 있었던 일이 아닌 당시 백제의 불안했던 모습을 표현한 것에 불과하지만 무언가 큰 변고가 생길 것 같은 어두운 분위기를 물씬 풍긴다.

지금도 마찬가지지만 괴담은 사회가 그만큼 불안하기에 등장하는 것이다. 권력도 재물도 없고 하루하루 먹고 사는 일에 종사하는 일반인에게 위정자에 대한 불만과 걱정은 그나마 말로 토로하는 것이 전부다. 그들이 털어놓은 말이 하나하나 합쳐지며 이야기가 더해지고 거짓과 같은 소문이 부풀면 괴담으로 탄생하는 것이다. 이렇게 만들어진 괴담은 통치자가 줏대를 가지고 일관성 있게 정치를 하다 보면 시간이 지나면서 자연스럽게 사라진다. 허나 의자왕은 괴담의 근본 뿌리를 잡아 없애고자 했나 보다. 다음은《삼국유사》에 등장하는 이야기다.

한 번은 한 귀신이 대궐 안으로 들어와 "백제는 망한다! 백제가 망한다!"라고 크게 소리치고는 땅속으로 들어가 버렸다. 왕이 괴상하게 여겨 사람을 시켜 그 자리를 파보았더니 깊이가 석 자쯤 되는 곳에 거북이 한 마리가 있었고 그 등에 글이 쓰여 있었다.

'백제는 보름달이요, 신라는 초승달과 같다.'

왕은 이를 무당에게 물어본다.

"보름달이라 함은 이미 다 찼다는 것을 말함이니 차면 이지러지는 법이요. 초승달과 같다는 말은 아직 차지 못했다는 것을 말함이니 아직 차지 못한 것은 차츰 차게 될 것입니다."

무당의 해석을 들은 의자왕은 노해 그를 죽이라 명한다. 이에 옆에 있던 신하가 말한다.

"보름달은 융성하다는 뜻이요. 초승달과 같다는 것은 미약해진다는 뜻입니다. 이는 우리나라는 융성하고 신라는 미약해진다는 뜻이라고 생각합니다."

이에 의자왕은 기뻐했다.

이 이야기 속 의자왕은 소문의 뿌리를 찾기 위해 부단히 애쓰고 있다. 소문이 도는 곳의 땅을 깊게 판다는 것은 곧 권력을 통해 괴담을 퍼뜨리는 자들을 발본색원하는 모습을 의미하며 신라와 백제가 달의 모습에 빗대어 묘사되고 있는 것은 이리 해석하면 저렇게 보이고 저리 해석하면 이렇게 보이는 전형적인 괴담의 형식과 같다.

그러나 의자왕은 자기 뜻에 반하는 해석을 했던 무당은 죽이고 자신이 원하는 답을 내놓은 신하에게는 기쁜 모습을 보였다. 즉 괴담을 괴담 그 자체로 보지 않고 권력의 힘을 투영해 자신이 원하는 대로 소문을 재해석했음을 보여준다. 그러나 괴담의 속성은 위정자가 이를 자신의 뜻에 맞게 고치려고 하거나 더 나아가 괴담을 없애기 위해 백성의 입을 막으면 더욱 부풀려지고 더 센 폭발력을 지니게 된다. 결국 《삼국유사》의 이야기는 의자왕이 보여준 행동에 대한 백성의 차가운 시선을 그려낸 것 일 테다.

의자왕은 이러한 불안한 분위기를 쇄신하기 위해 왕실에 힘을 더 싣기로 한다. 태자궁을 사치스럽고 화려하게 만들었으며 왕궁에는 정자를 새롭게 세웠다. 또한 왕의 서자 41명을 백제 최고의 고위직인 좌평으로 임명하고 각각 식읍까지 내려준다. 반면 자신의 뜻에 반대하는 신하들은 내치기 시작했는데 대표적인 인물이 성충成忠이다. 신하를 내치고 그들이 가진 재물과 땅을 왕실로 귀속시킨 것이다. 위기 상황이라고 인식하자 결국 믿을 것은 핏줄이었다. 다만 그 정도가 신라에 비해 훨씬 심했고 귀족의 반발을 막을 만한 왕실의 권위는 부족했다. 신라는 가야계가 전면에 등장하

김유신 말의 목을 베다

며 한 단계 성장한 모습을 보여주고 있는데 백제는 왕실로 힘을 집중하며 주변 귀족을 내치고 있었다.

결국 성충은 왕의 잘못을 간하다가 노여움을 받고 옥에 들어간 뒤 여위어 죽고 만다. 아무래도 옥에 들어간 뒤 병이 들었거나 목숨을 건 상소를 통해 의자왕이 가고자 하는 길을 막기 위해 일부러 굶은 것이 아닐까 싶다. 세상에는 목숨보다 의지를 더 중요하게 여기는 사람도 있는데 성충이 그런 인물이었다. 성충은 죽으면서 다음과 같은 글을 올렸다.

충신은 죽으면서도 임금을 잊지 않는 것이니 한 말씀만 올리고 죽고자 합니다. 제가 평소 시운의 변화를 살펴보건대 필시 전쟁이 있을 듯합니다. 무릇 용병을 하는 데는 반드시 그 지형지세를 살펴 가려야 하거니와 상류에서 적군을 맞아야만 보전할 수 있습니다. 만약 다른 나라의 군사가 오거든 육로로는 탄현을 지나지 못하게 하고, 수군은 기벌포의 언덕에 오르지 못하게 해, 험하고 좁은 곳에 웅거해서 막아야만 될 것입니다.

성충은 죽음을 앞둔 마지막 글에서 사치를 금하시라, 술과 여자를 멀리하시라, 정치를 바르게 하시라 같은 시시콜콜한 이야기를 하지 않았다. 단 하나의 이야기, 당나라와 신라의 분위기를 보아 곧 큰 전쟁이 백제에 닥칠 것을 예상하고 막을 방도를 알렸다. 의자왕의 반중국 정책이 당시 백제 귀족에게 상당한 불안감을 줬음을 알 수 있다.

이미 중국과의 전쟁이 기정사실화된 것처럼 쓴 성충의 글은 백제에 곧 닥칠 막다른 골목을 보여주고 있었다. 물론 의자왕은 충신의 죽음을 통한 간언도 듣지 않았다. 설마 당나라가 육지도 아닌 바다를 통해 백제를 공격하겠는가? 의구심으로 인해 애써 위급함을 모르는 척 한 것일 수도 있다. 그러나 설마는 현실이 되고 있었다.

김유신 말의 목을 베다

3부

김유신,
삼국시대의 막을 내리다

태종무열왕은 김유신, 진주眞珠, 천존天存 등과 함께 군사를 거느리고 경주를 떠나 6월 18일, 한강 유역의 군사 사령부 남천정에 도착했다. 소정방은 전함을 타고 황해를 건너 지금의 인천 앞바다에 있는 섬인 덕물도에 위치했다. 태종무열왕은 덕물도로 태자 김법민을 보내 소정방을 맞이한다. 6월 21일, 소정방과 법민은 만난 자리에서 이번 군사 작전에 대한 상세한 계획을 수립한 뒤 정확한 약속일을 잡는다. 7월 10일에 백제 수도 근방에서 신라와 당나라 군대가 회합한 뒤 사비성으로 진격해 의자왕을 무너뜨린다는 것이었다. 태자 김법민은 소정방과의 이야기가 끝나고 돌아와 태종무열왕에게 당과 맺은 약속 시간과 작전을 고했다. 이제 본격적인 작전 시작이다.

10 _____ 백제의 멸망

백제 내부에 아군을 만들다

늦은 밤, 김유신의 집 앞에서 누군가가 서성인다.

"거기 누구냐?"

집을 지키던 가병들이 그림자 곁으로 다가가 경계하자 다음과 같은 대답이 돌아왔다.

"나는 부산현灻山縣 현령으로 있었던 조미압이오. 유신공을 뵙게 해주시오."

가병들이 안으로 들어가 이 말을 전하자 불이 꺼져 있던 방이 환해진다. 얼마 지나지 않아 나이 든 하인이 그에게 종종걸음으로 다가왔다.

김유신 말의 목을 베다

"주인님께서 조용히 들어오시라 합니다."

조미압은 얼굴이 흙투성이며 해진 옷을 입고 있었다. 그냥 봐도 굉장히 힘들게 이곳까지 온 것 같았다. 조미압이 방으로 들어가니 평상복 차림으로 앉아 있는 김유신이 있었다. 조미압은 김유신을 보고 고개를 숙여 인사를 한다. 김유신은 조미압의 얼굴을 유심히 살펴 보더니 확신이 든 표정을 지었다. 그는 조미압을 데리고 온 가병들에게 그만 나가보라고 손짓했다.

"음. 자네는 이전에 백제군이 현으로 쳐들어온 뒤 연락이 끊긴 조미압이 아닌가?"

"유신공, 오랜만입니다. 맞습니다. 부산현 현령 조미압입니다."

김유신은 속으로 놀랐다. 지금의 경남 진해에 위치한 부산현에 현령으로 있던 조미압은 백제군의 습격을 받고 생사가 불명확했었다. 신라군이 백제군의 습격 소식을 듣고 급히 달려갔지만 이미 마을은 불타 있었으며 군인들은 대부분 죽음을 맞이했기 때문이다. 그래서 김유신도 그 보고를 들은 뒤 조미압이 죽은 줄로만 알고 있었다.

"어떻게 된 일인가? 또 자네 옷이나 얼굴은 이게 뭔가?"

김유신이 묻자 조미압은 지금껏 있었던 일을 이야기한다.

조미압의 말에 의하면 그는 백제 침략에 맞서 병력을 이끌고 싸우다가 뒤에서 공격을 받고 기절했다. 그런데 깨고 나니 대야성의 감옥에 있었다. 가족들은 어디로 갔는지 알 수 없었고 그도 목숨을 부지하기 위해서는 조심스럽게 행동해야 했다. 백제인은 그의 옷을 보고 높은 신분으로 추정해 산 채로 성까지 끌고 왔다. 그는 기지를 발휘해서 낮은 신분의 좀도둑인 척 그들을 속였다. 덕분에 매타작을 경험했지만 목숨은 겨우 부지할 수 있었다. 이후 노예로 사비성에 끌려간 그는 그곳에서 백제 좌평 임자의 종으로 배당됐다.

조미압은 몇 년을 종노릇으로 고생하면서도 하는 일마다 성실히 임해서 임자 집의 사람들에게 신임을 얻는다. 특히 좌평 임자가 그를 눈여겨보고, 사비성과 임자의 식읍이 있는 지방을 연결하는 일꾼으로 선택한다. 주인 집에서 요구하는 일을 지방에 위치한 식읍으로 가서 전달하고 이를 다시 임자에게 보고하는 일이 그가 맡은 일이었다. 열심히 종으로 지내던 그는 기회를 엿보고 드디어 탈출을 결심한다.

조미압은 임자가 넘겨준 집안 노비 증명서로 좌평 임자의 명으로 온 것처럼 사람들을 속이면서 마을을 넘고 산을 건너 결국 경주에 이르렀다. 그러나 가족의 생사를 모르니, 경주에서도 갈 곳이 마땅치 않았다. 그나마 예전에 김유신 밑에서 일했던 경험이 있었기에 무작정 이곳을 목적지로 잡았던 것이다.

"허허. 고생이군. 고생이야. 살아서 이렇게 오다니 참으로 대단하네."

김유신은 그의 이야기를 듣고 감탄하며 말했다. 조미압은 감사의 인사를 전했다.

"먹을 것과 입을 것을 준비시킬 테니, 대충 다 끝나고 다시 보세. 내 자네에게 물어볼 말이 더 있다네."

김유신이 곁에 있던 나이 든 하인에게 고개를 끄덕이자 하인은

　　　　　　　　　　　김유신 말의 목을 베다

고개를 숙인 채 밖으로 나갔다. 이어 김유신이 일어났다.

"내 하인에게 전달했으니, 곧 방을 내줄 것이야. 그곳에서 우선 씻고 푹 쉬게."

"감사합니다. 유신공."

다음날 김유신은 조미압을 다시 불렀다.

"백제의 사정은 어떠한가?"

조미압은 백제에서 본 여러 사건을 이야기하며 다음과 같이 마무리했다.

"아무래도 백제인들은 왕에 대한 불만이 상당한 것 같았습니다. 특히 고구려와 손을 잡고 당과 맞서는 상황은 좌평 임자도 상당한 불만을 가진 듯 보였습니다."

"흠……"

생각에 빠진 김유신이 잠시 뒤 미안한 기색을 보이며 입을 열었다.

"백제 좌평 임자가 최근 들어 발언권에서 상당한 영향력을 발휘한다고 들었네. 구사일생으로 살아 돌아온 자네한테 할 말은 아니네만, 혹시 신라를 위해 백제로 다시 돌아가 임자에게 내가 전하는 바를 말해줄 수 있겠는가?"

조미압은 갑작스러운 제안에 놀랐지만 곧 굳은 표정으로 답했다.

"공께서 저를 보잘것없다 하지 않으시고 일을 맡겨주시니 어찌 거절할 수 있겠습니까. 백제로 돌아가 임자에게 유신공이 전하는 일을 이야기하도록 하겠습니다."

김유신은 조미압의 말이 무척이나 고마웠다.

"자네 같은 충신이 있으니 결국 신라가 백제를 병합할 수 있을 것이야. 참. 자네 가족은 이미 경주에 자리를 마련해 두었네. 떠나기 전에 가족을 한 번 만나 보고 가게나."

조미압은 깜짝 놀란 표정이다. 김유신은 조미압이 행방불명된 뒤 그의 가족 중 살아 있는 자들을 신라 왕에게 고해 경주 주변에 거처를 마련해 주었던 것이다. 조미압은 이야기를 듣고 감격해 고개를 숙였다.

"가족은 일이 끝나고 만나겠습니다. 우선 나랏일을 수행한 뒤 충성을 바치고자 합니다. 또한 사비에 한시라도 빨리 돌아가야 임자의 의심을 피할 수 있을 것입니다."

그리고 조미압은 다시 백제로 돌아갔다.

이후 김유신은 조미압을 통해 백제 좌평 임자와 연락을 취할 수 있었다. 결국 신라는 조미압이 보내는 고급 정보를 분석해 백제 지역의 성과 병력 배치를 알게 됐고 이를 바탕으로 백제 병합을 위한 구체적인 계획을 수립할 수 있게 된다. 예전에 백제가 내부의 적을 통해 대야성을 빼앗은 것처럼 이번에는 김유신이 백제 내부의 적을 만들어 백제를 병탄할 예정이었다.

한반도에 감도는 전운

일본은 다이카 개신 이후, 중립 세력이 돼서 한반도 상황을 멀리서 지켜보고 있었다. 백제, 고구려가 계속해서 사신을 보냈지만 일본은 이들이 원하는 바를 알기에 쉽게 대답을 주지 않았다. 아마도 백제와 고구려는 일본에게 신라의 후방을 공격하거나 최소한 뒤를 불안하게 만들어 신라의 신경을 건드려 달라고 했을 것이다. 하지만 두 나라의 외교력으로는 몸값이 올라간 일본을 설득하기가 쉽지 않았다.

일본은 백제, 고구려와의 외교와는 별도로 신라와의 관계도 지속한다. 물론 신라가 제공한 교통로를 통해 중국과의 교류도 여전히 이어 나간다. 일본은 신라, 고구려, 백제의 경쟁적인 협력 요청을 국력 상승의 증거로 보고 기분 좋게 이 상황을 즐기는 중이었다.

그러나 일본의 어중간한 태도는 결국 신라의 인내심을 자극했다. 백제, 고구려와 계속된 일본의 통교가 신라를 불안하게 만들었기 때문이다. 651년 신라 사신은 중국식 관복을 입고 일본에 방문한다. 이는 백제, 고구려와 관계를 끊고 당 중심의 천하질서에 함께 들어가자는 회유의 행동이었다. 그러나 일본은 이러한 신라의 행동에 무력시위를 하며 대항했다. 중국식 관복을 입은 신라 사신을 보고 신라가 당을 이용해 자신을 위협한다고 여긴 것이다. 백제와 고구려의 사신은 일본에 올 때마다 신라를 견제하기 위해 당나라와 신라의 연합 정책을 비난했다. 일본은 여기에 영향을 받아 신라와 외교는 하되 적극적으로 편은 들지 않기로 정한 것 같았다.

결국 신라는 일본에 미련을 버리기로 한다. 양다리를 걸치는 일본의 소극적인 태도는 삼국 간 벌어지는 건곤일척의 전쟁에서 어떠한 영향력도 발휘할 수 없을 것이라 결론을 내렸다. 한반도의 시계추는 이쪽저쪽 다리만 담구는 형식으로는 어떠한 보장도 얻을 수 없는 극단적인 상황으로 진행됐기 때문이다. 각자 편을 나누고 국가가 지닌 모든 능력을 동원해야 하는 싸움이었다. 이런 상황에서 중립이 설 자리는 없었다.

이제 곧 신라와 당이 계획한 거대한 작전이 시행될 예정이었다. 신라는 일본이 같은 편이 될 수 없으면 아예 배제하기로 정한다. 657년 일본은 신라에 자국의 사신을 신라 무역로를 통해 당으로 보낼 수 있게 해달라고 요청한다. 그러나 이전과는 달리 신라는 이를 단호히 거부한다. 그것은 당나라도 마찬가지였다. 659년 중국에 머물던 일본 사신이 본국으로 돌아가려 하자 당나라 정부에서는 이들을 강제로 억류한다. 확실히 분위기가 이상하게 흘러가고 있었다. 신라와 중국이 일본에 무언가를 숨기고 있음이 분명했다. 중대한 정보가 일본을 통해 고구려, 백제로 넘어가는 것을 막고자 한 것이다.

한편, 656년 김인문이 당에서 신라로 돌아왔다. 김인문은 태종 무열왕의 두 번째 아들로 오랜 기간 당나라에서 황제 숙위로 지내며 외교 활동을 하고 있었다. 본국으로 귀환한 그를 대신해 무열왕 세 번째 아들인 김문왕이 당나라로 들어갔다. 이처럼 한 왕자가 돌아오면 곧바로 다른 왕자가 파견되는 식으로 신라 왕자들이 당 황

김유신 말의 목을 베다

제와 신라 왕 사이의 연결을 지탱하고 있었다는 점은 두 나라 사이에 긴밀한 공조 체계가 있었음을 알려준다.

김인문이 신라로 돌아온 뒤 한 일도 심상치 않았다. 신라 정부는 당에서 돌아온 김인문을 압량주 군주로 임명하고 성을 쌓는 일을 맡긴다. 지금의 경상북도 경산시 압량면에 위치한 장산성獐山城이 그것이다. 김유신이 압량주 군주로 재임하던 시절, 이곳은 백제와 전쟁을 수행하는 전초 기지로 운영됐다. 하지만 김유신의 대백제전 승리로 낙동강 서쪽으로 신라 영토가 확장된 때에 굳이 김인문을 압량주 군주로 파견해서 성을 쌓은 이유는 무엇이었을까?

지금도 경산시 압량면에는 압량리·내리·선화리 3개소에 비슷한 형태의 토성들이 남아 있다. 이곳 세 유적을 합해 압량유적이라고 하는데, 낮은 언덕 위에 위치한 토성은 상부가 평탄한 광장으로 돼 있어 아래에서 보이는 것보다 생각 외로 면적이 상당하다. 언덕을 오르면 대구와 경주 사이의 길목을 확인할 수 있는 조망권도 보장되기 때문에 전략적으로 훌륭한 장소였다.

시기적으로 볼 때 김인문은 단순히 방어를 위한 성 개축을 한 것이 아니라 군사 훈련장으로 운영하기 위한 성 개조를 한 듯싶다. 실제로 압량유적이 신라가 삼국통일을 달성하기 위해 군사를 훈련시키던 곳이었다는 이야기가 지금도 이 지역에 남아 있다. 김인문은 오랜 기간 백제의 방어 진지로 활용되던 압량주를 백제의 위협이 사라진 이후 군사를 훈련하는 야영지로 개조한 것이다. 물론 만일을 대비하기 위한 성 구축도 함께 이루어진다.

이러한 성 개축이 이제 막 당나라에서 돌아온 김인문의 손으로 진행된다는 점에서 신라가 당과 협력해 무언가를 준비하고 있음을 분명하게 알 수 있다. 신라는 당과 긴밀한 연락을 주고 받은 뒤 이곳에서 병력을 대규모로 훈련시키고자 한 것이다. 성이 완성되고 얼마 뒤 김인문은 당으로 돌아갔다. 중국의 군사 출병을 위해서였다. 태종무열왕은 압량주에 성이 완성된 뒤 김인문에게 식읍 3백 호를 주었는데, 당나라에서 활동하는 비용을 충당하라고 아들에게 돈 주머니 하나를 챙겨준 듯하다. 외교 활동에는 많은 돈이 들기 때문이다.

상대등에 임명된 김유신

태종무열왕이 즉위한 지 7년째 되는 해, 신라 정부는 드디어 김유신을 상대등으로 임명한다. 상대등은 신라 최고의 관직이자 귀족을 대표하는 집안만이 역임할 수 있었다. 즉 이번 임명은 가야계가 신라 귀족을 대표하는 집안이 됐다는 것을 공표한 것과 같았다. 그러나 이것 외에도 또 다른 속셈이 하나 더 포함돼 있었다.

곧 있을 백제와의 전쟁은 역대 최대 병사와 장군이 소집돼 치를 예정이었다. 이에 귀족과 왕의 연합 체제라는 성격이 완전히 사라지지 않았던 신라는 전쟁의 정당성을 확고히 할 필요성이 있었다. 즉 흐트러지지 않게 군대를 총괄 지휘하고 더 나아가 전례가 없던 규모의 전쟁을 앞두고 왕과 귀족이 함께한다는 것을 상징적으로 보여주기 위해 가장 믿을 만한 귀족인 김유신의 상대등 취임이 필

김유신 말의 목을 베다

요했던 것이다.

거기다 김유신은 경주 주변, 경상북도 지역, 충청도 지역, 한강 유역 등에 배치된 신라 모든 군단과 직간접적인 끈이 닿아 있었다. 신라 전체 군단을 한마음으로 묶고 통솔하기에는 모든 면에서 최상의 인물이었다. 김유신은 상대등으로 오른 만큼 신라 귀족을 대표해 왕을 도와 백제를 정벌하겠다는 의사를 밝힌다. 이렇게 신라는 역사상 가장 큰 전쟁을 앞두고 왕과 귀족, 그리고 경주와 지방이 일심동체가 될 수 있었다. 노장 김유신은 이 모든 것의 연결고리였다.

김유신은 신라 귀족의 상징인 상대등과 대장군 지위를 겸직하게 됐으니 정치, 군사 모든 면에서 명실공히 신라 최고의 자리에 오르게 됐다. 그의 나이 어느덧 66세다. 비담의 난 이후 무려 14년이라는 세월을 더 인내한 끝에 신라 중앙 귀족의 꽃인 상대등에 올랐으니 그 감회는 남달랐다. 권력이라는 것은 당장 손아귀에 잡힐 것 같아도 끈질기게 참을성을 유지하며 적절한 기회를 기다려야 한다. 그렇게 노력과 시간을 들여 많은 이들이 진심으로 고개를 숙이는 순간 비로소 권력을 장악할 때가 오는 것이다.

비담의 난 때 죽은 귀족이 무려 30명이다. 비담과 함께 죽고 몰락한 수많은 사람과 그들의 후손에게 김유신은 대대로 이어진 집안의 원수였다. 신라 전통 귀족제를 파괴했다는 비판도 피할 수 없었을 것이다. 그러나 그 이후로도 오랜 기간 김유신이 몰락하지도 죽지도 않고 권력의 중심부에서 활약하자 점차 그에 대한 평가가 달라지기 시작한다. 새로 경주로 편입한 지방민과 가야계 사람이 사라진 옛 귀족 자리를 대신하면서 김유신에 대한 분위기는 더 우호적으로 발전한다. 새로운 기회를 얻은 사람들이 김유신 영향력과 직간접적으로 관련된 사람들이었기 때문이다. 이러한 과정 속에서 신라는 왕권이 신장되며 중국처럼 유교, 왕권 중심의 국가로 발전하게 된다. 귀족제는 점차 과거의 이야기가 돼가고 있었다.

그 결과 김유신의 과오는 자연스럽게 사람들의 기억 속에서 잊혀 갔다. 대신, 14년의 시간 동안 오히려 김유신에 의해 삼국통일의 기틀을 충실히 준비할 수 있었다는 긍정적인 여론이 자리 잡게 된다. 때마침 가야계 피가 흐르는 태자가 등장하고 백제 정벌을 앞두고 있는 시기였다는 점도 김유신을 긍정적으로 보는 데 좋은 환경이 됐다. 김유신의 상대등 임명은 그동안 이룩해낸 공과 세월이 흘러가는 동안 높아진 그의 권위, 그리고 사회 전반적인 인식 변화가 함께했기에 가능한 일이었다.

일인지하 만인지상에 오른 김유신에게 맡겨진 일은 신라의 오랜 꿈인 백제 정벌이다. 당 태종이 김춘추에게 군사 출병을 약속한 지 12년 만에 드디어 당나라의 군대가 백제로 출병을 결정했다. 황제는 더 이상 당나라 혼자의 힘으로는 고구려를 무너뜨리는 것이 불가하다는 것을 깨달았다. 고구려의 동맹국인 백제부터 무너뜨려 단단한 지지선을 깨뜨려야 했다. 또한 백제와 고구려 연합 공격이 계속해서 신라에게 압력을 줄 경우, 한반도 내 동맹 세력을 잃게 되는 결과도 가져올 수 있었다. 이 경우 중국의 천하질서에 큰 균열이 발생하게 된다. 당은 작은 균열이 종종 큰 파탄으로 연결되는 것을 알고 있었다. 과거와 달리 신라에 대한 직접 지원은 나라

김유신 말의 목을 베다

의 질서를 유지하기 위해서라도 당에게 필요한 일이었다.

　당 태종의 아들 고종은 소정방을 신구도행군대총관神丘道行軍大摠管으로 삼고 태종무열왕의 아들 김인문을 부대총관으로 삼았다. 그리고 이들에게 당나라 병사 13만을 거느리고 백제를 공략하도록 명했다. 오랫동안 노력했던 신라의 대중 외교 정책이 마침내 성공하는 순간이었다.

　660년 5월 26일에 태종무열왕은 김유신, 진주眞珠, 천존天存 등과 함께 군사를 거느리고 경주를 떠나 6월 18일, 한강 유역의 군사 사령부 남천정에 도착했다. 소정방은 전함을 타고 황해를 건너 지금의 인천 앞바다에 있는 섬인 덕물도에 위치했다. 태종무열왕은 덕물도로 태자 김법민을 보내 소정방을 맞이한다. 6월 21일, 소정방과 법민은 만난 자리에서 이번 군사 작전에 대한 상세한 계획을 수립한 뒤 정확한 약속일을 잡는다. 7월 10일에 백제 수도 근방에서 신라와 당나라 군대가 회합한 뒤 사비성으로 진격해 의자왕을 무너뜨린다는 것이었다. 태자 김법민은 소정방과의 이야기가 끝나고 돌아와 태종무열왕에게 당과 맺은 약속 시간과 작전을 고했다. 이제 본격적인 작전 시작이다.

5만 군사, 황산벌로 진격하다

백제 정벌을 위해 신라가 동원한 병력은 무려 5만이었다. 신라와 백제가 수없이 많은 전투를 치렀지만 《삼국사기》에 양국 간 이 정도 병력이 기록된 적은 없었다. 백제 무왕 때 4만의 병력을 동원해 신라를 공격한 것이 최대치였다. 신라는 선덕여왕 시절, 당나라의 고구려 공격 지원 요구에 3만의 병력을 동원한 것이 가장 많은 수였다. 즉 이번 5만은 양국 합쳐 역대 최대로 동원된 병력으로 신라가 모든 전력을 다했음을 알 수 있다. 김유신은 첩자 조미압과 기타 정보망에서 얻은 자료를 바탕으로 백제의 방어선을 꼼꼼히 파악한 뒤 가능한 많은 병력을 끌고 가야 할 필요성을 느낀 것이다.

백제는 수도인 사비성 방위를 위해 사비를 중심으로 5방이라 불리는 거점성을 운영했다. 이 중 신라가 눈여겨 본 성은 사비성 동쪽을 방위하는 동방성東方城이었다. 신라가 백제의 사비로 진격하기 위해서는 현재의 대전을 지나 논산을 통과해 부여로 들어가는 길을 이용해야만 한다. 이 길을 따라가면 대전에서 논산으로 가는 길은 산과 언덕으로 연결돼 있어 험난하지만 논산으로 진입하는 순간 넓은 평야가 등장하면서 탄탄대로가 펼쳐진다. 즉 어떻게든 논산까지만 도착하면 평야를 따라 금세 부여, 즉 사비성까지 진격할 수 있었다.

하지만 백제도 이러한 약점을 알기에 동방성이 위치한 논산 지역에 진입하는 길을 따라 여러 산성을 이중 삼중으로 배치해 방어선을 구축했다. 여러 성이 거미줄처럼 연결돼 있었기에 성을 하나하나씩 함락시키면서 전진하다 보면 시간도 오래 걸릴 뿐더러 지연된 시간 동안 백제 본군이 도착할 위험도 있었다. 그렇다고 산성을 아예 무시하고 통과하는 것도 쉽지 않은 일이다. 만일 성에 주둔하던 백제군이 나와 신라군의 후방을 끊어버린다면 더 큰 문제

　　　　　　　　　　　김유신 말의 목을 베다

가 발생하기 때문이다. 무엇보다 신라군은 당과의 약조된 시간을 지켜야했다. 기한을 맞추려면 겨우 보름 정도의 시간 안에 모든 백제의 방어선을 통과하고 논산에 위치한 동방성의 주력군까지 격파해야 했다. 상당히 부담이 가는 작전이었다.

이와 같은 여러 난제를 해결하기 위해서는 대규모의 병력이 필요했다. 그동안 백제군과 싸우며 동원한 1~2만여 명의 병력으로는 겹겹이 쌓인 백제의 방어선을 뚫고 논산으로 진격하는 것이 불가능에 가깝기 때문이다. 그러나 만일 신라의 병력 규모가 이전보다 훨씬 크다면 어떻게 될까? 그것도 누구도 상상하지 못하는 규모라면?

김유신이 생각할 때 백제의 방어선을 무력화하려면 산성에 배치된 백제의 군사가 신라군의 규모에 놀라 감히 덤비지 못할 정도의 병력이 필요했다. 백제의 산성은 각기 가까운 거리에 배치돼 서로 연계하며 수비할 수 있게 구성돼 있었다. 성 자체가 장기적인 방어를 위해 만들어진 것이 아니라 길목을 막아 적의 진격을 순차적으로 저지하는 목적으로 만들어졌다. 이에 성 하나하나의 크기는 작았으며 수용한 병력 규모도 많지 않았다. 즉 뭉치면 강했지만 각각의 성은 약한 존재였다. 병력의 우세를 이용해 성과 성 사이를 신라 병사로 완전히 메워버린다면 성끼리 호응이 불가능해지면서 백제 방어선은 그대로 무용지물이 된다. 그렇게 된다면 신라군은 일일이 작은 적과 붙을 필요가 없기에 큰 피해 없이 빠른 속도로 진격하는 것도 가능해진다. 일반적인 기동과는 달리 이번에는 병력 수가 많으면 오히려 진격 속도가 빨라지는 효과가 생기는 것이다.

그 결론이 바로 5만 병력의 동원이었다. 신라에서 5만을 동원하려면 전 지역에 최소한의 방위군만 뺀 나머지 병력을 모두 끌어모아야 했다. 하지만 한계를 무릅쓰더라도 반드시 대규모의 병력이 필요한 상황이었다. 그리고 대규모의 병력이 논산평야에 도착하면 이점이 하나 더 생긴다. 넓은 평야에서는 지리적인 제약 조건이 더욱 작아지기에 병력이 많은 쪽이 전투에서 확실히 유리해진다는 점이다. 백제는 신라와 달리 당나라의 군대와도 방어전을 펼쳐야 하므로 논산평야에서 붙을 백제군이야 신라군보다 훨씬 적은 병력에 불과할 것이 뻔했다. 계산은 정확히 떨어졌다.

이때 신라군이 동원한 5만 군사에는 상주 금돌성, 보은 삼년산성, 청주 상당산성, 옥천 고리성, 진천 만노군 등 경상북도에서 충청북도에 이르는 대백제 방어 진지에 위치한 병력이 높은 비율로 참가하고 있었다. 이 지역 군사들은 오랜 기간 백제군과 싸워왔기 때문에 누구보다도 백제군을 잘 알았으며 김유신 가문과도 상당한 인연이 있었다. 거기다 이들이 주둔한 곳은 병력을 대부분 빼서 백제로 진격해도 당장 큰 문제가 없었다.

물론 한강 유역을 방어하는 군사 일부와 경주의 대당 및 왕의 직속 부대 서당 군단도 5만의 병력에 포함됐다. 진흥왕 시대에 창설된 대당은 수많은 전쟁에서 핵심적인 위치를 차지한 군단으로 다른 부대와는 달리 왕경인을 중심으로 구성돼 있었다. 그만큼 일반 군단과는 격이 달랐다. 서당은 왕권과 밀착된 부대로 신라인 중 특히 왕에게 충성하는 인원을 모아 통일성 있고 획일하게 구성한

　　　　　　　　　　김유신 말의 목을 베다

<figure>
서해

당

신라

계백의 항전

칠중성
북한산주 · 남천
당항성
웅진
사비 함락(660)
사비성
X 황산
탄현
대야성
(합천)
금성
백제

→ 신라의 백제 침입로(660)
→ 당 고종의 백제 침입로(660)
X 격전지
</figure>

나당 연합군의 백제 진격로

중앙 군단이었다. 대당과 서당 군사 들은 김인문이 만든 압량주 군사 훈련장에서 이 날을 기다리며 훈련을 했을 것이다. 사실상 이들이 5만 군사의 주력이자 핵심 군단이었다.

백제로 진격할 5만 병력은 태자 김법민이 당나라 소정방과 접견하기 이전에 이미 출진이 완비된 상황이었다. 그리고 태종무열왕의 명이 내려지자 군사들은 백제로 진격을 시작했다. 왕은 안전하게 상주에 위치한 금돌성으로 돌아가서 승전보를 기다리기로 하고 군사는 대장군 유신이 태자 법민, 장군 품일, 흠춘 등과 함께 이끈다.

김유신은 대규모의 병력을 움직이는 만큼 여러 갈래의 길을 한번에 이용해 다양한 경로로 진입을 시도했다. 한 경로만 이용하다가 만일 백제군의 저항으로 길이 막히면 문제가 커지기 때문이다. 대전을 중심으로 북쪽으로는 청주, 진천과 한강 유역의 군단이 진격하고 동쪽은 보은, 상주, 옥천, 대당, 서당 군단이 진격했다. 그리고 1차로 대전에서 결집한 신라군도 논산을 향해 다시 행군을 시작했다. 황산벌은 지금의 논산에 위치하고 있었다.

사비성의 혼란

백제 조정은 큰 혼란에 빠졌다. 성충의 예언대로 중국과 신라가 함께 쳐들어오는 상황이다. 거기다 이들의 움직임을 보니 주변 영토는 무시한 채 그대로 사비성으로 밀고 들어올 모양이었다. 신라군의 이동은 산성에 배치된 백제군에 의해 속속히 알려졌다. 해로를 통한 당나라 군사의 이동은 육지에서도 눈을 통해 직접 확인이 가능했다. 당시에는 항해 기술이 부족해 배를 육지와 가까운 곳에 접근시켜 이동했기 때문에 해안가에서 배를 볼 수 있었다. 전함이 꼬리에 꼬리를 잇고 끊임없이 내려오는 광경을 목격한 백제는 그 숫자에 압도될 수밖에 없었다.

시시각각 사비성으로 들어오는 소식은 절망에 가까웠다. 당의 병력이 13만이고 신라는 5만이란다. 백제는 역사상 이 정도의 대군과 대결해 본 경험이 없었다. 거기다 적은 한쪽 방향에서만 오는 것이 아니라 양방향으로 진격해 들어오고 있었다. 병력 차를 무시해도 방어하기가 상당히 까다로운 상황이었다. 하물며 저 정도 대

김유신 말의 목을 베다

군이라니.

백제에서는 대신들과 왕 그리고 유배된 신하 간에 서로 다른 의견이 충돌했다. 크게 당나라를 우선 공격하자는 의견, 신라군을 먼저 몰아내자는 의견, 요충지를 막으며 적들의 군량이 떨어지기를 기다리자는 의견 등으로 나뉘었다. 의견이 대립되는 중 어느새 당군은 백강을 지나고 신라군은 탄현, 지금의 대전을 지났다는 소식이 들려온다. 백제 조정에서 생각하는 것보다 빠른 속도의 진격이었다.

흥미로운 점은 국가가 최악의 위기 상황에 직면했어도 왕과 신하가 의견을 토론하고 멀리 유배 중이던 좌평 흥수에게까지 해결책을 물어봤다는 점이다. 지금의 눈으로 보면 큰 전쟁이 닥친 나라치고 상당한 여유로움마저 느껴져서 마치 백제에 심도 깊은 토론 문화가 존재한 것처럼 보이기도 한다. 그러나 당시의 발언권이라는 것이 가문이 지닌 힘과 권력에 비례해 얻어지는 것인 만큼 단순하게 속단하기는 힘들다.

요즘 선진국이 지닌 문제점으로 의사결정 시간이 긴 것에 비해 위기 상황에 대한 대처 능력이 허술하다는 점을 꼽는다. 문화가 진보한 나라일수록 1인 통제보다는 다수가 참여하는 시스템을 바탕으로 정치가 운영되곤 하는데, 큰 위기에 직면할 때는 이러한 방식이 오히려 거추장스럽고 무책임한 논의가 벌어지게 만들기도 한다. 결국 제도가 아무리 세련돼 보여도 국가가 제대로 운영되려면 최종 결정자의 리더십이 어떤 것보다 중요하다.

2008년 유럽과 미국을 중심으로 벌어진 경제 위기 상황에서 정부의 발언권은 사라지고 여러 이익 단체의 이권 다툼으로 사태가 더욱 악화됐을 때나, 2011년에 일본의 원자력 사고에서 보여준 무능한 관료주의 모습, 2020년 코로나 사태가 터지자 우왕좌왕하는 선진국의 모습 등이 다수가 참여하는 시스템의 결함을 단적으로 보여주는 예라고 할 수 있겠다. 이를 통해 기존 선진국이라 불리는 국가도 완벽한 시스템을 갖추지 않았음을 깨달을 수 있다.

백제 역시 이와 유사한 선진국병이 있었던 것 같다. 위급한 상황에도 신하들은 자신의 주장만을 털어놓기에 바쁘고 왕은 이를 카리스마 있게 중재하지 못하고 결정을 미루다 결국 유배 중이던 신하에게까지 의견을 물어봤다. 당시 기준으로도 이러한 모습은 정상이 아니었다. 이는 의자왕이 귀족을 통제하지 못했을 뿐 아니라 오히려 지배권을 잃고 있었음을 알려준다. 고구려는 연개소문이 마지막까지 1인 철권 정치로 정국을 운영했고 신라 역시 김유신-김춘추 연합을 통해 국정을 통일성 있게 지배했다. 같은 시기 두 나라와는 다른 백제의 태도는 조금 유별나게 보이기도 한다.

결국 적이 사비성의 가장 가까운 곳으로 진격해 들어온다는 소식이 전해지자 토론과는 상관없이 급한 대로 작전은 다음과 같이 결정된다. 적을 최대한 영토 내로 끌어들인 뒤 공격한다. 즉 한방 역습을 노리기로 한 것이다. 계획대로라면 병참선이 길어진 적과 시간을 끌며 버티는 동안 백제 각지의 군사를 중앙으로 모아 덫에 잡힌 맹수를 옭아매듯 공격해 패주시킬 수 있다. 다만 이 계획이 실패한다면 그대로 적이 수도까지 노도처럼 밀려들어 오는 것을 막아낼 방법은 존재하지 않았다.

　　　　　　　　　　　　　김유신 말의 목을 베다

계획에 따라 의자왕은 장군 계백을 보내 신라군을 막도록 한다. 병력은 결사대 5천이 내려졌다. 이들의 임무는 죽기로 신라군을 막아서 시간을 버는 것이었다. 그 사이 중앙으로 지방군을 모은다면 백제에게도 약간의 승산은 남아 있었다. 바람 앞의 등불 같은 마지막 희망을 백제인들은 기대했다.

계백의 출진

백제 장군 계백은 출진하면서 죽음을 예감했다. 자신이 펼쳐야 할 전투는 백제 5천 대 신라 5만의 싸움이었다. 병력이 무려 10배 차이가 나는 적과 싸워야 하는 것이다. 거기다 당나라 13만 대군은 또 어떻게 할 것인가? 《삼국사기》에서 계백은 다음과 같이 말한다.

> "한 나라의 백성으로 당과 신라의 대군을 맞이했으니, 이 나라의 존망을 알 수 없도다. 내 처자식이 적들에게 잡혀 노비가 될까 두려운 바, 살아서 욕을 당하느니 차라리 장쾌하게 죽는 편이 나으리라."

계백은 처자식을 다 죽이고 황산으로 나아갔다.

계백이 처와 자식을 다 죽였다는 것은 잘 알려진 이야기다. 그런데 자식을 다 죽이고 황산벌로 출진한 것으로 보아 계백의 나이는 꽤 젊었을 것으로 추측된다. 당시에는 장성한 자식이라면 응당 아비가 전장에 나서면 함께 따라 나서는 것이 일반적이었다. 즉 최악의 경우 전쟁터에서 함께 죽으면 될 자식을 군이 자신의 손으로 죽이고 왔다는 점에서 계백의 아이들이 상당히 어렸음을 짐작해 볼 수 있다. 그렇다면 계백은 많아도 30대 초 중반 정도의 나이였을 것이다. 마침 계백의 관등은 달솔이었는데, 같은 시점에서 흑치상지라는 백제 장수도 달솔에 나이 서른하나로 사비성 주변 지역을 방어하고 있었다.

움직임을 보아 계백은 달솔이자 동방성의 책임자로 활동했던 것 같다. 즉 사비성 동쪽 지역을 방어하는 군사령관이었다. 달솔은 백제 관등 중 두 번째로 높은 관직으로 상당히 높은 자리임에는 틀림없다. 허나 백제는 1등 관직인 좌평의 숫자가 많아서 달솔 정도로는 큰 명함과 책임이 있는 자리로 보기가 어렵다. 특히 신라 측의 이름값에 비하면 지위가 떨어져 보이는 것이 분명하다. 신라군의 최고 높은 신분은 태자 김법민이었다. 태자면 왕 다음가는 신분이며 사실상 이 전투에서는 신라 왕을 대리한다.

물론, 실제로 군을 통솔하고 명을 내리는 인물은 대장군인 김유신이다. 김유신은 신라를 대표하는 최고의 무장이며 백제 쪽에서도 그 이름을 모르는 자가 없었다. 거기다 그는 신라 왕의 사위이면서 처남이었고 태자 김법민의 외삼촌이기도 했다. 모든 면에서 신라의 2인자다. 김흠춘은 김유신의 동생이다. 그 역시 신라 왕의 처남에다 장군의 위치에 있었다. 그 외에도 김품일, 천존, 진주 등도 모두 장군이었다. 즉 신라는 태자와 대장군 말고도 최소한 이름이 알려진 장군만 네 명 이상이 출진했다. 병력의 차뿐만 아니라 지휘자의 신분에서도 이처럼 차이가 많이 난다면 당연히 군사의 사기에 큰 영향을 미칠 수밖에 없었다.

이에 백제도 두 명의 높은 신분이 더 파견됐다. 좌평 충상忠常과 달솔 상영常永이다. 이 중 상영은 신라군을 먼저 공격하자는 의견을 의자왕에게 제시한 인물로 황산벌로 파견되면서 좌평으로 관등이 올라갔다. 아무래도 신라에서 파견된 장교와 그 수준을 맞추기 위해 급하게 관직을 올려 방어전에 투입된 듯 보인다. 그래도 급한 대로 좌평이면 나름 백제의 최고위직이니 단순한 지위만으로 본다면 상대등 김유신에 버금간다고 할 수 있겠다. 물론 이름값에서는 비교가 되지 않지만 말이다.

반면 충상은 처음부터 좌평의 지위를 지니고 있었다. 백제가 멸망한 뒤 신라군이 백제 부흥군을 제압하는 과정에서 충승忠勝과 충지忠志라는 백제 왕자가 항복하는데 충상처럼 이름에 '충忠'이 들어가 있다. 이것으로 미루어 좌평 충상은 단순한 고위 인사가 아니라 의자왕의 여러 왕자 중 하나가 아닐까 추측해 본다. 즉 충상이 왕자가 맞다면 신라 왕의 아들 김법민이 황산벌로 출전한 만큼 백제도 왕자를 전장에 참가시킨 것이다. 이 정도는 돼야 병력 차는 무시해도 맞붙는 군대의 격이 대충 맞춰진다. 전투에서도 형식과 격이 무엇보다 중요하게 여겨지는 시대였다. 군사 사기에 지대한 영향을 미치기 때문이다. 따라서 사실상 계백과 김유신의 대결이었던 황산벌 전투에 상징적인 의미로 왕의 아들들이 전면에 등장한 것이다.

한편 계백은 논산, 즉 황산벌로 5천의 병력을 거느리고 나아갔다. 하지만 그가 할 수 있는 일은 그리 많지 않았다. 신라군은 백제의 산성을 하나하나씩 공략하지 않고 숫자의 우세를 이용해 황산벌로 병력을 빠르게 전진시키고 있었다. 대전에서 논산으로 연결되는 길은 크게 세 갈래로 나뉘는데, 백제 입장에서는 병력 숫자에 한계가 분명하므로 하나의 길목 이상은 제대로 막을 방도가 없었다. 즉 신라군이 세 개의 경로를 다 사용하거나, 또는 두 개의 경로를 사용할 경우 어디를 이용할 지 등의 여러 경우의 수를 다 파악하고 방어한다는 것은 사실상 불가능에 가까웠다. 그러니 백제군은 길목을 막는 것을 포기하고 논산에 진을 치고 신라군을 맞이할 수밖에 없었다. 이처럼 전쟁의 큰 흐름은 김유신의 계산대로 움직이고 있었다.

　현재 논산에는 탑정호라는 커다란 호수가 있다. 그러나 탑정호는 일제 강점기 시절에 만들어진 것으로 황산벌 전투가 벌어지던 시기에는 없었다. 다만 금강 지류인 논산천은 김유신과 계백이 전투를 벌이던 당시에도 흘렀다. 나름 폭이 넓은 하천이다. 논산천 주변으로 평야가 넓게 있는데, 이곳이 바로 황산벌이다. 평야 중간에는 매봉이라 불리는 자그마한 산이 여러 언덕과 함께 솟아 있고 이 산 정상부에는 산성 하나가 있었다. 이 성을 지금은 청동리 산성이라 부르는데 규모는 작지만 정상에 오르면 나름 주변의 평야가 한 눈에 들어오는 요지였다. 북쪽으로는 황산성, 남쪽에는 신흥리 산성, 동쪽의 황령산성이 지척으로 연결되는 장소이기도 했다. 즉 여러 방향을 통해 논산으로 진격하는 신라군의 움직임을 빠르

　　　　　　　　　　　　　　김유신 말의 목을 베다

게 파악하고 효율적으로 병력을 배치할 수 있는 곳이었다.

계백은 청동리 산성을 기점으로 남쪽의 논산천을 벽으로 삼아 나지막한 언덕에 진을 친 것이 아닐까 싶다. 지리적으로 높은 곳이니 평야의 적과 유리한 방어전을 치르고 주변의 산성으로부터 적의 진형 배치와 공격 시기 등도 시시각각 전달 받을 수 있는 곳이었다. 깃발과 연기, 북소리, 징소리를 이용하면 정보 전달은 금세 가능할 테니 말이다.

이처럼 최악의 상황에서도 계백은 최선을 다해 유리한 지점을 선점해 방어 진지를 구성했다. 이번 전투는 백제의 마지막이 걸린 전쟁이다. 계백이 가족을 죽이고 출전했다는 이야기가 군영에 퍼지면서 백제 5천 결사대는 이곳을 죽을 장소로 정했다. 이들 5천 결사대는 백제의 일등 시민이 주축이 된 부대였다. 전쟁에서 패할 경우 일국의 수도권 시민이라는 자부심에서 신라의 일개 지방민으로 전락하게 될 운명이다. 이들에게는 이처럼 자신뿐만 아니라 앞으로의 자손을 위해서라도 이곳을 지켜야 할 분명한 목표가 있었다.

계백은 군사들에게 외친다.

"옛날 월왕 구천은 5천의 병사로 오의 70만을 쳐부수었다. 오늘 우리는 마땅히 각각 힘껏 용기를 다해 승리를 쟁취해 나라의 은혜에 보답하리라."

실제 춘추시대 월왕 구천이 오나라 합려와 부차를 물리쳤지만 5천 대 70만이라는 병력은 기록되지 않은 허구의 이야기다. 계백은 5천의 병력으로 70만도 이긴 고사가 있는데, 우리의 상대는 겨우 5

만에 불과하다고 허풍을 보이며 병사들을 독려한 것이다. 결국 황산벌은 죽음을 각오한 5천 결사대로 인해 백제와 함께 영원히 기억되는 장소로 남는다. 이제 김유신과 붙을 준비는 끝났다.

황산벌 대첩

신라군은 660년 7월 9일에 황산벌에 도착한다.《삼국사기》에는 기록돼 있지 않지만 이곳까지 오는 동안 백제군의 저항이 전혀 없지는 않았을 것이다. 실제 신라군이 이동했을 것으로 추정되는 길을 따라 두 나라의 전투에 관해 전해지는 이야기가 여럿 남아 있다. 특히 연산면과 벌곡면 등에 집중적으로 전설이 있는 것을 보면 신라가 진격한 길이 최소한 둘 이상이라고 추정된다. 당시 백제 입장에서도 적의 진격을 최대한 늦춰야 하는 상황인지라 몇 안 되는 산성 병력을 통해서라도 신라군을 저지해보고자 했을 것이다. 다만 큰 전과가 없었기에 역사서에는 기록되지 못한 것이 아닐까? 김유신의 의도대로 백제군이 대규모의 군사에 놀라 함부로 덤비지 못한 것도 이유가 될 듯하다.

이제 황산벌에서 신라군은 5천의 백제 결사대라는 제대로 된 적과 조우하게 된다. 계백은 이미 요해처에 세 개의 진영을 세우고 신라군을 기다리고 있었다. 당과의 약속 기일이 하루 남은 신라군은 이들을 빠르게 처리하고 전진해야 했다. 반면 백제군은 이 자리에서 죽음을 불사하고 신라군을 저지하겠다는 입장이었다. 적이지만 서로가 원하는 바를 서로가 가장 잘 아는 전투였다.

　어느 정도 군단이 도착해 공격 준비가 끝나자 김유신은 숫자의 우세를 등에 업고 과감하게 백제 진영을 밀어 붙이기로 한다. 세 갈래로 나누어진 병력이 백제 진영에 파도처럼 부딪쳤다. 하지만 놀랍게도 백제군은 이를 이겨냈다. 이후 신라군은 세 번 더 공격을 시도했으나 이 역시 백제의 승리였다. 네 번의 전투 모두 백제가 이겼다.

　단순히 넓은 평야에서 벌어진 전투였다면 이런 결과가 나오지는 않았을 것이다. 10배 차이의 병력으로 밀어버리면 몇 시간도 되지 않아 백제군은 그대로 높은 파도에 무너지는 사상누각의 모래성이 됐을 수 있다. 그러나 백제군은 구릉과 하천으로 측면 방어가 가능한 요지에서 목책을 이용해 진을 쌓고 죽음을 각오하는 자세로 전투를 임했기에 엄청난 병력의 차이를 극복할 수 있었다. 김유신의 계획에 차질이 생겼다.

　이쯤 되자 오히려 곤란해진 것은 신라군이다. 승리를 당연하게 생각하고 이곳까지 왔건만 불과 5천의 백제군에게 막혔다. 총 네 번을 붙었다는 사실은 숫자의 이점을 최대한 이용해 교대로 새로운 군사를 정비하면서 공격을 퍼부은 것이다. 이는 다른 말로 신라의 전투병 대부분이 계백의 5천 결사대와 싸워 패배의 쓴 잔을 맛보았음을 의미한다. 거기다 보름 정도의 긴장감 넘치는 적국 영토 횡단과 음력 6~7월의 장마와 뜨거운 여름 햇빛 때문에 신라 군영에서는 이미 병사의 체력 문제가 부각되고 있었다. 뜻밖의 패배로 전진이 멈추면서 이러한 문제가 급속한 사기 저하로 나타난다.

김유신의 전투 경험에 의하면 병력의 숫자가 승리를 절대 장담해 주지 않았다. 작은 규모의 단련된 병사가 대군을 꺾는 경우가 적잖히 있었다. 자신의 경험뿐만 아니라 중국이 고구려와 벌인 전쟁에서도 그러했다. 수나라 백만 대군이 고구려에게 무너질 줄은 누가 알았을까? 주변 대부분의 국가를 무릎 꿇게 만든 당나라 태종 또한 여러 차례 고구려를 정복하려 했지만 병력의 우세만으로는 결국 고구려를 꺾지 못했다. 신라에게도 이러한 일이 현실이 되지 말라는 법은 없다. 지금은 5만 대 5천의 전투지만 시간이 지날수록 적국에 위치한 신라군은 고립되고 여러 지방군이 지원될 백제군은 숫자가 늘어날 테다. 거기다 지구전을 펼칠 여유가 있다면 그나마 다행일지도 모르나, 신라는 당과의 약조로 인해 시간이 남아 있지 않았다.

신라와 백제의 전투는 아마 하루 이상 지속됐을 것이다. 이윽고 다음날, 당과 약속된 날이 됐다. 김유신은 결사 저항하는 백제군을 빠르게 제압하기 위해 극한의 작전을 쓰기로 했다. 이 작전은 황산벌이라는 이름과 함께 한국인의 기억 속에 영원히 남게 된다.

화랑의 돌진과 희생

거대한 제국을 세운 로마의 군대는 군율이 엄격하기로 유명했는데, '10분의 1형'은 그 엄격함의 백미로 꼽힌다. 전쟁에서 함부로 후퇴하거나 불침번을 조는 등의 위법 행동을 했을 때 그 죄수 개인

김유신 말의 목을 베다

의 처벌로 끝나는 것이 아니라 연대 책임을 물어 처벌하는 것이다. 죄수가 포함된 부대원 10명 중 1명을 추첨으로 골라내 동료 병사에게 봉둥이 매질을 시키고 사안에 따라 참수까지 한다. 이러한 엄격한 제도로 인해 로마군은 강군의 힘을 유지할 수 있었다. 그런데 삼국통일 시기 신라에는 이보다도 더 엄격한 명이 있었다.

김유신은 젊었을 적, 낭비성 전투에서 자신의 몸을 날려 패배 직전의 신라군을 승리로 이끈 경험이 있었다. 이제 대장군이 된 그는 위급해진 신라를 위해 목숨을 내던질 또 다른 젊은이를 찾았다. 그들은 바로 젊을 적 자신과 같은 화랑이다.《삼국사기》에는 화랑 반굴과 관창이 계백의 부대로 돌격한 것으로 나온다. 반굴은 김흠순의 아들이고 관창은 김품일의 아들이었다.

김흠순은 김유신의 친동생이니 당연히 높은 신분의 인물이다. 황산벌에는 장군의 지위로 참가했는데 형과는 나이 차가 조금 있었던 것으로 추정된다. 이전부터 형을 도와 군을 지휘했을 테지만 역사에 이름이 본격적으로 등장하는 것은 황산벌 전투부터다. 군사 작전 등에서 나이 든 형 김유신을 대신해 여러 세부적인 일을 맡았을 것이다. 김유신의 자식이 성인이었다면 응당 그들이 해야 할 일이었으나 워낙 나이가 어렸으니 어쩔 수 없었다. 김품일도 역시 진골 출신에 장군으로 참가했고 김유신 가문과 함께 화랑인 아들을 사지로 보낸 것으로 보아 김유신과는 깊은 유대 관계가 있는 사이처럼 보인다. 대야성 성주였던 김품석과 이름이 유사한 것을 보아 혹시 그와 형제 사이는 아니었을까? 그렇다면 김춘추와 연결된 김유신의 집안사람일 가능성이 높다. 김품일은 황산벌 전투에서는 좌장군의 지위로 김유신 다음가는 군부 2인자였으며 이후, 주로 김유신과 구별되는 군단을 이끌고 전투에 임했는데 개별 부대의 대장 역할을 많이 했다. 즉 김유신보다 한 단계 아래였지만 나름 이름값에서는 상당했던 인물이었다. 김춘추가 권력을 잡는 동안 김유신 집안과 김품석 집안이 각각 뒷받침을 했으니, 백제 토벌전에서도 이들 가문이 그대로 움직였을 가능성이 크다. 이런 면에서도 김품일이 김품석의 동생, 또는 가문 사람일 확률은 높다고 보여진다.

이처럼 신라 군부를 대표하는 최고급 장교의 아들이 작전에 투입된 것으로 봐서 최고 지휘관의 희생이 없었다면 병사를 통솔하기 힘들었을 정도로 신라군의 사기 저하가 심했던 것 같다. 당시 신라는 현재의 대한민국처럼 중앙에서 모든 것이 통솔 가능한 국가가 아니라 지방도 독립적 색채가 많던 연합체 형식의 국가에 가까웠다. 이 때문에 전투에서 뜻밖에 밀리면 지방군의 충성도를 담보하기 힘들었다. 이전 대야성 함락 때를 보면 알 수 있지만 지방군의 사기는 분위기에 따라 크게 출렁거린다. 당장 한 차례 전투를 더 벌여야 하는데, 병사의 사기가 이를 받쳐주지 못하니 김유신은 자신의 조카마저도 적진에서 산화하라는 엄한 명령을 내린 것이다.

《삼국사기》에서는 황산벌 속 화랑 아버지들의 이야기가 남아 있다.

김흠순은 전세가 불리하자 아들 반굴을 부른다.

"신하된 이에게는 충성보다 귀중한 것이 없고, 자식의 도리로는 효도만 한 것이 없다. 이 위기를 당해 목숨을 바친다면 충성과 효도가 함께할 것이다."

같은 시기 김품일은 아들 관창을 불러 이같이 말한다.

"네가 비록 나이 어리나 큰 뜻과 기개가 있으니, 오늘이야말로 공명을 세우고 부귀를 차지할 때다. 어찌 용맹함을 보이지 않겠는가? 오늘 싸움에도 3군의 모범이 될 수 있으리라."

비정한 아버지들은 아들들을 죽음으로 향하는 길로 보내면서도 겉으로는 당당하게 전투에 임하라며 냉정하다. 오히려 가문 간 경쟁적인 모습을 보이는 듯하다. 당연히 마음속으로는 깊은 슬픔이 있었을 테지만 그런 표현을 못하는 것이 아버지들의 모습이기도 하다.

반굴과 관창은 화랑답게 아버지의 명이 떨어지자 과감하게 백제 진영으로 말을 타고 돌격했다. 《삼국사기》에는 마치 혈혈단신으로 달려간 듯이 표현돼 있지만, 사실 화랑을 중심으로 하는 낭도도 반굴 그리고 관창과 함께 말 또는 도보로 백제 진영을 향해 돌격했을 것이다. 화랑과 낭도는 이런 일을 위해 우애와 의협심을 함께 키워왔다. 그러니 사실은 두 사람뿐만 아니라 수백 명에 이르는 소년병이 백제 진영으로 돌격한 것이다. 이런 모습은 종교적인 숭고함마저 느끼게 만드는데, 김유신의 명에 초개처럼 죽음으로 달려가는 소년들의 모습에서 이 시대가 결코 인간적인 사회는 아니었음을 일깨운다.

이때 화랑의 임무는 신라군의 사기 진작도 있었지만 그보다 백제의 진영을 흩뜨려 놓아 신라군이 비집고 들어갈 틈을 만드는 것이었다. 김유신은 겁 없고 과감한 소년들을 통해 꿋꿋이 버티는 계백의 진영을 흔들고자 했다. 만일 목표한 작전이 실패해도 최소한 사기가 떨어진 군사에게 큰 울림은 줄 수 있을 것이다.

겁 없이 돌진하는 젊은이들의 피는 지독스럽고 끈질기게 백제군을 괴롭혔다. 하지만 화랑의 무모한 돌진은 대부분 백제 진영에서 죽음으로 사라진다. 단지 관창만 살아서 돌아왔을 뿐이다. 계백이 잡힌 적을 확인하는 과정에서 너무 어린 관창이 안타까워 풀어준 것이다. 하지만 계백은 화랑을 잘 이해하지 못한 듯하다. 관창은 신라 진영으로 돌아온 뒤 물 한 잔만을 마시고 곧장 백제 진영으로 다시 돌격해 죽음을 맞이했다. 이때 관창은 다음과 같이 말했다고 전한다.

"제가 적군 속에 들어가 적장을 베고 그 기를 뽑아 오지 못한 것은 죽음을 두려워해서가 아닙니다."

마치 자기 자신에게 암시를 거는 듯한 모습이다. 어찌 죽음이 두렵지 않았겠는가?

《삼국사기》는 화랑 집단의 구성원이 조국을 위해 목숨도 가볍게 여기는 모습을 많이 보여준다. 또한 화랑은 동기간의 우애도 상당했다. 관창은 또 다른 화랑 반굴과 자신을 따르던 낭도가 처참한 죽음을 맞이한 이상 혼자 살아남을 수 없었다. 모든 것을 잃은 느

김유신 말의 목을 베다

낌이었을 것이다. 이렇게 혼자 살아남으면 평생 짊어지고 갈 죄책감은 또 어찌할 것인가? 관창의 선택지는 여러 개가 아닌 오직 하나. 죽음뿐이었다. 열여섯이라는 어린 나이임에도 김유신의 의도를 정확하게 이해하고 있었다.

가족을 죽이고 온 계백만큼 독한 신라 장군들이었다. 가장 서열이 높은 장군이 앞장서서 어린 자식을 적진으로 몰아 죽게 만들자 이 같은 독기는 신라 전체 진영으로 퍼져 나갔다. 낭도는 대부분이 왕경인 출신이었으니 아버지도 경주인이었다. 당연히 신라군 중에는 죽은 낭도의 아비도 많았을 것이다. 이들의 눈에 피눈물과 독기가 차올랐다. 김유신이 노린 것은 이것이다. 김유신은 신라 최고위 장군부터 신라 최고의 엘리트인 경주인이 먼저 나서서 목숨을 걸고 백제의 벽을 넘기를 원했다. 그럼 여러 지역민을 바탕으로 하는 신라군은 자연히 그들을 따를 것이었다. 모두의 앞에서 김품일은 말안장에 매어 온 아들의 목을 붙잡고 피를 닦으며 김유신과 장병들이 원하는 말을 한다.

"내 아들 얼굴 모습을 보니 마치 살아 있는 듯하구나. 나라의 일을 위해 훌륭히 목숨을 바쳤으니 후회할 것이 없다."

이 말을 듣자 군사들은 의기상투했다. 김유신은 기회가 열렸음을 직감한다. 사기가 불타오르는 이 때가 바로 싸울 시간인 것이다. 신라군은 북을 울리고 함성을 지르며 계백의 진영으로 진격했다. 양측 모두가 독기가 오른 상태로 붙는 이상, 병력이 우세한 신라군이 승리할 수밖에 없었다.

백제는 병력 차이에도 불구하고 네 번의 전투에서 승리했지만 그만큼 입은 피해도 막심했다. 결국 기세가 오른 적의 공격에 힘이 다해 패배하고 만다. 신라군은 백제 진지를 점령했고 계백은 전사하고 말았다. 현재 충청남도 논산시 부적면 신풍리에는 계백 장군의 묘가 있는데, 계백이 이곳에서 죽음을 맞이했다는 이야기도 전해진다. 신라군에 의해 진영이 무너지며 패퇴하게 되자 논산천 앞까지 밀리고 밀리다가 결국 강변에서 더 이상 뒤로 물러서지 못하고 그대로 죽음을 맞이한 듯 보인다. 결사대 대장다운 장렬한 죽음이었다.

반면 의자왕이 보낸 좌평 충상과 상영은 계백과는 달리 신라군에게 산 채로 붙잡혔다. 이들은 이후 백제 부흥군을 제압하는 신라 측 장수로 재임용되는데, 백제에서 높은 신분이었던 만큼 신라 입장에서는 유용하게 쓸 인물이었다. 덕분에 이들과 비교돼 장렬하게 죽음을 맞이한 계백의 명성은 더 크게 올라가게 된다. 계백은 황산벌 전투 이전에는 어떤 기록에도 등장하지 않으나 황산벌에서 남긴 어마한 유산으로 백전노장 김유신의 라이벌 같은 영웅으로 역사에 남았다.

김유신의 보검이 튀어나오다

소정방의 당나라 부대는 신라군에 비해 수월하게 백제군의 방어선을 뚫었다. 백제는 병력을 동원해 방어전에 나섰으나 당과의 전투에서 뿔뿔이 흩어질 뿐이었다. 생각 외로 가볍게 승리한 소정방은 약속된 7월 10일이 됐음에도 신라군이 도착하지 못하자 옳다구나 싶었다. 13만 대군이 사비성 가까운 곳에 진을 친 이상 전쟁은 거의 이긴 것과 다름없었다. 백제 정벌은 막바지에 이르렀고 신라와 당 사이에도 미묘한 기류가 흐르기 시작한다.

약속보다 하루 늦은 7월 11일, 신라군이 도착했다. 황산벌 전투를 끝내고 병력을 재정비하고 오느라 늦은 것이다. 김유신이 장군들을 데리고 당 군영으로 들어가니 당나라 대총관 소정방은 고압적인 자세로 신라군이 늦게 도착한 것을 책망하고 그 책임을 물어 독군督軍 김문영金文穎의 목을 베려 했다. 독군은 정벌 군사를 감독하는 직책으로 결코 낮은 지위가 아니었다. 물론 전쟁에서 약속 시간은 절대적으로 지켜야 할 중요한 사인이지만 치열한 전투를 하다 부득이하게 하루 늦었는데, 이를 빌미로 삼는 것은 당나라에 숨은 의도가 있음이 분명했다. 소정방은 백제의 몰락을 기정사실화하고 신라의 기세를 꺾고자 한 것이다.

당나라는 대외적으로는 신라의 요청을 받아 백제를 정벌한다는 입장이었다. 큰 나라가 작은 나라를 돕는다는 중화식 세계 질서에도 합당한 논리다. 하지만 다른 각도로 보면 당이 고구려를 멸망시키기 위해 백제를 공략할 필요성이 높아지자 이에 신라와 전쟁을 함께한 것이기도 하다. 이처럼 어떤 각도로 보느냐에 따라 각국이 전쟁에 참전한 입장도 확연하게 달라진다.

당연히 전쟁이 끝난 뒤의 전후 처리에 대해서도 입장이 다를 수밖에 없었다. 신라는 당나라가 백제 공략에 도움을 줬으나 백제 영토는 자신들의 것이라 여기고, 반대로 당나라는 한반도 공략을 위해 신라를 이용했을 뿐 백제는 당나라가 점령한 영토로 생각했다. 소정방은 사후 있을 입장 정리를 명확히 하고자 공동 작전을 편 신라의 공을 일부러 낮추고 더 나아가 지위 있는 장수의 목을 베어 이번 작전에서 우위에 있는 국가가 어디인지를 분명하게 보여주고자 했다. 오랜 기간 주변 국가를 토벌해 온 장수답게 고압적이면서도 노련한 행동이었다.

하지만 노련하기로는 둘째가면 서러운 김유신이 이러한 소정방의 의도를 모를 리가 없었다. 비주류인 가야계에서 신라의 중심 인물이 된 그다. 이런 식의 모멸감은 젊을 적부터 수없이 겪었다. 그에 따라 소정방에 대한 반응도 머리가 아닌 행동으로 나왔다. 당나라 총관의 명 하나면 신라 장수 목도 달아난다는 것은 당나라가 신라를 업신여기고 벌이는 행동임에는 틀림없다. 그러나 엄연한 국제 질서 속의 현실이기도 하다. 신라는 작은 나라고 당나라는 세계를 좌지우지하는 커다란 나라다. 이미 백제에 파견된 군사 수만 해도 배 이상 차이가 나지 않는가? 그렇다고 김문영의 목이 그대로 달아나게 둘 수는 없었다. 이는 국가 자존심의 문제이자 앞으로 있을 당과의 기세 싸움에 전초전일 것이기 때문이다. 김유신은 소정방의 오만한 행동을 보고 함께 온 신라 장수들에게 말한다.

"대총관이 황산의 전투를 보지도 않고 기일에 늦은 것으로 죄를 삼으려 하니, 나는 무고하게 치욕을 당할 수 없다. 기필코 당군과 결전을 벌인 뒤에 백제를 쳐부수리라."

이윽고 김유신이 도끼를 들고 군문 앞에 서니, 머리털이 꼿꼿이 곧추서고 허리춤에는 보검이 튀어나와 있었다.

김유신은 자신의 분노를 당당하게 행동으로 표출한다. 물론 이는 어느 정도 계산하고 나온 행동일 수도 있다. 그러나 김유신은 단순한 장군이 아닌 신라를 대표하는 정치인이기도 했다. 소정방이 김문영의 목을 베고자 하며 신라를 욕보이는 것처럼 김유신은 이러한 당의 행동에 분노를 보이고 신라가 당나라 속국이 아닌 연합 전선을 벌이는 동맹국임을 알리고자 한 것이다. 더 나아가 신라가 당나라가 업신여길 만큼 약한 나라가 아님도 보여주고자 했다. 김유신이 군문 앞에서 보인 도끼는 신라 왕에게서 자신이 군사 전임권을 위임받았음을 증명하는 물건이었다. 그런 도끼를 들고 군문 앞에 섰다는 것은 내 명령 한마디면 이 자리에서 당과 전쟁도 불사하겠다는 것을 의미했다.

이와 같은 김유신의 행동에 소정방의 측근 동보량이 걱정돼 말한다. "신라군이 변란을 일으킬 것 같습니다" 이에 소정방은 김문영을 풀어주도록 한다. 소정방은 기세 싸움에서 전혀 밀리지 않는 김유신을 보며 이 문제는 다음으로 미루기로 했다. 아직 전쟁이 완전히 끝나지도 않은 상황에서 두 나라간 불미스러운 일이 벌어지면 유리했던 전황도 어떻게 될지 모르는 일이었다. 양국의 기세 싸움은 우선 급한 대로 이렇게 봉합됐다.

한편 김유신의 기지로 목이 붙은 김문영은 이후 여러 관직에 임명되다가 34년 뒤에는 신라 귀족을 대표하는 상대등까지 오르게 된다. 660년 7월 11일, 인생에서 최악의 불행한 일을 겪은 남자였지만 그가 살아온 날 전부를 통틀어 봤을 때 운이 남다른 전화위복의 날이었을지도 모르겠다. 이 일을 계기로 신라 내에서는 꽤나 유명인사가 됐을 테니 말이다. 모종의 기회로 이름을 널리 알린다는 것은 그만큼 승진의 가능성도 커졌음을 의미한다.

사비성 함락과 백제금동향로

기세 싸움이 끝난 다음 날, 신라와 당나라 연합군은 사비성을 향해 진격을 시작했다. 의자왕은 사태가 급박해지자 좌평과 왕자를 연거푸 보내 잘못을 빌고 군대를 철병해 줄 것을 요청했다. 그러나 추는 이미 한쪽으로 훨씬 기운 뒤였다.

의자왕의 외교가 통하려면 최소한 당나라와 신라의 진격 중 어느 한 곳은 제압해야 했다. 그러나 백제의 방어진은 너무나도 무기력하게 무너졌기 때문에 대화 상대로 여겨질 수가 없었다. 5천과 5만이 붙어 지금까지도 유명세를 치루는 황산벌 전투만 해도 신라의 진격을 단지 이틀 동안 막은 것에 불과했다. 그나마 제대로 된 방어전이 이것 하나였기에 계백의 이름도 유명해진 것이다. 나머지 백제 방어선은 말 그대로 붙으면 무너지는 형국이었다.

백제는 사비성 앞에서 마지막 방어에 들어갔다. 7백 년의 역사가 멸망의 순간으로 한 발자국씩 다가가고 있었다. 그래도 최후의 항전은 벌여야 긴 역사의 마지막이 웅장하게 그려질 것이 아닌가? 하지만 신라-당의 연합군과 전투가 시작되자 방어전에 투입된 백제군은 또다시 만 명의 사상자를 내고 속절없이 무너지고 만다. 마지막 저항을 한다고 알리는 요식 행위처럼 허무한 반격이었다.

김유신 말의 목을 베다

모든 장애물이 사라지자 이제 연합군의 유일한 목표는 사비성이었다. 의자왕은 불리한 사태를 더 이상 모면할 수 없음을 알았다. 하지만 그의 마지막 행동은 사비성 시민을 허탈하게 만들었다. 백제 왕의 선택은 성에서 항전이 아닌 사비성을 버리고 도망가는 것이었다. 태자 효孝도 아버지 의자왕과 함께 달아났다. 이때가 7월 13일이다.

사비성은 도시 외곽을 따라 나성이 구비된, 당시에는 꽤 큰 규모를 자랑하던 도성이었다. 그러나 도성 외곽에 성을 쌓았다고 반드시 방어에 좋은 구조라는 의미는 아니다. 백제 나성의 목적은 방어보다는 외부와 도시를 나누는 벽의 의미가 강했다. 왕실의 권위를 과시하고 더 나아가 내외의 구별을 엄격히 하기 위해 만들어진 것이다. 즉 도시민의 자부심을 키우고 성 밖 민들에게는 경외심을 주는 것이 목적이었다.

또한 사비성 안 밖으로는 사찰이 즐비했다. 당시 조성돼 지금까지 유적이 남아 있는 절터는 정림사지·군수리사지·동남리사지·가탑리사지·금강사지·부소산사지·용정리사지·능산리사지 등이다. 백제 역시 불교가 크게 성했고 그만큼 절과 탑을 많이 세워 사비성을 불국토로 꾸몄다. 그러나 신격화된 왕실과 불국토화된 수도는 눈앞에서 번뜩거리는 칼과 창 앞에서는 아무런 의미가 없었다.

사비성의 최후에 대한 이야기는 전설과 유물로 전해진다. 현재는 허황된 사실로 알려진 낙화암 3천 궁녀의 이야기도 사실 전쟁이 끝나고 약탈이 벌어지는 상황에서 가혹한 운명의 여성들과 불타는 사비성을 탈출하려는 시민의 이야기가 와전돼 만들어졌을 것이다. 당시 전쟁은 약탈로 마무리가 됐는데, 사비가 한 나라의 수도였던 만큼 승리한 적에게는 보물창고와 다름없었다.

1993년 부여에서 백제금동향로라는 보물이 발견된다. 그런데 이 물건이 발견된 장소가 기묘했다. 마치 황급히 숨긴 듯이 나성과 능산리 고분에 있던 절터의 한 구덩이에 놓여 있었던 것이다. 정황을 볼 때 신라와 당의 군사들이 몰려오자 이 대단한 보물을 뺏기지 않기 위해 급한 대로 절 내 위치한 대장간에 묻은 것으로 추정된다. 이후 천 4백여 년이 지나서야 발견됐으니 금동향로를 숨긴 백제인은 죽임을 당했거나 다시는 사비성으로 돌아오지 못한 것이 확실하다. 백제의 최후는 이처럼 급작스러웠고 허망했다.

왕과 태자가 사라진 사비성을 지킨 이는 다름 아닌 의자왕의 둘째 아들 태泰였다. 최소한 이곳을 수호할 의지가 있었다면 왕 또는 태자가 남아서 항전을 해야 했다. 백제 최고위층인 두 사람이 사라지자 의지할 곳이 없어진 백제군과 백성 들은 속절없이 무너질 수밖에 없었다. 이에 왕자 태는 자신이 스스로 왕이 돼 군사를 거느리고 항전을 시도한다. 아버지와 태자의 태도에 분노와 책임 의식을 느끼고 본인이 직접 왕이 된 것이다.

백제 왕이 된 태가 마지막 항전을 벌인 곳은 지금의 부소산성이 아닐까 추측해 본다. 사비는 밖으로는 나성이 구비되고 안으로는 부소산성이 있어 이중으로 방어할 수 있는 구조다. 적이 쳐들어와 최후의 순간이 되면 부소산성에서 항전을 하며 구원군이 오기를

김유신 말의 목을 베다

기다리는 것이 설계 계획이었다. 하지만 둘째 아들의 분전을 의미 없게 만드는 일이 벌어진다. 《삼국사기》에 등장하는 이야기는, 안 되는 집안의 마지막을 잘 보여준다.

> 도망간 태자의 아들 문사文思가 왕자 융隆에게 말하길 "왕께서 태 자와 함께 빠져나갔는데 숙부가 멋대로 왕이 됐으니, 만약 당나라 군사가 포위를 풀고 돌아가게 되면 저희들이 어떻게 목숨을 보전 할 수 있겠습니까?" 하더니 측근을 데리고 동아줄을 드리워 성을 빠져나갔다. 백성들도 이들을 따라 나가는 자들이 부지기수였다.

　결사항전의 각오로 대적해도 이기기 힘든 상황을 더욱 부채질한 것은 왕실의 내분이었다. 둘째 왕자가 스스로 왕이 되자 오히려 분 란만 재촉된 것이다. 이 상황에 어이없게도 태자의 아들은 당나라 가 포위를 풀 것을 가정하면서 이미 왕이 돼 버린 숙부가 우리를 살려두겠냐며 탈출을 시도한다. 현실을 인지하는 능력이 참으로 딱해 보일 지경이다.

　대화 상대인 왕자 융은 의자왕 4년에는 백제 태자였으나 사비성 이 유린되던 이 시기에는 권력 다툼에 밀려 태자에서 내려온 상황 이었다. 이를 볼 때 백제 왕자 간의 다툼과 질시가 상당했던 것 같 다. 그러니 위급한 상황이 닥치자 합쳐지기보다는 쪼개지기에 바 빴던 것이다. 이 정도 분란이면 누구라도 버틸 재간이 없다. 결국 당나라와 신라 깃발이 하나 둘 성에 걸리기 시작하자 왕을 칭하며 항전하던 태는 성문을 열고 항복했다. 사비성의 최후였다.

승전 의식

한때 경주까지 위협하며 신라를 코너로 몰던 의자왕이 오히려 백제의 마지막 왕이 된 것은 기막힌 반전이었다. 신라 공격에만 치중하다가 중국과 관계가 소원해지자 아예 조공마저 끊어버린 것이 화근이었다. 덕분에 정보가 차단돼 신라와 당 사이에 구체적으로 어떤 계획이 오고가는지 정확히 알아내기가 어려웠다.

그나마 일본을 통해 간접적으로 알아내던 정보마저 신라와 당이 막아 버리자 백제는 완전히 까막눈이 되고 만다. 신라-당 연합군에 제대로 된 방어도 하지 못하고 무너진 것도 이 때문이다. 무려 18만 대군이 결성돼 자국 영토로 진입하기 전까지 아무런 대책도 마련하지 못했다는 것이 백제에 닥친 엄연한 현실이었다. 사실이 정도 대군이 준비되는 동안 백제가 전혀 기척을 못 느꼈다면 거짓일 것이다. 다만 구체적으로 신라와 당의 움직임을 파악할 수 없었기에 신라와 당의 대군이 과연 백제를 노린 것인지 아니면 고구려를 노린 것인지 구별하기가 힘들었다. 그러니 침략이 현실이 되자 우왕좌왕할 수밖에 없었다.

중국과의 외교 단절을 걱정하던 신하를 내쫓고 그 자리에 의자왕의 아들을 채운 것도 최악의 수가 되고 말았다. 덕분에 마지막이 다가오는 순간에도 신하는 왕과 다투기 바빴으며 왕자들은 서로 가진 권력을 시기하며 멸망을 재촉할 뿐이었다. 백제의 옛 수도인 웅진성으로 도망쳤던 의자왕은 결국 18일 항복하기로 한다. 더이상 고립무원의 상황에서 벗어날 길이 없었다.

김유신 말의 목을 베다

사비성 함락 소식은 곧바로 전령을 통해 태종무열왕에게 전해
졌다. 결국 해낸 것이다. 얼마나 오랜 기간 이날을 기다렸는가. 신
라에게 이 일은 김유신의 전략과 태종무열왕의 외교가 합쳐진 쾌
거였다. 왕은 기뻐하며 머물고 있던 후방의 상주 금돌성을 출발해
사비로 이동했다. 백제 땅에 들어서는 순간, 태종무열왕의 기분은
어떠했을까? 한때 라이벌인 백제의 영토가 이제 신라의 것이 됐다.
태종무열왕은 7월 29일에 사비성 근처에 진을 치고 있던 연합군의
진영으로 도착한다. 이제 남은 것은 승전 의식이었다.

승전 의식을 위해 나당 연합군이 있는 진영에는 간이 누대가 세
워졌다. 누대를 포함한 승전 의식에 필요한 여러 기물은 백제 백성
을 동원해 제작했을 것이다. 자신들이 만든 누대에서 백제인은 치
욕적인 패전 의식을 치러야만 했다.

8월 2일, 술자리가 크게 벌어진다. 신라와 당나라 장수, 군사
는 모두 기분 좋게 이 날을 즐기고자 했다. 여기에 소모되는 물자
도 당연히 사비성과 백제의 영토 안에서 갹출된 것이다. 태종무열
왕과 소정방 그리고 여러 높은 장수 들이 누대 위에 올라가 승리
를 만끽하고 의자왕과 백제 신하 들은 그 아래에 앉자 잔치의 치욕
적인 구경거리가 됐다. 늙은 의자왕은 신라 왕과 소정방이 부를 때
마다 위로 올라가 술을 따랐으며 백제의 신하는 이런 왕의 모습에
눈물을 흘렸다. 잔치의 하이라이트는 배신자 신라인을 처단하는
것이었다.

그 옛날 대야성의 함락, 태종무열왕은 그때를 왕이 된 지금도
잊지 않았다. 그 사건이 지금의 자신을 만든 계기였기 때문이다.

사비성에 있던 모척과 검일이 끌려왔다. 모척은 검일에게 대야성을 넘길 것을 종용한 자였고 신라 장수였던 검일은 계획에 따라 대야성 창고에 불을 지르고 백제에 항복한 자였다. 신라 군사는 사비성을 함락한 뒤 이들 두 명의 신병을 확보했다. 태종무열왕이든 김유신이든 누군가의 명령이 분명히 있었기에 가능한 일이었다. 수도가 함락되며 벌어지는 약탈과 방화의 혼잡한 순간 속에서 이들 두 명의 신병을 살아 있는 채로 확보한다는 것은 높은 자의 남다른 명이 있지 않으면 쉽지 않은 일이기 때문이다.

모척은 끌려온 뒤 그대로 목이 잘린다. 신라와 당 장병 들은 이 장면을 보며 손뼉을 쳤을 것이다. 술잔치에 좋은 구경거리였다. 다음 구경거리는 검일 차례다. 태종무열왕은 단 위에서 직접 검일을 향해 말한다. 이날을 고대하며 몇 번을 되새기던 말이었다.

"네가 대야성에 있을 때 모척과 모의해 백제 군사를 끌어들이고 창고를 불살라 없애, 온 성 안에 먹을 것이 떨어져 패멸하게 만들었으니 이것이 첫 번째 죄요, 품석 부부를 강박해 죽였으니 이것이 두 번째 죄며, 백제와 함께 와서 본국을 공격했으니 이것이 세 번째 죄이다."

태종무열왕의 말을 볼 때 검일은 백제인으로 살면서 사비성에서 좋은 대접을 받았던 것 같다. 백제 왕경인이 된 그는 대가야 지역을 두고 신라와 백제가 혈전을 벌일 때 그곳의 지형과 군사 배치를 백제군에서 알리고 더 나아가 신라군을 공격하는 전투에도 가야계 인원을 이끌고 참가했던 것으로 보인다. 어찌 보면 검일 입장에서는 당연한 일이기도 했다.

김유신 말의 목을 베다

죽을 자리에 끌려온 검일은 검일대로 악에 받쳐 항변할 말이 있었을지도 모르겠다. 김품석은 자신의 아내를 힘으로 훔친 자였다. 단순히 도덕적으로 보면 품석이 먼저 악한 행동을 한 것이다. 그러나 이 잔칫상에서 누가 그의 말에 관심을 가질 것이며 또 어떤 말을 할 수 있으랴. 이 자리는 잔인한 죽음을 위한 지옥의 자리였지 잘잘못을 따지는 토론의 장이 아니었다.

그는 사지가 찢기는 형벌을 받았다. 당堂 아래에 마련된 큰 형틀에 몸을 묶어 소나 말을 동원해 네 갈래로 찢어 버린 것이다. 검일의 찢겨진 몸은 술에 취한 장병에게는 화려한 볼거리가 됐다. 이렇게 태종무열왕은 마음속 깊은 곳에 남아 있던 한을 풀 수 있었다. 함께 검일의 최후를 본 김유신은 어떤 기분이 들었을까? 자신처럼 가야계 출신이었지만 백제인이 된 채 죽음을 맞이한 검일의 모습에서 복수심에 불타는 신라 왕과는 다른 복잡 미묘한 감정이 들었을 것이다.

검일의 시체는 다시는 인간 세상에 태어나지 말라는 의미로 찢겨진 채 강물에 던져졌다. 승전 의식은 이로써 마무리됐다.

군대 철수

당나라는 승전 의식이 끝나자 본격적인 귀환 준비를 한다. 현재 부여 정림사지 터에는 정림사지오층석탑이라 불리는 커다란 탑이 있다. 터가 사비성의 중심에 위치한 만큼 왕실과 관련이 깊은 사찰이 있었을 것이다. 이런 곳에 8미터에 다다르는 당당한 크기로 서 있으니 백제 중심 사찰의 탑다운 기품 있는 모습이다. 그런데 이 탑 1층에는 다름 아닌 소정방이 새긴 글이 있어 유명세를 치르고 있기도 하다. 소정방은 자신의 백제 정벌을 자랑하면서 그 공적을 오만하게도 사비성을 상징하는 백제 탑 몸통에 남긴 것이다. 그래서 이 탑을 평제탑平濟塔이라 부르기도 한다. '백제의 평정함'을 기록한 탑이라는 의미다.

그나마 정림사지 탑은 승자의 흔적이 남아 있어 천 4백여 년이 흐른 지금도 완전한 형태를 간직할 수 있게 됐다. 하지만 그 외의 수많은 백제탑은 무너지고 사라져서 현재 남아 있는 백제탑은 정림사지석탑, 미륵사지석탑 정도에 불구하다. 지금도 신라 탑이 많이 남아 있는 것과 비교해 볼 때 패자와 승자의 역사가 각각 후대에 어떤 대접을 받는지 잘 알 수 있다. 불교의 성행으로 수많은 절과 탑이 세워졌고 이러한 기술과 문화를 바탕으로 신라와 일본에도 탑을 제작해 줬던 백제의 초라한 단상이다. 그러나 전쟁의 상흔으로 단지 탑만 사라진 것은 아닐 것이다.

춘추전국시대를 마무리한 진나라는 시황제의 명으로 편입된 왕국의 왕족, 귀족을 진나라 수도 함양으로 끌고 오도록 한다. 이렇게 하면 인질을 잡아두는 것과 마찬가지라 편입된 나라의 백성이 함부로 움직일 수 없을 뿐만 아니라 국가의 상위 계층이 사라져 기존의 사회적 연결고리도 끊는 효과도 가져올 수 있다. 그 뒤에는 진나라에서 파견된 관료들이 그대로 상위층으로 들어가 지배층으로 군림하면 된다. 이 방식은 백제에서도 그대로 사용됐다.

당나라는 660년 9월 3일, 본국으로 귀환하면서 백제 사람을 대거 당으로 데리고 간다. 이들 대부분은 왕족과 귀족 들로 의자왕을 포함해 태자 효와 왕자 태, 융, 연 및 대신과 장병 88명, 백성 만 2천 8백 7명이었다. 물론 여기서 백성이란 일반 농민이 아니라 사비성 시민과 병사를 의미한다. 당나라는 이처럼 백제의 상위 계층을 이 땅에서 대거 뽑아내어 백제를 지탱하는 사회적, 문화적 뿌리를 끊어버리고자 했다. 이는 규모와 시기만 다를 뿐 수많은 정복 국가가 정복 지역을 완전히 내국화하기 위해 썼던 일반적인 방법이다.

당나라에 간 의자왕은 황제 앞에서 한 번 더 조롱거리가 된 뒤, 얼마 지나지 않아 병으로 이국땅에서 조용히 눈을 감는다. 지도층이 사라진 백제 땅에는 당나라 도독부가 세워졌다. 도독부에는 당에게 멸망한 백제 영토를 총괄하는 임무가 내려졌다. 소정방은 당군을 이끌고 귀국길에 올랐고 대신 낭장 유인원劉仁願이 만 명의 당나라 병사와 함께 백제에 남아 뒷수습을 하기로 했다. 이를 볼 때 당나라는 백제 영토를 자신의 것으로 만들려는 시도를 하고 있었던 것으로 보인다. 이는 또 다른 불씨가 될 수밖에 없었다.

같은 시기 신라도 동원된 군사를 일부 남기고 철군했다. 사실 승전 의식 등으로 신라와 당나라 장병이 함께 승리를 만끽했지만 백제라는 공동의 적이 사라지면서 두 나라 간의 분위기도 이전과는 확연히 달라졌다. 이미 황산벌 전투 직후 소정방에게 한 번 당했던 김유신은 당나라가 백제 땅을 통치하면서 신라를 침입할 것이라 믿어 의심치 않았다. 거기다 백제 영토에 대한 당나라의 적극적인 편입 의지도 마음에 들지 않았다.

　소정방은 전쟁이 끝난 뒤, 신라군과 만난 자리에서 김유신과 몇몇 장수에게 백제 땅을 식읍으로 나누어 주겠다는 제안을 했다. 황제가 자신에게 '편의대로 일을 처결하라'고 명을 내렸다는 것이다. 김유신 입장에서는 참으로 오만한 행동이었다. 일국의 장수에 불과한 자가 황제를 등에 업고 신라 왕을 무시하는 행동을 보인 것이다. 물론 소정방의 제안에는 신라의 분열을 꾀하려는 정치적 수단도 숨겨져 있었다. 김유신은 이런 제안을 단박에 거절하면서 속으로 당나라를 이 땅에서 밀어내야 한다는 결심을 했다. 신라 군사에게 백제 옷을 입혀 백제군인 척 당나라군을 몰아내자는 의견까지 태종무열왕에게 낼 정도였다. 그러나 당장 중국과 적을 둘 수 없다는 왕의 의견에 따라 이 계획은 실현되지 않았다.

　한편, 망국인이 된 백제인은 허망하게 무너진 백제를 그냥 이대로 둘 수 없었다. 백제 왕에게 종처럼 술을 따르게 하고 정복군으로 백제에 온갖 학대를 가한 신라와 당 세력 들을 쫓아내려는 움직임은 백제 땅 곳곳에서 일어나기 시작했다. 신라와 당은 쉽게 끝날 것 같던 백제 정벌이 단지 왕만 끌어내렸을 뿐 이곳을 완전히 제압하는 것은 아직 멀었음을 깨닫게 된다. 백제 정벌은 이제야 전반전이 끝났을 뿐이었다.

11 ——————— 긴 인연의 헤어짐과
새로운 시작

백제 부흥운동

신라와 당나라가 세운 전략은 빠른 시간 내 사비성을 함락하며 대
성공으로 끝났지만 백제 세력을 완전히 뿌리 뽑지는 못했다. 이들
의 계획은 백제 주변 영토는 그대로 둔 채, 수도만을 공략해 의자
왕을 몰아내는 것이었다. 왕이 사라진다면 구심점이 사라진 나머
지 세력은 저절로 흩어질 것이라 생각했다. 그래서 연합군이 세운
계획대로 전쟁이 진행되자 눈앞의 적이 사라졌다고 여겨 오히려 신
라와 당나라 사이에 묘한 신경전이 벌어지기도 했다.

그러나 태종무열왕과 소정방이 함께 승전 의식을 치른 뒤 당나
라 병력이 본국으로 귀환하면서 사태는 급변한다. 당 병력의 귀환

을 기점으로 백제의 부흥운동이 크게 일어난 것이다. 이 정도야 어쩌면 예상했을지도 모르겠다. 그러나 부흥운동의 움직임이 점차 하나의 세력을 중심으로 통일할 조짐을 보이면서 백제 영토에 남은 당, 신라 병사에게 큰 위협으로 다가온다. 이처럼 상황이 심각해지자 신라와 당나라는 백제 부흥군을 막기 위해 연합을 지속할 수밖에 없었다.

백제의 부흥운동은 주류성의 복신福信과 도침道琛으로부터 시작된다. 《삼국사기》에는 복신이 무왕의 조카로 당나라에 외교 사절로 가서 태종과 만나고 왔다고 기록돼 있지만 이것이 정확한 기록이 아니라는 주장도 있다. 복신의 관등에 대해 당유인원기공비唐劉仁願紀功碑에는 백제 관등 5위인 한솔로, 《일본서기》에는 3위인 은솔로 기록돼 있다. 왕의 조카에다 외교 사절로 당나라까지 갔다 온 경력을 지닌 인물의 지위라 보기에는 상당히 낮아 보인다. 《일본서기》 제명기 6년(660) 9월 기사에는 다음과 같은 기록이 있다.

> 백제에서 달솔과 승려 각종을 보내 알리기를 "7월에 나당 연합군에 의해서 백제가 멸망해 서부은솔 귀실복신이 임존성에서 부흥운동을 일으켰다. 달솔 여자진은 구마노리 성에 근거지를 두고 흩어진 병졸을 모아 신라군을 물리쳤으며, 백제군이 그 무기를 빼앗아 다시 날쌔지니 당군이 감히 들어오지 못했다고 한다. 복신 등이 같은 나라 사람들을 모아 왕성을 지켰는데 나라 사람들이 그들을 높여 '좌평 복신, 좌병 여진'이라 했다. 오직 복신만이 신기하고 용감한 꾀를 내 이미 망한 나라를 부흥시켰다"고 전했다.

김유신 말의 목을 베다

백제 부흥운동

이 기록에 따르면 복신의 성이 귀실로 나와 있는데, 백제 왕족은 전통적으로 부여라는 성을 지니고 있었다. 그렇다면 무왕의 조카라는 복신이 귀실이라는 성을 가지고 있었다는 것도 의문이 든다. 이에 귀실이라는 성이 복신에게 할당된 지역 지명에서 등장했다는 주장과 왕성의 분화가 이루어져 방계 왕실 종친에게 귀실 성을 준 것이 아닌가 하는 주장 등이 있지만 이 정도 설명으로는 복신이 왕실 사람이라는 확신을 주기에는 부족하다.

반면 백제 사람들이 복신의 부흥운동에 크게 선동돼 그를 좌평 복신이라 불렀다는 기사를 통해, 어느 정도 이름이 알려지면서 복신이 좌평으로 불렸음을 알 수 있다. 아니면 자신이 이름값을 올리기 위해 좌평이라고 스스로 칭했을지도 모른다. 즉 여러 모순점이 있어 복신을 왕실 종친으로 판단하기는 힘들지만 혼란 속에 사람들을 이끄는 두목이 되면서 여러 직위와 함께 높은 평가를 받게 된 것은 분명하다. 복신이 병사를 일찍부터 거느렸다는 《삼국사기》의 기록을 봐도 적어도 그는 무리들 중에 대장 역할을 할 그릇이었다.

한편 승려 도침은 백제 멸망 이전에 어떤 행적을 보였는지 구체적으로 알려지지 않았지만 부흥운동의 주역으로 당당히 기록된 것을 봐서 최소한 귀족 출신 승려가 아닐까 싶다. 삼국시대 불교는 왕실과 귀족의 종교였기에 승려도 일정한 신분 출신이어야만 대접받을 수 있었다. 부흥운동을 이끌 정도라면 도침도 어엿한 신분을 가지고 있었을 것이다. 삼국시대에 승려는 전쟁에도 종종 참가했는데, 이들은 병사를 종교적으로 위무하는 것을 포함해 외교, 책략 등에서 활약을 했다. 도침도 처음에는 그러한 역할로 복신과 함께한 것으로 보인다.

그러나 단지 복신과 도침의 명성만으로는 백제 부흥운동의 구심점이 될 수 없었기에 이들은 661년 9월 일본에 있던 의자왕의 아들 부여풍夫餘豐을 왕으로 세운다. 작은 세력의 대장을 넘어 큰 그림을 그려 조직을 운영하고자 했음을 보여준다. 이로써 끊어진 백제 왕실의 정통성을 잇고 더 나아가 조직의 힘을 한곳으로 모아서 우후죽순 생겨나는 부흥군을 통합하는 세력이 되고자 한 것이다.

임존성의 흑치상지도 이들과 함께했다. 당시 흑치상지는 백제 2등 관직인 달솔로, 임존성을 중심으로 주변 지역을 관리하던 방령이었다. 의자왕이 항복했다는 소식을 듣고 그도 처음에는 항복하고자 했으나 신라와 당나라 연합군이 백제에서 크게 노략질을 하고 백제 왕을 욕보이는 행동을 취하자 임존성으로 돌아가 항전하기로 결심한다. 그러자 항전 소식에 무려 3만 명의 백제인이 흑치상지의 아래로 모여들었다. 이처럼 당시 백제인은 누군가가 앞장서서 떨쳐 일어나기를 기다리고 있었다. 신라와 당의 횡포는 백제인에게 커다란 분노를 남겼고 자존심에 씻을 수 없는 상처를 입힌 것이다.

《삼국사기》에는 흑치상지가 부여풍 정부와 함께하며 백제 2백여 성을 되찾았다고 기록돼 있지만 2백 개의 성이라는 수치는 조금 허풍이 들어간 내용일 듯싶다. 흑치상지는 백제 부흥군이 실패하자 당나라로 항복해 당나라 장수가 된다. 이후 당나라에서 큰 명성을 떨쳐 황제에게 식읍과 벼슬을 받는 성공한 인생을 살았다. 그 같은 당나라의 성공 이야기가 백제 시절의 일도 같이 높게 평가하게 만들면서 성 2백 개 함락이라는 과장된 이야기를 만든 듯 보인다.

백제 부흥군의 항전에 신라와 당의 움직임도 바빠졌다. 의자왕을 몰락시키며 백제의 구심점이 사라졌다고 생각했는데 의자왕의 아들이 백제 왕이 돼 새로운 구심점이 됐다. 이러한 반란은 더 커지기 전에 빠른 시일 내에 제압해야 한다. 당나라에서는 유인궤劉仁軌를 파견해 신라군과 함께 백제를 제압하도록 한다.

유인궤는 백제로 떠나면서 "하늘이 장차 이 늙은이를 부귀하게 하려는 구나!"라 기뻐하며 외쳤다고 한다. 이전 사령관인 소정방이 백제 사비성을 함락시키고 노략질로 엄청난 부를 획득했기에 가능한 말일 것이다. 거기다 당나라 책력과 묘휘•도 청해 가져가면서 "내가 동이를 쓸어 평정한 다음 우리 대당의 정삭正朔••을 바다 건너에 반포하고자 한다"라 했는데, 한마디로 한반도를 중화로 편입시키겠다는 뜻이다. 우리의 눈으로 보면 오만한 행동처럼 여겨지지만 유인궤 입장에서는 당나라 황제에 대한 충성심을 과장해서 보여주는 행동이었다. 황제에게 잘 보여야만 높은 지위를 오랫동안 유지할 수 있고 이를 통해 부를 얻을 기회도 확보할 수 있으니 말이다. 당시 중국 장군에게 해외 출병은 이처럼 부를 단번에 얻을 수 있는 좋은 기회이기도 했다.

신라는 태종무열왕이 태자와 여러 군단을 거느리고 백제 성을 공략하면서 당과 함께 백제 부흥군을 제압하고자 했다. 여기저기 백제 잔당이 들고일어서니 마음은 급해졌다. 이들을 빠르게 제압하기 위해 태종무열왕은 충청북도 보은에 위치한 삼년산성에 머물면서 전체적인 전투를 직접 참관하고 지휘했다.

또한 백제 출신인 좌평 충상과 상영, 그리고 달솔 자간에게는 일길찬의 관위를 수여했고 은솔 무수와 인수에게는 대나마의 관위를 수여한다. 항복한 백제인에게 신라 관위를 수여하면서 입장을 정리하지 못한 백제 세력을 회유하고자 했고 더 나아가 신라 장수가 된 백제인을 전면에 내세워 백제 지역을 공략하는 데도 보탬이 되게 만든 것이다. 그러나 전세는 좋지 않게 흘러갔다. 백제 부흥군은 사비성을 되찾기 위해 끊임없이 공격을 시도하면서 나당

• 죽은 왕에게 주는 이름
•• 당나라 연호를 포함한 달력

김유신 말의 목을 베다

연합군을 괴롭혔고 당과 신라군은 백제 본거지를 공격하다가 오히려 많은 물자와 병력을 잃기도 했다.

한편 고구려는 660년에 벌어진 나당 연합군의 백제 공략에서 아무런 영향력도 미치지 못했다. 고구려 역시 신라와 당나라가 연합해 백제를 공격할 것이라 미처 예상하지 못한 것이다. 덕분에 백제가 멸망하는 동안 섣불리 움직일 수 없었다. 하지만 백제 부흥군이 크게 일어나고 신라군의 주요 병력이 백제 지역으로 전진해 있는 이때라도 늦었지만 뭔가 군사적인 행동을 취할 필요가 있었다. 만일 백제 부흥군마저 힘없이 쓰러진다면 연합군의 다음 목표는 고구려가 될 것임이 틀림없기 때문이다. 이에 고구려는 한강 유역으로 연결되는 길목을 철두철미하게 방어하던 신라의 칠중성을 끈질긴 공략 끝에 함락시킨다. 무려 20일 동안이나 포위하고 공격해 이룬 성과였다.

드디어 한강 유역으로 길이 열리자 661년 5월 9일, 고구려 장군 뇌음신과 말갈 장군 생해는 군사를 합쳐 한강에 위치한 술천성을 공격했다. 술천성은 경기도 여주군에 위치한 성으로 고구려 군사가 상당히 깊은 지역까지 진입한 것이다. 다행히 신라는 술천성에서 고구려의 공격을 막아내는 데 성공했다. 잘못하면 크게 위험할 상황이었다. 만일 술천성마저 함락됐다면 고구려군은 충청북도에 위치한 신라군까지 위협하였을 테고 백제 부흥군의 사기도 크게 상승했을 것이다.

술천성을 무너뜨리지 못한 고구려군은 방향을 바꿔 북한산성을 공격한다. 이 성이라도 공략에 성공한다면 신라에 상당한 압박을 줄 수 있었다. 그러나 북한산성의 신라군도 간신히 고구려의 공격을 막아내는 데 성공했다. 당시 성 안에는 백제 공략에 병력이 대부분 동원돼 겨우 남녀 2천 8백 명이 버티고 있었을 뿐이었다. 즉 병사는 거의 없고 주민만 남아 있는 상황이었으나 성주 동타천이 허약한 이들을 격려하며 20일을 버텨 수성을 해낸다. 기대하지 않은 엄청난 성과였다.

김유신, 오랜 동지를 잃다

한창 사태가 복잡해지고 있는 상황에서 갑작스럽게 태종무열왕이 60세의 나이로 죽음을 맞이했다. 661년 6월의 일이었다. 《삼국사기》에 따르면 왕이 죽을 때 대관사大官寺의 우물물이 피가 되고, 금마군金馬郡의 땅에서 피가 흘렀다고 한다. 이 같은 초자연현상 이외에는 구체적인 이야기가 기록돼 있지 않아 조금은 미스터리하게 느껴진다.

대관사는 전라북도 익산시에 위치한 절로 백제 무왕이 창건한 것으로 알려지고 있다. 금마군 역시 익산에 위치하던 행정 구역이다. 즉 《삼국사기》 기록을 해석하면 태종무열왕은 백제 익산으로 왔다가 어떤 알 수 없는 이유로 죽음을 맞이한 것이다. 이에 대해 백제 세력에 의한 암살 또는 갑작스러운 병 등 죽음의 원인에 대한 의견이 분분하다. 그러나 태종무열왕이 백제 영토에서 죽었어도

김유신 말의 목을 베다

별 무리 없이 태자에게 권력이 이양된 점으로 보아 암살 같은 일이 아니라 본래 앓던 병이 갑자기 심해지면서 죽은 것이 아닐까 싶다. 당시 나이로 60에 가까웠기에 적은 나이도 아니었다.

사실 김춘추는 대식가로 유명했는데 《삼국유사》에는 그가 하루에 쌀 세 말, 수꿩 아홉 마리를 먹었다고 언급돼 있다. 660년 백제를 멸망시킨 뒤에는 점심은 건너뛰고 아침과 저녁만 먹었는데 쌀 여섯 말, 술 여섯 말, 꿩 열 마리를 먹었다고 한다. 사실 이렇게 많은 양을 태종무열왕이 혼자서 먹었다고는 생각되지 않는다. 왕과 그를 따르는 수행원이 함께 식사를 했다면 이해가 되는 양이다. 여하튼 기록에 따르면 태종무열왕이 백제와 병합한 뒤 식사량을 더 늘리고 술까지 상당히 많이 마신 것을 알 수 있다. 거기다 시간이 없었는지 점심은 넘기고 하루에 두끼만 먹었다니 건강에 무리가 갈만했다.

특이한 점은 사비성 함락 이후 태종무열왕이 직접 군대를 거느리고 지휘하며 백제 부흥군을 압박했다는 것이다. 이는 군사 문제는 김유신에게 맡기고 자신은 정치, 외교에만 집중하던 과거와는 확연히 달라진 모습이었다. 반면 그동안 신라군이 진격하는 곳이라면 언제든지 함께했던 김유신은 사비성이 함락되고 태종무열왕이 죽을 때까지 토벌과 관련된 곳에 전혀 이름을 올리지 못했다.

백제의 5천 결사대를 무너뜨릴 때 함께했던 신라 장수 대부분이 백제 부흥군 토벌전에도 동원됐던 반면 가장 유능하고 공이 높았던 김유신이 부흥군 토벌전에서 제외됐다는 점은 뭔가 석연치 않은 이유가 있었던 것으로 보여진다. 이 기간 동안 김유신에 관한 기록은 한가위 밤에 자제들을 거느리고 대문 밖에 서 있다 고구려 첩자를 발견하고 엄히 훈계한 뒤 풀어주었다는 내용과 고구려가 북한산성을 공격해 위급한 상황이 벌어지니 김유신이 제단을 설치하고 신술을 빌어 포위를 풀어냈다는 이야기뿐이다.

《삼국사기》에 따르면 한가위 밤에 김유신은 자제들을 거느리고 달을 구경하러 나왔다고 한다. 한가위는 음력 8월 15일이니, 사비성을 함락시키고 신라와 당이 승전 의식을 열었던 8월 2일 이후의 일이다.

> 문득 서쪽에서 오는 사람을 유심히 보던 김유신은 그를 앞으로 오게 한 뒤 다음과 같이 말했다. "너희 나라에 무슨 일이 있느냐?" 그러자 고구려 첩자는 자신이 탄로 난 것이라 믿고 아무 대답도 하지 못한 채 엎드려 있었다. 김유신은 그에게 "두려워 마라. 단지 사실대로 고하라" 하고는 그래도 대답이 없자 곧이어 "신라인들은 왕을 중심으로 혼연하게 모두 각자의 맡은 일에 충실하고 있다. 네가 지금 그것을 봤으니 돌아가서 너희 나라 사람에게 전하라" 하고 풀어주었다.

이와 같은 기록으로 볼 때 김유신은 백제 지역 전장이 아닌 경주와 같은 후방으로 빠져 있었던 것으로 추정된다. 한가위 밤에 자제들과 함께 달을 구경하러 나온다는 것은 죽음을 담보로 하는 전쟁터에서 보이기 힘든 유유자적한 행동이다. 김유신은 태종무열왕의 딸과 결혼한 지 얼마 되지 않은 상황이라 자제라 해봤자 대부분

김유신 말의 목을 베다

어린 아이에 불과했다. 아무리 김유신이라지만 어린 아이까지 전쟁터로 데리고 나오지는 않았을 것이다. 거기다 김유신은 고구려 첩자에게 신라가 왕을 중심으로 분열 없이 굳건하다는 이야기를 하고 있다. 즉 이야기의 진행 상황을 볼 때 첩자는 고구려에서 김유신과 태종무열왕 사이에 대한 어떤 소식을 듣고 그 사실을 확인하러 보낸 자가 아니었을까?

다음 기록은 고구려가 북한산성을 침입했을 때 일이다. 김유신은 이 소식을 듣고 "사람의 힘은 이미 다했으니 신령의 음조를 빌 수밖에 없다" 하고는 절에 재단을 만들어 기도했다. 그러자 날씨가 변했는데, 북한산성에 우레와 비가 벽력같이 쏟아지고 큰 별이 고구려 진영으로 떨어지는 일이 일어났다. 이에 적은 두려워하며 포위를 풀고 돌아간다.

고구려가 북한산성을 공격할 때 김유신의 기도를 통해 무찔렀다는 《삼국사기》 내용은 황당무계한 이야기처럼 여겨진다. 그러나 이 이야기에도 숨은 뜻이 있다. 백제 부흥군이 크게 일어나 전세가 다시 신라 쪽에 불리하게 진행되자 태종무열왕이 직접 군사를 관리하고 지휘에 나섰다. 그러나 상황은 점차 더 악화돼 대당장군에 임명된 김품일이 패전했다. 이찬 김흠순, 천존, 소판 죽지 등이 추가로 파견됐지만 상황은 나아지지 않았다. 태종무열왕이 화가 나서 신라 여러 장수에게 패전에 따른 책임을 묻고 처벌할 정도였으니 말이다.

그런데 이러한 군대 출진 상황도 자세히 보면 의심 가는 부분이 있다. 백제 잔당을 토벌하기 위해 신라를 상징하는 부대인 대당의 책임자로 김품일이 선택된다. 사실상 신라군 총사령관이라 할 수 있다. 그를 보좌하는 부장에는 김춘추 아들인 문왕, 백제에서 항복한 무장인 충상 그리고 외교관 양도가 임명됐다. 백제 출신 충상을 제외하고 문왕과 양도는 각기 당과의 외교에서 큰 역할을 한 인물이다. 당과의 연합 작전을 위한 인사 배치로 보인다. 그 외로 토벌전에 나선 상주, 하주 등의 군단을 맡은 인물들도 표면상으로는 김유신과 큰 연관이 없었다. 즉 토벌 장군 임명에 김유신 측근은 배제되고 무열왕의 또 다른 측근인 김품일을 중심으로 당과 연결이 가능한 장수들이 배치된 것이다.

그러나 김품일이 크게 패하니 김흠순, 천존, 죽지 등 김유신과 관계가 깊은 인물이 지원을 위해 다시 등장하게 된다. 태종무열왕은 의도적으로 김유신 측근은 배제하고 토벌전을 벌이려 하다가 결국 일이 뜻처럼 진행되지 않자 다시금 김유신과 관련한 인사를 쓸 수밖에 없었다. 사태가 이러하니 왕의 작전 능력에 대한 의구심을 갖는 분위기도 분명히 존재했을 것이다.

《삼국유사》에는 장춘랑과 파랑이라는 기사가 있다. 황산벌 전투 중 전사한 장춘랑과 파랑이 태종무열왕의 꿈에 등장한다. 그들은 백제 부흥군을 토벌하던 태종의 꿈에 나타나 이렇게 말한다.

"우리는 예전에 나라를 위해 싸우다 죽었고 백골이 돼도 나라를 지키고자 언제나 부지런히 군사를 따라다녔습니다. 그러나 당나라 지금은 장수 소정방에 부대껴 남의 뒤만 따라 다닐 뿐입니다. 원하옵건대 왕께서는 저희들에게 약간의 군사를 보태주십시오"

그리고는 사라졌다.

태종무열왕이 꿨다는 이 꿈은 분명 의미가 있다. 신라인은 자신들의 왕이 당의 뒤꽁무니만 따라다닌다고 생각했나 보다. 이에 황산벌에서 신라를 위해 싸우다 전사한 장수들의 혼이 불만을 표하며 군사를 달라고 했다는 이야기가 사람들 사이에 퍼진 것이다. 황산벌 전투는 당당하게 당의 연합군이라는 입장에서 김유신의 주도로 치른 전투였다. 하필 황산벌 전투에서 전사한 이들이 태종무열왕의 꿈에 나온 것은 이 같은 이유 때문이다. 당시 신라인이 신라 왕에게 느낀 감정이 잘 드러나는 이야기다.

엎친 데 덮친 격으로 고구려에게 북한산성마저 공격당하면서 신라 사람들은 만일 김유신이 있었다면 이러한 위기를 어떻게든 돌파해 줄 것이라 생각했고 이러한 믿음이 결국 김유신의 기도로 고구려군을 물리쳤다는 신화를 만들어 낸다. 즉 사실을 그대로 기록한 내용이라기보다는 영웅이 사라지고 난 뒤 세상이 혼란에 빠지자 다시 영웅이 등장하기를 염원하는 내용이 담겨있는 것이다.

그렇다면 태종무열왕은 왜 김유신을 부흥군 토벌에서 제외한 것일까? 가장 큰 이유는 아무래도 정치적인 견해 차이 때문인 듯하다. 김유신은 당과 연합해 사비성을 함락시켰지만 소정방과 당의 태도에 큰 반감을 느끼고 있었다. 이에 당나라와 대립하는 상황을 여러 번 연출하기도 했다.《삼국유사》에는 김유신이 당나라 군사에게 잔치를 베푸는 척하며 독주를 먹여서 모두 죽여 버린 뒤 구덩이에 묻어 버렸다는 이야기가 있다. 물론 당시 상황으로 볼 때 실제로 있었던 일은 아닐 것이다. 다만 당과 신라 사이에 묘한 신경전이 있었고 이 중 김유신이 강경한 분위기를 조성하는 인물이었음을 상징적으로 보여준다.

신라에서 가장 높은 장수가 당나라와 시시각각 부딪친다면 태종무열왕에게는 외교적으로 부담이 됐을 것이 틀림없다. 특히 신라와 당나라의 연합은 태종무열왕이 직접 몸으로 뛰며 어렵게 기획한 일이었다. 혹시나 잘못해서 당과의 관계가 틀어져 버린다면 문제가 심각했다. 사비성 함락 뒤 태종무열왕이 승전 의식을 성대하게 치른 것도 이 같은 신라와 당 사이의 냉랭한 분위기를 풀기 위해 벌인 일이 아니었을까?

또한 김유신의 토벌군 제외에는 태종무열왕의 개인적인 견제도 분명히 존재했을 것이다. 김유신은 이미 여러 전쟁에서 공을 세워 신라의 최고 장수로 인정받고 있었다. 당나라에서도 김유신의 이름을 익히 알고 있을 정도였다. 거기다 최대 적수인 백제를 멸망시키는 전쟁에서 또다시 큰 공을 세우면서 일반인은 감히 범접할 수 없는 거인이 된다. 신라가 세워진 이래 신하의 몸으로 이 정도의 공을 이룬 이는 아마 없었을 것이다. 치세 동안 신하가 이룬 공로까지 다 자신의 공적에 포함시키는 왕이라 할지라도 비견될만한 자가 드물었다. 그만큼 태종무열왕에게 김유신은 부담스러운 존재가 됐다. 아무리 함께한 시간이 길고 누구보다 믿었던 각별한 사이라지만 왕이라는 존재는 언제나 의심을 할 수밖에 없는 외로운 자리다.

태종무열왕은 백제를 멸망시킨 직후 벌인 논공행상에서 김유신에게 대각간大角干의 관직을 내린다. 대각간은 지금껏 신라 역사에

김유신 말의 목을 베다

서 존재하지 않았던 벼슬로 김유신을 위해 새롭게 만들어진 직함이었다. 김유신 할아버지 김무력이 획득한 1등 관위인 각간을 넘는 최고의 명예였다. 그러나 태종무열왕의 의도는 김유신에게 명예직인 대각간을 하사해서 경주로 보내는 것이었다. 지금껏 존재하지 않았던 최고의 명예를 얻었으니 그만 은퇴하라는 뜻이다. 나머지 백제 지역 토벌은 왕과 태자 그리고 그동안 키운 친왕계 장군들이 해결하면 된다.

여러 문제가 엮이면서 김유신은 왕의 의도대로 후방으로 물러나 늦은 결혼을 통해 얻은 아이들과 함께 쉬고 있었다. 이때 김유신 나이가 67세였으니 지금 눈으로 봐도 적은 나이는 아니었다. 하지만 김유신의 휴식은 무척이나 짧았다. 갑작스러운 태종무열왕의 죽음으로 전장에서 다시 그를 찾기 시작한 것이다.

태자 김법민은 왕위에 오르자마자 삼촌인 김유신을 다시금 대장군으로 삼고 백제 공략에 함께 움직이도록 한다. 어려운 상황에서 왕까지 죽은 이때, 동요하는 신라군을 다잡기 위해서는 김유신의 이름이 필요했다. 김법민은 김유신의 조카였기 때문에 함께한 동료로 대접하던 태종무열왕에 비해 김유신을 대하기가 심적으로 훨씬 편했을 것이다. 김법민이 왕이 된 뒤의 활동을 보면 김유신 못지않은 결단력과 응용력이 있다. 외가 쪽 사람과 친밀하게 지내면서 얻은 성격인 듯하다.

김법민은 성골의 단절과 함께 사실상 가까운 형제나 친척이 거의 사라진 상황이었다. 반면 어머니의 형제들인 김유신과 김흠순 등은 신라 정치와 군권을 장악하고 있는데다 김유신 가문의 사람들은 모두 김법민에게 깍듯했을 테니 그는 외가와 어린 시절부터 함께했을 것으로 추정된다. 게다가 왕자가 되기 이전까지 김법민은 가야계 피가 흐르는 고위층 자제로 살아왔다. 이런 점은 가야계 진골인 김유신과 통하는 면이 있었다. 그러니 김유신에게 느껴지는 무게감도 아버지에 비해 덜 했다. 김유신이 아무리 대단한 영웅이라 해도 나이가 지긋한 노장이었고 자신은 한창 전성기의 나이였기에 그런 점에서도 아버지와는 달리 크게 걱정하지 않았을지 모른다.

새로운 신라의 왕 문무왕의 포부

2008년 11월 4일, 미국 대통령 선거에서 민주당 후보 버락 오바마가 승리를 거둔다. 공화당 존 매케인 후보와는 두 배가 넘는 표 차이였다. 이후 2009년 1월 20일에 그는 미국의 44대 대통령으로 취임했는데, 당시 많은 아프리카계 미국인과 유색 인종 미국인이 이 모습을 보며 새로운 시대가 열렸다며 기뻐했다. 백인계가 주름잡던 미국에서 유색 인종이 대통령이 된 것은 상징적인 일이자 최초의 사건이었기 때문이다. 많은 사람들이 알다시피 오바마가 대통령이 될 수 있었던 것은 수많은 아프리카 미국계의 희생과 작은 성공이 모여 쌓인 토대가 있었기에 가능했다. 차별과 멸시의 대상에서 대통령을 탄생하는 성공까지의 과정에 여러 代의 수많은 세월이 함께한 것이다. 이와 유사한 상황이 천 4백여 년 전 신라에서도 있었다.

새로이 신라 왕이 된 김법민은 태종무열왕과 김유신의 누이인 문명왕후 사이에서 태어났다. 이로써 김유신 집안은 왕을 배출한 당당한 가문이 된다. 집안 핏줄에서 왕이 배출된 이상 가야계 김씨가 신라 내 귀족 서열에서 전통적으로 왕비를 배출하던 진골 박씨와 비견되는 지위에 올랐다고 볼 수 있었다. 김춘추 이전의 진흥 왕계 신라 왕들은 왕족 김씨 간 근친결혼을 통해 탄생했거나 또는 왕족 김씨와 진골 박씨 여인과의 결혼을 통해 탄생했다. 당연히 가야계 김씨의 피가 흐르는 왕의 등장은 새로운 의미를 줄 수밖에 없었다.

성골이 사라지고 진골이 왕위에 오른 태종무열왕 시대를 넘어 이제 피에 신라뿐만 아니라 가야의 혈통을 이어받은 자가 신라의 왕이 됐다. 가야계 인원이 가지는 자부심도 상당할 수밖에 없었으며 더불어 신라가 적극적으로 포용할 수 있는 지역의 범위도 크게 넓어졌음을 의미했다. 가야계뿐만 아니라 기타 지방민도 신라 왕실에 대한 친밀도가 상당히 높아졌을 테니 말이다. 즉 삼한의 세력을 통합했다는 신라의 이미지는 김법민의 신라 왕 즉위로 인해 구축된 것이다.

김법민은 젊었을 적에 당나라로 가서 세계적인 식견을 익혔고 태종무열왕 시기에는 30이 채 안 되는 나이에 이미 4등 관등인 파진찬이자 병부령으로 일하며 군사 행정적인 일도 경험했다. 태자로 책봉된 뒤에는 왕을 대신해 백제 정벌에 임했으며 이후 백제 부흥군 공략에도 적극적으로 나선다. 적지 않은 경험을 쌓고 36세의 나이로 왕위에 올랐으니 그가 바로 삼국통일의 위업을 달성한 문무왕이다. 통일신라시대 신라인이 가장 존경하던 왕이었다.

태종무열왕이 죽자 당나라에서 숙위하던 김인문이 돌아온다. 김인문은 형이 왕위에 오른 이후에도 뒤에서 도우며 외교 임무도 최선을 다했으니 김춘추의 젊은 시절 모습을 그대로 보여준다. 특히 문무왕은 아버지 태종무열왕에 비해 당의 눈치를 덜 보며 신라의 국익을 우선하는 정책을 많이 펼쳤는데, 그때마다 형을 대신해 당 황제의 기분을 맞춰주던 인물이 김인문이었다. 외교를 위해 당에 일곱 번을 갔으며 총 22년을 당에서 지냈다. 이를 볼 때 형제간의 사이는 어떨지 몰라도 국가를 경영하는 점에서는 궁합이 잘 맞았던 것 같다. 아버지가 돌아가셨기에 귀국하긴 했지만 사실 김인문에게는 다른 임무가 하나 더 있었다. 바로 공동 작전 제의였다. 당나라 황제는 백제 정벌을 성공한 소정방을 통해 이번에는 고구려를 공략하고자 했다. 이때 신라군도 호응하라는 것이다.

이에 문무왕은 661년 7월 대규모 인사이동을 단행한다. 삼촌인 김유신을 다시금 대장군으로 삼았고 그 외 여러 장군과 총관직에도 각기 인사이동을 실시했다. 당나라와 함께하는 군사 작전 준비와 더불어 새로운 왕이 즉위한 만큼 군부에 긴장감을 주기 위한 인사 단행이었다. 하지만 새롭게 정비된 군사를 바탕으로 문무왕은 고구려 공략에 대한 군사 지원보다 중요하다고 생각되는 일을 우선 해결하고자 했다.

군대를 이끌고 한강에 위치한 남천주에 도착한 문무왕은 이곳

김유신 말의 목을 베다

에서 당나라 장수 유인원을 만난다. 유인원은 백제 지역에 있던 당군 중 일부를 이끌고 신라군과 공동 작전을 펼치기 위해 남천주로 온 것이었다. 하지만 문무왕은 당장 신라군을 북진시킬 생각이 없었다. 옹산성에서 진을 치고 있는 백제 부흥군을 제압하는 것이 먼저라 여겼다. 왕이 직접 군대를 이끌고 온 것도 신라는 본래 고구려 공략 작전을 당과 함께하고 싶었으나 불가항력의 일이 벌어져서 백제 지역의 일부터 해결하겠다는 심중을 보이기 위함이었을 듯싶다. 설득이 통했는지 유인원도 함께 백제 성을 공략하기로 한다.

옹산성은 대전시 장동 계족산에 위치한 산성으로 지금도 돌로 쌓은 상당한 규모의 성벽이 남아 있다. 유적 발굴을 토대로 하면 이 성은 백제가 만든 것이 아니라 신라가 제작한 것이라 한다. 즉 백제 부흥군이 저항할 때에 옹산성은 큰 규모가 아닌 토성이었을 가능성이 크다. 계족산 뒤로는 대청호수가 펼쳐져 있으며 지금도 산 정상에 올라서면 대전시가 그대로 보이는데, 대전은 삼국시대에도 교통의 요지이자 전략적으로 중요한 지역이었다. 필시 백제 부흥군은 이 성을 진지 삼아 머물면서 교통로를 유심히 확인하다가 신라의 물자나 소수 병력이 이동할 때면 산을 내려와 공격했을 것이다. 그리고 빼앗은 물자를 들고 산으로 돌아가는 방식으로 신라군을 괴롭힌 듯 보인다. 신라 입장에서 옹산성 공략은 신라와 백제 사이의 이동로를 안정적으로 확보하기 위해 필요했다.

9월 19일, 김유신은 새롭게 왕이 된 조카 문무왕과 함께 웅현정, 지금의 대전에 도착한다. 이곳에서 문무왕은 미리 기다리던 여러 장수를 집결시키고 이들을 상대로 자신이 직접 훈계까지 했다.

젊은 왕이 이전 왕 이상 가는 포부와 힘이 있음을 알렸을 것이다. 여기서 문무왕이 옹산성을 공략하는 두 번째 이유가 나온다. 옹산성에서 항전하는 백제 부흥군을 처리하는 문제는 전략상 중요한 일이기는 했다. 하지만 성 하나를 공략하기 위해 왕과 대장군 김유신, 그밖에 수많은 총관과 대감이 동원된 것은 단순히 적 하나를 무너뜨리기 위함이 아니라 이번 전투를 통해 새롭게 왕이 된 문무왕의 입지를 확고히 굳히려는 목적도 있었던 것이다. 왕의 교체라는 것은 왕조 국가 시절 정치 권력의 변화 중 가장 큰 것이었다. 문무왕은 전쟁이라는 특수한 상황을 이용해 권력을 빠르게 자신으로 귀속시키고자 했다.

신라 장수들 앞에서 자신을 충분히 어필한 문무왕은 드디어 대장군 김유신에게 옹산성 공격을 명한다. 이에 김유신은 신라의 주인공이 된 조카 문무왕을 확실하게 조력했다. 김유신에게 문무왕은 단순한 왕이 아니라 가야계의 피가 섞여 자신의 가문을 대변하는 인물이기도 했다. 문무왕의 승리는 김유신 가문의 영광과도 직결됐다. 25일 김유신은 부대를 전진시켜 옹산성을 포위한 다음 의례 형식적으로 항복을 권했다. 항복하면 살려준다는 이야기지만 사실 이것은 요식행위에 불과했다. 백제 부흥군은 당연히 항복할 생각이 없었다. 김유신은 다음과 같이 말한다.

"궁지에 몰린 새와 곤경에 빠진 짐승들도 오히려 스스로 구제할 줄을 안다 하더니, 이를 두고 이른 말이로다."

김유신 말의 목을 베다

질 수밖에 없는 상황에서도 백제군이 항전을 지속하고자 하니 이에 대한 어리석음을 표현한 것이다. 그러나 백제 입장에서 김유신의 항복 제의는 결코 받아들일 수 없었다.

곧이어 김유신의 명이 떨어지자 신라군은 군기를 휘두르고 북을 울리며 공격을 시작했다. 백제군도 치열하게 싸웠지만 중과부적이었다. 세상에 과시하는 것처럼 작은 성 하나의 함락을 위해 왕과 대장군, 신라 대부분의 군단이 모였으니 사실상 신라가 이길 수밖에 없는 상황이었다. 목책은 불타고 진영이 무너지면서 결국 천명의 사상자와 함께 27일, 성은 함락되고 말았다. 이때 신라군은 적장만 사로잡아 죽이고 백제군이 신라 대병과 맞서 병력 숫자를 부풀리기 위해 끌고 온 주변 백성들은 풀어주었다. 이들은 이제 백제가 아닌 신라의 노동력이기 때문에 소중한 자원이었다.

전쟁이 끝나자 문무왕은 전공을 논의해 관등이 높은 자에게는 칼을 내리고 그 외의 장군에게는 창을 내렸으며 그 이하는 각각 관위를 1품씩 올려준다. 승리를 예상한 듯 준비된 포상이었다. 훈계와 전투 참여라는 매를 통해 신하를 통제한 뒤 충분한 선물이라는 당근을 내려 충성심 증대를 노린 것이다. 확실히 문무왕은 젊은 나이에 비해 정치력이 남달랐던 것 같다. 백제 부흥군이 사라진 옹산성에는 웅현성이라는 이름의 성이 새롭게 만들어졌다. 지금 유적으로 남아 있는 석축의 성이 이때 만들어진 것으로 보인다. 전략적으로 중요한 곳인 만큼 큰 성을 구축해 이 지역을 통제하고자 한 것이다.

정치쇼가 마무리되자 더 이상 이곳에 왕과 대장군이 머무를 필요는 없었다. 새로운 왕의 등극과 김유신이 다시 일선으로 복귀했음을 알리는 상징적인 전투가 끝나자 대당장군에서 상주총관이 된 김품일이 병사를 이끌고 주변을 정리했다. 옹산성 근처에 있던 우술성을 공략해 역시 천 명을 죽이고 성을 함락시켰고 이어 백제 잔당 중 항복하는 자에게는 신라 벼슬을 주고 이 지역에 안착시켰다. 이때 항복한 백제인은 대전 지역 토호들로 이들은 눈치를 보다 백제에 더 이상 희망이 없다고 판단되자 신라에 투항했다.

당 사신이 오다

661년 8월 당나라의 대총관 소정방은 수군을 이끌고 고구려 평양성을 에워쌌다. 백제 공략 때와 유사한 작전을 펼친 것이다. 그러나 고구려는 백제에 비해 규모가 큰 나라였기에 다방면으로 군사를 출진시켜 고구려의 지방군이 평양을 구원하지 못하게 할 필요가 있었다.

북방 육로로는 당 장수 계필하력이 출진해 연개소문의 큰 아들 남생男生이 거느린 군사와 격돌한다. 이때 남생은 압록강을 방어선으로 잡았는데 이는 전장의 경험 부족이 여실히 드러나는 작전이었다. 마침 겨울이라 당나라 군대는 걸어서 얼어붙은 강을 건너 남생군을 패퇴시킬 수 있었다. 강은 겨울에 얼어버리기 때문에 평소처럼 천혜의 방어선 역할을 할 수 없었다. 그러나 계필하력은 남생군을 무너뜨린 것으로 작전을 끝내고 당에 복귀한다. 때마침 중국

서북부 지역에 변란이 일어나 급히 계필하력 군대가 필요하게 된 것이다. 작전대로라면 소정방의 수군이 평양을 포위하고 계필하력의 육군은 고구려 지방군을 격파하며 북에서 남으로 진격한 뒤 평양에서 합세하는 것이었다.

당과 함께하기로 한 신라군 역시 작전을 수행하지 않고 있었다. 당나라는 신라군에게도 계필하력과 유사한 임무를 맡겼다. 신라군이 고구려 남쪽에서 진격해 고구려 지방군을 격파하고 북으로 와서 평양의 소정방과 합세하라는 것이다. 그러나 신라군은 엉뚱하게도 백제 지역에서 전투를 벌이고 있었다. 이에 당나라 대총관이었던 소정방의 속은 바싹 타들어 갔다.

이때 신라군은 옹산성을 함락시키기 위해 웅진성의 당나라 군대까지 끌어들이는 고단수의 계책을 발휘하고 있었다. 이렇게 하면 독단적으로 작전 수행을 하지 않은 것이 아니라 당과 협력해 백제 지역을 공략하느라 고구려 연합 작전에 참가하지 못했다고 핑계를 댈 수 있다. 물론 당 입장에서는 그게 그거였을지도 모르겠지만, 안한 것과 못한 것은 어감에서 분명한 차이가 있는 것이 사실이다. 문무왕은 시간 지연에 따른 소정방의 책망을 피하기 위해 미리 태감 문천을 보내 현 상황에 대한 이해를 구해놓은 상태였다.

마침 옹산성이 무너질 때쯤 소정방에게 갔던 태감 문천이 돌아와 문무왕에게 소정방의 글을 전했다.

제가 황제의 명령을 받고 만 리 푸른 바다를 건너 적도를 토벌하고자 배를 해안에 댄 지가 이미 한 달이 넘었습니다. 그런데 대왕의

군사는 이르지 않고 군량의 수송이 이어지지 않으니 그 위태로움
이 심하옵니다. 왕께서는 그 점을 헤아려 조처해주소서.

편지에는 전쟁을 시작한 지 한 달이 넘었다고 적혀 있지만 문무
왕 손에 편지가 쥐어질 때는 이미 두 달이 넘어가고 있었다.

만약 당의 계획대로 일이 진행됐다면 평양성은 이미 함락됐을지
도 모르겠다. 세 방향으로 밀려오는 적군을 막기란 고구려일지라
도 거의 불가능에 가까웠다. 하지만 압록강을 넘어 진격하던 당군
이 철수하고 남방을 압박하며 올라오기로 한 신라군도 작전 수행
을 못하면서 계획이 헝클어졌다. 오직 소정방만이 고구려 영토 내
에 있었다.

사태가 이처럼 되자 고구려는 오히려 평양성을 둘러싼 소정방
군대를 과감하게 밀어붙였다. 거기다 백제 공략 때처럼 빠른 시일
내 전투가 끝날 줄 알고 식량을 얼마 가져가지 않았던 당나라 대
군은 전쟁이 길어지면서 식량 부족이 심각한 문제로 대두 된다.
《일본서기》는 이때 당군이 처한 심각한 상황을 다음처럼 기록하
고 있다.

고려의 사졸이 용감하고 씩씩했으므로 다시 당의 진지 두 개를
빼앗았다. 단지 두 개의 요새만이 남았으므로, 다시 밤에 빼앗을
계책을 마련했다. 당의 군사들이 무릎을 끌어안고 곡을 했다.

평양성의 당군이 잘못하다가는 패배할 위기에 놓인 것이다. 아

니 이미 패배는 기정사실이고 지원이 올 때까지 어떻게든 버텨야 하는 상황이었다. 신라의 움직임이 굼뜨자 이번에는 당 황제가 직접 함자도총관含資道摠管 유덕민을 보내 칙지를 전한다. 그러자 옹산성이라는 성 하나를 함락하기 위해 여러 날을 축내고 있던 문무왕은 당에서 오는 사신을 맞이한다며 굳이 경주로 돌아간다. 이때가 10월 29일이었다. 태종무열왕은 당 황제의 조서를 받을 때 급한 일이라면 경주가 아닌 자신이 머물고 있는 진영에서 받기도 했다. 그러나 문무왕은 달랐다. 당연히 이 모든 상황은 사신을 대우하는 척하며 시간을 지연하려는 계책이었다. 가능한 시간을 지연시켜 신라군의 고구려 조기 투입을 막고자 한 것이다.

그러나 시간 끌기도 한계가 있었다. 대총관 소정방에 이어 당 황제의 명이 내려온 이상 신라도 슬슬 움직여야 했다. 당나라가 이 정도로 청했는데도 지원을 하지 않는다면 분명 신라에게도 불똥이 튈 것이다. 문제는 누가 고구려의 깊숙한 심장까지 들어가 당나라 군대에게 식량을 전해주고 올 것인가였다.

12 _____ 고구려 식량 수송 작전

김유신의 선택

평양으로의 식량 수송은 당과 신라의 연합을 지속하기 위해서 최소한 이루어야 할 목표였다. 평양성에 위치한 소정방 군대는 전투는커녕 아사 직전의 상황에 몰려 있었다. 단지 몸집이 워낙 커서 고구려군이 완전히 밀어내지 못하고 있을 뿐 조금만 더 시간이 지나면 패배도 머지않은 듯했다. 만약 이대로 당군이 무너지면 신라의 입장도 곤란해진다. 문무왕은 여러 신하에게 대책을 묻는다.

"적국에 있는 당나라 진영까지 들어간다는 것은 매우 위험한 일이오. 허나 당나라 군사의 군량이 부족한데 이것을 보내지 않는다면 이 역시 옳지 못한 일이오. 어떻게 했으면 좋겠소?"

김유신 말의 목을 베다

대부분의 신하는 고구려 영토 깊은 곳까지 식량을 수송하는 것이 불가능한 일이라 여겼다. 고구려 평양은 신라가 단 한 번도 침범하지 못한 미지의 세계였다. 뿐만 아니라 수, 당의 수많은 장병의 무덤이 된 곳이기도 했다. 문무왕이 고구려 연합 작전에 병력을 보내기 주저한 것도 이 때문이 컸다. 고구려가 약해졌다지만 신라에게 고구려는 여전히 백제와 격이 다른 강대한 나라로 인정받고 있었던 것이다. 그러나 반드시 누군가는 가야했다. 문무왕이 신하들의 소극적인 반응에 탄식하고 있을 때 한 사람이 앞으로 나와 아뢴다.

　"신은 과분한 은혜와 대우를 받았고 외람되게 중책을 맡았사오니, 나라의 일이라면 비록 죽는다하더라도 피하지 않겠나이다. 오늘이야말로 늙은 제가 절개를 다 할 날이오니, 마땅히 적국을 향해 가서 소장군의 바람에 부응하겠나이다."

　아무도 나서지 않는 일을 하겠다는 이는 놀랍게도 김유신이었다. 그는 이미 나이가 68세에 이르렀으며 어떤 수식어도 필요 없는 신라 최고의 영웅이자 왕을 제외하고 그 누구도 범접할 수 없는 높은 지위에 있었다. 그런 그가 실패 확률이 높은 험한 일을 자청해 맡겠다고 나선 것이다. 인생 전반 동안 쌓아올린 공에 오점을 남길지 모름에도 김유신은 연연하지 않았다. 물론 그의 입장에서는 문무왕의 정치력이 즉위 초반부터 흔들린다면 신라 내 가야계 전반의 위치가 무너질 것이 분명하니 자신이 직접 이와 같은 상황을 나서서 막아야 할 직접적인 이유가 있었다. 그렇다고 하더라도 이 작전을 직접 수행하겠다는 결정은 말처럼 쉬운 것이 아니다. 젊은 시절, 화랑에 임하며 가졌던 마음가짐이 노년의 장군이 된 지금도 남아 있었던 것이다. 문무왕은 김유신에게 다가와 손을 잡고 눈물을 흘린다.

"공과 같은 어진 보필을 얻었으니 근심할 게 없도다. 만약 이번 임무도 평소처럼 차질 없이 하게 된다면 공의 공덕을 어느 날인들 잊겠는가."

문무왕은 김유신과 김인문, 양도 등 아홉 명의 장군에게 명해 수레 2천여 대에 쌀 4천 석과 조 2만 2천여 석을 싣고 평양으로 가게 한다. 또한 김유신에게 이르길 고구려 영토로 들어서는 순간 상과 벌을 마음대로 해도 좋다고 한다. 군사 작전의 모든 전임권을 맡긴 것이다. 김유신에게는 양하도총관兩河道摠管이라는 관직이 하나 더 주어졌다. 평양으로 가기 위해서는 고구려 영토 내, 예성강을 넘어 대동강에 도착해야만 했다. 새롭게 부여된 관직인 양하도총관은 결국 두 강을 건너 당군과 만날 임무를 김유신에게 맡긴다는 의미였다. 이제 신라 조정은 김유신의 성공을 간절히 바랄 수밖에 없었다.

그런데 김유신 역시 아무도 나서지 않는 이번 작전을 자신이 하겠다고 나섰으나 속으로는 걱정을 많이 한 듯하다. 《삼국사기》에 등장하는 이 당시 김유신의 모습에서 이전에는 보기 드물었던 인간적인 면모를 엿볼 수 있다.

김유신은 문무왕에게 명을 받은 뒤 재계하고 영실에 들어가 홀로 향을 사르면서 주야를 지내며 기도를 했다. 그러더니 "내가 이번에 죽지 않겠구나"라며 기뻐했다고 한다. 점괘가 잘 나왔나

김유신 말의 목을 베다

보다. 이 같은 일화는 왕과 신료 앞에서는 당당했던 김유신도 사실 실패와 죽음을 두려워하는 인간이었음을 보여준다. 그래서 이번 작전을 맡겠다고 자청한 김유신이 위대하게 보이는 것이다.

고구려 경계로 들어서다

로마와 카르타고의 전쟁이 한창이던 당시 한 위대한 장군이 아무도 생각하지 못한 기상천외한 작전을 펼친다. 카르타고의 명장 한니발은 자신이 이끄는 병사를 거느리고 알프스산맥을 넘어 로마로 진격했다. 로마인이 상상하지 못한 방식으로 한겨울에 군대를 이동시킨 작전은 병력 소모가 많았지만 결국 시간 절약은 물론 적이 예상하지 못한 공격을 할 수 있었다. 한니발은 로마 군단을 분쇄했고 이 작전은 전쟁사의 모범으로 평가됐다. 훗날 나폴레옹이 오마주처럼 알프스를 다시 넘으며 유명세를 얻었다.

그런데 삼국시대에도 이와 유사한 작전이 김유신에 의해 펼쳐졌다. 김유신의 고구려 수송 작전은 겨울에 적이 생각하지 못한 방식으로 군대를 이동시켜 짧은 시간 만에 목표한 지점으로 도착했다는 점에서 한니발의 작전과 유사하다. 오히려 행군 거리와 속도 면에서는 김유신이 한니발보다 훨씬 위이기도 했다.

신라에서 고구려 평양으로 이동하기 위해서는 큰 강을 두 개 건너야 했다. 하나는 임진강이고 다음은 예성강이다. 삼국시대에는 임진강을 칠중하七重河라 불렀는데, 강을 건너는 주요 지점에 칠중성이 위치하고 있었다. 문제는 신라가 칠중성을 고구려에게 뺏긴 상태였다는 점이다. 이 성이 다시 신라로 넘어오는 건 667년의 일이다. 즉 김유신은 파주의 칠중성이 아닌 다른 곳을 통해 임진강을 건너야만 했다.

이때 고구려는 당과의 전투에 모든 것을 집중하고 있었다. 당군이 수군을 이용해 평양성을 공격했기에 고구려는 서쪽 해상과 강 중하류 지역을 집중적으로 관리하고 있었다. 신라군은 강 중하류를 통과하려 했지만 넓은 평야는 이동이 편할 수 있어도 고구려의 정예부대와 맞붙을 가능성이 컸다. 김유신이 이끄는 신라군은 수레, 말, 소를 운반하는 수송부대였기에 고구려 정예군과의 전투에서 승리하기가 쉽지 않았다. 거기다 이 경로는 평양까지의 이동 거리도 멀었다. 한시라도 빨리 식량 수송이 이뤄져야 하니 이 또한 난감한 일이었다.

김유신은 임진강 상류로 거슬러 올라가서 산맥을 타고 예성강 상류를 넘어 대동강에 위치한 소정방의 당군과 만나는 방법을 선택했다. 이 경로로 이동하면 험준한 산을 타기는 하지만 강한 적과 부딪칠 가능성이 현저하게 줄어들며 목표 지점까지 거리도 짧아졌다. 겨울이라 강이 얼어붙으니 강을 건너는 일도 어렵지 않았다. 결빙도 상류가 하류보다 오래 지속되니 병력이 움직이기에도 안전했다. 문제는 추운 겨울에 험한 산을 타는 만큼 상당한 인명 피해를 각오해야 한다는 점이었다. 그런데 평양에 단 한 번도 가보지 못했던 김유신이 그렇게 험난한 길은 어떻게 알고 있었을까?

한반도에 문명이 발달한 이래로 평양 주변에서 한강 유역으로

김유신 말의 목을 베다

진입하는 길은 해상로와 더불어 육로도 꾸준히 함께 발전했다. 특히 평양은 고조선의 수도였으며 과거 중국의 낙랑이 위치했던 곳으로 오랜 기간 한반도 내에서 문화와 물질문명이 가장 번성했던 지역이기도 했다. 이에 수준 높은 물질문명을 향유하기 위해 많은 한반도민이 평양으로 이동했고 평양 사람은 인적, 물적 교류로 그들이 지닌 선진 문화를 주변부에 전달할 수 있었다. 이런 과정이 쌓이면서 다양한 교통로가 자연스럽게 발전하게 된다.

고구려의 전성기인 장수왕 시절, 국내성에서 평양으로 수도를 옮긴 것도 평양이 고조선, 낙랑으로부터 이어진 상징성을 가지고 있을 뿐 아니라, 마치 심장과 혈관처럼 한반도 주변으로 통하는 여러 교통로가 존재하던 지역이었기 때문이다. 신라도 한때 낙랑과 고구려를 흠모했던 나라였으니 선진 문화로 접근하는 교통로를 누구보다 잘 알고 있었다. 김유신 역시 수백 년간 만들어진 문물 교류 경로를 알고 있었기에 평양을 가보지 않았어도 평양으로 진입하는 길을 상세히 알았던 것이다.

칠중성을 통과해 예성강의 신계-수안을 지나 평양으로 이동하는 길은 오랜 기간 사용되던 통로였다. 지금도 신계-수안-평양은 도로로 연결돼 있다. 다만 이 당시에는 평양까지 직통으로 연결된 길 중간에 언진산이라는 큰 장벽이 가로막고 있어 많은 병력과 인마人馬가 이용하기에는 무리가 따랐다. 따라서 고구려는 칠중성을 확보하고 있는 이상 신라가 육상을 통해 진입할 것이라 생각하지 않았을 것이다.

김유신은 이런 방심의 틈을 노렸다. 고구려의 칠중성이 문제라면 이보다 위로 올라가 강을 건너면 된다. 조금 돌아가지만 그만큼 적의 의표를 찌를 수 있었다. 662년 1월 23일, 김유신의 수송부대는 임진강에 도착했다. 그러나 군사들이 모두 두려워해 먼저 배에 오르는 이가 없었다. 고구려 영토로 들어가게 되자 미리부터 겁을 먹은 것이다. 이에 김유신이 군사들 앞에서 외친다.

"제군들이 죽음을 두려워한다면 어찌하여 이곳에 함께 왔는가?"

그리고는 김유신이 먼저 배에 올라탔다. 대장군이 모범을 보이니 장수와 병사 들도 김유신을 따라 임진강을 건너기 시작했다. 이때 신라군은 칠중성보다 북쪽으로 이동해 선박을 탄 뒤 그대로 예성강 상류인 안협까지 갔다. 그다음 배를 버리고 현재의 강원도 이천군으로 진입한다. 이천군에서 예성강의 신계까지는 지척이었다. 다만 산을 하나 넘어야 했다.

적을 피하기 위해 일부러 험하고 좁은 길로 행군을 하다 보니 수레는 더 이상 쓸모가 없었다. 신라군은 모든 짐을 소와 말에 싣고 움직이기로 한다. 마식령산맥을 넘자 어느덧 목표했던 신계에 도착했다. 신계를 지키던 고구려군은 이곳에 신라군이 나타나자 깜짝 놀랐다. 칠중성이 막고 있어 안심했는데 하늘에서 떨어지기라도 한 것처럼 갑자기 적이 등장한 것이다. 김유신은 일장 연설을 한다.

"고구려와 백제가 우리 강역을 침탈하고 백성을 해치는 것이 오래됐다. 이 어찌 통분하지 않으리오. 만약 적에 대해 자신을 가진다면 반드시 공을 이뤄 돌아갈 것이나 만약 적을 두려워한다면 어찌 사로잡힘을 면할 수 있을 것인가? 마땅히 한마음으로 힘을 합

　김유신 말의 목을 베다

한다면 한 사람이 백 명을 대적하지 못할 까닭이 없으리니, 내가 여러 공들에게 바라는 바가 이것이다."

이에 신라군은 모두 감동해 북을 울리며 고구려 군사를 공격했다. 특히 귀당제감貴幢弟監 성천星川과 군사軍師 술천述川이 앞장을 서 고구려군을 쳐부수었다. 숫자가 얼마 되지 않았던 고구려군은 갑작스럽게 등장한 신라군의 기세가 엄청났기에 병장기를 버리고 패퇴할 수밖에 없었다.

신계를 지나니 다시 험한 산세가 기다리고 있었다.《삼국사기》에는 장새獐塞라 쓰여 있는데 현재의 언진산맥이다. 워낙 길이 험하고 날씨가 매서우니 수많은 사람과 소, 말이 얼어 죽거나 절벽에 떨어졌다. 계속된 전진에 점차 사람도 말도 지쳐가며 푹푹 쓰러지기까지 했다. 험한 산세와 추위라는 무서운 위기를 맞이한 것이다.

이에 김유신이 직접 채찍을 잡고 말을 갈기며 앞으로 달려갔다. 또다시 모범을 보인 것이다. 이를 보고 힘껏 달려나간 사람들의 몸에서 땀이 흘렀다. 추위가 사라지고 있었다.

마침내 고난 끝에 2월 1일 산맥을 넘었다. 이곳이 수안이다. 여기서부터는 대동강의 지류인 남강이 등장한다. 마침내 평양과 가까운 곳까지 도착한 것이다. 김유신은 모든 신라 병력이 산에서 내려오기 전에 보기감步騎監 열기裂起를 부른다. 열기는 김유신과 젊을 적부터 함께한 용사로 그만큼 전장에서 보낸 시간도 상당했다.

"내가 젊어서부터 너와 노닐어 너의 지조와 절개를 잘 알고 있다. 지금 소정방 장군에게 우리의 의사를 전달해야겠는데 그 일을 감당할 만한 사람을 찾기 어렵다. 네가 이 일을 할 수 있겠느냐?"

김유신의 물음에 열기는 굳건히 이 일을 맡겠다고 했다. 이에 군사軍師 구근仇近 등 15명을 연락책으로 삼아 당 군영으로 보낸다. 소정방에게 보낸 글은 신라군이 근처에 왔음을 알리고 더 나아가 신라군이 안전하게 당 진영에 들어갈 수 있도록 공동 작전을 펼치자는 내용이었다. 평양에 가까이 다가오자 고구려 방어군의 움직임이 심상치 않았기 때문이다.

당 군대와의 만남

열기는 이틀 동안 최대한 고구려군을 피하면서 말을 달려 소정방에게 김유신이 전한 이야기를 알렸다. 그러자 당나라 사람들은 기뻐하며 살았다고 안심했다. 소정방은 김유신에게 보낼 글을 써서 열기에게 맡겼고 열기를 포함한 15명은 다시 신라군을 향해 말을 달렸다.

이 틈에 김유신은 천천히 군대를 진격시키면서 이 지역에 사는 노인을 불러 고구려의 분위기와 정보를 알아봤다. 김유신이 부른 노인이란 단순히 나이 든 사람이 아닌 마을의 대표 같은 지역의 중요 인물이었다. 김유신은 주변 마을 노인을 통해 연개소문이 직접 당과의 전쟁에 진두지휘하고 있다는 것과 고구려군이 구체적으로 어떤 움직임을 보이고 있는 지도 알게 된다.

평양에 진을 친 소정방 군대가 식량이 부족해 곤란한 상황인 데다 패전할 위험까지 있다는 소식을 들은 당나라는 수군을 통한 지

김유신 말의 목을 베다

원에 나서기로 한다. 신라의 수송부대와는 별도로 소정방을 구하기 위한 작전이 진행되고 있었던 것이다. 그러나 연개소문이 직접 군사를 몰고 나아가 당 구원군을 전멸시켰다. 좌효위장군백주자사 옥저도총관左驍衛將軍白州刺史沃沮道摠管 방효태는 아들 열세 명과 함께 소정방의 군대를 구원하러 나섰다가 사수에서 습격을 받고 온몸에 화살에 박힌 고슴도치 형상으로 전사했다. 방효태의 아들 열세 명도 아버지와 함께 그대로 죽임을 당했다. 연개소문은 한 번의 전투를 통해 한 집안을 완전히 끝장낸 것이다. 당의 처절한 패배였다. 신라군이 이곳에 도착하고 얼마 뒤에 벌어진 일이었다.

김유신이 얻은 정보에 따르면 고구려 주력은 방효태의 당 구원군을 막기 위해 서쪽으로 대거 이동한 듯했다. 곧이어 열기가 군영에 도착해 소정방의 글을 바쳤다. 당연히 신라군을 구원하겠다는 내용이었다. 당나라와 연락을 주고받은 이상 발 빠르게 식량을 건네야 했다. 서쪽으로 갔던 고구려 주력이 되돌아올 경우 신라와 당군의 만남을 방해할 것이 틀림없기 때문이다.

우선 김유신은 당나라의 연락을 받아온 열기의 공을 치하하고 구근과 함께 급찬의 관위를 그 자리에서 내려준다. 급찬은 6두품 이상의 신분만이 받을 수 있던 높은 지위였다. 이들이《삼국사기》에 한미한 출신으로 표현된 것으로 보아 김유신은 두품을 넘는 파격적인 지위를 보상으로 준 것이었다. 사실상 왕족 신분이라는 진골을 제외하고는 최고 위치인 6두품의 관직이니 대부분의 신라인이 다시 태어나지 않는 이상 현실적으로 꿈꿀 수 있는 최고의 자리이기도 했다. 김유신은 단순히 이들의 공을 높게 평가했다는 이유

하나만으로 높은 지위를 준 것이 아니었다.

작전을 수행하는 동안 신라군의 동요는 상당했다. 최고위직인 김유신이 모든 일에 선봉을 서거나 모범을 보여 행동해야 했으니 그 분위기를 충분히 짐작할 수 있다. 이런 상황이 지속된다면 평양까지는 어찌어찌 들어왔어도 작전을 성공리에 완수하기란 힘들 것이었다. 이에 김유신은 문무왕이 넘긴 전임권을 화끈하게 사용한다. 이로써 두품이 낮거나 한미한 집안이더라도 대장군의 명에 따라 공만 세운다면 경주로 돌아가 새로운 인생을 살 수 있다는 꿈을 심어줄 수 있었다. 신라인에게 있어 두품이라는 것은 평생 넘을 수 없는 벽 중 하나였다. 이 벽을 넘을 수 있는 발판이 될 장소가 바로 고구려 영토, 이곳뿐이었다. 이에 다른 신라 군사도 새로운 인생을 꿈꾸며 용기를 냈다. 이처럼 공에 따른 과감한 보수는 김유신이 불안해하는 군사를 상대로 사기를 유지하기 위한 또 다른 방법이었다.

어렵게 사병의 사기를 올리는 데 성공한 김유신은 양오라는 지역에 군영을 세운다. 2월 6일의 일이다. 양오는 지금의 평양 남쪽에 위치한 중화라는 곳으로 추정된다. 평양 서쪽에 위치해 당군과 공동 작전이 가능한 구역이었다. 다음은 작전의 목표인 군량을 전달할 차례였다. 중국어를 잘하는 김인문과 양도 그리고 김유신을 대신해 자신이 이곳까지 왔음을 알릴 서자 김군승 등을 소정방 진영으로 보내 당으로 군량을 전달하도록 명한다.

이와는 별도로 소정방에게는 은 5천 7백 푼과 가는 베 30필, 두발頭髮 30냥, 우황 19냥을 선물했다. 구원이 늦은 것에 대한 미안함을 표시하고 더불어 중국 황제에게 이야기를 잘 해달라는 의미로

김유신 말의 목을 베다

주는 선물, 사실상 뇌물이었다. 소정방은 고맙게 받았을 것이다. 구원군으로 와 준 것만으로도 고마운데 생각지도 않은 선물까지 주니 말이다. 신라가 소정방에게 준 선물 중 추위와 병에 쓰이는 약재는 당의 군사들에게 사용되겠지만, 은과 가는 베 같은 아름다운 것들은 패전으로 분노한 황제의 측근에게 전해질 것이다. 물론 소정방의 입장을 황제에게 잘 설명해 줄 측근에게 말이다. 원래 이런 물건은 고정된 주인 없이 돌고 도는 것이 세상의 이치다.

귀환

《삼국유사》에는 소정방의 연락과 관련된 재미있는 이야기가 있다. 식량을 당군에게 건네주자 소정방 답례로 종이에 난새와 송아지를 그려 보내왔다. 김유신이 군영에서 이 그림을 보여줬지만 모두 그 뜻을 풀지 못했기에 원효를 불러 그림의 뜻을 물어봤다. 그러자 원효는 "속히 군사를 돌리라는 뜻입니다. 난새와 송아지를 그린 것은 둘이 끊어짐을 말한 것입니다"라 한다. 이에 김유신은 속히 군사를 돌리도록 명했다.

　이 이야기에 따르면 이번 작전에 그 유명한 원효대사도 함께했음을 알 수 있다. 군사적인 자문 역할을 하고 있는 모습이 뜻밖이다. 원효는 일반적으로 신라를 대표하는 승려이자 사상가로 알려져 있다. 남편을 잃은 태종무열왕의 둘째 딸인 요석공주瑤石公主와 혼인해 설총이라는 아들을 낳아 유명세를 치른 인물이기도 하다.

설총을 낳았을 때가 655년에서 660년 사이로 추정되니 김유신과 비슷한 시기에 왕의 사위가 된 것이다.

원효는 젊었을 적 화랑의 무리에 속했으나 도중에 깨달은 바가 있어 출가했다고 전해진다. 원효의 아버지는 5두품 이상이 얻을 수 있는 관직인 내마까지 올랐다고 기록돼 있다. 이를 미루어 볼 때 원효는 6두품급 가계였음을 알 수 있다. 즉 낭도 였다가 출가의 길로 떠난 것이다. 나이는 김유신보다 20살 정도 아래였는데, 그의 고향이 압량주라고 하니 김유신과의 인연도 꽤 오래된 것이 아닐까 싶다. 알다시피 압량주는 김유신이 백제 방어전을 위해 오랜 기간 군주로 지낸 지역이었다.

또한 우리가 익숙히 알고 있는 원효는 사실 이름이 아니라 호다. 당시 사람들은 그를 서당화상誓幢和尙이라 불렀다. 서당은 신라의 군사 제도에서 왕에게 속한 중앙 직속 부대이자 김유신과도 면밀한 관계가 있던 군단이었다. 이번 수송전에도 서당총관 진복이 참가하고 있었다. 이런 점을 비춰 볼 때, 원효의 어릴 적 이름이 서당이었다고 단순하게 기록돼 있는《삼국유사》의 기록과 달리 그와 서당은 연관이 깊은 관계였을 수 있다. 김유신과 남다른 인연을 맺었고 신라 왕의 사위에다 중앙 직속 부대의 스님이었다는 이 모든 기록의 파편이 이와 같은 추측에 신빙성을 더한다.

당시 불교는 지금의 관점과는 많은 부분에서 달랐다. 종교적인 측면뿐만 아니라 정치, 행정적인 일에도 불교가 끼치는 영향이 막대했다. 덕분에 귀족이나 왕족이 가문을 위해 출가하는 경우가 많았으며 이들은 전쟁이나 군사 작전 등에서도 적극적으로 참가해

김유신 말의 목을 베다

많은 기여를 했다. 화랑제도 자체가 미륵불 신앙을 결합해 운영했던 것이니 군대 내에서 승려가 할 수 있는 일도 그만큼 많았을 것이다. 호국불교가 장려되던 시대였다.

거기다 승려가 되면 얻을 수 있는 이점이 하나 더 있다. 당시에는 불교가 크게 번성했기 때문에 승려는 자신의 두품을 넘는 대우도 받을 수 있었다. 5~6두품에 불과한 이들도 유명한 승려가 되면 왕족인 성골, 진골에게 인사와 존경을 동시에 받을 수가 있었던 것이다. 이에 신분의 한계를 벗어나려는 인재 중 많은 수가 군인뿐만 아니라 승려도 되고자 했다. 전쟁에 종군한 원효도 이러한 경우가 아닐까 싶다. 현재까지 남아 있는 원효의 위대한 불교 사상가 이미지는 삼국 전쟁이 끝나고 나서 불교 사상을 깊이 연구하던 원효의 후대 인생이 투영된 것으로 보여진다. 삼국 말기의 젊은 시절 원효는 잔인한 전장의 한가운데에서도 두려움 없이 군인과 함께 움직이고 있었다.

한편 《삼국유사》나 《삼국사기》의 기록과는 달리 소정방은 신라에게 식량을 받고 곧바로 퇴군하지 않았다. 김유신에 의해 겨우 목숨을 건진 당군은 철수하는 대신 조금 더 버티는 쪽을 택했다. 신라로부터 식량을 공수받은 2월 6일 이후, 당군은 다소 기세가 살아난 듯 보였다. 그러나 2월 15일, 방효태가 연개소문에 의해 완전히 전멸당하면서 더 이상 작전을 수행하기가 어려워지게 된다. 그럼에도 소정방은 더 버틴다. 철수를 결정하기 위해서는 이보다도 중대한 핑곗거리가 있어야 했다.

사실 소정방에게 가장 무서운 일은 황제로부터 신라에게 식량을 받았으면서도 제대로 싸워보지도 않고 후퇴했냐는 질책을 듣는 일이었다. 이번 고구려 침공은 한때 당 고종이 직접 친정을 고려했을 정도로 중요하게 여긴 전투였다. 병사가 굶어 죽는 상황에 이르러도 버틴 이유가 바로 이 때문이다. 그만큼 철군도 형식과 절차가 중요했다. 눈치 없이 행동했다가는 병사들의 목숨은 살릴지라도 그보다 훨씬 중요한 자신의 목은 달아날 수 있었다.

하늘이 소정방을 돕는지 마침 고구려에 눈이 내리기 시작했다. 눈은 폭설이 돼 쏟아지기 시작했고 대동강변에 진을 쳤던 당나라 진영은 진흙탕처럼 질퍽거리는 땅 위에 있게 된다. 이런 상황이면 군사를 움직이고 운영하는 데 지대한 문제점이 생길 수밖에 없었다. 질퍽한 땅에 발이 잠기면 움직이기 정말 힘들어지기 때문이다. 기동력에 큰 문제가 발생하는 것이다. 만일 이 상황을 기회를 삼은 적군이 아군을 포위해 원거리에서 공격할 경우 잘못하면 앉아서 그대로 죽음을 맞이할 수도 있는 상황이었다. 이제야 철군할 핑곗거리가 만들어졌다. 소정방은 신라에게 식량을 공수받고도 약 한 달 정도를 더 버티다 662년 3월, 식량 부족이 아닌 폭설을 이유로 철군을 시작한다.

이 틈에 김유신도 빠르게 움직여야 했다. 지금까지는 고구려군이 당군을 먼저 습격할 태세였기에 잠시 시간을 벌 수 있었지만 이제는 신라군도 고구려군의 목표물이 될 것이 틀림없었다. 이런 상황에서 신라군에게는 왔던 길을 되돌아가야 하는 험난한 미래가 기다리고 있었다. 김유신은 어려운 상황에서 또다시 기묘한 계책을 펼친다.

김유신 말의 목을 베다

식량 수송이 끝나고 더 이상 할 일이 없던 소들에게 새로운 임무가 부여됐다. 김유신은 북과 북채를 각각 여러 소의 허리와 꼬리에 묶도록 명했다. 그러자 소가 꼬리를 휘두를 때마다 북소리가 울렸는데 이렇게 하면 진영이 비어 있어도 마치 군사가 진지에 있는 것처럼 소리가 나니 고구려군이 쉽게 공격할 수 없었다. 소에게 인간이 해야 할 일을 맡긴 것이다. 거기다 땔감을 쌓아 불살라서 연기와 불길이 끊이지 않도록 만들었다. 이 역시 신라군이 철군하지 않고 진영을 지키고 있는 것처럼 속이기 위함이었다. 이에 고구려군은 함부로 신라 진영을 건드리지 못했다. 아무리 철군을 준비하고 있는 군대라 해도 군사가 빠져나갈 때 공격할 틈이 생기는 것이지 진영을 단단히 지키고 있을 때 공격했다가는 오히려 반격을 당할 위험도 크기 때문이다.

이렇게 계책으로 고구려군을 속인 뒤 신라군은 야간에 몰래 진영을 버리고 빠져나갔다. 고구려군이 뒤늦게 신라 군영으로 가보니 텅 빈 진영에 소들만 잔뜩 모여 있는 것이 아닌가. 물론 당시 소라는 가축이 엄청난 가치를 가진 동물이기는 하지만 김유신의 목만 할까? 곧바로 추격군이 편성돼 신라군을 뒤쫓기 시작했다. 결국 신라군은 임진강 앞에서 고구려의 추격에 따라잡히고 만다. 강가에 다다른 고구려군은 이제 막 강을 건넌 신라군을 볼 수 있었다. 빠르게 강을 건너면 신라군의 목덜미를 잡을 수 있을 기회였다.

그러나 김유신은 이에 대한 대비를 이미 하고 있었다. 임진강을 건너기 전까지 쉬지 않고 행군을 해서 시간을 벌고 강을 건넌 뒤에는 병사를 쉬게 해 체력을 회복시켰다. 다음으로는 뒤쫓아 올 고구려군을 반격할 준비를 마련했다. 쇠뇌수를 준비시켜 강을 건너 추격하는 고구려군을 화살 세례로 맞이한 뒤 숨어 있던 병사로 퇴로를 막고 포위해 전멸시키는 계책이었다. 임진강을 통과했다고 넋 놓고 안심하다가는 고구려 추격군에게 크게 피해를 입을 수 있기 때문에 확실히 추격군을 제압하고 안전하게 퇴군하기로 한 것이다.

역시나 고구려군은 노련한 김유신의 예상대로 움직이고 있었다. 신라군이 곧 잡힐 것이라 생각한 고구려군이 급히 강을 건너왔다. 적이 사정권에 들어오자 신라군은 몰래 숨겨둔 쇠뇌수의 화살을 날렸다. 엄청난 화망에 수많은 고구려군이 당황하며 죽음을 맞이했다. 속은 것을 알고 퇴군하는 군사는 퇴로를 막은 신라군이 포위해 섬멸했다. 오히려 강이 고구려군의 장벽이 되고 만 것이다.

《삼국사기》 기록에 의하면 이때 무려 만여 명의 고구려군을 죽였다고 돼 있지만 어느 정도 과장이 들어간 수치인 듯싶다. 물론 고구려 영토를 멋지게 횡단하고 돌아온 이번 사건은 신라에게 있어 과장이 당연할 정도의 이슈이기는 했다. 만 명을 척살했다는 과장도 그래서 붙여진 것이 아니었을까? 경주에서 소문이 이처럼 부풀어질 정도로 김유신의 이번 작전은 대단한 성과로 인정받은 것이다. 문헌 기록을 보면 고구려 추격군 적장도 한 명 붙잡았으며 노획한 병장기도 엄청났다고 하니 후퇴하는 병력이 거둔 성과치고는 작은 성과는 분명 아니었다. 마무리까지 완벽하게 끝낸 김유신이 돌아오자 문무왕은 소식을 듣고 미리 사람을 보내 김유신을 비롯한 수송 작전에 동원된 모든 장병을 치하했다. 즉위 초반부터 무

김유신 말의 목을 베다

너질 뻔한 왕의 권위도 이를 통해 크게 신장된다.

이어지는 사건들

수송 작전에 참가했던 군사들이 경주에 도착하자 문무왕은 기뻐하며 상으로 봉읍과 작위를 차등해 내렸다. 특히 대장군 김유신과 손아랫동생 김인문에게 큰 상을 내렸다. 김유신은 문무왕을 만난 자리에서 당과 신라를 연결하는 데 지대한 공을 세운 열기와 구근의 공을 이야기하며 이들에게 자신이 급찬의 관위를 편의대로 줬으나 이 정도로는 그 공에 부응하기 힘드니 사찬의 관위를 더해 달라고 부탁한다.

이에 대해 문무왕은 처음에는 "사찬이라니? 너무 지나치지 않은가?"라 반응했다. 왕의 입장에서는 낮은 지위의 인물에게 6두품이 받을 수 있는 관등인 급찬을 넘어 그보다 한 단계 위인 사찬까지 준다는 것은 아무래도 무리라고 여길만 했다. 하지만 김유신은 다음과 같이 말한다.

"관직과 봉록은 공평무사한 그릇이니 공로를 세운 이에게 보수로 그것을 주는 것을 어찌 지나치다 이르십니까?"

이에 왕이 김유신을 말을 따랐다. 김유신에게 전임권을 준 이상, 그에 대한 권위도 충분히 생각해야 했다.

이렇게 고구려 수송 작전이 성공리에 끝난 지 몇 달 뒤 경주에 큰 일이 발생한다. 대당총관 진주와 남천주총관 진흠이 일족과 함께 사형을 당한 것이다. 일족이라면 가문 전체를 의미하니 정치적으로 상당히 큰 사건이었다. 문무왕은 이들이 거짓으로 병을 핑계 삼아 한가로이 방일하면서 나랏일을 돌보지 않았다는 죄를 물었다고 한다. 아무래도 수송 작전에서 소극적으로 반응하던 이들을 눈여겨 보다가 마침 백제 잔당이 일어난 것을 빌미로 장군들을 파견할 때 또다시 소극적으로 행동하던 자들을 추려서 본보기로 제거한 것이 아닐까 싶다. 진주의 경우 태종무열왕 시절 병부령의 신분으로 백제 정벌에 참가했고 죽을 당시에는 신라 최고 정예병인 대당에서 총관을 지내던 자였기에 많은 귀족에게 특히 큰 충격을 주었다.

몇 년이 지나 대당군단의 총관은 본래 진주와 함께하던 김인문, 문무왕의 사돈인 김흠돌은 그대로 유지된 채 김유신의 동생 흠순과 오른팔 천존, 왕실 집사부 출신인 문충, 왕실 직속 부대 서당 출신이자 고구려 수송 작전에 함께 했던 진복, 백제 토벌과 고구려 수송 작전에 투입된 양도, 문무왕의 동생 지경과 개원 등으로 재편된다. 이를 볼 때 아무래도 진주는 신라 귀족 체제를 중시하던 인물이었던 것 같다. 그의 제거 뒤 대당의 총관은 문무왕과 김유신의 측근으로 바뀌었으며 장군 수도 3인에서 9인으로 늘어나서 개인적으로는 어떠한 독단적인 행동도 함부로 할 수 없게 만들었다.

본래 경주 내 귀족 연합의 성격을 지닌 대당을 이렇게 왕실 측근의 군단으로 만들어 버렸으니 이번 사건은 시위부 확대에 이은 경주 내 반왕 귀족 세력의 완벽한 무장 해제를 의미했다. 사실상 경주 안에서 이루어지는 모든 합법적인 군마 지휘권은 완전히 문무왕과 김유신이 장악한 것이다. 진주 정도의 경력과 지위를 지닌 자

김유신 말의 목을 베다

도 왕에게 밉보이면 일족 모두가 끝난다는 것을 보여주면서 드러낸 왕권 과시 효과도 이에 비하면 부수적인 일이었다. 사건의 규모와 영향력을 볼 때 선덕여왕 시절 비담의 난 제압보다도 귀족 세력에게는 큰 타격이었다. 이 당시 김유신의 역할은 기록에서 크게 드러나지 않으나 꽤나 큰 영향력을 끼쳤을 것으로 짐작된다.

이처럼 고구려 수송전은 성공한 뒤에도 이어지는 대형 사건을 만들었다. 백제 토벌을 넘어 고구려 원정까지 이어지면서 여러 정치적 사항에 대해 문무왕을 반대하는 귀족 세력이 많아졌기 때문이다. 이번 작전은 사실상 김유신과 그에게 속한 장수들 그리고 왕가 일족인 김인문, 원효 등이 만든 작품이었다. 노구의 김유신이 직접 나서 자신이 조직한 것이나 다름없는 서당군을 주력으로 생사가 불투명한 어려운 작전을 펼쳤다는 것은 전통 귀족이 새로 즉위한 왕에 대한 흔들기가 상당했음을 보여준다.

역사서에는 김유신의 활약 등을 통해 가야계를 비롯한 친왕파의 힘이 상당한 듯 기록돼 있다. 그러나 사실 경주 내에서 가야계 및 친왕 귀족은 무력을 바탕으로 하는 주요 직책을 신라 왕의 비호 아래 장악해 다수인 기존 귀족 세력과의 미묘한 대립을 이겨낼 수 있었다. 이러한 분위기에서 또다시 힘든 일이 생겼을 때 왕실 측근 귀족만 계속해서 동원된다면 신라가 지닌 모든 힘을 보일 수 없었다. 이를 방지하기 위해 분명히 본때를 보여줘야 했다. 문무왕은 이후로도 전쟁을 통해 반대 세력을 꾸준히 제압한다. 왕권 강화에 전쟁을 연관시키는 것은 이전 왕들과 유사했다. 시대 분위기상 당연한 것일 수도 있겠다.

물론 문무왕이 진주, 진흠 신형 때 보여줬던 제압의 일면만 가지고 있었던 것은 아니었다. 그것은 진복이라는 인물을 통해서도 알 수가 있는데, 그는 서당총관으로 고구려 식량 수송 작전에 김유신의 부장군으로 투입된 인물이다. 이후 진복은 중시에 임명돼 왕을 측근에서 모실 수 있는 영광을 얻었고 다음으로 대당총관으로 임명되는 기쁨도 얻었다. 지방과 수도의 차별이 극심했던 신라였던 만큼 같은 총관이더라도 대당총관이 주는 느낌은 다를 수밖에 없다.

여기서 끝이 아니다. 진복은 문무왕의 아들이 왕이 되자 각간의 관등으로 상대등에 임명됐는데, 이후 상대등이라는 귀족 대표의 명예를 무려 12년간 역임하게 된다. 문무왕 초 어려운 정치적 상황에서 누구도 선뜻 하고자 하는 이 없었던 고난의 일을 김유신과 함께해낸 자인만큼 왕실에서는 두고두고 엄청난 특혜를 부여했던 것이다. 사실, 특혜를 받은 사람에는 한미한 집안에서 6두품이 된 열기, 구근이 있긴 했지만 그들과 달리 진골이었던 진복은 엄격하게 말해 시작하는 출발선이 달랐다. 가장 단 열매를 수확한 사람을 꼽는다면 아마 진복이 맞을 것이다. 그 치열하다던 진골 귀족의 관직 경쟁에서 벗어나 상대등을 12년간 할 수 있었다는 것은 고구려 수송 3개월간의 고생과 충성의 대가로 오히려 과분한 편에 속한 것이 아니었을까?

김유신 말의 목을 베다

13   백강구 전투

백제, 7백 년의 마지막

"저쪽 해안가의 시체도 건져라!"

"반드시 찾아야 한다. 시체라도 찾은 자에게는 관직이 내려질 것이다!"

해안가에 모인 병사들이 갈퀴로 시체를 건지고 있었다. 건져 올려진 시체는 하나하나 운반돼 다른 곳으로 옮겨졌다. 특히 고급스러운 옷을 입은 시체는 멀리 신라 쪽 막사로 옮겨졌다. 그곳에서 신분 확인 절차를 거친 뒤 화장시킬 예정이었다. 가까이 나지막한 언덕에는 땅이 여러 군데 깊게 파여 있었는데, 병사들은 이곳에서 시체의 팔, 다리를 잡아 구멍으로 던져 넣고 있었다. 시체들은 대부분 갑옷이 벗겨져 옷만 입고 있었다. 한곳에 모아 둔 벗긴 갑옷과 투구가 자그마한 언덕처럼 여러 개가 솟아 있다. 파여 있는 구멍 주변에는 승려로 보이는 이들 10여 명이 모여서 경을 읊었다. 짧은 의식을 끝낸 뒤, 이미 화장이 진행되고 있는 곳도 보인다. 먼 언덕을 따라 검은 연기가 여럿 올라가고 있었다. 부서진 배들의 파편도 해안가에 어지러이 흩어져 있다.

이때 '신라 대장군'이라 적힌 깃발을 휘날리며 가마 한 대가 바닷가 언덕을 이동하고 있었다. 장정 8명이 들고 있는 가마 위에는 투구를 벗은 채 꼿꼿하게 앉아 있는 김유신이 있다. 나이가 들었지만 여전히 강단 있는 모습이다. 멀리 바다 내음을 맡던 그가 조용히 말했다.

"흠. 도망간 건가? 아직도 못 찾았다고?"

"유신공, 아무래도 부여풍은 달아난 듯합니다. 칼만 발견됐는데, 백제 놈 근시의 말에 의하면 그 칼이 부여풍의 것이 맞다 합니다. 소식을 들은 유인궤가 그 칼을 원한다기에 대왕 폐하께서 건네주라고 하셨다지요."

답한 사람은 유신의 가마 옆에서 천천히 말을 타고 함께 가던 천존이다.

백제 부흥군은 어제부로 완전히 패배했다. 당에게 수군이 격파당했고 육상은 신라에게 무너졌다. 이 와중에 그들이 왕이라 부르던 부여풍은 행방불명이 됐다. 신라군은 전투가 끝나자 여기저기에서 시체를 건지며 부여풍의 생사를 확인하고 있었다.

"나도 이제 죽을 때가 다 됐는지 바닷바람이 꽤 차게 느껴지는

김유신 말의 목을 베다

군. 서쪽 바다는 원래 이리 찬 것인가. 아니면 계절이 끝난 건가?"

천존의 말을 듣는지 마는지 김유신이 고개를 까닥이며 말했다. 두 사람은 곧 해안가에 위치한 커다란 신라 막사로 들어갔다.

막사 앞에는 죽은 백제와 왜인 들의 목과 묶여서 엎드려 있는 적장으로 가득해 분위기가 어수선했다.

"대장군 드십니다."

병사가 크게 소리를 치자 이곳에 있던 모든 이들이 행동을 멈췄다. 앉아 있던 장수들은 곧장 일어서서 예를 갖춘다.

"이자들이 잡혀 온 자들인가?"

김유신이 들어오면서 카랑카랑한 목소리로 묻자, 엎드려 있던 누군가 나서 살려달라며 빌었다. 그러자 모두가 하나같이 살려달라며 빌기 시작했다. 어느새 엎드린 자들 전부가 흐느끼며 빌고 있었다.

김유신이 시끄러운지 조금 짜증나는 표정으로 손을 가볍게 흔들자, 장교들이 살아 있는 적장들의 입을 막았다. 그 모습을 본 천존이 명했다.

"쯧쯧. 대왕께서 유인궤와의 만남이 마무리되면 이곳으로 오신다고 했으니 살아 있는 자들은 바깥으로 옮기고 죽은 자들 중 이름 있는 이들은 목을 벤 뒤 이름표와 목만 전시하도록."

곧 적장들은 병사에게 끌려나갔다. 이제야 막사 앞이 좀 조용해진 듯했다.

김유신은 자신의 자리에 앉았다. 원래 대장군이라는 위치는 이런 일이 다 마무리될 때쯤 들리는 것이 맞으나 오늘은 빨리 도착한 참이었다. 약속이 하나 있었으나 보기 싫은 자를 만나는 것이라 굳이 갈 마음이 없었다. 그렇다고 달리 할 일도 없으니 예정보다 빨리 온 것이다. 거기다 왠지 막사 안의 이런 어수선한 풍경을 보는 것이 이번이 마지막일 것 같았다.

젊은 장교 시절에는 백제와 전쟁이 끝난 뒤에 매번 직접 시체를 확인하고 포로를 파악해야 했다. 그러나 장군이 된 뒤부터는 보고받아야 할 때 와서 보고를 받았을 뿐이다. 김유신은 바쁘게 움직이는 이곳의 장교들을 보며 잠시 예전의 자신을 회상했다. 그러자 나이 든 몸이 조금은 젊어진 기분이 들었다.

"유신공, 오늘따라 생각이 깊으십니다."

함께 온 천존이 웃으며 슬쩍 묻는다. 김유신 귀가 어두워 듣지 못한 척을 하며 다른 곳을 바라보았다. 천존은 그가 그러든 말든 말을 이어갔다.

"대왕께서도 기분이 안 좋으실 것 같습니다. 유인궤가 의자왕 아들 부여융을 소개하겠다며 대왕과 유신공을 초청했으니 말입니다."

당 장군 유인궤는 무슨 의도였는지 백제 부흥군을 무너뜨리는 장소에 의자왕의 다른 아들을 데리고 왔다. 그러고는 전쟁이 끝난 뒤 문무왕과 김유신에게 백제 왕자를 소개하겠다며 자신의 막사로 초청했다. 이에 김유신은 나이가 많아 몸이 아프다는 핑계로 서자인 군승을 보냈다. 사실은 당나라 놈들이 싫어 가지 않은 것이긴 했지만 말이다. 김유신은 문무왕도 자신이 알고 있는 그의 성격으로 볼 때 그곳에 오래 있지 않을 것이라 생각했다.

시간이 얼마나 지났을까. 멀리서 큰 북과 종이 울렸다.

　　　　　　　　　김유신 말의 목을 베다

"대왕 폐하께서 오시나 봅니다. 역시 예정보다 빨리 오시는군요."

마중을 위해 밖으로 나간 천존이 곧이어 문무왕과 함께 들어왔다. 문무왕은 왕의 권위를 그대로 보여주는 황금색 갑옷을 입고 있었다.

"허허. 삼촌도 일찍 온 것을 보니 유인궤 초청을 무시했나 보구려."

김유신을 본 문무왕의 표정이 밝아졌다. 그 역시 유인궤의 막사에 김양도를 대신 보낸 상황이었다. 신라를 무시하는 당 장수의 행동에 기분이 나빴기 때문이다.

사적으로 조카와 삼촌이며 공적으로는 왕과 대신인 두 사람은 마음이 통한 서로를 보며 슬쩍 멋쩍은 듯 웃었다. 상석이 채워지자 젊은 장교가 다가와 적장의 수급은 몇이고 포획한 자는 몇인지 크게 외쳤다. 아마 그는 왕과 대장군 앞에서 이것을 발표하기 위해 하루 내내 연습했을 것이다. 곧이어 병사들이 이름 있는 장수들의 목을 들고 왔다. 수급을 확인한 문무왕이 고개를 끄덕이자 옆에 있던 천존이 지시했다.

"확인된 수급은 당나라 본진에 보내주도록."

성과에 대한 모든 발표를 듣고 주요 수급을 확인한 문무왕이 대장군과 밖으로 나갔다. 어느덧 어둠이 깔린 밤이었지만 진영 안은 여러 곳에 불을 피워 마치 대낮처럼 밝았다. 높은 단 위에 묶여 있는 왜인들을 내려다보며 문무왕이 크게 소리쳤다. 이들의 처분을 신라가 맡겠다고 결심한 것이다.

"사실 신라와 왜는 서로 바다로 나뉘어 일찍부터 나쁜 인연을 가진 적도 없고 한때 우호를 맺고 사신을 교통했거늘, 오늘날 백제와 함께 악행을 벌인 이유가 무엇이냐? 차마 내 손으로 너희들을 죽일 수 없으니 풀어주겠다. 너희 나라로 돌아가 일본 왕에게 내 말을 전하거라."

곧 풀려나게 된 일본인들이 감사를 표하며 문무왕에게 절을 했다.

신라 입장에서는 전쟁이 끝난 이상 일본에게 아량을 베푸는 행동을 보이는 것이 좋았다. 신라나 일본이나 앞으로 서로를 적으로 두면 피차 피곤할 것이었기 때문이다. 하지만 문무왕의 뜬금없는 발표에 신하들은 놀라 당황했다. 당과 협약 없이 행동하다가 나중에 어떤 불똥이 튈지 몰랐다. 문무왕은 포로를 풀어주는 단독적인 행동을 통해 백제 왕자를 소개하려 한 당나라에게 맞불 작전을 편 것이다. 절대 기세 싸움에서 밀리지 않겠다는 의지였다. 누가 뭐라고 해도 백제 지역에 대한 최종 관리는 신라가 맡아야 했다.

"백제인 포로는 어떻게 하시겠습니까?"

천존이 묻자 문무왕이 슬쩍 김유신을 본다. 김유신은 왕의 눈길을 못 본 척 가만히 하늘에 시선을 두고 있었다. 백제 주력 부흥군이 모여 있는 주류성은 현재 김유신의 동생인 김흠순이 포위한 상황이었다. 전쟁이 아직 끝나지 않았던 것이다. 이런 상황에서 백제 포로를 어떻게 처리할 것인지, 김유신은 조카이자 왕인 문무왕의 선택이 어떨지 궁금했기에 조용히 지켜보기로 마음먹었다.

"백제인도 항복하는 자는 받아주고 일본으로 떠난다는 이들은 그들이 원하는 대로 해줘라."

문무왕은 가벼운 목소리였지만 자신감이 실려 있는 말투로 대답했다. 사실, 이제 백제인이 이 땅에서 할 수 있는 일이란 아무 것도 없었다. 아무런 힘도 못 쓰고 신라와 당에게 패배를 당한 이들이었으니 설사 주류성으로 돌아간다고 하더라도 잔존 세력에게 어떤 도움도 되지 못할 터다. 오히려 패배 심리가 확산돼 주류성의 방어가 약화될 수도 있었다. 사실상 백제 7백 년의 역사는 부여풍의 행방불명과 함께 어제부로 과거의 이름이 됐다.

김유신은 문무왕의 자신감에 찬 지시를 들으며 슬슬 자신이 가야 할 길이 끝나가고 있는 것을 느꼈다. 백제 멸망. 화랑이 돼 수련하던 젊은 시절에는 섣불리 상상조차 하지 못했던 그 날이 오고만 것이다. 계백의 5천 결사대를 물리친 뒤로 오랜만에 시원섭섭한 감정이 몰려왔다. 가만 생각하니 오늘따라 기분이 무거운 것은 유인원의 오만한 행동 때문이 아니라 오랜 기간 목표했던 것이 사라지면서 생긴 공허함 때문인 것 같기도 했다.

"내일부터 백제 잔병을 마저 무너뜨려려야 할 테니, 오늘은 그만 파하고 모두들 쉬도록 하게."

문무왕은 이와 같이 말하고 떠났다. 절차와 의식이 마무리되면서 가마에 탄 김유신도 자신의 막사로 돌아간다. 내일부터의 일이야, 김유신이 일일이 지시할 필요도 없었다. 일본 구원병은 무너지고 그들의 왕이란 자는 죽었는지 살았는지도 알 수 없게 됐으니 주류성 함락부터 시작될 남은 일은 여러 신라 장군이 문무왕을 도와 잘 처리할 것이다.

분열하는 백제 부흥군

　게릴라전은 21세기인 현재에도 세계 곳곳에서 벌어지고 있다. 이에 대한 사전적 정의를 보면 적이 점령, 지배하고 있는 지역에 정규군이 아닌 주민 등이 주력을 이룬 집단이 열세한 장비와 무장을 가지고 기습, 습격을 통한 무력행사를 하는 것을 뜻한다. 즉 조직력이나 전투력은 떨어질지라도 그 지역을 잘 알기에 적은 병력으로도 꾸준히 적의 정규군을 괴롭힐 수 있다는 것이 게릴라전의 장점이다.

　덕분에 아무리 강대국이라 해도 적의 게릴라전에 잘못 휩쓸리면 끝내 전쟁에서 패배하는 경우도 생기곤 한다. 1960년~1975년 사이에 벌어진 베트남전에서 세계 최강국인 미국이 작은 나라라 여기던 베트남에게 치욕적인 패배를 경험한다. 세계 최강이라는 미군은 낯선 지형과 적대 세력이 대부분인 주민 속에서 게릴라식 전투를 벌이는 적을 상대로 승리를 거두지 못했다. 이 패전의 영향으로 베트남전 이후 미군은 전쟁을 속전속결로 끝내는 방식을 사용한다. 덕분에 한동안 승리를 챙겼지만 2000년~ 2010년대 또다시 중동 지역의 게릴라전에 휩쓸리면서 미국은 국가 재정까지 심각한 상황에 처한다. 이처럼 게릴라전은 적군을 지속적으로 괴롭히며 결국 적국이 전투를 포기하게 만든다. 백제 부흥군도 게릴라전과 유사한 방식으로 신라와 당군을 괴롭히고 있었다.

　주류성과 임존성을 중심으로 하는 백제 부흥군은 사비와 웅진에 배치된 신라와 당의 군대와 대치 중이었다. 부흥군은 우호적인 주민을 통해 끊임없이 병력을 수급할 수 있었고 지역의 지리를 잘 알아 전투를 유리하게 이끌어 나갔다. 부흥군에는 잘 훈련된 병사 뿐만 아니라 백제의 갈 곳 없는 백성도 합류했기에 전투력은 떨어졌지만 병사 머릿수 자체는 많았다. 그러니 주력군과 전투가 벌어지면 밀리는 경우가 잦았지만 이내 군사 수를 채워 공격했다. 이런 게릴라 전법을 통해 부흥군은 나당 연합군의 체력을 소진시켜 나갔다. 어차피 게릴라전은 지지 않고 버티면 이기는 것이기에 부흥군은 이 상황을 반복해서 이어나가면 됐다.

신라와 당나라 군사 들은 이들의 계속된 침입으로 사비성을 수비하기 힘들어지자 결국 방어에 효율적인 웅진성을 거점성으로 삼을 수밖에 없었다. 연합군은 사방이 적인 상황에서 서서히 지쳐가고 있었다. 자신감이 생긴 백제의 복신은 당나라군에 사신을 보내 "언제쯤 중국으로 돌아갈 생각이십니까? 마땅히 사람을 보내 전송하리다"라 조소를 보낼 정도였다.

지루한 전쟁은 그렇다 치더라도 주력군에게 더 큰 문제는 식량과 보급품에 있었다. 나당 연합군이 사비성에서 보인 횡포로 인해 많은 백성이 뿔뿔이 흩어졌고 농사를 지을 사람이 없으니 먹을 것은 신라가 멀리서부터 공수해 보급할 수밖에 없었다. 이것마저 곳곳에 숨어 있는 백제 잔존 세력과 배고픔에 힘겨워하던 난민의 목표가 되니 신라 입장에서는 식량 수송이 엄청난 고난이었다. 그렇다고 이 일을 중단할 수도 없었다. 백제 지역에 주둔하고 있는 당과 신라 병사 들은 신라 본토의 식량이 없다면 독립적으로 자생할 수가 없는 상황이니 말이다. 게릴라전이 무서운 이유가 바로 이 때문이다. 아무리 강한 군대라도 적대 지역에 포위된 채 보급에 차질이 생기면 결국 무너질 수밖에 없다. 베트남전의 미군이나 중동 지역의 미군이나 이와 유사한 상황에 직면해 어려움을 호소했다.

그런데 나름 팽팽하게 대립하던 백제 부흥군에게도 문제점이 있었다. 바로 구심점에 관한 것이었다. 복신과 도침은 각각 상잠장군霜岑將軍, 영군장군領軍將軍으로 스스로를 일컬었지만 일개 장군의 지위로는 백제 전체를 총괄할 수 있는 권위가 부족했다. 반면 왕이 된 부여풍은 30년을 일본에서 체류하다 백제 땅을 밟았기에 백제 지역에는 연고가 없다시피 했다. 그러니 백제 왕의 피가 흐른다는 정통성은 가졌어도 지시를 내릴 팔, 다리가 없는 형국이었다. 그 결과 왕이란 직함은 단지 얼굴마담에 불과했고 실제 권력은 권위와 정통성에 하자가 있는 복신과 도침이 나눠 가지고 있었다.

결국 이들은 일개 백제 잔당에서 큰 규모의 정치적 세력으로 자라나지 못하고 어정쩡한 모양으로 멈춰 버린 상태였다. 그러자 이번에는 복신과 도침, 두 사람 사이의 분위기가 이상하게 흘러 가기 시작했다. 처음에는 둘 사이에 서열을 정해두지 않았지만 계급상 위인 왕이 허수아비에 불과하니 복신과 도침이 하나의 권력을 두고 다투기 시작한 것이다. 이 과정에서 승려였다가 부흥군 장수로 탈바꿈한 도침이 복신에 의해 죽임을 당한다. 복신은 도침을 죽인 뒤 모든 힘을 자신에게로 옮겼다. 부여풍은 단지 제의祭儀만을 주재할 뿐 여전히 허수아비 신세였다. 복신이 주도하는 백제군은 한동안 당과 신라를 크게 위협했다. 아무래도 권력이 한곳으로 집중되면서 잠시나마 군사 운영의 효율이 높아진 모양이다.

김유신 말의 목을 베다

하지만 잘나가던 복신에게도 최후가 다가오고 있었다. 662년 7월, 웅진을 포위하던 백제 부흥군이 신라, 당의 연합군과 싸우다 크게 패배한다. 단순히 병력을 잃은 것이라면 다시 채우면 그만이지만 이번 패배에서 부흥군은 성과 목책 등 방어 시설을 완전히 잃어 문제가 컸다. 규모 있는 본거지를 잃었으니 백제인이 느끼는 상실감도 컸으며 그만큼 사기도 떨어졌다. 정규군이 아닌 주민을 바탕으로 전투를 수행해야 하므로 이 같은 큰 패전에서 벌어지는 사기 저하를 복구하기가 쉽지 않았다.

또한 당나라와 신라 간의 수송을 막던 진현성眞峴城이 연합군에게 떨어지면서 신라와 당 간에 식량 수송을 막을 방도가 없게 된다. 진현성은 대전시 서구 용촌동에 위치한 성으로 대전과 논산을 연결하는 길목에 있는데, 지금은 흑석동산성이라 불린다. 복신은 이곳을 마지노선으로 보고 병력을 충원해 지키도록 했으나 결국 8백 명의 사상자와 함께 성이 함락됐다. 식량과 보급이 충분히 공급되기 시작한다면 적극적으로 공세에 나설 측은 나당 연합군이 될 터다. 이것으로 불행이 끝난 것이 아니었다. 당나라에서 좌위위장군左威衛將軍 손인사孫仁師가 지휘하는 구원병이 출발한 것이다. 대규모 병력이 아닌 7천 명이라는 숫자였지만 그 상징성은 컸다. 이제 신라, 당 연합군이 더 이상 시간을 지체하지 않고 빠르게 백제 부흥군을 제압할 심산이라는 뜻과 같았다.

분위기가 급속도로 나빠지면서 복신과 부여풍의 관계도 냉랭해진다. 사실 백제 부흥군이 지금까지 버텨 온 것은 복신의 공이 컸다. 그러나 이 이상 세력이 커지지 못한 것도 복신이 가진 한계였다. 이때 복신이 가진 지위는 한 지역 또는 부대를 통괄하는 자리인 장군이었으나 그가 맡고자 했던 일은 백제 전체를 총괄하는 것이었다. 왕도 아니고 왕자도 아니었던 복신의 지위로는 무리가 따르는 일이었다. 복신의 이름으로는 백제 전역에서 벌어지는 부흥군의 움직임을 하나로 결집해 통일시키는 것이 쉽지 않았다. 적인 당나라는 백제 부흥군에 사자를 보낼 때는 관품이 낮은 자를 보냈다. 일부러 상대를 낮춰 대해서 권위를 깎아내리는 수법이었다. 백제 전통 정부가 아닌 일개 백제 잔당으로 취급하는 것이다.

거기다 도침을 없애고 홀로 권력을 잡고 나자 모든 실패의 책임도 그에게 돌아가게 됐다. 잘나갈 때는 모든 공을 독차지하지만 실패하면 후폭풍도 만만치 않은 것이 1인 권력 시스템이다. 안, 밖으로 복신에 대한 반응은 차가워질 수밖에 없었다.

이처럼 실패가 쌓이면서 불꽃처럼 타올랐던 부흥군의 움직임도 통일성을 잃으며 점차 잦아들기 시작한다. 부여풍은 이러한 모습에 불만이 생겼다. 최소한 왕의 핏줄을 지닌 자신 정도는 돼야 백제의 구심점이 될 것이 아닌가? 단순히 서 있기만 할 왕이면 일본에서 올 이유도 없었다. 당이 보이는 태도도 자신이 부흥군의 중심이었다면 보일 수 없는 행동이었다. 자신은 엄연히 의자왕의 아들이 아닌가? 일개 장군 지위에 있는 자가 왕을 넘는 힘을 가진 것도 우스운 일이었다. 결국 두 사람 사이에는 서로의 시각차로 인한 불만과 반목으로 깊은 앙금이 생겨났다.

《삼국사기》에 의하면 복신은 병을 핑계로 누워 있다가 부여풍이 문병을 오는 순간 죽이려 했다고 전해진다. 이것을 부여풍이 미리

김유신 말의 목을 베다

알아차리고 반대로 심복들을 데리고 복신을 찾아가 먼저 그를 죽여 버렸다고 한다. 그러나 복신이 아무리 부여풍이 마음에 안 든다고 하더라도 자신이 왕이 될 것도 아닌 이상 허수아비 상태 그대로 부여풍을 두고자 하지 않았을까? 굳이 복신이 먼저 나서서 부여풍을 죽일 이유는 없었다. 반면 부여풍 입장에서는 복신은 죽여야 할 역적이었다. 자신을 능멸한 자가 아닌가? 《일본서기》에는 이와 관련해 다른 이야기가 전해진다.

> 백제 왕 부여풍은 복신이 모반하려는 마음을 가졌다고 의심해 손바닥을 뚫고 가죽으로 묶었다. 그런 뒤 이를 어떻게 처결해야 할지 몰라 신하들에게 "복신의 죄가 이미 이와 같으니 목을 베는 것이 좋겠는가, 아닌가?" 하고 물었다. 이에 달솔 덕집득이 "이 악한 반역 죄인은 풀어 줘서는 안 됩니다"라고 했다. 복신이 덕집득에게 침을 뱉으며 "썩은 개 어리석은 놈"이라 했다. 왕이 병사로 하여금 복신의 머리를 베게 했다. 복신의 머리는 소금에 절여진 채 젓갈이 됐다.

이 기록에 따르면 부여풍이 복신을 의심해 먼저 공격한다. 복신의 집중된 권력에 불만이 쌓인 자들도 동조했을 것이다. 그러나 복신을 생포한 뒤 부여풍은 그를 어떻게 처분할지 결정을 내리지 못한다. 측근이 복신을 죽여야 한다고 강력히 주장하자 비로소 목을 베게 했다. 아마 복신의 위상과 군대 내 지위를 봤을 때 함부로 죽이기에는 껄끄러워서 잠시 생각을 해본 듯하다. 하지만 이미 칼을 뺀 이상 둘 중 하나는 죽어야 했다. 복신의 머리를 젓갈로 만들 정도였으니 부여풍이 복신을 상당히 미워하기는 했던 것 같다. 내부 대립으로 인한 장군들의 잇따른 죽음으로 백제 부흥군이 가야 할 운명이 정해졌다. 욕심은 많았지만 끈질긴 전투 수행력이 있었던 복신이 사라지면서 신라와 당의 세찬 공격을 적극적으로 막아낼 장수가 부흥군에는 존재하지 않았다.

일본, 백제에 지원군을 보내다

일본은 다이카 개신을 통해 중립적인 성향을 보이긴 했지만 오랜 기간 돈독했던 백제와의 관계 때문에 친 신라계가 되기는 어려웠다. 자주적인 국가 운영을 위해 백제를 조금 등한시했을 뿐, 여전히 백제계 세력은 일본 내에서 상당한 지위를 가지고 있었다. 그러다 660년 백제가 멸망하면서 분위기가 크게 반전된다.

당시 실권자였던 나카노오에 황자는 오랜 고심 끝에 백제 부흥군을 적극적으로 지원하기로 결정한다. 당나라의 주변 국가에 대한 정복욕은 결국 한반도까지 영향력을 미치기 시작했는데, 백제가 멸망한 이상 그 칼이 언제 일본을 향할지 모르는 상황이었다. 뿐만 아니라 신라와 당은 이미 일본을 동맹 가능성이 있는 나라에서 제외해 버렸다. 당나라 눈에 일본은 고구려-백제-일본으로 연결되는 적국 일원 중 하나에 불과했다. 일본이 어떤 행동을 취하든 이미 주사위는 던져진 상황이었다. 물론 백제 멸망의 소식을 들은

김유신 말의 목을 베다

일본 내 백제계 세력의 강력한 요청도 뿌리치기 힘들었다.

일본은 백제를 지원하면서 세계를 재패하는 국가인 당과는 적이 되지만 반대로 다음과 같은 이점도 얻을 수 있었다. 다이카 개신은 귀족과 호족에 의해 좌우되던 일본 정치를 왕실 중심의 중앙집권 체제로 옮기고자 이루어진 개혁 운동이었다. 이를 위해 나카노오에 황자는 꾸준히 중앙집권적 정치 개혁을 추진했다. 하지만 호족과 귀족의 반발을 완전히 제압하기는 힘들었다. 이에 일본 동부 지방을 정벌하는 전쟁을 통해 군사권부터 중앙으로 집중시키고자 했다. 우리가 익히 알고 있는 '쇼군'이라는 관직도 일본 동부 지역을 정벌하는 사령관 관직에서 등장한 것이다. 이와 같은 일본의 모습은 삼국시대 신라, 고구려, 백제가 보인 행동과 유사했다. 전쟁을 통한 왕권 강화였다.

여기서 더 나아가 대국적인 호소를 통해 백제 지원에 나서게 되면 어떻게 될까? 당연히 세계 국가 당과 적을 두는 일인 만큼 국가는 강력한 비상 시국을 선포할 것이며 군사권을 비롯한 여러 개혁 정책은 이러한 비상 시국을 틈타 중앙으로 빠르게 귀속시킬 수 있을 것이다. 그동안 상위 국가로 존재하던 백제를 후원하는 것으로 국가 권위를 대내외적으로 높이는 효과도 가져올 수 있었다. 만일 이렇게 지원한 백제 부흥군이 부분적인 성공이라도 이룬다면 일본이 한반도에 영향력을 미치는 강대국으로 변모할 계기도 마련될 것이다. 결국 일본 정부에는 백제를 지원하기로 한다. 계산이 맞아떨어진다면, 성공했을 때 얻을 열매가 무척 달게 보였기 때문이다.

《일본서기》에는 일본의 군사 파병에 대해 세 차례에 걸쳐 4만여 명을 지원했다고 기록하고 있다. 이 수치에는 어느 정도 과장이 들어간 듯 보인다. 그래도 상당한 지원이 이루어진 것만은 분명한 사실이다. 일본에 체류 중이던 왕자 부여풍이 백제로 돌아온 것도 백제 부흥군이 일본의 지원을 확실히 보장 받기 위해 선택한 일이었다. 부여풍은 30년간 일본에 있었는데 사실상 백제와 일본을 연결하는 외교대사이자 일본 왕에게 정책을 자문하는 일을 맡고 있었다. 당연히 부여풍에게는 새로운 백제를 세우는 데 일조를 해 자신의 잃어버린 시간을 화려하게 보상 받고자 하는 욕심이 있었을 것이다.

그리고 663년 6월, 부여풍은 복신을 제거한다. 부흥군이 약해지는 상황을 다시 일으켜 세우기 위해서는 왕을 중심으로 한 강력한 항전이 필요하다 여긴 것이다. 복신을 제거한 다음 부여풍은 곧바로 일본에 원병을 요청했다. 복신이 죽으면서 부흥군 내에 복신파도 대거 숙청됐는데 이들은 그동안 나당 전투에서 앞장을 서서 싸우던 자들이었다. 당연히 그들의 빈자리를 대신하는 군사가 필요했다. 부여풍은 이를 일본에서 보충할 생각이었다.

일본도 발 빠른 원병 지원에 나서 대규모 선박에 병력을 실어 백제로 구원을 보낸다. 부여풍은 일본에서 오는 원병을 통해 부흥군 내 지지 기반을 닦고 압박해 들어오던 신라와 당의 군사를 몰아내 새로운 백제를 일으켜 세울 계획이었을 것이다. 그러나 부여풍의 각오는 남달랐겠지만 신라와 당도 더 이상 가만히 있지 않았다. 연합군에게는 백제 부흥군의 지도부가 분열해 복신이 제거되고 실력 있는 장수들이 숙청된 이때가 바로 하늘이 주는 기회였다. 당은 당

김유신 말의 목을 베다

대로 군사를 출진시키고 신라도 문무왕과 김유신을 포함한 28명의 장군이 합세해 공격을 시작한다. 부흥군의 주력이 위치한 주류성으로 일본, 신라, 당이 각기 자신들의 군사를 거느리고 다가오고 있었다.

백강구 전투, 백제의 진정한 멸망

《삼국사기》에 기록된 백강은 현재의 금강으로 알려진 곳인데, 부흥군의 주력은 백강 하류에 위치한 주류성에 있었다. 신라는 백제 부흥군의 숨통을 끊기 위해 미리 이곳으로 오는 길을 확보했다.

663년 초, 문무왕은 김유신의 동생인 김흠순과 천존에게 명해 백제의 거열성, 거물성, 사평성 등을 차례로 함락시키게 한다. 이곳은 백제에서 옛 대가야로 진입하는 입구에 위치한 성이었다. 김유신이 직접 움직이지 않은 것은 그가 이 정도 일까지 굳이 나설 필요가 없었기 때문이다. 이때 이 지역 백제 성들은 서로 간의 긴밀한 연결 없이 따로 항전을 지속하고 있었다. 구조상 신라군의 본격적인 공격이 시작되면 오래 버티기 힘들 수밖에 없었다.

예측한 대로 김흠순과 천존은 군단을 이끌고 와서 백제 성을 쉽게 함락한다. 이로써 경주에서 백제로 들어오는 길은 크게 두 갈래로 나뉘게 됐다. 현재의 청원상주고속도로를 따라 소백산맥을 넘고 대전을 지나 들어오는 기존의 길과 옛 대가야 지역을 통과해 진입하는 새로운 길이 그것이다. 김흠순이 뚫은 길은 경주에서 남원

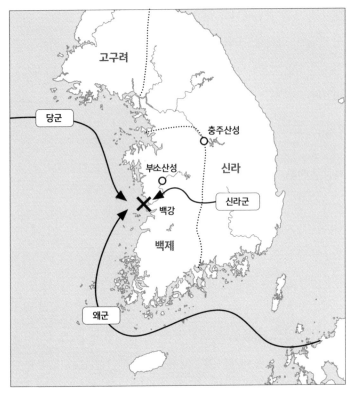

백강구 전투

까지 직선으로 연결돼 있어 경주에 위치한 신라의 주력군이 빠른 속도로 백제 영토로 진입할 수 있게 했다. 경주에서 갈 수 있는 지름길이 만들어진 것이다.

여기서 끝내지 않고 김흠순과 김천존은 덕안성까지 함락시키고 적 천 70명의 목을 벤다. 덕안성은 논산에 위치했는데 김흠순의 군대가 옛 대가야에서 출발해 어느덧 백제 중심부까지 다다랐음

김유신 말의 목을 베다

을 의미한다. 신라군의 기세는 말 그대로 파죽지세였다. 논산에서 백제 부흥군이 머물고 있는 주류성까지는 지척이다. 이처럼 문무왕은 백제 잔병과의 전투에 아버지와는 달리 적극적으로 김유신 측근 인사를 썼다. 그만큼 삼촌인 김유신을 신뢰했다. 무엇보다 그들은 신라 내에서 가장 강력한 군단이기도 했다.

663년 8월, 모든 준비가 다 끝나자 노장 김유신과 문무왕은 죽지 등 장군 여러 명을 거느리고 백제 영토로 간다. 일부 신라 병력은 웅진성의 당군과 함께 이동했다. 김유신은 정예부대를 이끌고 경주에서 출발해 동생 김흠순이 평정한 땅을 차곡차곡 밟으며 주류성을 향해 진격했을 것이다. 이렇게 진격하면 새로 얻은 영토를 왕과 대장군이 직접 확인하면서 동시에 빠르게 이동이 가능하니 일석이조의 효과였다.

같은 시기 당나라는 해군과 육군을 동시에 주류성으로 이동시키고 있었는데, 손인사와 유인원은 육군을 유인궤는 해군을 지휘했다. 그런데 유인궤는 또 다른 손님 한 명과 함께 움직이고 있었다. 그 손님은 바로 의자왕의 아들 부여융이었다. 부여융은 의자왕 시절 태자의 신분에 있었고 백제가 패망한 시점에는 태자에서 내려왔지만 여전히 명망과 지위가 높은 자였다. 그가 당나라 장수와 함께 있었던 것은 당나라가 백제 지역을 통치하기 위해 부여융을 필요로 했기 때문이다.

당은 백제의 항전이 생각 외로 심각해지자 이곳 주민을 위무하기 위해 기존 백제 왕실의 명성이 필요하다고 여겼다. 즉 부여융이 할 일은 당의 허수아비 역할이었다. 사실 이런 비극적인 역할을 하는 인물이야 그동안의 역사에 엄청나게 많았다. 당연히 부여융은 자신의 역할이 무엇인지 알고 있었을 터다. 패망한 나라의 유력자 운명이란 이런 것이었다. 그리고 이러한 당의 행동은 신라의 심기를 불편하게 만들 수밖에 없었다.

한편 부흥군 왕인 부여풍은 신라와 당나라 육군이 주류성을 향해 진격해 오자 8월 13일, 장수들에게 성을 지키도록 하고 자신은 백강으로 가서 구원 온 일본군을 데리고 오기로 한다. 일본에서 군대가 오고 있다는 소식을 듣고 직접 이들을 이끌고 와서 성을 지키려 한 것이다. 한시라도 빨리 원군이 오기를 바라며 오매불망 기다리던 부여풍의 급한 마음을 볼 수 있다. 하지만 강가로 간 부여풍이 마주한 것은 처참한 현실이었다.

27일, 일본의 배가 강에 정박하고 백제 기병과 보병 들이 일본 군사가 배에서 내릴 수 있도록 지원하려 하자 신라의 기병이 달려와 백제군을 내쫓았다. 신라는 대규모 병력의 상륙을 허용하지 않을 생각이었다. 육상의 지원군이 신라에 의해 그대로 무너지니 백제와 일본 연합군은 배에서 내리지 못하고 수군을 통해 역전승을 만들어야 했다.

그러나 이번에는 당나라 수군 170척이 일본 구원군을 실은 배를 처절하게 대파했다. 이번 지원을 위해 일본은 2년간 군사를 조련하고 배를 제작했다. 그럼에도 대군을 상대로 침착하게 작전을 펼치는 당군 앞에서 일본군은 숫자의 우세만 믿고 함부로 덤비다가 큰 패배를 맞보게 된다. 당은 화공을 통해 일본 선박을 공격했

김유신 말의 목을 베다

다. 일본의 배 4백 척이 불에 휩싸였고 연기와 화염이 하늘을 찔렀다. 일본군은 지휘관이 풍향을 잘못 예측하는 바람에 불길이 번지는 것을 막을 수가 없었다. 육상과 해상 모두의 패배였다. 부여풍은 이 모습을 보고 절망해 달아나니 신라와 당은 비록 그를 잡지 못했지만 부여풍의 보검을 노획하는 것으로 충분히 만족할 수 있었다.

주류성은 구원군이 오지 않자 결국 9월 7일, 신라군의 공세에 무너지고 만다. 주류성이 함락됐다는 소식이 들리면서 나머지 백제 세력도 대부분 항전을 포기하기로 결정한다. 이 같은 처절한 패배로 인해 일본은 현격한 실력 차를 느꼈을 것이다. 일본은 구원군을 파견하기 위해 상당한 노력을 기울였으나 오랜 전쟁으로 단련된 신라와 당군 앞에서는 고양이 앞의 쥐에 불과했다. 단순히 숫자의 우세만 믿고 대오도 잡히지 않은 상태로 전투를 벌였으니 이길 수 없는 것이 당연했다.

백제 부흥군 역시 지도층끼리 분열돼 남은 자들도 충성을 담보할 수 없던 상황이었으니 이러한 패배는 어쩌면 당연한 결과였다. 패전과 함께 이들은 역사에 남을 깊은 한탄을 남긴다.

"오늘로 백제의 이름이 끊어졌으니, 앞으로 조상의 묘가 있는 곳에 어찌 갈 수 있겠는가."

백제 부흥군 중 귀족들은 이대로 신라와 당에게 잡혀서 수모를 당하느니 차라리 일본으로 망명하는 길을 택했다. 663년, 백제의 진정한 멸망이었다.

마지막 선택지

가장 큰 백제 부흥세력이 무너지면서 산발적인 항전도 곧 신라군에 의해 제압됐다. 이 상황에서 당나라는 의자왕 아들 부여융을 통해 백제 지역에 친당정부를 세워 한반도 지역을 통치하고자 한다. 신라는 당나라의 힘에 눌려 이들의 행동을 용인하는 듯 보였지만 실제로는 알짜배기 백제 영토를 야금야금 신라의 것으로 흡수하고 있었다. 백제인 중 일부는 일본으로 망명을 가고자 했으나 일부는 신라에 흡수되는 현실을 인정하고 지역 내에 권리만 인정해 준다면 신라인으로 살기로 마음을 먹는다. 물론, 이 두 가지 선택이 다 마음에 안 드는 백제인도 있었다.

30대의 나이였던 임존성 성주 흑치상지는 백강구 패전의 소식을 들은 뒤 신라가 아닌 당나라에 항복한다. 당 고종이 그에게 사신을 보내고 타이르자 항복했다고 《삼국사기》에는 기록돼 있지만 실제로 당 황제가 흑치상지만 꼭 집어서 항복하라고 하지는 않았을 것이다. 백제 잔당을 대놓고 무시하던 당나라의 황제가 직접 백제 패장 한 명을 우대해 주는 행동을 취했다고는 상상하기 힘들다. 아마 부여융이 당나라의 제안을 가져와 흑치상지와 담판을 지은 것이 아닐까 싶다. 백제 잔당을 당으로 흡수하는 과정 속에 흑치상지도 함께한 것이다.

부여융은 한때 백제의 태자 지위에 있었고 비록 허수아비일지라도 당나라가 인정하는 정통 백제 정부의 수반이었다. 이에 흑치상지는 이왕 이렇게 된 것 당나라에 항복해 새로운 인생을 살아보기로 정했다. 새로운 도전을 해보기에 아직 충분히 젊은 나이라는 점도 이런 결심을 부추기는 이유가 됐을 것이다. 이때 상당히 굳은 마음을 먹었는지 당나라인이 된 흑치상지는 여러 전투에 적극적으로 참가해 큰 공을 세웠고 결국 당 황제도 인정하는 이름난 장군으로 기록된다. 그러나 흑치상지의 새로운 인생은 결국 모함을 받아 투옥됐다가 옥에서 자결하는 것으로 끝난다. 서글픈 이방인의 운명이었다.

흑치상지가 사라진 임존성은 지수신遲受信이라는 장수가 끝까지 남아 지켰다. 일본 망명도 신라와 당에 항복도 아닌 네 번째 선택지를 고른 백제인이다. 지수신은 지세가 험한 이곳에서 백제의 의지를 마지막까지 보여주기로 마음을 먹었다.

10월 21일, 주변을 다 제압한 신라군이 임존성을 향해 진격했다. 김유신과 문무왕은 임존성을 끝으로 백제 잔당 토벌전을 마무리하고자 했다. 임존성은 충남 예산군 봉수산에 위치하고 있는데 돌로 쌓은 성벽도 견실하고 규모도 큰 성이다. 또한 정상에서는 주변 위치가 한눈에 다 보이며 특히 예당저수지와 예산 방향을 훤히 바라볼 수 있다. 사실 이 성은 북방에서 오는 고구려 침공을 막기 위해 지어진 곳으로 백제가 만든 성치고는 상당히 큰 규모를 자랑했다. 강력한 고구려 침공에 대비해 오랜 기간 웅거하면서 방어할 수 있는 성으로 만들어진 것이다.

신라군은 승리의 기세를 몰아 임존성을 둘러싸고 보름 정도를 공격했지만 결국 함락시키지 못한다. 문무왕과 대장군 김유신이 함께했지만 신라군 자체가 여러 지역을 돌아다니며 오랜 기간 전투를 했기에 엄청난 피로감을 호소하는 상황이었다. 그래서인지 전투를 지속할 만한 사기가 더 이상 유지되지 못했다. 김유신은 이전의 낭비성 전투나 백제 5천 결사대와 싸웠을 때처럼 젊은 장수를 희생시키면서까지 사기를 올려 임존성을 공격할 필요성을 느끼지는 못했다. 이런 고립된 성이야 지금 당장 안 무너져도 가만두면 알아서 제풀에 쓰러질 테니까.

결국 11월 4일이 되자 신라군은 군사를 돌리기로 한다. 문무왕은 왕의 자존심을 지키기 위해 끝까지 밀어붙이고 싶었겠지만 김유신이 그만 물러나자고 건의하지 않았을까 싶다. 조금은 아쉬운 마무리이기에 문무왕은 떠나면서 다음과 같이 말한다.

"지금 비록 성 하나가 떨어지지 않고 있으나 여타의 나머지 성과 보루들이 모두 항복했으니 공이 없다고 하지는 못할 것이다."

11월 20일, 김유신은 경주로 복귀했다. 문무왕은 69세의 나이임에도 전쟁의 마지막까지 신라군과 함께해준 김유신에게 밭 5백 결을 내려 감사의 마음을 표현했다. 663년 8월부터 시작한 전쟁은 4개월이 지나서야 끝났다. 물론 그 이전부터 백제 영토 최일선에서 전투를 하던 수많은 군사는 더 오랜 기간을 전장에서 보냈을 것이다. 오랜 전쟁으로 인한 피로감을 이겨내고 결국 백제의 영토 대부분을 신라의 것으로 귀속시킬 수 있었던 것은 대장군 김유신이 늙은 나이임에도 끝까지 신라군의 구심점이 돼 격려를 했기에 가능했다.

이전과는 달리 이번 전쟁에서 김유신은 전쟁의 전면에서 세부적인 작전을 짜거나 명을 내리는 등의 행동은 하지 않았다.《삼국사

김유신 말의 목을 베다

기》에 묘사된 김유신은 왕과 함께 후방에서 군대를 지원하는 모습을 보이고 있다. 지금으로 치면 고문 역할에 충실한 것이다. 그러나 단지 상징적인 존재와 함께하는 것만으로도 신라군에게는 큰 위안과 도움이 됐다. 그의 이름은 신라군을 상징하는 그 자체였다. 대신 동생인 김흠순과 오른팔 천존이 주요 전장에서 군을 통솔하며 백제군을 제압했다. 아무래도 나이 든 김유신을 대리해 움직인 듯하다.

김유신은 자신이 꿈꿔온 일이 거의 마무리되고 있음을 느낀다. 백제 정벌. 젊을 때부터 바랐던 그 일이 마무리된 이상 이제 전장에서 퇴장할 때가 왔다고 생각했다. 전장에서 김유신은 더 이상 주인공이 아니었다. 어느덧 조력자로 만족할 시기가 된 것이다. 경주에 복귀한지 한 달여 뒤 새로운 해가 시작되자 70세가 된 김유신은 문무왕에게 정계 은퇴를 신청한다.

한편 끝까지 버티던 임존성은 결국 당나라로 귀환한 흑치상지에 의해 무너졌다. 명성 높은 전 성주가 당군과 함께 군사를 끌고 오자 성을 지키던 백제군은 항전하고자 하는 생각이 싹 사라진 모양인지 생각 외로 쉽게 무너져 버린다. 한때 같은 편이었던 자들이 서로 칼을 겨누는 것은 정말 안타까운 일이다. 당나라 장수 유인 궤는 흑치상지가 가지고 있는 특수성을 이용해 당나라의 피해 없이 난공불락의 성을 취할 수 있었다.

성이 함락되자 지수신은 처자식도 버려둔 채 고구려로 달아났다. 고구려는 백제 부흥군 왕이었던 부여풍도 마지막으로 선택한

곳이다. 끝까지 신라와 당나라에 대항해 싸워보겠다는 의지였던 것 같다. 다만 처자식을 두고 갔다는 것으로 보아 지수신은 자신의 가족들은 운명이 허락한다면 살아남기를 원한 것이 아닐까? 죽음으로 백제와 함께 사라지는 것은 자신 하나면 족하니 말이다. 고구려로 달아났다는 지수신은 그 이후의 기록에 더 이상 등장하지 않는다. 네 번째 선택지를 고른 백제인이 남긴 슬픈 이야기다.

김유신 말의 목을 베다

14 _____ 당의 제안

추남설화

《삼국유사》〈김유신 편〉에는 추남설화라는 이야기가 남아 있는데,
그 내용이 참으로 기묘하게 전개된다.

> 김유신이 화랑이던 시절, 낭도로 백석이라는 자가 있었다. 그의
> 출신과 내력을 전혀 알 수 없었으나 김유신은 그를 어느 순간부터
> 신뢰하기 시작했다. 어느 날 백석이 김유신에게 다가와 "저와 함께
> 적국의 내정을 정탐한 뒤에 일을 벌여봄이 어떠하겠습니까?"라
> 했다. 사실 김유신은 언젠가 고구려와 백제를 정벌하려는 계획을
> 가지고 있었다. 이에 젊은 혈기로 김유신은 백석과 함께 밤을 타

서 적국으로 출발했다.

그런데 이 여행의 주간부터 분위기가 기묘한 세 명의 여인이 유신을 따라왔다. 어느덧 이 여인들과 김유신은 골화천이라는 곳에서 유숙을 하며, 맛있는 과일을 주고받으며 즐겁게 이야기를 하게 된다. 이 와중에 김유신은 이들 세 여인과 마음이 통해 속에 있는 이야기를 털어놓았다. 그러자 여인들이 말한다.

"당신이 하는 말은 잘 들었습니다. 잠시 백석을 따돌리시고 함께 숲속으로 들어가시면 알려 드릴 이야기가 있답니다."

김유신은 여인들 말대로 백석에게 다른 명을 내린 뒤, 그가 주변에 없는 상황이 되자 숲으로 들어갔다. 그런데 유신이 다가서자 세 여인의 모습이 신령으로 변하는 것이 아닌가?

"우리들은 나라를 지키는 나림, 혈례, 골화라는 신령이다. 지금 적국 사람이 당신을 유인하는데 이를 알지 못하니 우리가 이를 알려주기 위해 당신을 따라온 것이다."

이 말을 마치자 세 신령은 그대로 사라졌다.

김유신은 기묘한 상황에 깜짝 놀랐다. 그리고 세 신령이 사라진 자리에 절을 하고 숲을 나왔다. 골화의 유숙하는 곳으로 다시 온 유신은 백석을 불러 다음과 같이 말한다.

"내 깜빡해 중요한 문서를 가지고 오지 않았으니 집으로 돌아가 이를 가지고 오자."

백석은 의심 없이 김유신의 명을 따랐다. 집에 도착하자 김유신은 백석을 포박해 세 신령의 이야기를 들려주며 사실 여부를 실토하라고 한다. 백석은 유신의 이야기를 듣고 자포자기하며 이야기

김유신 말의 목을 베다

를 시작했다.

"나는 본래 고구려 사람인데, 우리나라에서 신하들이 말하길 신라의 유신은 우리나라의 점술가 추남이 환생한 인물이라고 합니다."

백석의 입에서 나오는 이야기도 기묘하기는 마찬가지였다. 어느 날 고구려에서 이상한 자연현상이 벌어지자 고구려 왕이 점술가 추남을 불러 점을 치게 했다. 그런데 점술가가 "대왕의 부인께서 음양의 법칙을 거슬러서 이런 일이 벌어지는 것입니다"라 하는 것이다. 이는 곧 왕비가 왕 몰래 다른 남자를 만난다는 이야기였다.

이에 왕이 크게 화가 나자 부인은 "요사스러운 놈의 저주 같은 말을 믿으십니까? 다른 일로 추남을 시험해서 만약 틀리면 엄중한 형벌을 내리셔야 합니다"라 했다. 왕은 부인 말을 듣고 추남을 한 번 더 시험하기로 한다. 추남을 다시 부른 왕은 쥐 한 마리를 함 속에 넣어두고 이 속에 어떤 물건이 있느냐고 물어보았다.

추남은 "쥐가 있습니다"라고 한다. 왕이 놀라 몇 마리가 있느냐고 물어보았다. 그러자 "여덟 마리"라 했다. 그러나 함 속에는 쥐 한 마리가 있었다. 왕은 추남이 재주를 믿고 함부로 행동하는 자라고 하며 사형에 처하도록 했다.

병사들에게 끌려나가면서 추남은 다음과 같이 말했다.

"배를 가르면 새끼가 일곱 마리가 있을 것이다. 왕이 옳은 말을 거짓으로 믿고 죄 없는 자를 목 베니, 내가 죽은 뒤 다른 나라의 대장이 돼 반드시 고구려를 멸망시킬 것이다."

그리고 곧 목이 잘려나갔다.

왕은 추남의 외침을 듣고 의심이 들어 함 속의 쥐를 잡아 배를 갈라보라 했다. 놀랍게도 새끼 일곱 마리가 있었다. 즉 함 속에는 쥐 여덟 마리가 있었던 것이다. 그날 밤, 왕은 꿈에서 추남이 신라 서현공 부인의 품속으로 들어가는 것을 보았다. 왕이 이를 신하에게 말하니 "추남이 맹세를 하고 죽었으니 분명 그의 말대로 고구려가 망할지도 모르겠습니다"라 한다. 이에 왕은 유신을 미리 죽이기로 마음을 먹었다.

"제가 이리로 오게 된 이유도 바로 이 때문입니다. 공의 가까운 측근이 돼서 기회를 잡고 고구려로 함께 올라가면 고구려에서는 미리 병사를 준비해 뒀다가 공을 죽이는 것이지요."

백석은 모든 이야기를 끝냈다. 이야기를 다 들은 김유신은 백석의 목을 베게 하고 온갖 재물을 갖춰 세 신령에게 제사를 지냈다. 그러자 세 신령이 사람의 형상을 하고 내려와 제사를 받았다.

이 기묘한 이야기가 실제로 존재했던 사실은 아닐 것이다. 다만 고구려 멸망에 있어 김유신이 큰 역할을 했음을 간접적으로 표현했으며 그 이유도 고구려 왕의 잘못된 판단이 원인이 돼 일어난 사건으로 보고 있다는 점이 특이하다. 즉 김유신의 전생은 고구려인이며 왕의 잘못으로 억울한 죽음을 맞이한 뒤 신라인으로 환생해 고구려를 멸망시킨 것이다.

이러한 기승 구조를 보아 추남전설은 경주가 아닌 고구려를 중

김유신 말의 목을 베다

심으로 퍼진 이야기가 아닐까 유추해 본다. 사실 이와 유사한 모티브를 지닌 전설은 한국 역사에서 종종 등장한다. 후백제 견훤은 경상도에 위치한 상주 사람임에도 《삼국유사》에서는 견훤의 모친이 광주 호족의 딸이라 기록한다. 견훤이 전라도 지역을 중심으로 후백제를 건설했다는 것을 보면 의미심장한 전설이다. 평양의 유명한 전설인 녹족 부인 이야기에서도 침략한 수나라 장수들이 사실은 고구려인인 녹족 부인의 잃어버린 아들이었다고 한다.

이와 같은 전설은 지역 기반과 전혀 관계없던 영웅이 자신들이 사는 지역에 큰 영향력을 발휘하면 인물에 대한 민중적의 미화 심리로 인해 그 영웅이 사실은 해당 지역과 깊은 인연이 있었다고 만들어진 이야기가 구체화된 것이다.

결국 추남전설은 고구려가 신라의 공격으로 멸망한 뒤, 김유신이 전생에 고구려인이었다는 식으로 이야기를 하며 위안을 삼았던 평양 민중의 이야기가 세월이 흐르며 마치 전설처럼 굳어진 것이다. 그만큼 평양 사람들은 김유신이라는 존재를 오랜 기간 기억했다. 백제 부흥군 제압이 끝나자 은퇴까지 선언했던 노년의 김유신이 고구려 원정에서 어떤 일을 했기에 이처럼 추남설화라는 이야기까지 남긴 것일까?

문무왕의 고민

664년, 70세가 된 김유신이 나이 들었음을 이유로 물러나려 하자 문무왕은 이를 허락하지 않았다. 아직까지도 김유신이 해야 할 일이 남아 있다고 여긴 것이다. 왕은 그에게 안석과 지팡이를 내려 계속해서 신라 조정에 나와 줄 것을 부탁했다. 다음 해 중시 문훈이 은퇴하자 곧바로 이찬 진복을 중시로 삼았던 것과 비교하면 상당한 예를 갖춘 것이다.

사실 문무왕은 고구려 공략을 위해 김유신이 조금 더 현역에서 뛰어 줄 것을 바라고 있었다. 당나라는 부여융을 웅진도독으로 삼아 백제 지역에 대한 지배권을 확보하고자 했다. 할 수 없이 문무왕은 억지로 웅진의 취리산就利山로 가서 의자왕의 아들 부여융과 함께 맹약을 맹세한다. 이때 유인원은 당나라의 칙사로 신라와 백제를 화친시키는 중간 역할을 했다. 맹약의 내용은 줄여서 다음과 같다.

> 부여융을 웅진 도독으로 삼아 조상의 제사를 지내게 하고 그 옛 터를 보전하게 하니, 신라에 의지해 이웃 나라가 돼 각각 묵은 감정을 버리고 우호를 맺어 화친하며, 황제의 조칙을 받들어 길이 번방이 될 일이다.

이것이 현실이었다. 당은 신라가 백제 영토를 차지하는 것을 여전히 인정하지 않고 있었다. 신라의 입장에서는 멸망한 나라인 백제가 당에 의하면 아직도 살아 있는 나라가 된다. 일이 이처럼 된다면 660년 이후 진행됐던 백제 토벌전은 신라에게 무슨 의미였을까? 당은 문무왕을 계림주대도독으로 부여융은 웅진도독으로 각각 임명했다. 즉 당의 천하관에서 본다면 서열과 지위상 문무왕과 부여융의 지위가 도독으로 같으니 서열도 동급이 된다.

문무왕은 이런 당의 태도에 불만이 생길 수밖에 없었다. 이에 그 이전 김춘추와 당 태종이 처음 약속한 대로 고구려 멸망에 신라가 도움을 주고 백제 지역에 대한 권리를 획득할 수밖에 없다고 생각한다. 고구려가 멸망한 이후에는 분명 또 다른 시비가 붙겠지만 우선은 이런 식이라도 약속을 지켜서 최소한 백제 영토는 신라 것으로 당이 인정하게 만들 필요가 있었다.

고구려를 공격하려면 고구려를 아는 사람이 필요하다. 문제는 신라 장군의 대부분이 백제와는 전쟁을 해봤어도 고구려와 전쟁을 경험한 자는 거의 없었다는 점이다. 그나마 있다 하더라도 신라 내에서 고구려를 상대로 방어전에 종사한 경험뿐이었다. 하지만 김유신은 달랐다. 식량 수송 문제로 직접 평양을 밟아 봤으며 젊었을 적에는 고구려 낭비성을 함락시킨 경험도 있었다. 이와 같은 김유신의 경험은 고구려 공략 시 신라에게 전술, 전략적으로 큰 도움이 될 수 있었다.

거기다 김유신에 대한 신라군의 지지와 그가 끼치는 영향력도 결코 무시할 수 없었다. 나이가 70일지라도 김유신은 여전히 신라군에게 있어서 구심점의 역할을 톡톡히 하고 있었다. 예를 들면 664년 3월, 백제 잔당이 사비성에서 반란을 일으켰을 때를 들 수 있다. 이 때 신라는 웅진 지역 군사를 몰아 공격했지만 쉽게 제압하지 못한다. 이에 경주에 상황을 보고하니 김유신이 전략과 전술에 대한 훈수를 두었다. 이를 바탕으로 신라군은 백제 잔당을 깨뜨리는 데 성공한다.

뿐만 아니라 신라 군대의 중추인 대당, 서당을 비롯한 여러 군단들은 오랜 기간 김유신에 의해 정비됐으며 전장에서 활약하는 장군들도 김유신과 함께하면서 큰 자들이 대부분이었다. 특히 신라 역사상 최대로 동원된 군사였으며 다양한 군단 편제였던 5만의 백제 토벌군을 총지휘한 경력은 김유신에게 남아 있는 최고의 권위이기도 했다. 이런 위치의 김유신이 사라진다면 고구려 공략을 위해 다양한 병력을 통합하고 통제하는 부분에 있어 큰 타격을 받을 것이었다. 이것이 문무왕이 김유신의 은퇴를 막은 가장 큰 이유였다. 왕이 볼 때에는 그를 대신할 만한 인물이 신라에 아직 없었다. 덕분에 김유신은 백제 토벌 이후 은퇴하려던 계획을 수정해야 했다. 국가가 불러주는 이상 끝까지 가는 것이 화랑정신이었다.

막장 드라마

근대 경제사에서 재벌의 이야기를 추적하다 보면 꾸준히 등장하는 레퍼토리가 있다. 위대한 창업자가 죽은 뒤 자식들이 서로 더 많은 지분을 가져가기 위해 다투다 피를 나눈 형제가 원수와 같은 남남이 되거나 아예 회사가 문을 닫기도 하는 경우다. 이러한 핏줄 사이의 내부 다툼은 기업에 대한 부정적 인식을 가지게 해서 직원의 충성도까지 하락시키며 뜻하지 않은 타이밍에 뜻하지 않던 악재를 발생시키기도 한다. 본래 신뢰를 잃기 시작하면 탄탄하던 조

김유신 말의 목을 베다

직도 금세 무너지기 마련이다.

재미있는 것은 성공한 창업자의 자식들 대부분 부모가 살아 있었을 때는 그의 카리스마 앞에 꼼짝도 못 했던 경우가 많다는 점이다. 그러나 창업자가 죽는 순간부터 상황은 달라진다. 자식들은 아버지를 존경하며 회사 경영에 힘쓰기보다는 형제와 나눌 자기 몫의 이익에 눈이 먼저 가게 된다. 모든 인간이 꼭 그런 것은 아니지만 돈과 권력은 많은 사람이 굴복할 수밖에 없게 만드는 어두운 파괴력을 가지고 있다.

다만 이러한 자식들의 분란이야 창업자가 확고히 후계자를 정해놓고 그 후계자에게 충실히 경영 능력을 키워두게 했다면 조용히 넘어가기도 한다. 아니면 창업자 자신이 윤리적으로 공정했다거나 재산 분배를 그나마 공평하게 나눠줬다면 또 모르겠다. 그런데 연개소문은 이 같은 일에는 무덤덤했던 것 같다. 당시 제도와 윤리로는 왕이 아니면서도 쿠데타를 통해 왕보다 강력한 권력자가 된 연개소문의 입장이 정당화 되기 힘들었다. 그는 계속해서 권력 사유화에 힘을 집중할 수밖에 없었다. 그 결과 연개소문의 자식들도 자신의 권력을 사유화하는 데에만 관심을 쏟게 된다.

결국 고구려는 왕을 넘는 권력자였던 연개소문이 죽으면서 나라가 무너지는 것이 눈으로 보일 정도로 위태로워진다. 당의 침입에 맞서 방효태와 그의 13명의 아들을 한 번에 수장시켜 버린 것이 662년의 일이었다. 이때까지만 하더라도 고구려는 여전히 강한 조직과 힘을 지니고 있었으며 이를 연개소문이 몸소 증명했다. 그러나 665년이 되고 연개소문이 죽자 분위기가 단번에 변한다.

한심하게도 연개소문의 아들들은 사라진 아버지의 권력을 차지하기 위해 서로 싸움을 벌였고 이로 인한 내분으로 고구려인이 당이나 신라로 투항하는 일도 생겨났다. 연개소문의 동생 연정토가 신라로 투항한 것이 형이 죽은 뒤 불과 1년 뒤인 666년의 일이었다. 연정토는 자신에게 배속돼 있던 성 열두 개와 7백 63호, 백성 3천 5백 43명을 신라에게 넘기고 자신의 신하 24명과 함께 경주로 들어온다. 이에 신라는 그를 도성 주변에 살도록 호의를 베풀었다. 고구려인이 그토록 무시하던 신라에 누구도 아닌 연개소문의 동생이 투항할 정도면 이들의 내분이 상당히 심각했음을 알 수 있다.

연개소문의 맏아들 남생은 아버지 사후 고구려 최고위직인 대막리지 신분에 올랐으나 금세 동생들에게 배신당해 궁색하게도 평양에서 쫓겨나고 말았다. 허울뿐인 대막리지 이름만으로는 아버지가 가졌던 권위까지 가져오지 못했던 것이다. 이러한 황당한 일이 벌어질 정도로 민심도 남생에게 그리 좋지 않았던 것 같다. 어리숙해 보여도 백성들은 그리 단순한 존재가 아니다. 겉보기에는 높은 직책을 가진 사람에게 충성을 바치는 것 같지만, 사실 신뢰할 수 있는 경력과 우러러 나오는 카리스마가 있어야 진심으로 고개를 숙인다.

남생은 15세라는 어린 나이에 이미 한 부대의 지휘관을 맡았으며 24세가 되자 장군직에 오른다. 그러다 28세에는 대장군으로 군권을 장악했다. 신라의 김유신이 50에 가까운 나이에 그동안 이룩한 여러 경력을 통해서 겨우 상장군과 대장군에 오른 것과 비교한다면 남생의 이력은 나이에 걸맞는 정상적인 것이 아니었다. 거기

김유신 말의 목을 베다

다 고구려 2대 도시인 국내성을 식읍으로 두기까지 했으니 아무리 시대가 시대라고 하나 이는 순전히 아버지를 잘 둔 탓으로밖에 볼 수가 없었다.

그러나 불행히도 남생은 높은 관직에 비해 실력이 형편 없었기에 당과의 전투에서 제대로 된 방어를 하지 못하고 대패를 경험한다. 할 수 없이 늙은 연개소문이 직접 군대를 이끌고 당나라군을 막아내야 했다. 이런 자였으니 연개소문이 죽은 뒤 남생은 높은 관직에 값하는 사람들의 충성심을 당연히 끌어오지 못한다. 그는 아버지 그늘 속에서 소영웅주의에 빠진 인물이었다. 욕심 많은 동생들은 큰 형의 못난 모습에 진심으로 따르지 않은지 오래됐다. 그동안은 아버지의 카리스마 때문에 형에게 아부하며 충성하는 것처럼 행동했지만 아버지의 그늘에서 자립해 본인의 재능과 실력으로 부하들을 이끌고 충성심을 끌어올려야 하는 시기가 오자 너도 나도 다른 생각을 품게 된 것이다.

그런데 남생은 동생들에게 배신을 당하자 돌연 당에 항복을 결심한다. 아버지는 당과의 악연으로 유명한데, 그의 큰아들은 오히려 제 발로 당에 항복을 한 것이다. 여기서 더 나아가 남생은 아예 당나라 군대의 길잡이가 돼서 고구려를 공격할 때 선봉을 서고 싶다고 황제에게 청했다. 대단한 고구려인이자 연개소문의 아들이다.

이제 연개소문의 아들들은 친형제임에도 남보다 못한 사이가 됐다. 아니, 이제 그들은 피를 나눈 형제가 아니라 서로에게 원수였다. 가진 것이 많아도 철학이 부재하면 콩가루 집안이 될 확률이 높은데, 연개소문 집안이 그러했다. 고구려의 분열은 백제가 보여준 왕자끼리 벌인 다툼과는 비교도 되지 않는 상황이다. 콩가루 집안이 다름 아닌 고구려 최정상을 자랑하던 집안이었다는 점에서 고구려의 운도 다해가고 있는 사실이 여실히 드러난다. 나라꼴이 이처럼 돌아가고 있으니 신라의 고구려 공략은 곧 이루어질 일이었다.

평양군개국공

665년 당 고종은 신라로 사신을 보낸다. 이들은 문무왕과 접견한 뒤 김유신을 봉상정경평양군개국공·식읍 2천 호奉常正卿平壤郡開國公·食邑二千戶로 책봉했다. 이를 볼 때 당나라에서도 고구려 공략을 위해서 김유신이 직접 나서줘야 한다고 여긴 듯하다. 당나라 작위인 개국군공開國郡公에 봉함은 물론 그 지위에 필요한 영지로 고구려 평양 일부를 김유신에게 하사하겠다는 구체적인 이야기를 했으니 말이다. 평양 공략에 성공하면 영지는 당연히 받게 된다는 조건이니 고구려를 멸망시키는 데 힘을 쓰라는 의미였다.

당나라는 황제 밑으로 왕王, 사왕嗣王과 군왕郡王, 국공國公, 개국군공開國郡公, 개국현공開國縣公, 개국현후開國縣侯, 개국현백開國縣伯, 개국현자開國縣子, 개국현남開國縣男 등으로 구분해 작위를 내렸다. 그리고 이러한 작위는 세습해서 이어질 수 있었는데, 그 유명한 왕, 공, 후, 백, 자, 남에서 비롯된 것이다. 중국 황제는 자국 인재뿐만 아니라 주변국의 국왕에게도 각기 구분해 작위를 내려서 중국 천

김유신 말의 목을 베다

하를 유지하는 중요한 권력 수단으로 활용했다.

문무왕은 왕이 되면서 당 황제로부터 종 1품 낙랑군왕樂浪郡王에 책봉됐다. 정 2품 군공郡公에 봉해진 김유신과는 품계 상으로 단지 1단계 차이에 불과했다. 이렇듯 황제가 자국민도 아니고 왕도 아닌 타국 신하에게 직접 작위를 내리는 경우는 무척 드문 일이다. 즉, 김유신이 공에 책봉된 것은 유신 개인적으로나 신라 국가적으로 나 상당한 의미를 주는 사건이었다.

신라 역사상 김유신처럼 식읍 2천 호를 받은 유명인으로는 장보고가 있다. 그러나 장보고에게 내린 식읍 2천 호는 당 황제가 아닌 신라 왕이 하사한 것으로 장보고가 운영하는 청해진을 공식적으로 장보고의 것으로 인정하는 선에서 이루어진 상징적인 의미였다. 또한 장보고는 당나라에서 벼슬을 했다고 하나 무령군 소장이라는 낮은 직책에 불과한 인물이다. 공公에 오른 김유신과는 비교 자체가 안된다고 하겠다. 김유신과 유사한 예로는 백제인에서 당나라 장수가 돼 이름을 날린 흑치상지가 당 황제로부터 2천 호를 받은 기록이 있다. 흑치상지는 당 황제에게 부양군개국공·식읍 2천호浮陽郡開國公·食邑二千戶에 책봉됐는데 당나라 변방 세력을 무찌르고 그 공을 인정받아 작위와 함께 식읍을 얻었다.

김유신의 경우에도 고구려를 공략하는 데 공을 세우면 흑치상지처럼 황제가 직접 벼슬과 식읍을 하사하겠다는 것이니, 세계 모든 이들이 중국 황제의 신하라는 중화사상이 바탕이 된 제안이었다. 당시에는 국가관이 지금처럼 철두철미하지 않았기에 이 같은 제안이 전혀 불가능한 것도 아니었다. 실제로 당나라에서 장군으로 복무하던 수많은 이들 중에는 중국인이 아니라 새롭게 편입된 외지인이 많았다는 것을 인식해야 한다. 신라, 고구려, 백제의 많은 인재가 당나라에서 활동한 이유도 이와 같은 개방성이 있었기 때문이다. 다만 김유신은 이들과는 조금 다른 경우이기는 했다. 그는 엄연히 신라 왕의 신하였다.

한편 식읍은 중국에서부터 오랜 기간 이어져 온 제도로 지배자가 신하에게 봉작封爵에 따라 토지를 내리고 그곳에서 나오는 권리를 개인적으로 누릴 수 있게 하는 것이 기본적인 틀이었다. 즉 식읍을 하사받은 자는 얻은 땅에 살고 있는 사람과 생산품 등을 포괄적으로 지배할 수 있었다는 의미다. 이 같은 제도는 중국뿐만 아니라 한반도로도 도입돼 삼국시대 국왕들은 공훈을 세운 신하 또는 왕족에게 식읍을 내려 충성심을 강화시켰다.

그러나 대부분의 경우는 지방 세력가를 자신의 나라로 편입시키면서 이전부터 가지고 있었던 권리를 인정하는 의미로 식읍 하사를 명했다. 김유신의 증조부인 금관가야 왕 김구해가 신라에 항복하자 법흥왕이 그에게 상등上等이라는 상징적인 관위와 함께 금관국의 영토를 식읍으로 내렸다는 것이 예다.

삼국시대 후기부터 적극적인 왕권 강화 정책이 펼쳐지면서 중앙 정부가 직접 지방을 관리하고자 했으나 기본적으로는 읍락이 사회 조직의 기간이었기에 적절한 타협점을 찾으면서 제도화된 것이다. 그런 까닭에 공훈을 세운 이에게 수여하는 식읍을 본래 국가가 가지고 있는 영토 내에서 충당하기란 쉽지 않은 일이었다. 내부 반란을 진압하는 경우를 제외하고는 주인이 없는 빈 땅이 나오기가 어

김유신 말의 목을 베다

럽기 때문이다.

삼국시대 기록이 거의 남아 있지 않아 구체적으로 알 수는 없지만 현재 있는 기록을 바탕으로 볼 때, 대체로 적을 격퇴하고 얻은 지역을 공훈을 세운 이에게 넘겨주는 방법으로 식읍이 제공된 것 같다. 왕은 식읍을 바탕으로 장수에게 영토 확장에 힘쓸 것을 명하고 일정한 승리를 얻었을 때 영토의 일부분을 그에 부응하는 공을 세운 이에게 수여하는 것이다. 이를 통해 왕은 꾸준히 새로운 영토를 획득하고 여기서 나오는 경제력을 바탕으로 왕권을 강화한다. 또한 친왕세력의 장수에게는 공에 맞는 식읍을 제공해 기존 귀족과 대항하는 신진귀족 세력으로 승격시켰다.

《삼국사기》에는 식읍은 아니지만 이와 유사한 것을 분배한 기사가 있다. 고구려를 멸망시킨 뒤 신라는 새로운 영토를 획득한다. 그런데 그 영토 안에는 말 목장 백 74개소가 있었다. 문무왕은 이것을 골고루 나누어 주기로 한다. 우선 소내所內 22개소, 관官에 10개소로 국가에 총 32개소가 귀속되고 나머지는 신하들에게 수여됐다. 김유신에게 6개소, 김인문에게 5개소, 각간 7명에게 각각 3개소, 이찬 5명에게 각각 2개소, 소판 4명에게 각각 2개소, 파진찬 6명과 대아찬 12명에게 각각 1개소를 내린다. 나머지 74개는 그 아래 지위에 있는 자 중 특별한 공이 있는 자 그리고 왕을 포함한 왕실 직계 요인에게 나누어진 것으로 보인다.

그런데 생각 외로 국가에 속한 지분이 얼마 되지 않음을 알 수 있다. 물론 말이라는 동물이 어릴 때부터 사용해 본 경험이 있는 귀족층이 아니면 군사적으로 활용하기가 쉽지 않기에 이와 같은 배분이 이루어진 것일 수도 있다. 하지만 삼국시대 왕권과 국가 지배라는 것이 한계가 분명했음을 보여주는 증거이기도 하다. 그래서 왕은 신하에게 식읍을 부여하면서도 위의 목장처럼 잘게 분배해 서로가 가진 토지를 교차하게 만들었을 것이다. 강한 신하를 견제하기 위해서는 이런 방법이 가장 효율적이기 때문이다.

김유신 가문의 식읍

누구보다 신라의 정복 전쟁에 앞장서서 큰 공을 세운 김유신 가문에는 어느 정도의 식읍이 제공됐을까? 《삼국사기》를 비롯한 여러 기록에서 김유신이 식읍 또는 그와 유사한 것을 받았다는 내용은 생각 외로 많이 등장하지 않는다. 백제 부흥군을 제압하고 돌아온 뒤 밭 5백 결을 내렸다는 기사와 고구려 멸망 뒤 김유신에게 식읍 5백 호를 주었다는 기사, 그리고 말 목장 6개소를 귀속시켰다는 내용이 전부이다. 하지만 기록되지 않은 식읍도 분명 존재했을 것이다.

우선 증조부인 김구해가 남긴 김해 영지를 보자. 김구해는 김해 지역을 식읍으로 받았다. 이것은 당연히 그의 후손들에게 분배돼 이어졌을 것이다. 다만 김유신의 할아버지 김무력은 가야 마지막 왕의 세 번째 아들이므로 서열상 순위가 가장 낮았다. 즉 김유신이 김해 쪽 식읍을 받았다 하더라도 그 크기는 얼마 되지 않았을 것이다.

다음으로는 김무력이 한강 유역 군주로 지내면서 얻어낸 식읍이다. 진흥왕은 한강 유역으로 영토를 넓혔지만 경주의 고급 귀족 중 변방으로 가려는 자는 드물었다. 새로 얻은 영토의 세력가를 포섭하고 신라의 진정한 영토로 흡수하기 위해서는 경주에 살고 있는 엘리트층의 이동이 절실했다. 이에 진흥왕은 직, 간접적인 방법을 동원해 지금의 충주 지역에 위치한 국원경으로 귀족 자제와 6부 호민豪民 들을 옮긴다.

이때 이동한 귀족 자제는 가지고 있는 피는 귀할지라도 집안 내 서열이 낮아 자신만의 개척지가 필요한 모험가들이었을 것이다. 마찬가지로 호민 역시 경주 내에서 낮은 두품으로 살기보다는 적극적으로 자신의 미래를 개척하고자 하는 이들이었다. 당시 김무력은 이런 자들을 통제하는 지위에 있었으니 나름 자신만의 개척지를 누구보다 가장 많이 확보하지 않았을까? 사실 신라 정부에서는 새로 얻은 지역에 대한 효율적인 관리를 위해서라도 처음 정착하는 이들에게 되도록 많은 권한을 부여하고자 했다. 지방민에게 부여된 외위제라는 관직은 외지로 나간 진골 귀족이 그 지역 유력자에게 내려주는 벼슬이기도 했다. 이를 통해 개척지 지역의 인적 자원을 왕경인이 장악하고 더 나아가 신라 영토로 서서히 유입시킬 수 있었다. 《삼국사기》에는 김유신 가문의 충청도 지역 식읍에 대한 내용이 간접적인 흔적으로 남아 있다. 고구려 식량 수송 작전에서 공을 세워 사찬의 지위까지 오른 열기가 김유신이 죽은 뒤 그의 아들 삼광三光에게 찾아가 군수 자리 하나를 청했다. 이를 볼 때 열기는 김유신 사후 첫째 아들 삼광의 가신으로 배정된 듯싶다. 이에 삼광이 삼년산군三年山郡 태수직을 열기에게 준다. 삼년산군이면 신라의 삼년산성이 위치한 지역이다.

그런데 이곳은 김유신 가문과 또 다른 인연이 있었던 곳이다. 김유신의 할아버지 김무력은 백제와 전투하면서 도도都刀를 기습작전에 투입해 성왕의 목을 베게 했는데, 다름 아닌 도도가 삼년산군의 지방 유지였다. 즉 삼광은 증조부인 김무력이 병력을 통솔하던 삼년산군에 아버지의 부하를 군수로 올린 것이다. 이러한 과정을 볼 때 이 지역이 혹시 김유신 가문의 식읍이 위치한 곳이 아니었을까? 도도는 김무력에게 외위제를 받았고 시간이 흘러 열기는 김유신에게 6두품 경위제를 받은 뒤 그 아들에게는 같은 장소를 관리하는 임무를 얻었다. 삼년산군의 근처에는 김유신의 고향 진천군도 위치하고 있었다.

김유신이 역사의 전면으로 등장하는 계기는 압량주 도독이 되면서다. 그러나 이곳에서 김유신은 대부분 방어전을 치렀기에 식읍이 나올 가능성은 거의 없다. 대가야 지역을 백제와의 접전 끝에 다시금 신라의 영향력 아래로 두게 만드는 것은 성공했지만 한동안 우호도를 높이기 위해서 함부로 지방 세력가의 권리를 흡수하지는 못했을 것이기 때문이다. 대야성 성주 김품석의 말로를 보듯이 대우에 따라 잘못하면 이 지역 세력가가 다시 백제로 넘어갈 수도 있었다.

기회는 비담의 난에 있었다. 비담은 선덕여왕을 몰아내기 위해 반란을 꾀했지만 김유신에 의해 제지됐고 동지였던 30여 명의 귀족과 함께 죽임을 당한다. 김유신은 이 사건 이후 화백회의 주요

　　　　　　　　　　　　　　　김유신 말의 목을 베다

일원으로 등장했다. 경주 내 지지 기반을 만들었기에 가능한 이야기일 테다. 즉 비담과 그 일당이 가지고 있던 식읍은 난이 제압된 뒤 상당 부분 김춘추와 김유신에게 넘겨졌을 것이다. 이를 통해 김유신은 경주 주변에도 충분한 식읍을 확보했던 것으로 보인다.

《삼국유사》에는 금입택이라는 내용이 있다. 경주 내 35개의 대저택을 의미하는데, 금입택金入宅이라는 한자를 풀어서 보면 넓은 식읍을 바탕으로 그곳에서 생산되는 부富와 물자가 집으로 들어오는 것을 묘사한 이름이다. 어쨌든 중요한 것은 이런 집들 중 하나가 김유신의 저택이었다는 사실이다. 재매정택財買井宅이 그것이다.《삼국유사》에서 금입택은 신라 전성기 시절 이야기라고 기록돼 있으니 통일신라시대의 일이다. 즉 김유신 가문이 신라에게 손꼽히는 35개의 저택 중 하나에 살 정도의 부를 얻었음을 알 수 있다. 경주에서 처음부터 함께한 오래된 가문이 아니라 중간에 편입한 신귀족이 이 정도의 성공을 거둔 것은 분명 지방뿐만 아니라 경주 내에도 충분한 식읍이 바탕이 됐기에 가능했다.

백제 공략과 부흥군 제압 과정에서는 김유신의 공이 크기는 했지만 다른 장군들도 많이 참가했고 당의 반발과 번번이 부딪쳐야 했으며 왕이 직접 나서서 전장을 관리했기에 예전처럼 식읍을 확보하기가 쉽지 않았다. 문무왕은 백제 공략 이후 밭 5백 결을 김유신에게 줬는데 여러 의미가 포함된 선물이었다. 〈정창원 소장 신라 촌락 문서〉에 따르면 촌락 인구 4백 62명이 5백 64결을 경작했다고 기록돼 있다. 즉 5백 결이면 4인 가족을 기준으로 약 백 호 정도 될 것이다. 이러한 예를 볼 때 밭 5백 결이 상당한 규모인 것은 확실하지만 김유신이 이룬 공에 비교해 봤을 때 만족할 만한 양은 분명 아니었을 것으로 판단된다.

결국 당나라가 김유신에게 성공 보수로 약속한 식읍 2천 호는 김유신과 문무왕 입장에서도 그냥 지나치기는 힘든 조건이었다. 당나라는 상당한 정보력을 바탕으로 신라 내 김유신의 힘이 어느 정도이며 그에게 속해 있는 식읍 등의 규모도 충분히 파악했을 것이다. 아직까지 군 권력이 완벽하게 왕에게로 귀속되지 않은 때다. 김유신이 신라군의 구심점 역할을 하는 이상 당이 그를 움직이려면 그만큼의 대우를 해 줘야 했다. 김유신이 움직여야 신라군 전체가 기대한 만큼 움직여 줄 것이다. 황제가 약속한 식읍 2천 호는 분명 김유신 가문이 신라 곳곳에 확보해둔 땅을 넘나드는 수치였다.

고구려 수도 평양을 준다는 의미도 각별했다. 평양은 과거 고조선과 낙랑군이 위치했던 곳으로 한때 한반도 내에서 문물이 가장 번성했다. 이 때문에 평양은 오랜 기간 한반도민에게 선진 문화를 상징하는 지역이었다. 수백 년이 흐른 시점에서도 부와 명예를 상징하는 평화의 이미지는 여전했다. 물론 김유신이 활약할 당시에도 대국 고구려의 수도였으니 한반도에서 물질적으로나 문화적으로나 가장 번성한 지역이었다. 고구려가 멸망한 뒤 문무왕은 백제 때와는 달리 무려 5백 호를 김유신에게 수여한다. 당 정도의 대우는 해주지 못해도 기존의 영지와 신라 내 지닌 권력에 5백 호를 더 합친다면 당이 제공하는 권리에 상응하는 대가라 판단했기 때문이다.

그렇다면 기록상 이 시대에 가장 많은 식읍을 받은 자는 누구였을까? 그는 바로 문무왕의 동생 김인문이다. 김인문은 태종무열왕 시절 3백 호를 받은 것을 시작으로 당 황제에게 4백 호를 받은 뒤 2천 호를 더 받는다. 문무왕도 그에게 식읍 5백 호를 수여한다. 김인문은 김유신처럼 중국 작위인 공公의 반열에 오르기도 했다. 보국대장군 상주국 임해군 개국공 좌우림군장군輔國大將軍上柱國 臨海君 開國公 左羽林軍將軍이 그것이다. 그는 당나라와 신라를 연결하는 중요한 통로였으므로 그만큼 양국에서의 대우가 지극했다.

3일간의 술자리

2003년 4월 30일, 대한민국은 이라크로 자이툰 부대를 파견한다. 부대 규모는 약 3천여 명으로 절반 이상이 특공대원과 해병대로 이루어진 전투 부대였다. 파견의 명목상 이유는 전쟁으로 인해 폐허가 된 이라크 지역 내 도시, 농촌 재건 지원, 치안 유지 지원, 인도적인 지원 활동 등을 들었지만, 사실 우방국인 미국의 강력한 요청으로 일정 지역의 치안을 대신 맡아주는 보조적 역할을 위한 부대였다. 이때 미국은 부대 파견을 조건으로 한국에게 이라크 내 유전 개발, 경제 개발권 등에 일정 부분 참여할 수 있는 권리를 주겠다고 했다. 그러나 단기적인 결과로 볼 때 한국이 얻어 온 경제적인 이득은 거의 없었다. 이라크 지역에서 돈이 될 만한 부분은 전쟁의 주력으로 참가했던 미국이나 영국계 기업이 독차지했다.

강대국과의 약속은 이처럼 결과물이 불합리한 상황을 종종 연출한다. 당나라와 신라의 관계도 지금의 미국과 한국의 관계와 유사했다. 고구려를 함락하기 위해 당나라는 신라에게 여러 조건을 제안한다. 특히 군권에 상당한 발언권이 있는 김유신에 대한 태도는 지금껏 보기 힘들 정도로 부드럽고 은근했다. 그러나 신라는 당나라의 제안을 완전히 믿을 수 없었다. 지금껏 했던 행동을 봤을 때 고구려 멸망 뒤에는 다른 소리를 늘어놓을 것이 뻔했기 때문이다. 국제 외교 관계란 한 치 앞에 보이는 이익만으로는 행동할 수가 없다. 강대국을 상대로 하는 약소국의 경우, 국내의 불만을 누르고 울며 겨자 먹기 식으로 강대국의 제안을 따라야 할 때가 있다. 그러나 약소국이라도 인내가 한계에 다다를 경우에는 언제든 행동이 달라질 수 있는 법이다.

당 황제는 계속해서 우호 작전을 펼쳤다. 평양군개국공平壤郡開國公에 봉하고 2천 호 식읍 약속에 이어 등장한 것은 김유신 핏줄에 대한 지극한 베풂이었다. 황제는 김유신의 아들을 당나라로 초빙한다. 666년, 김유신의 큰아들 삼광三光은 천존의 아들 한림漢林과 함께 당으로 들어가 숙위를 했다. 삼광은 김유신이 60세가 넘어 얻은 아들로 이 당시 11살 정도의 소년이었다. 동생으로는 원술元述, 원정元貞, 장이長耳, 원망元望 등이 있으며 성인이 된 뒤 최종적으로 신라 2등 관위인 이찬까지 오른다. 삼광이 김유신 가문의 적자인 만큼 김유신의 오른팔인 천존의 아들이 그를 보좌해 함께 당으로 갔다.

숙위는 처음에는 볼모의 형태였으나 자리를 잘 사용하면 태종 무열왕의 둘째 아들 김인문처럼 외교 활동에 적극적으로 도움을

김유신 말의 목을 베다

줄 수 있었다. 김유신의 아들을 초빙한 당 황제의 의도는 분명했다. 김유신 가문 전체를 황제가 직접 예우해 줄 테니 고구려 원정에 힘을 보태라는 은근한 권유였다. 삼광에게는 어린 나이임에도 좌무위익부중랑장左武衛翊府中郎將이라는 벼슬까지 내리며 파격적으로 신라 왕의 아들만큼이나 대우를 해준다. 그 결과 당에 입조할 때만 해도 관등이 11등급인 나마에 불과했던 삼광은 얼마 뒤 신라 조정에 의해 5등급인 대아찬의 관등까지 수여받을 정도로 어린 나이에 놀라운 지위까지 오를 수 있게 된다. 황제가 준 지위에 맞춰 대우해야 할 외교적 필요성이 있었기 때문이다.

늙은 아비였던 김유신은 어린 아들의 미래가 늘 걱정됐을 것이다. 그런데 황제가 중국 관위를 주고 반대급부로 신라 왕도 자식의 관위를 나이에 맞지 않게 크게 올려주니 설사 자신이 이대로 죽더라도 자신의 가문에 대한 신라 내 대우는 상당 부분 보장받을 수 있게 됐다. 이로써 중국 제도에 따르면 김유신 가문은 왕 바로 아래 단계인 공公에 봉해졌고 그의 적자는 당나라 장군직을 수여받았으니 김유신은 신라의 인물을 넘어 세계적인 거물이 됐다. 이처럼 황제는 자신이 부여할 수 있는 최고의 선물인 당 관직과 식읍을 김유신 가문에 아낌없이 뿌리는 것으로 김유신의 마음을 잡고자 했다.

주고받는 모든 형식적 준비는 끝났다. 문무왕은 유신의 아들 삼광을 통해 고구려를 없애고자 하니 당에서 군대를 출병시켜 달라고 요청한다. 이는 자연스럽게 당 황제의 권위를 올려주고자 한 것이다. 황제 입장에서는 "고구려를 공격하려 하니 신라가 도와주게"

라 요청하는 것보다 신라가 알아서 "고구려로 인해 천하의 질서가 흔들리고 있으니 당이 이들을 벌해주시면 저희가 이를 돕겠습니다"고 요청해주는 것이 훨씬 품위가 서는 일이다.

황제가 김유신에게 보인 예우만큼이나 신라도 황제에게 조심스러우면서도 자존심을 치켜 주는 모습을 보였다. 외교란 이처럼 낯간지러운 행동이 가미될 수밖에 없나 보다. 당의 고구려 공격에 동행해야 하는 신라는 어차피 해야 할 일이면 깔끔하게 한 번 더 고개를 숙이기로 한다. 물론 신라와 당 간의 긴밀한 관계를 유지시키기 위해서 김유신 역시 70이 넘은 나이임에도 직접 움직여야 했다.

667년 가을이 됐다. 한 해의 농사는 서서히 끝나가고 있었지만 신라의 군사 작전은 지금부터 시작이었다. 문무왕은 3일 동안 주요 장군들에게 큰 술자리를 베푼다. 지금도 마찬가지지만 큰 일전을 앞두고 술을 마시며 의기를 투합하는 것은 사람들이 하나가 되는 최고의 방법이다. 분명 문무왕은 이 자리에서 마지막 남은 목표를 향해 함께 가자고 했을 것이다.

백제 토벌전은 오랜 기간 이루어졌으나 왕이나 장군들이나 원하는 결과를 얻어내지는 못했다. 문무왕은 백제의 가장 알짜배기 땅을 당이 잡고 흔드는 것이 기분 나빴다. 장군들의 경우 최고 공을 세운 김유신이 밭 5백 결을 받은 것에 불과하니 대부분 이보다 훨씬 못한 결과물을 손에 쥐었을 것이다. 이것을 고구려 토벌전을 통해 보상받자는 심산이었다. 모두가 술자리를 통해 다시 의기투합했다. 지금까지는 각자 다른 생각을 했을지라도 이제부터는 도달해야 할 목표가 분명하게 정해졌다. 고구려 멸망이다.

김유신 말의 목을 베다

김유신의 마지막 행군

고구려는 최악의 상황에 직면한다. 666년 12월, 요동도행군대총관 遼東道行軍大摠管 이적李勣이 당의 대규모 군사를 이끌고 고구려로 들어왔다. 남생은 이미 자신의 식읍이었던 국내성 주변 아홉 개의 성을 들고 당에 항복한 상황이었다. 국내성은 한때 고구려의 수도였던 곳이며 그만큼 경제력도 평양 다음가는 지역이었다. 이제 당군은 국내성을 거점으로 삼아 전쟁에 필요한 물자를 보충할 수 있었다. 즉 고구려 내부에 당군의 병참 기지가 생겨 버린 것이다. 이적은 이전의 고구려 침공 사령관과는 달리 한결 느긋하게 전투를 치를 수 있었다. 여유가 생긴 이상 곧장 평양을 목표로 달릴 필요도 없었다. 이적은 고구려의 주요 성을 하나하나 섬멸하며 이동해 나갔다. 당의 후방을 견제할 만한 고구려 성은 이때 거의 제거됐다.

신라군은 667년 8월이 돼서야 움직이기 시작한다. 사실 당나라와 신라는 나라의 규모가 20배 이상 차이가 나니 지원할 수 있는 물자의 규모 면에서 비교가 될 수 없었다. 설사 같은 군사 수를 출병시켜도 지속할 수 있는 전쟁 수행 기간은 신라가 훨씬 짧을 수밖에 없었다. 《삼국사기》에서도 신라의 전쟁 수행 능력은 4개월 정도면 한계라 기록돼 있다. 반면 당은 대군을 동원함에도 장기전이 특기였으며 경우에 따라 8개월 이상을 버티기도 했다. 그러니 평양을 목표로 군사 작전이 수립됐다고 하더라도 신라는 당군의 움직임을 파악하고 함께 작전을 펼칠 수 있는 상황이 전개될 때 움직이고자 했다. 신라가 당이 전쟁을 시작한 지 9개월이 지나서야 움직이기 시작한 것은 바로 이 때문이다. 수차례 정보를 교환하면서 시일을 맞추던 신라군은 9월경부터 전투에 돌입한다.

김유신은 문무왕과 함께 경주를 출발했는데 왕은 지금의 경기도 광주에 위치한 한성정漢城停에 머물며 후방을 지원하기로 한다. 이때 김유신은 73세의 나이로 신라군과 함께했지만 그 역시 더 이상 진격을 하지 않고 문무왕과 함께 한성정에서 머문 듯 보인다. 이제 전장의 가장 앞에서 나서기에는 육체의 힘이 받쳐주지 않았다. 왕과 대장군의 탄탄한 후방 지원을 바탕으로 전방의 신라 군단은 파주 칠중성까지 진격해 성 공략을 시작했다.

칠중성의 고구려군은 방어전에 임했지만 고구려의 끈기도 막판에 도달한 것 같은 전투였다. 아무리 고구려라 하더라도 현재의 상황은 탈출할 길이 없는 최후의 단계였다. 결국 칠중성은 10월 초에 신라에 넘어오게 된다. 고구려로 진입하는 입구를 연 만큼 이제 평양으로 진격할 차례였다. 이적의 당군도 평양성 북쪽 2백 리 지점까지 이르고 있었다.

하지만 11월 11일 신라군이 언진산맥 근처에 도착하니 당군이 돌아갔다는 소식이 들려왔다. 당연히 신라군도 다시 복귀한다. 이때 당군의 계획은 평양을 공격하면서 이전처럼 신라군에게 군량 지원을 받고자 한 듯 보인다. 오랜 기간 고구려 영토 내에서 작전을 펼쳤으니 식량 수급의 한계에 부딪친 것이다. 그러나 무서운 동절기가 찾아오고 있어 신라의 지원을 받더라도 큰 도움을 얻기는 어렵다고 판단했는지 뒤로 물러섰다. 겨울은 당의 영토가 된 국내성의 지원을 받으며 요동 지역에서 보낼 심산이었다. 이 틈에 설인귀

　　　　　　　　　　　　　　김유신 말의 목을 베다

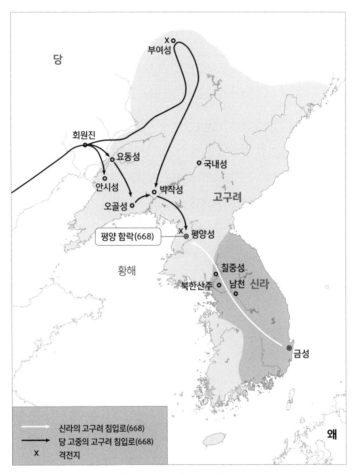

당

부여성 x

회원진

요동성

국내성

안시성

오골성 박작성

고구려

평양 함락(668) x 평양성

황해

칠중성

북한산주 남천 신라

금성

신라의 고구려 침입로(668)
당 고종의 고구려 침입로(668)
x 격전지

왜

나당 연합군의 고구려 진격로

가 2차 당군을 이끌고 들어와 저항하는 나머지 고구려 성을 점령한다. 덕분에 당에서의 군량 수급도 과거와는 달리 큰 차질 없이 이루어졌다. 1년을 넘는 초 장기전도 가능해진 것이다.

그런데 흥미롭게도 김유신이 직접 선두에서 지휘한 '고구려 식량 수송 작전'과 비교하면 이번 전쟁에서 신라군의 전진 속도가 너무나도 느리다는 점을 알 수 있다. 약속 날짜를 잡고 전진하던 신라군은 10월 초에 칠중성을 넘은 듯 보이나 언진산맥에 도착한 건 그로부터 한 달이 지나서였다. 《삼국사기》에 기록된 장새獐塞가 바로 그곳이다. 이전 김유신이 칠중하를 넘고 평양까지 돌파하는 데 13일이 걸렸던 것과 비교하면 불과 절반의 거리를 움직이는 데 한 달이 걸린 셈이다. 더구나 김유신이 작전을 펼칠 때에는 칠중성이 고구려의 것이었으므로 임진강을 북쪽으로 더 올라가서 건너는 수고까지 들여야 했다. 이런 점을 기억해 보면 신라의 굼뜬 움직임은 확실히 의심이 갈만한 행동이었다. 고구려가 멸망한 직후 당나라 사령관 이적은 신라군이 기일을 맞추지 않았다고 항의했다. 이를 볼 때 당군이 667년 작전에서의 신라 행동에 상당한 불만이 있었음을 알 수 있다. 과연 신라군은 어떤 지시에 따라 움직이고 있었던 것일까?

사실 신라의 국력으로 당 대군에게 식량을 지원한다는 것은 엄청나게 무리한 요구였다. 김유신의 식량 수송 작전은 겉보기에는 성공으로 마무리됐으나 신라가 감당해야 할 후폭풍은 그 뒤로도 한참 지속됐다. 그 작전으로 인해 소와 말이 많이 죽고 농사일은 때를 놓쳤으며 비축한 창고의 양곡을 죄다 소진했기 때문이다. 이런 일이 반복된다면 앞으로도 문제가 상당할 것이었다. 무엇보다 고구려가 멸망한 뒤에도 당이 우호적인 태도를 지속할 것인지 알수가 없는 상황이었다. 확보한 영토를 신라에게 넘겨주지 않을 가

김유신 말의 목을 베다

능성이 지금까지 당의 행동을 볼 때 다분했기 때문이다.

이에 김유신과 문무왕은 외교적인 면에서는 적극적인 행동을 취하는 척하며 바쁜 듯이 움직여도 실질적인 군사 출병과 작전 등에 있어서는 냉철한 계산 하에 가능한 전력을 보존하기로 마음을 먹는다. 힘을 보탠다는 상징적인 의미 이상의 움직임은 자제하고자 한 것이다. 전략적으로 움직이기 위해서는 적절한 외줄 타기도 필요했다. 약소국이 취할 수 있는 최선의 노력이었다. 이 같은 노련한 작전은 누구보다 당나라 군대의 생리를 잘 아는 김유신의 머리에서 나왔을 것이다.

긴 전쟁으로 인해 한반도는 유랑민으로 가득했다. 병력이야 이런 자들에게 먹을 것을 주면서 채우면 언제든지 일정한 숫자는 유지할 수 있었다. 병사 수 증가는 곧 중앙 정부가 관리하는 인구가 늘어난다는 뜻이니 일석이조이기도 하다. 즉 신라 입장에서 신라 병력을 동원해 고구려군과 싸우는 일은 맡아도 상관없지만 잠재적으로 적이 될지도 모르는 당에게 식량을 그대로 바치는 일은 미래를 위해 막아야 했다.

결국 신나게 고구려 성을 무너뜨리던 당군은 또다시 평양을 눈앞에 두고 퇴각한다. 그러나 이번 퇴각은 성공을 위한 반보 후퇴에 불과했다. 이제 다음 해면 끈질기게 버티던 고구려도 마지막이 될 것이다. 김유신의 마지막 행군은 이것으로 끝났다. 이 길로 경주로 돌아온 그는 더 이상 전장에 직접 참가하지 않는다. 전쟁 영웅 김유신은 이제 과거의 전설로 남게 됐다.

4부

신화가 되다

만파식적 이야기 그리고 흥무대왕 추존과 당 황제와 관련한 김 유신 설화 등이 지금까지 고스란히 남아 이어지는 것도 김유신 이 단순히 한때 신라를 지배한 권력자에다 여러 전투를 승리한 무장이어서가 아니라 후대 한반도 사람이 공감할 만한 배경을 지닌 위인이었기에 가능한 일이었다. 이렇게 천년을 넘게 이어져 온 김유신에 대한 추억은 현대의 사람들에게도 여전히 이어지고 있다. 한국인이면 누구나 김유신이 말의 목을 벤 일화를 알며 김 춘추와의 우정을 기억한다. 뿐만 아니라 황산벌 전투의 치열함 이 어땠는지도 바로 어제 일어난 일처럼 이야기 할 수 있고 어린 원술이 가훈을 어겼다고 집에서 쫓겨난 일도 바로 옆집에서 일 어난 일처럼 잘 알고 있다. 21세기가 됐다지만 김유신은 여전히 사람들의 기억 속에 살아 있는 것이다.

15 ——————————— 고구려 멸망

인사이동

668년 6월 12일, 유인궤가 황제의 칙지를 가지고 당항진에 도착한다. 김유신의 아들 김삼광도 이들과 함께 신라로 돌아왔다. 새로운 고구려 원정의 시작을 알리는 사신단이었다. 문무왕은 이들을 김인문을 통해 맞이하게 하고 원정 준비를 지시했다. 우선 여러 군단의 장군직에 대한 인사이동을 단행한다. 이번에 총관으로 임명되는 자들은 고구려 원정에 함께하는 이들이 될 것이다.

이때 김유신은 대당대총관大幢大摠管으로 임명된다. 문무왕은 대당에 여러 총관을 임명하면서 그 윗자리에 대총관이라는 직위를 새로이 마련한 뒤 김유신에게 이 자리를 맡긴 것이다. 그동안 존재

김유신 말의 목을 베다

하지 않았던 벼슬인 만큼 상징적인 권위를 보태주기 위한 벼슬이었다. 이번 인사이동에서 특이한 점은 대당, 서당 군단은 신라군의 중추이니 당연히 총관들이 새롭게 임명됐다고 하더라도 한성주, 비열성주, 하서주에도 새로운 총관이 임명됐다는 점이다.

한성주는 지금의 경기도 일대를 관리하는 행정 구역이며 비열성주는 함경남도, 하서주는 강원도를 의미한다. 원래 이들 3주에 각기 3-2-2인으로 구성되던 총관 수가 이번 인사이동으로 3-3-3이 됐다. 전체 총관이 2명 늘어나 지정됐다는 사실이 흥미롭다. 총관이 늘어났다는 것은 이 지역에 배치된 부대 수를 평소보다 증대했다는 의미였다. 이번 전쟁에서는 북방 3주의 군사를 주력으로 활용할 예정이었던 것이다.

당시 신라는 입장이 미묘한 상황이었다. 고구려를 멸망시켜야 하긴 했는데 그 이후 당의 태도에 대한 확신은 없었다. 분명한 것은 아직까지는 문무왕이 신료들을 이끌기 위해서 대내, 외적으로 당과 협력하는 모습을 유지해야 한다는 점이었다. 진덕여왕 이후 신라 왕실은 당과의 관계에 의존하며 권위를 세워왔다. 여러 귀족의 반발을 제압하고 더 나아가 백제와 고구려 토벌의 정당성까지 당이라는 배경이 있었기에 가능했다. 신라 왕실은 당의 천하관에 합치된 정권이었다. 그 결과 문무왕 시대에 이르면 친당세력의 상당수가 신라 조직 내에 포진하게 된다. 거기다 백제 토벌전에서 여러 장군에게 공에 맞는 대우를 해주지 못한 이상 고구려 토벌전을 통해서라도 어느 정도의 승리 수당을 내려줘야 했다. 군부의 충성심을 유지하기 위해서는 그만큼의 대가도 필요한 것이 현실이었다.

물론 고구려를 멸망시킨 뒤에는 당과의 관계를 새롭게 모색해야 할 필요성이 분명하다. 그리고 그 때에 이르면 문무왕은 신료들의 충성도를 유지하기 위해서라도 당을 대신하는 새로운 구심점을 제시해야 할 것이다. 그러나 어찌됐든 현재는 고구려를 토벌하는 일이 우선이었다. 다만 미래를 대비하기 위해 가능한 핵심 전력은 유지하는 상태로 전투가 마무리되기를 원했다. 북방 3주에 임시 부대를 충원시키고 이들을 지휘할 총관을 새롭게 임명한 것은 목표가 분명한 행동이었다. 가능한 엘리트 군사인 대당, 서당의 피해는 최소화하는 대신 북방 3주의 군사를 이용해 평양을 공략할 예정인 것이다. 또한 이렇게 전쟁을 경험한 북방 3주의 군사는 고구려 멸망 이후 만일에 있을지도 모르는 당과의 대립에 있어서도 요긴하게 쓰여질 것이다.

한편 김유신은 자신을 위해 만들어진 대당대총관이라는 지위를 맡았지만 전쟁에는 함께할 수 없었다. 천하의 영웅도 병마를 비껴가지 못했는지 풍병에 걸려 몸을 가누기가 쉽지 않았기 때문이다. 경주에 김유신이 남게 되자 어느 정도 예상을 했지만 군사들의 동요가 조금은 있었다. 김유신과 오랜 기간 함께했던 신라군에게 이번 전투에서 김유신이 함께할 수 없다는 사실은 기운이 빠질만한 소식이었다. 이에 김유신의 동생 김흠순과 조카 김인문이 이 소식을 전해 듣고 문무왕에게 말한다.

"만약 유신과 함께 가지 않는다면 후회할 일이 있을까 두렵사옵니다."

문무왕은 다음과 같이 대답했다.

김유신 말의 목을 베다

"공 등 세 사람은 나라의 보배이라. 만약 모두 다 전쟁터에 나갔다가 혹시라도 예기치 못한 일을 당해 돌아오지 못한다면 이 나라가 어찌 되겠는가? 그러므로 유신을 남게 해 나라를 지킨다면 은연중 든든함이 장성을 두른 듯하여 종내 근심이 없을 것이다."

이처럼 문무왕은 에둘러서 은근한 안타까움을 표현했다. 김유신의 불참은 신라군에게 있어 안타까운 일이지만 문무왕과 김유신, 신라군 모두가 오래전부터 이런 날이 올 것을 예상하고 나름대로 준비를 하고 있었다. 김유신은 경주에 남겠지만 그동안 수많은 전투에서 승리를 맛보며 단련된 신라군은 훌륭하게 그의 공백을 메울 것이었다.

태대각간

신라군은 평양으로 진격해 당나라 군사와 합세하기로 한다. 이미 황해도 지역 고구려군은 사실상 저항할 의지를 잃었다. 문무왕은 이번에도 경주를 떠나 직접 한성주까지 이동했고 그곳에서 여러 총관에게 교시하며 승리할 것을 다짐했다. 몇몇 저항하는 고구려군이 있었지만 손쉽게 제압하면서 신라군은 평양에 도착했다. 때는 668년 9월 21일이다.

고구려의 마지막은 처절한 전투 끝에 평양성의 성문이 열리며 마무리된다. 더 이상 버티기 힘들다는 것을 깨달은 신성信誠이라는 승려가 항복하기로 결심하고 당 사령관 이적에게 내응하겠음을 알린 뒤 성문을 연 것이다. 유구했던 7백여 년의 역사는 이렇게 막을 내렸다. 중국에 통일 제국이 탄생되면서부터 끈질기게 그들과 싸워왔던 고구려는 결국 연개소문이 죽고 난 뒤 그의 아들들이 내분을 일으키며 자멸하듯 무너졌다.

이적은 고구려의 마지막 왕인 보장왕을 포함해 대신 98명을 데리고 먼저 당으로 돌아갔으며 평양에는 설인귀가 남아 고구려인 무려 20여만 명을 당으로 옮길 준비를 했다. 백제를 멸망시키고 중국으로 끌고 간 백성 만 3천여 명과 비교하면 20배에 다다르는 숫자였는데, 이것만 보아도 당나라가 얼마나 고구려를 견제하고자 했었는지 알 수 있다. 물론 평양에 안동도호부를 설치해 당의 통치 기반으로 만들고자 하는 노력도 백제 때와 마찬가지로 여전했다. 이로써 고조선 이래로 한반도 내 최고의 번성함과 화려함을 자랑하던 평양의 역사는 무너지고 말았다. 이후 평양은 한반도 내에서 크게 번성한 지역으로 대대로 유지됐지만 다시는 고구려 때와 같은 최고의 지위를 누리지는 못한다.

10월 22일, 한성주에서 문무왕은 장군들을 치하하고 그 공에 따라 각기 상을 내렸다. 특별히 경주에 있는 김유신에게는 태대각간太大角干의 관위를 수여한다. 이전 대각간의 이름을 넘어 김유신을 위해 또다시 새롭게 만들어진 관직이었다. 관위에 크다는 이름이 두 개나 붙은 만큼 신하로 더 이상 오를 수 없는 최고 수준의 명예를 얻었다고 볼 수 있겠다. 다음으로 식읍 5백 호와 수레, 지팡이를 함께 내려준다. 지금껏 해온 일에 대한 보상이자 김유신 가문의 왕실에 대한 충성심을 영원히 이어가라는 의미의 선물이었다.

김유신 말의 목을 베다

그에게 내린 명예는 여기서 끝이 아니었다. 문무왕은 김유신을 위해 특별한 명을 하나 더 내린다. 김유신은 어전에 들어서더라도 다른 신하처럼 종종걸음을 하지 않아도 된다는 예외를 준 것이다. 이는 말 그대로 김유신이 다른 신하와는 열을 달리하는 특별한 존재로 왕도 예우를 갖춰 그를 각별히 대하겠다는 의미였다. 이제 신라 어전에서 바른 걸음으로 당당하게 이동할 수 있는 사람은 왕을 제외하고는 김유신뿐이었다.

이러한 극진한 대우를 볼 때 마지막 전장에 직접 참가하지 않았어도 김유신이 고구려 원정에 직, 간접적으로 영향을 준 것은 분명해 보인다. 《삼국사기》에는 문무왕이 유신의 여러 휘하에게도 각각 관위를 한 등급씩 더해줬다고 기록돼 있다. 즉 김유신만 경주에 있었을 뿐 그를 따르는 군단과 장군 들은 평양 공략전에 그대로 투입돼 움직인 것이다.

뿐만 아니라 평양성 공략에 앞장을 선 김인문, 김흠순, 천존 등이 이끈 병력과 장군 들도 김유신과 연관이 깊은 정예 병력이자 인맥이었다. 당 황제도 김유신에게 왕 다음 가는 작위인 공에 봉했으니 그에 따른 대우도 신라 왕으로 해줄 필요가 있었다. 평양군개국공에 식읍 2천 호는 김유신이 당에게 받은 선물이지만 고구려 영토에 대한 신라의 보수 청구에 있어서도 중요한 근거가 되는 일이었다. 문무왕은 황제가 김유신에게 보인 예우만큼 신라에서도 김유신을 대우한다는 것을 보임으로 자연스럽게 김유신이 당나라에게 보장받은 평양을 위시로 신라도 고구려에 대한 영향력을 가질 수 있게 되리라 여긴 듯하다. 그 결과 김유신은 신라 조정에서 왕보다는 아래에 위치하는 일반 신하의 대열에 서지 않는 특별한 존재가 된다.

유사한 이유로 왕의 동생인 김인문도 본래 김유신의 자리였던 대각간의 관직에 올랐고 역시 5백 호의 식읍을 수여받는다. 나머지 이찬의 지위에 있는 자들은 모두 각간이 됐으며 소판 이하는 모두 관위가 1등급씩 올랐다. 기록에는 남아 있지 않으나 공에 따라 몇몇 장군에게는 김유신처럼 식읍도 수여했을 듯하다.

그런데 고구려 원정이 끝난 뒤 수여된 식읍은 어느 지역에서 각출한 것일까? 《삼국사기》에는 김인문에게 수여된 식읍에 관해 이전 대탁각간大啄角干 박유의 식읍 5백 호를 그대로 넘긴 것으로 기록하고 있다. 각간은 신라 17관등 중 최고의 관직으로 알려져 있는데 이 단어의 어원은 투르크어인 카간qavan이다. 지도자 또는 왕을 의미하며 고구려와 북위에서도 가한可汗이라는 유사한 차용어를 사용했다. 즉 처음에는 읍락 공동체의 장처럼 지역 내 지도자를 부르던 명칭인 각간이 신라가 중앙 집권적 국가로 변모하면서 중앙 관료에게 부여되는 관직명으로 변한 것이다. 하지만 명칭에 부과된 의미에 예전 흔적이 남아 있어 일정한 지역을 관리할 수 있는 장으로 역할을 부여할 때 각간이라는 관직을 준 것을 알 수 있다. 결국 식읍도 각간 정도의 권위와 지위가 인정돼야 제공되는 것이다.

그렇다면 박유의 대탁각간이라는 관등은 풀어서 보면 대탁 지역을 관리할 수 있는 권한을 지닌 각간이 아니었을까? 박씨는 신라에서 왕비를 주로 배출하던 명문 가문이었다. 박유의 식읍이라

김유신 말의 목을 베다

는 명칭도 그가 속한 가문이 그의 이름으로 대변될 만큼 유명해서 붙여진 것일 수도 있겠다. 당시 5백 호라는 식읍은 단순히 1세대의 노력만으로 얻어내기란 불가능에 가까운 크기였다.

즉 문무왕 시절에 박유가 속해 있던 가문이 어떤 문제로 5백 호의 식읍을 관리할 수 없는 상황에 놓였고 왕은 이것을 동생 김인문에게 넘긴 것이다. 식읍을 관리할 수 없는 상황이라면 반란에 의한 제거 또는 가문의 적자 사망, 식읍의 교체 등으로 추릴 수 있을 테지만 이 이상의 추적은 남은 기록이 부족해 불가능하다. 여러 정황을 봤을 때 기존 귀족이 가지고 있었던 넓은 식읍이었다는 점에서 신라에 미리 복속된 땅으로 추정할 뿐이다.

이러한 예를 볼 때 문무왕은 김유신에게도 완전히 편입돼 더 이상 주변에 적대 세력이 없는 지역을 식읍으로 제공했을 듯하다. 김인문은 외교의 수장이었고 김유신은 국내 정치와 군사를 이끄는 주춧돌이었다. 즉 이들에게는 관리에 큰 노력이 들지 않는 질 좋은 식읍을 내려 나라의 주요 대신이자 친족다운 대우를 해준 것이다. 또한 이 정도는 돼야 당 황제가 약속한 평양 지역 2천 호에 버금가는 가치가 있었다. 전쟁이 끝난 뒤 새로운 개척과 투자가 요구되는 토지와 오래전에 개발이 완료돼 더 이상의 새로운 투자가 필요 없는 토지는 그 활용도면에서도 큰 차이가 있을 것이 분명하기 때문이다.

다만 새롭게 각간과 이찬 등이 된 장군들에게는 이와 같은 대우를 해줄 필요가 없었다. 여러 가지 이유로 문무왕은 평양 이남의 영토는 신라의 것이라 판단하고 있었다. 지금까지 당나라의 태도를 볼 때 분명 이를 인정하지 않을 것이나 문무왕은 이제 실력으로 인정할 수밖에 없게 만들자고 결심했다. 장군들에게 신라의 영토라고 확신한 고구려 또는 백제 지역을 식읍으로 수여해 이익을 공유하는 공동체로 만든다면 그들은 자신들의 땅을 지켜내기 위해서라도 일치단결해 당과 맞설 것이다.

이 같은 모습은 문무왕의 유례없는 자신감이 표현된 행동이었다. 사실 고구려 평양 공략은 여러 면에서 걱정을 많이 했던 작전이다. 김유신이 병으로 인해 행군에서 빠지자 김흠순, 김인문 등이 걱정을 한 것과 이에 대한 문무왕의 안타까운 반응을 볼 때 신라군에게 고구려는 여전히 거대한 벽처럼 느껴졌음을 알 수 있다. 그러나 전쟁은 생각 외로 손쉽게 승리할 수 있었으며 오히려 평양성 공략에서 신라군의 공은 당군 이상이라 평가할 만큼 대단했다. 신성이라는 고구려 승려가 성문을 열었을 때 가장 먼저 성문을 돌파한 자들이 다름 아닌 신라의 기병대였으니 최일선에서 성을 돌파하는 공까지 세운 것이다. 거기다 북방 3주의 군사가 힘써 싸워줬기에 신라 주력의 손실은 적었으니 이 역시 만족할 만한 성과였다.

문무왕은 김유신, 김인문 외에 장군들뿐만 아니라 그 아래 지위에 있는 자들도 공에 따라 선물을 수여했다. 이들은 대부분 전투를 앞장서서 치른 장교로 치열한 백병전에서 신라의 이름을 빛낸 자들이었다. 문무왕은 이들을 치하하며 자신감을 얻었다. 우리 땅에서 붙는다면 당과도 충분히 해 볼 만하다는 자신감이었다.

김유신 말의 목을 베다

가야의 춤을 추다

10월 25일, 문무왕은 경주로 돌아오는 도중 욕돌역에서 용장龍長이 베푼 잔치에 참석한다. 용장은 대아찬 관직에 있는 진골이었다. 그는 668년 고구려를 멸망시킨 전투에서 한성주행군총관으로 출정해 공을 세운 뒤 대아찬으로 승진했다. 이후 국원경의 사신仕臣으로 임용됐는데, 사신은 신라의 소경小京을 통치하는 자리였다. 아무래도 한성주부터 왕과 함께 이동하다가 자신이 새로 부임하는 지역에 다다르자 왕에 대한 고마움을 특별히 표시하기 위해 잔치를 연 듯하다.

왕과 시종 들은 용장이 베푼 잔치에 참석해 흥겨워했다. 이때 음악이 시작되니 나마 긴주緊周의 아들 능안이 무대에서 다름 아닌 가야의 춤을 춘다. 문무왕은 소년의 춤을 보고 감동했는지 앞으로 불러 등을 어루만지며 금잔으로 술을 권하고 선물도 넉넉하게 줬다. 고구려 승전 이후 왕이 행차한 잔치에서 가야의 춤을 췄다는 것이 흥미로운 이야기다. 다만 공식적인 승전 행사는 아니고 용장이 개인적으로 왕을 모시고 베푼 잔치에서 이루어진 일이었다. 즉 어떤 의미가 숨겨진 상황으로 보인다.

신라가 한강 유역의 발판을 위해 진흥왕 시절 소경으로 삼았던 국원경은 이후 경주 내 귀족 자제와 6부 호민이 옮겨지면서 중앙 정부의 직할 영토로 바뀐다. 사실 소경이 만들어진 이유는 정복한 지역 내 지배층이 위치하던 곳을 강제적으로 신라의 직할지로 흡수시켜 기존의 공동체적 유대 관계를 단절시키기 위함이었다. 유입된 신라인은 사라진 지역 지배층을 대신해 새로운 통치 체계를 수립했다. 이러한 임무는 경주 내 권력을 가지고 있던 기존 귀족이 아니라 세력이 약해 새로운 일을 통해 이익을 얻고자 한 자들이 앞장서서 나섰다. 가장 적임에 있던 이들은 가야계 신라인이었다.

이는 비단 국원경만의 일이 아니었을 것이다. 왕권 강화를 통해 중앙 집권적 국가를 이룩하려한 문무왕은 기존 귀족의 반발을 잠재우기 위해서라도 일부러 가야계 출신 신라인을 중용한다. 왕은 이들에게 새롭게 얻은 영토를 관리하거나 정복 전쟁에서 앞장서는 일을 맡겼다. 김유신 가문이 대표적으로 우대받은 가야계이지만 이외에도 수많은 가야계 핏줄이 김유신과 비슷한 모습으로 등용됐을 것이다.

결국 신라의 백제, 고구려 정벌전에서도 가야계 핏줄은 왕실에 충성하며 전쟁에서 앞장을 섰다. 남겨진 기록에서 김유신 가문 외에는 확실하게 가야계 출신으로 알려진 이들을 찾기 힘들지만 친왕파 장군 중 상당수가 가야계 출신일 확률이 높다. 한성주행군총관으로 전투에 참가한 뒤 왕을 위해 잔치를 베풀던 용장처럼 행동을 통해 가야인으로 추측되는 자가 있듯이 말이다.

문무왕도 이들처럼 가야계 피가 흘렀다. 가야계 귀족은 문무왕을 통해 신라에서 이방인으로 살며 느낀 괄시와 노력을 보상받는 기분이었다. 문무왕도 여러 부분에 가야인을 중용하고 크게 쓰면서 기존 귀족 세력을 견제하고자 했다. 그에게 있어 가야계란 가장 충성스럽고 믿을만한 신하였다. 이들은 고구려와의 전쟁에서 승리하자 공식적인 행사에서는 대놓고 하지 못할 가야계만의 축제를

김유신 말의 목을 베다

연다. 이 자리에서 가야 춤을 추고 음악을 들으며 가야계 귀족은 문무왕이 어떤 선택을 해도 함께하겠다는 의지를 보여 줬을 것이다. 이주한 가야계가 많은 국원경 근처에서 문무왕과 함께한 잔치는 이처럼 커다란 의미가 포함된 행사였다. 문무왕 역시 이들의 숨은 의도를 알고 기뻐했다.

이런 모습을 볼 때 가야계 인사가 신라에 편입된 이후에도 상당한 기간 동안 가야의 문화를 지켜오며 살아왔음을 알 수 있다. 해외의 한인이 한국의 명절을 챙기며 김치와 같은 전통 음식을 만들고 사는 것처럼 자신의 뿌리를 잊지 않고 전통을 계승하며 이를 통해 다른 문화의 사람과 차별점을 주려는 행동을 보이려는 것은 어느 시대나 마찬가지인 것 같다.

마침내 11월 5일, 경주에 도착한 문무왕은 포로가 된 고구려 사람 7천 명을 대동해 경주 시내를 전진했다. 공식적인 승전 행사였다. 이를 통해 신라가 승리했음을 경주 시민에게 알렸고 왕의 권위도 세웠다. 김유신은 늙은 몸을 이끌고 귀족의 대표로 문무백관과 함께 왕을 맞이했다. 이 과정에 태대각간이라는 높은 관위를 준 것에 대한 고마움을 어떤 식으로든 문무왕에게 표시했을 것이다.

다음날이 오자 왕은 문무 관료들을 거느리고 선조의 묘당에 조아려 큰일을 이루었음을 조상에게 고한다. 당의 사신도 얼마 뒤 도착해 황제가 내린 황금과 비단을 문무왕에게 전했다. 이들은 김유신에게도 따로 조서를 주고 포상했다. 공 작위를 내리는 만큼 김유신이 직접 당 조정으로 오기를 바랐지만 그런 일을 하기에 김유신은 너무 늦은 상태였다.

여하튼 승전의 여운은 상당 시간 지속됐다. 김유신 역시 고구려 정복에 관한 소식을 듣고 매우 기뻐했을 테다. 그가 화랑일 때부터 꿈꿔 왔던 또 다른 꿈인 고구려 정복이 결국 그가 살아 있을 때 이뤄졌으니 말이다. 이렇게 김유신은 신라인에게 백제 정벌부터 고구려 멸망까지 함께한 영웅으로 기억된다.

김유신 말의 목을 베다

16 _____ 나당 전쟁

격해지는 분위기

최후의 보루였던 고구려가 멸망하자 신라와 당 사이는 급속도로
냉랭해지기 시작했다. 사실 이전부터 이미 예견된 일이었다. 고구
려가 멸망하기 직전인 668년 초, 신라에 항복해 경주에서 지내던
연개소문의 동생 연정토가 당으로 간다. 당에서 그의 입조를 원한
듯 보인다. 그는 그 뒤로 신라로 돌아오지 못한 채 당에 머물게 되
는데, 그가 신라로 항복하면서 넘긴 식읍을 노리고 당이 이 같은
행동을 한 듯하다.

　고구려가 멸망한 뒤 이 지역을 어떻게 분배할지에 대한 논란이
신라와 당 사이에 또 다른 논란이었다. 이런 점에서 자신의 식읍을

가지고 항복하는 자들에 대해서는 특별 관리가 필요했다. 이자들의 신병을 확보한 국가가 그에게 딸린 식읍까지 함께 얻을 수 있기 때문이다. 그리고 이처럼 야금야금 영토를 확보하다 보면 더 큰 지역에 대한 요구도 가능해질 테니 당나라 입장에서는 가능성을 뿌리부터 제거해야 할 필요성이 있었다. 결국 연정토는 자신의 의사와는 상관없이 당나라에서 남은 인생을 보낸다. 신라도 이와는 다르지만 미리 당과의 관계가 잘못됐을 경우를 대비했다.

신라 사신 급찬 김동엄은 668년 9월 12일 일본에 도착한다. 고구려의 평양을 신라와 당군이 서서히 포위하던 시점이었다. 이미 신라는 고구려 멸망을 기정사실화하고 이후 있을 당과의 대립을 대비해 일본과 우호를 쌓아두려 한 것이다. 일본에서는 신라의 제안에 동의를 했는지 김유신을 위한 배 한 척과 문무왕을 위한 배 한 척을 선물로 보낸다. 또한 비단 50필, 풀솜 5백 근, 가죽 백 매도 함께 내놓는다.

그런데 일본이 신라 왕인 문무왕에게 선물을 줬다는 것은 얼핏 이해가 가지만 김유신에게도 똑같이 배 한 척을 줬다는 것에는 의문이 든다. 아마도 김동엄은 김유신의 책임 아래에 일본으로 간 외교관이었던 것 같다. 왕과 다른 장군들이 고구려 원정을 떠난 동안 경주에 남아서 왕을 대신해 일본과의 외교를 진행하는 것이 김유신의 임무였던 것이다. 일본에게 김유신이 최소한 문무왕과 같은 격의 선물을 제공해야 할 만큼의 권력자로 인식됐다는 점이 흥미롭다.

또한 이러한 반응에서 일본이 신라가 중국을 견제하는 정책을 펼치는 것을 크게 환영했다는 사실을 알 수 있다. 일본의 가장 큰 걱정은 백제가 멸망한 뒤 신라와 당이 일본으로 군사를 파병하는 것이었다. 이미 전투력 차를 알고 있던 일본은 만약에 있을지 모를 전쟁을 대비해 상륙 예상 지점을 따라 성을 쌓고 있을 정도로 상당한 불안감을 가지고 있었다. 하지만 신라가 당과 대립한다면 일본이 전쟁을 하게 될 일은 없지 않겠는가? 이에 일본은 신라의 중국 견제 정책을 환영했으며 오히려 큰 선물까지 준 것이다.

결국 신라와 당이 서로가 서로를 믿지 못하는 상황에서 분위기는 점차 극단적인 방향으로 흘러갔다. 당은 평양에 안동도호부를 세우고 설인귀에게 이 지역 통치를 맡긴다. 이때 설인귀는 평양군공平陽郡公으로 책봉됐는데 당 황제가 김유신과 약조한 평양군개국공과 대립되는 권한을 당 장수에게 부여했음을 알 수 있다. 당이 또다시 약속과 다른 행동을 시작한 것이다.

이때 신라는 고구려, 백제의 토지와 유민을 야금야금 신라의 것으로 만들며 실질적인 영향력 확대에 힘을 쏟았다. 거기다 고구려 지역에 있는 말 목장을 귀족에게 골고루 나눠 주며 당으로 하여금 고구려 영토에 대한 신라의 지분을 인정하도록 압박한다. 이에 당 황제는 신라에 엄중 경고를 하며 신라 대신을 당나라로 입조시킬 것을 요구했다. 황제의 목표는 김유신이었을 것이나 그를 대신해서 유신의 동생인 각간 김흠순과 파진찬 김양도가 당으로 간다. 때는 669년 5월이었다.

외교 전쟁

조선이 창업한 뒤, 명 황제 주원장은 조선에 대한 의심의 눈초리를 거두지 않았다. 당시 조선은 이성계를 중심으로 한 정도전의 등 새로운 세력이 고려를 무너뜨리고 세운 나라였다. 당연히 국초의 혼란을 잡기 위해 여러 조칙을 펼치는 중이었다. 조선의 2인자였던 정도전은 이를 위해 과감한 정책을 선보인다. 개국 공신들이 가지고 있던 사병 조직을 국가로 귀속시키고 더 나아가 중앙 정부의 힘을 강화하기 위해 요동 지역 정벌론을 주장한 것이다. 국가는 순식간에 계엄령에 준하는 분위기로 돌입했다.

사실 요동 지역은 조선에게 어느 정도 지분을 주장할 만한 근거가 있었다. 몽골족인 원나라 황제는 요동 지역을 통치하기 위해 고려 왕족을 요동 지역의 왕으로 삼았다. 덕분에 이 지역에는 고려 출신 인사들이 고위층으로 상당수 존재했다. 이와 같은 사회적 분위기는 요동을 충분히 조선의 영토로 편입시킬 수 있었던 근거가 됐다. 반면 명나라는 원을 이은 왕조라는 정당성과 북방의 안정적인 통치를 위해 요동 지역에 대한 관심이 높은 상황이었다. 두 신생 국가가 요동을 두고 대립하게 된 것이다.

그러나 아무래도 조선은 내부의 안정화를 위해 국외적인 이슈를 만들고 특히 중국과의 대립을 조장해 국내에서 함부로 신 왕조에 대한 불만을 보일 수 없게 만드는 것이 1차 목표였던 것 같다. 귀족이 들고 있는 사병 조직 및 재산을 국가로 귀속시키기 위해서는 이 같은 무리한 계책이 필요했다. 가지고 있는 재산을 뺏긴다는

김유신 말의 목을 베다

것은 시대를 막론하고 강한 저항을 가져오는 일이었다. 명은 당연히 이와 같은 조선의 태도에 불만을 가졌고 조선 왕에게 정도전을 포함한 대신들을 명나라 수도로 소환하라는 명을 내린다. 명보다 힘이 약했던 조선은 정도전을 제외한 고위 인사를 사신으로 삼아 명으로 보낸다. 이와 유사한 일이 당과 신라 사이에서도 벌어졌던 것이다.

김유신을 대신해 당나라로 강제 소환된 김흠순과 김양도는 황제 앞에서 신라 왕의 입장을 설명하고 사죄를 청했다. 이 두 사람은 사실상 죽음을 각오하고 이곳까지 온 것이었다. 아직 당과 싸울 준비가 완벽하지 않았던 신라가 시간을 벌기 위해서는 두 사람의 외교가 중요했다. 황제는 이들을 감옥에 억류토록 하고 이번에는 신라의 쇠뇌 기술자 구진천仇珍川을 입조시키도록 한다. 쇠뇌는 기계식 화살로 강력한 공격이 가능한 원거리 무기다. 구진천은 뛰어난 기술로 천 보를 간다는 쇠뇌를 제작했다고 한다.

당시 최강의 무장으로 창병, 기마병 등 다양한 종류가 있었지만 방어하는 입장에서는 화살을 사용하는 궁병이 최고로 강력했다. 문제는 활은 어느 정도 숙달하기까지 상당한 시간을 투자해서 연습해야 했다는 점이다. 그러나 쇠뇌는 사용법만 숙지하면 별다른 시간 투자 없이 바로 궁병으로 투입될 수 있었다. 또한 다양한 종류의 쇠뇌들이 있기에 필요에 따라 여러 선택이 가능하며 무서운 살상력까지 보였다. 즉 당나라는 신라 대신을 억류한 것 뿐만 아니라 이들의 목숨을 빌미로 기술자 구천진까지 잡아들여 신라군의 전술과 약점을 파악하고자 한 것이다. 당이 자랑하는 기마병에게 쇠뇌는 무서운 무기였기 때문이다.

결국 당으로 간 신라인 중 살아서 돌아온 이는 김흠순뿐이었다. 신라에 대한 경고로 김양도는 감옥에서 죽었고 구진천도 신라로 돌아오지 못했다. 김양도는 백제 정벌전에서 김유신의 부장을 맡은 것을 시작으로 백제 부흥군 진압, 고구려 식량 수송 작전, 평양 공략 등 주요 전장에 두루 참가했으며 신라를 대표하는 문장가이기도 했다. 특히 당과의 외교에서 김인문과 더불어 많은 공을 세웠는데 결국 죽음으로 끝난 그의 마지막 임무도 외교 사절이었다. 구진천은 6두품 신분의 고급 기술자로 신라의 쇠뇌를 똑같이 제작하라는 당 황제의 명을 듣지 않아 역시 죽임을 당한 듯 보인다. 신라인으로서 당의 회유에 응할 수 없었기 때문이다.

610년 초, 겨우 살아서 홀로 신라로 돌아온 김흠순에게 아끼는 신하들의 죽음을 전해 들은 문무왕은 더 이상 참지 않기로 했다. 김흠순은 더 나아가 당이 백제의 영토를 조사하고 신라에 흡수된 영토를 백제에게 돌려주려 한다는 이야기까지 전했다. 뒤이어 당나라에 유학 중이던 의상대사도 급히 신라로 돌아와 외교 임무 중인 김인문이 전해준 당나라 사정을 알린다. 당 고종이 신라를 침공하기 위해 군사를 준비 중이라는 것이다.

당의 태도는 신라를 지금껏 함께한 동맹국으로 인정하지 않겠다는 의미였다. 고구려가 멸망하기 전까지 김유신에게 보인 은근한 태도는 온데간데없이 사라지고 그의 측근을 당으로 불러들이는 등의 압박 의지를 보이고 있었다.

이에 문무왕은 신라가 먼저 당을 선제공격하기로 결심한다. 당시 76세의 김유신은 여전히 신라 정치와 군부의 중추였다. 그는 자신을 대신해 당으로 간 대신들이 죽음으로 내몰리는 것을 보고 당연히 강경책을 주장했을 것이다. 황산벌 전투가 끝난 뒤 소정방에게 신라 장군의 목이 잘릴 뻔 하자 직접 도끼를 들고 화를 내던 그였다. 그 뒤로 김유신은 당 세력을 한반도에서 몰아내자는 생각을 언제나 가지고 있었으니 문무왕의 결심과 통하는 점이 있었다. 신라는 먼저 공격하기로 한 이상 빠른 시일 내에 기습적인 공세를 취하기로 한다. 당나라는 감히 신라가 먼저 공격하리라 상상도 하지 못하고 있었다. 당에게 난데없는 타격을 주기에 좋은 기회였다.

압록강 공격

고구려가 멸망한 뒤 몇몇 지역에서는 부흥운동이 전개 중이었다. 그러나 백제 부흥운동과 비교해서 고구려 부흥운동은 조직된 힘을 발휘하지 못했다. 우선 고구려가 지배층 간의 배신과 반란으로 쪼개지듯이 무너져 각 세력이 힘을 하나로 합쳐지려는 시도조차 거의 이루어지지 않았고 당이 자국으로 끌고 간 고구려 유민도 상당해 구심점이 될 만한 명망 있는 자는 대부분 사라진 상황이었다. 거기다 당나라는 끈질기게 대항한 고구려를 처음부터 강하게 제압했기에 이 또한 조직력 있는 부흥운동이 전개되기 힘들게 만들었다.

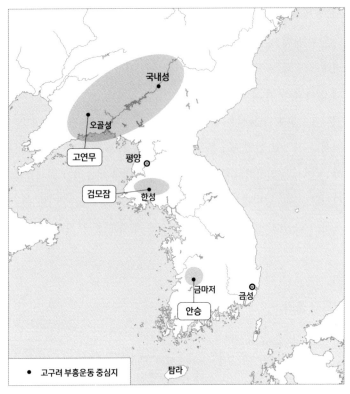

고구려 부흥운동

한편 여러 부흥세력 중 황해도에서 일어난 검모잠은 신라에 중요한 인물이었다. 이들은 보장왕 외손자이자 연정토의 아들인 안승을 불러 왕으로 추대하고 재령에 위치한 한성漢城에서 항쟁을했다. 당에 대한 적대심은 강했으면서도 신라에게 우호의 손길을펴고 있다는 점이 특이한데, 신라와 고구려 부흥세력 모두에게 당이 공동의 적이었던 것이 그 이유일 것이다. 신라는 이들을 직, 간

김유신 말의 목을 베다

접으로 지원하며 곧 있을 당과의 전쟁을 준비했다.

문무왕의 결심에 따라 670년 3월, 사찬 설오유는 고구려 부흥 운동에 참가 중이던 태대형 고연무와 더불어 각각 만 명의 정병을 거느리고 당나라 공격을 시도했다. 공격 지점은 압록강으로 당의 예상에서 벗어난 곳이었다. 이곳에는 고구려에서 당나라로 주인을 바꾼 말갈군이 주둔하고 있었는데, 본격적인 전쟁을 시작하기 전에 말갈을 흩어지게 만들어 그들이 당의 수족이 될 수 없도록 힘을 약하게 만들려는 작전이었다.

이 경우 직접적으로 당군을 공격한 것은 아니니 당이 항의해도 핑계를 만들 수 있었다. 고구려가 멸망한 뒤 주인 없는 말갈이 함부로 행동해 신라 국경을 괴롭히니 이를 혼내주려 출정했다고 하면 그만인 것이다. 또한 당의 고구려 지역에 대한 장악력이 미약하다고 은근히 비꼬는 효과도 가져올 수 있었다. 즉 간접적으로 이 지역에 신라의 관리가 필요하다는 사실을 알리는 거다. 결과적으로 당나라 본군과의 전투는 아니었지만 신라는 말갈을 상대로 화려한 승리를 취했다. 당군이 뒤늦게 이를 알고 뒤쫓아 오자 재빨리 남쪽으로 후퇴해 전력도 보존했다. 이 전투를 통해 신라 군사는 당군과도 충분히 싸울 수 있다는 자신감을 얻었다.

말갈과의 전투는 의표를 찌르는 공격도 대단했지만 전광석화처럼 찌르고 전력 손실 없이 퇴각했다는 점을 볼 때 신라군의 작전 능력이 크게 향상된 것을 알 수 있다. 공격 기회도 정확히 포착했다. 당시 평양은 주둔 중이던 설인귀가 20여만 명이나 되는 평양 주변 고구려인을 당으로 옮기는 일을 끝내고 669년 5월 철수하면서 힘의 공백 상태였다.

이후 요동 지역의 여러 고구려 성에서 당에 대한 반발이 일어나니 당군은 평양에 주둔하기 힘들어졌다. 잘못하면 후방이 끊어질 수도 있기 때문이다. 할 수 없이 당의 주력은 요동으로 이동한다. 이때를 기회로 평양 주변에 고구려 부흥세력이 크게 일어났다. 신라에게는 군사를 이끌고 과감히 평양을 넘어 압록강까지 진격할 수 있는 고속도로가 열린 것이다.

이번 작전에는 고연무처럼 고구려 출신 장군의 도움도 컸다. 분명 설오유가 평양에서 압록강에 이르는 동안 고구려인은 신라군을 적극 지지했을 것이다. 사실 전쟁에서 지역 주민의 지원만큼 중요한 것도 없다. 당장 필요한 전쟁 물자와 정보 등을 쉽게 얻어 낼 수 있기 때문이다. 이는 신라가 고구려 유민에 대한 위무 과정을 훌륭하게 진행하고 있었음을 증명한다.

당시 신라군을 지휘하던 설오유는 사찬의 관등을 가지고 있었던 6두품 출신의 장교였다. 사찬은 현재의 차관과 유사한 직급으로 결코 낮은 관직은 아니다. 하지만 신라에서 시위부를 제외한 다른 군단의 경우 장군직은 진골만 가능했다는 점에서 설오유는 특이한 경우다. 진골도 아닌 6두품의 신분이 만 명이나 되는 병사를 거느리고 작전을 통솔했다는 것은 신라에서는 거의 보기 드문 일이기 때문이다.

김유신 말의 목을 베다

설씨 가문

대통령 선거철이 다가오면 재미있는 현상이 생긴다. 대부분의 대통령 또는 킹메이커 들을 보면 수도권 사람이 아니라 지방에 연고가 있는 인물이다. 연고 의식이 약한 수도권 사람들은 정책과 이슈 등을 통한 공략이 충분히 가능하지만 연고 의식이 강한 지방은 동향이라는 공통점이 친밀감을 형성해 표심을 결정하는 데 큰 역할을 하기 때문이다. 이러한 현상은 현대 사회 뿐만 아니라 과거에도 존재했다. 오히려 지금보다 훨씬 강한 연고 의식이 자리잡고 있었다. 그렇다면 신라에서는 특정 지역에 연고가 있는 집단에 대해 어떤 대우를 해주었을까?

당시 설씨로 유명한 이로는 압록강을 공격한 사찬 설오유뿐만 아니라 입신양명의 꿈을 지닌 뒤 당나라로 건너가서 당태종의 인정을 받았다던 설계두, 김인문과 함께 당으로 건너가 좌무장군左武將軍을 지낸 설영충, 군사 전략가이자 문무왕 앞에서 6진 병법을 선보인 설수진 등이 있다. 거기다 승려이자 전선에도 참가한 원효도 설씨의 성을 가지고 있었고 그의 아들 설총도 신라 유교의 거두였다.

하나같이 뛰어난 인물들이지만 신분의 한계가 있는 자들이기도 했다. 원효는 6두품 이하의 가계로 알려지며 설계두도 신라의 골품제도를 비판하며 당으로 건너갔다고 하니 높아 봐야 6두품일 것이다. 설오유와 설수진도 각각 사찬과 아찬의 관직을 가지고 있으니 6두품이다. 태종무열왕의 둘째 아들인 김인문과 함께 당을 갔다던 설영충은 두품을 알 수 없지만 설씨 대다수가 6두품인 것으로 보아 그도 6두품일 가능성이 크다. 비슷한 시기에 설씨 성을 가진 뛰어난 인재들이 다수 출현했다는 점도 흥미롭지만 이들이 한결같이 6두품 이하의 신분이며 신분의 제약을 넘기 위해 당에서 활약하거나 신라 왕실과 친밀한 일을 맡았다는 점도 특이하다. 이들의 기원에 대해서는 다음과 같은 기록이 전해진다.

> 신라 유리이사금이 왕인 시절 6부의 이름을 짓고 이 지역에 사는 사람들에게 성을 내려주었는데, 양부는 이씨, 사량부는 최씨, 모량부는 손씨, 본피부는 정씨, 한기부는 배씨, 습비부는 설씨로 했다.

설씨가 해당된 습비부는 경주 내에 위치한 보문리 일대다. 그러나 이 기록은 정확한 사실이 아니라 후대에 이뤄진 일을 역사적으로 오래된 사건으로 만들기 위해 첨삭된 내용이라는 주장이 있다. 신라에서 성姓을 쓰기 시작한 것은 유리이사금 때가 아니라 그보다 한참 뒤인 진흥왕에 이르러야 이뤄지기 때문이다. 그렇다면 하위 귀족 집단이 자신들의 경주 내 편입 역사가 길고 성을 쓸 수 있을 만큼 지위가 높은 계급임을 남기기 위해 뒷날 이와 같은 첨삭 기록을 만든 듯 보인다.

한편 곽공희설씨묘지명郭公姬薛氏墓誌銘에는 당으로 건너간 설영충의 딸에 대한 기록이 남겨져 있는데, 여기에도 설씨의 기원에 대한 일화가 적혀 있다.

김유신 말의 목을 베다

옛날에 김씨 왕에게 사랑하는 아들이 있었는데, 설(薛) 땅을 식읍으로 얻었으므로 이로 인해 성씨로 삼았다. 대대로 김씨와는 통혼을 하지 않았다. 그의 고조와 증조는 모두 김씨 왕의 귀신(貴臣)이나 대인(大人)이었다. 그의 아버지 설영충은 당나라 고종 때 김인문과 함께 우리 당나라로 들어왔는데, 황제가 그 공로에 보답해 좌무위 장군에 제수했다.

이 역시 사실이 정확하게 기록된 것은 아니다. 다만 설씨가 김씨로 대변되는 왕실의 바로 밑 단계에 위치한 집안이었고 하위 계층에게는 귀인이나 대인으로 인정받는 존재였음을 알 수 있다. 식읍으로 얻었다는 땅은 실제로는 설씨와 관계 깊은 지역을 의미하며 이들이 경주 귀족으로 편입된 뒤에도 이러한 지역적 기반은 세력을 유지하는 데 큰 도움이 됐을 것이다. 이 같은 기록을 볼 때 아무래도 설씨 가문은 지역 유력 세력으로 지내다가 경주를 중심으로 신라가 재편되던 6세기경에 일부가 촌주로 6두품을 인정받고 경주 내에 정착한 집단으로 보인다. 그렇게 본다면 위의 기록은 일의 선, 후 관계가 바뀌고 조금 미화해 표현됐을 뿐 어느 정도 사실에 부합된 기록임을 알 수 있다.

6두품의 기원에 대해서는 많은 주장이 있지만 아직까지 완전히 정립돼 있지는 않다. 다만 법흥왕 시절에 율령을 도입하면서 점차 성골, 진골, 6두품 등으로 계급이 확연하게 구별되기 시작한 것 같다. 기존 관념에 따르면 6두품은 경주 내 6부 세력이 기초가 돼 구성됐다고 한다. 하지만 가야계 왕족에게 진골의 지위를 주던 시기였던 만큼 일정한 지위가 보장되던 경주 주변의 지방민에게도 이와 유사한 경주 편입이 있지 않았을까? 복속된 소국의 지배층 가운데 일부를 경주로 이주시켜 지배층인 6부에 편입시키고, 다른 일부는 원 거주지의 촌주로 삼아 복속 지역 통치에 이용하는 방식으로 말이다.

그렇다면 본래 설씨들이 거주한 지역은 어디였을까?《삼국유사》〈원효전〉에서는 원효가 압량부에서 태어났으나 전기에는 왕경인으로 기록돼 있는데 이는 조부의 본거지를 따른 것이라 전한다. 또한 원효는 자신이 태어난 곳과 살던 집의 터에 절을 세워 각각 사리사와 초개사라 이름을 붙였다고 한다. 지금도 압량주가 위치했던 경산에는 원효가 세웠다고 알려진 제석사라는 절이 남아 있다. 그러나 원효가 단순히 태어난 곳이라는 이유로 압량주에 절을 세우지는 않았을 것이다. 지금도 마찬가지지만 절을 하나 세우기 위해서는 엄청난 경제력이 동원돼야 한다. 당시 분위기로 볼 때 원효는 자신의 가문과 관련된 지역에 상징성을 부여하고 가문의 업적을 기리기 위해 절을 세웠을 가능성이 크다.

원효는 나이가 김유신보다 20살 정도 아래였고 신라의 골품 신분제가 어느 정도 완비된 시절에 태어났다. 그러나 왕경인이라던 원효의 조부 시절은 김유신의 조부인 김무력이 활동했을 때와 비슷한 시기로 이때는 외부인이 일정한 서열을 보장받고 경주로 편입하던 시대였다. 이렇게 가정한다면 원효의 집안은 본래 압량부에 자리잡고 있었으나 경주를 중심으로 신라가 재편될 때 왕경인으로 편입하면서 하급 귀족 신분을 보장받은 것으로 판단할 수 있다. 당

김유신 말의 목을 베다

시 동일 지역 출신들은 같은 성을 썼으니 다른 설씨들도 사실상 원효와 유사한 배경을 가졌을 것이다. 즉 압량주 지배층 출신인 것이다. 이럴 경우 여러 의문점이 풀린다.

48세의 김유신은 압량주군주로 지내면서 김춘추를 구원한다는 명목으로 병사를 모았다. 이때 3천 명의 용사가 모였는데, 압량주 지역 세력가의 지원이 없었다면 쉽게 유지할 수 있는 숫자가 아니었다. 분명 경주 내 친왕세력과 가야계뿐만 아니라 지역 실력자와 관련 깊은 설씨의 지원도 있었던 것이다. 결국 가야계와 압량주민 등이 기초가 된 서당이라는 왕의 직속 부대가 구성된다. 그리고 서당화상이라 불리던 원효는 삼국시대 불교의 호국적인 역할로 이들과 함께하며 전장에 참가했고 이후 태종무열왕의 딸과도 결혼할 수 있었다. 왕실의 여자와 진골 이하의 남자가 결혼한다는 것은 여자의 재혼이라 해도 김유신 아버지가 왕실 여인과 결혼한 것보다 더 불가능에 가까운 이야기였다. 그만큼 신라 왕실에서 설씨 가문의 공과 힘을 인정한 것이다. 그러다 경주 내 왕실 무력 기반인 시위부를 확대시키는 시기에 설씨 중 실력 있는 자들이 대거 편입됐다.

이들은 왕과 병사를 이어주는 고급 장교 역할을 했으며 이후 군사적으로 뛰어난 역량을 보이는 이들은 왕권 강화 정책으로 6두품을 중용하는 시기에 시위감까지 올랐다. 바로 설오유와 설수진 등이다. 시위부는 다른 군단과 달리 6두품도 장군에 버금가는 지위에 오를 수 있었는데 이러한 독특한 조직의 성격도 설씨 장교들에게는 좋은 기회였다. 과거에는 두품상 장군직이 불가능했으나 이제 관직명에서는 한 단계 아래로 불릴지라도 사실상 장군과 비견되는 권력자가 될 수 있었다.

설오유가 압록강을 공격할 때 만 명의 병력을 통솔할 권한이 생긴 것도 시위부에서 얻은 시위감의 경력이 도움이 됐다. 다만 당과의 직접적인 전면전이 아니므로 정규 군단이 아닌 고구려 투항 병사와 북방에 주둔한 서당, 그리고 친왕계 병력 등을 합쳐 전장에 나선 듯 보인다. 이러한 성격의 군대라면 6두품 설오유라도 충분히 이끌 수 있었다. 또한 왕실에서 직접 당과의 전쟁에 앞장설 것을 천명하는 표식도 된다. 이러한 배경으로 통일 전쟁 시기 진골 출신인 김씨, 박씨, 가야계 김씨 못지않게 설씨 또한 활발한 활동이 가능했던 것이다.

한편 김인문과 함께 당나라로 갔다는 설영충도 새로운 근거를 통해 어떤 인물인지 추정해 볼 수 있다. 당시 당에 들어간 신라인은 수도 없이 많았다. 그럼에도 굳이 김인문과 함께 들어갔다는 표현을 곽공희설씨묘지명郭公姬薛氏墓誌銘에 쓴 것은 분명 두 사람 사이에 깊은 인연이 있었기 때문일 테다.

설영충의 딸인 설요는 660년경 태어난 것으로 알려진다. 그렇다면 설영충은 최소한 640년 이전에 태어났을 것이다. 김인문은 629년생이다. 두 사람이 비슷한 나이였음을 알 수 있다. 김유신과 태종무열왕이 압량주 설씨들을 아끼고 주력 부대의 장교로 활용했다면? 김인문이 외교를 위해 당으로 들어갔을 때 설영충이 그를 보호하는 임무로 함께했다고 추측해 볼 수도 있다. 그러니 당 황제도 일개 신라인인 그의 이름을 기억하고 당의 벼슬까지 내린 것이다. 태종무열왕이 김인문에게 내린 식읍 3백 호가 김인문이 압량주 지역에 성을 짓고 나서 하사됐다는 점에서도 어떤 공통분모가 있을 듯 보인다.

이로써 김유신이 이끈 전투에서 허리 역할을 해주던 중간 간부들의 출신과 그들이 이룬 성과도 단편적으로나마 알 수 있게 됐다. 경주 주변에 자신의 조직이 있는 6두품 귀족이 함께했기에 김유신은 큰 성공을 거둘 수 있었다. 물론 김유신 역시 지방에 자신의 세력과 조직이 있던 인물이기도 했다.

신라의 보호국

압록강 정벌전이 끝나고 나서 몇 개월 뒤 황해도 지역에서 부흥운동을 하던 고구려 세력은 분열한다. 요동의 반발을 어느 정도 진압한 당은 이제 평양과 황해도 지역의 고구려 잔당을 토벌하고자 했다. 신라와 이들의 결합을 더 이상 용납하기 힘들어진 것이다. 이에 당 황제의 명으로 동주도행군총관東州道行軍摠管 고간高侃이 군사를 이끌고 공격하니 보장왕의 외손자인 안승과 검모잠 간에 의견 대립이 일어났다.

당의 강력한 진압이 시작되자 부흥군 내부에서 신라로 투항하자는 파와 당과 싸우자는 파로 나뉜 듯한데, 결국 투항파가 승리하면서 계속해서 싸우자던 검모잠이 제거된다. 사실 검모잠은 대형大兄 출신으로 고구려 14관등 중 7등에 불과한 직위였다. 지금까지는 부흥운동을 이끌며 대장 노릇을 했기에 융숭한 대접을 받을 수 있었지만 신라 밑으로 들어가면 자신의 신분으로는 찬밥 신세가 될 것이 뻔했다. 이에 끝까지 항전하는 쪽을 택한다. 하지만 안승은 현 상황에서 자신들의 힘만으로는 당의 대군과 맞선다는 것이 불가하다고 생각했다. 즉 신라의 도움 아래 뒷날을 대비하자는 입장이었다. 결국 두 사람은 견해 대립으로 부딪쳤고 검모잠이 제거된 뒤 안승은 신라로 망명을 한다.

신라 조정은 기다렸다는 듯이 안승을 고구려 왕으로 삼고 금마저金馬渚에 자리 잡게 했다. 금마저는 지금의 전북 익산으로 과거 백제 무왕이 세운 도시였다. 이곳에 고구려 투항병들을 위치시키면 백제 지역에 있는 당과 대항하는 세력을 하나 더 키울 수 있었다. 이렇게 일사천리로 진행되는 과정을 볼 때 신라가 일부러 고구려 부흥군을 분열시키고 안승을 후원한 듯 보이기도 한다. 여러 가능성을 계산해보다가 결국 독립적인 세력으로 고구려 부흥군을 두기보다는 신라 내에 흡수하기로 정한 것이다.

만일 고구려 부흥군이 성공한다면 평양에서 황해도에 이르는 영토가 그들의 것이 될 것이었다. 신라는 그럴 바에야 북방 국경선을 직접 방어하며 자신들의 영향력을 증대하는 편이 낫다는 판단을 했다. 무엇보다 고구려 영토 중 평양 부근의 지역은 반드시 신라의 것으로 만들어야 할 필요가 있었다. 고구려의 수도권 지역이었던 만큼 지배했을 때 얻게 되는 성과와 외교적 힘을 무시할 수 없었기 때문이다. 부흥군의 구심점이 될 수 있는 안승이 귀부하자마자 그를 후방으로 옮긴 것도 이러한 이유가 있었다. 안승은 무려 4

김유신 말의 목을 베다

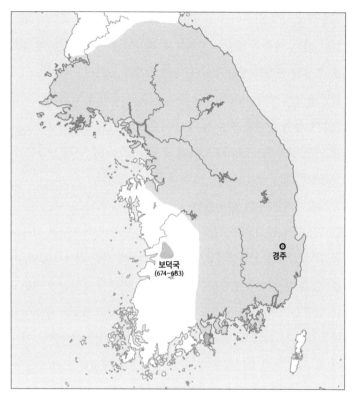

안승의 보덕국

천 호를 이끌고 신라로 넘어왔다고 하는데, 이들 중 안승과 익산까
지 함께 간 인원은 반도 되지 않았을 것이다. 대부분은 북방 신라
군에 편재돼 당을 방어할 선두 병력이 됐을 테니까.

　이렇게 한때 고구려의 보호국이었던 신라는 이제 고구려를 보
호국으로 거느리는 나라가 됐다. 이미 가야 합병 등을 통해 경험해
본 일이기도 했다. 이것을 빌미로 북방에 있는 고구려인을 신라로

회유하기도 훨씬 쉬워졌다. 신라가 고구려 왕인 안승을 보호하고 있는 이상, 안승의 영지인 황해도와 평양이남 지역을 신라의 것으로 주장할 권리가 생긴 것이다. 당과 전쟁을 벌이기 위해서는 그에 합당한 정당성과 취지가 필요했다. 지금껏 신라가 백제와 고구려 토벌에 당과 함께한 것은 당의 천하관에 합치한다는 정당성을 통해 이룬 일이었다. 그러나 당과의 관계가 냉각되자 이제 신라는 삼한통합이라는 근거를 들고 당과 대립각을 세웠다.

정확히 언제부터 삼한통합이라는 이념이 생겨났는지는 알 수 없으나《삼국사기》에는 문무왕의 아들 신문왕이 김춘추와 김유신이 함께 삼한을 통합했다고 당나라 황제에게 알린 기사가 있다. 이를 볼 때 신라는 당과 대립각을 세우던 시기부터 자신들을 한반도 내 삼한을 통합하는 국가로 이미지화한 듯하다. 새로운 구심점을 만들기 위해 전략적으로 필요한 선택이었다. 이는 신라뿐만 아니라 고구려, 백제 유민도 신라 왕을 중심으로 재편할 수 있는 근거가 되기 때문이다. 한반도 사람의 한민족 의식은 사실상 이때부터 진전되기 시작한다. 거대한 적인 당을 상대로 하는 전쟁은 이처럼 한반도 내 여러 집단에게 동질성을 느끼게 만들 위협이 됐다. 삼한 일통의 위업을 달성했다는 김유신의 이미지도 이 같은 정치적 변혁을 통해 후대에 구축된 것으로 보인다. 사후 신라의 영웅에서 한반도의 영웅으로 격상되면서 만들어진 이미지였던 것이다.

김유신 말의 목을 베다

대공세

모든 준비가 다 끝나자 670년 7월 신라의 대공세가 시작된다. 처음에 문무왕은 대아찬 유돈을 웅진도독부에 보내 화친을 요청했다. 당과 백제 입장에서는 신라의 화친 요구를 받아들이질 않을 이유가 없었다. 이에 도독부에서는 답례차 사마司馬 예군을 보냈다. 그러나 문무왕은 뜬금없이 그가 신라를 염탐했다고 주장하며 인질로 잡는다.

예군은 웅진 지역을 통치하는 세력가 가문의 대표자로 보이는데, 일찍이 의자왕이 사비성 함락 뒤 웅진성에 머물렀을 때 그를 당에 항복시킨 이가 웅진성태수 예식이었다. 그 뒤 예식은 당나라로 가서 중국 관직을 얻고 살다가 672년에 죽은 것으로 기록돼 있다. 이러한 공으로 백제 멸망 이후로도 예 씨들은 당에게 웅진 지역을 관리하는 임무를 위임받고 있었다. 이런 일을 알고 있던 신라에서는 그들 중 이름 있는 자가 답례로 신라 조정에 들어오자 인질로 잡아두고는 기습적으로 군사를 풀었다. 사마라는 지위는 도독을 보좌하는 임무를 지닌 높은 자리였다. 결국 웅진의 예 씨 가문은 자신의 친족이 잡혀 있는 상황이니 병력을 당에게 적극적으로 지원하기 힘들어졌다.

중요한 인질을 잡은 문무왕이 명을 내리자 각간 김품일과 문충 등이 63개 성을 쳐서 빼앗고 각간 천존과 죽지 등은 7개 성을 빼앗았으며 이찬 군관 등도 12개 성을 빼앗았다. 신라군은 옛 백제 땅을 향해 각기 세 방향으로 군사를 몰아쳤다. 다양한 방향에서 일

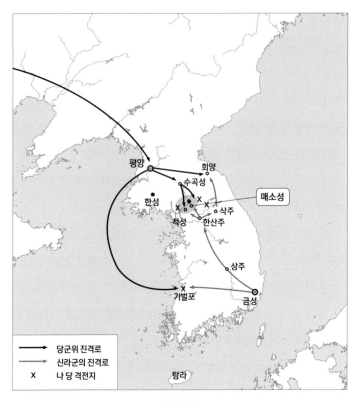

평양 · 회양 · 수곡성 · 매소성 · 한성 · 적성 · 삭주 · 한산주 · 상주 · 가벌포 · 금성 · 탐라

당군위 진격로
신라군의 진격로
X   나 당 격전지

나당 전쟁

시에 군사를 일으켜 공격하는 작전은 마치 이전 백제 정벌이나 고구려 정벌을 했을 때 신라와 당 연합군이 보여줬던 공격 방법과 유사했다. 신라의 전략, 전술이 삼국병합 과정을 거치면서 상당한 수준까지 올라갔음을 보여준다. 전투는 큰 승리를 거뒀다. 수천 명의 적을 죽였으며 병마와 병장기도 엄청난 숫자를 노획했다.

신라의 공격은 이처럼 오래 기다리며 준비한 만큼 치밀하고 대

김유신 말의 목을 베다

범했다. 큰 그림을 그린 전투 계획은 김유신이 함께 전략을 짜서 준비한 것이었다. 여러 가능성과 계획을 타진하면서 김유신은 자신의 경험과 지략을 젊은 장군들과 문무왕에게 그대로 가르쳐주었을 것이다. 당시 신라에서 김유신만큼 다양한 전투 경험을 가진 자는 존재하지 않았다.

문무왕은 1차 전투가 큰 승리로 끝나자 전공에 따라 상과 벌을 내린다. 함부로 전투에서 후퇴한 자는 면직시키고 공을 세운 자는 벼슬을 올렸다. 이제부터는 아시아 최강 대국인 당과의 전투인 만큼 장군들의 충성도를 관리하는 것도 이전보다 훨씬 힘든 일이 었다. 당은 지금껏 싸워왔던 백제, 고구려와는 차원이 다른 장벽이 었기 때문이다. 이에 문무왕은 전투에서 후퇴하는 것부터 용서하지 않고자 했다. 벌을 받은 이들은 본래 사형에 처하려 했지만 높은 두품과 관직을 봐서 면직으로 끝냈다. 신료들에게 주는 강력한 경고였다. 전투에서 후퇴만 해도 죄를 묻는다는 것은 항복 또는 투항하는 경우에는 그 이상의 벌이 내려진다는 의미를 내포했다.

하지만 문무왕의 걱정처럼 신라 내에서도 흔들리는 자가 생겨날 수밖에 없었다. 670년 12월, 파진찬 박도유朴都儒가 웅진의 당군과 연락을 취하며 반란을 꿈꾸다가 발각된다. 박도유는 고구려 원정을 했을 때 한성주행군총관으로 함께한 자였다. 특히 한성주 병력을 거느리고 진격할 때 김인문, 천존과 함께 선공까지 섰던 인물이기도 했다. 이에 평양 공략 뒤 공에 따라 상을 내릴 때도 박도유를 대아찬에서 파진찬으로 승진시킨 뒤 한성주도독漢城洲都督으로 삼았을 정도다. 한성주는 경기도 일대를 관리하는 곳으로 당과 전쟁을 할 때 선봉을 서야 할 중요한 지역이었다. 이런 자리를 맡긴 만큼 문무왕이 믿고 아끼던 장군이었다.

당은 웅진도독부를 통해 의도적으로 박도유에게 접근한다. 기록에 따르면 백제 여자를 박도유와 결혼시키고 모반을 꾀하게 했다는데, 백제 여인은 최소 백제 유력 가문의 여인이었을 것이다. 아마도 당은 박도유에게 신라 왕에 대한 모반을 일으키면 백제 여인과 결혼해서 태어난 아들에게 이 지역 지배권을 보장하겠다는 약조를 한 듯싶다. 공公, 후候와 같은 중국식 작위도 이전 김유신 때처럼 보장했을 것이다.

사실 박도유 정도면 당의 제안을 승낙할 정도의 욕심을 가질만한 지위와 명망을 가지고 있었다. 박씨면 진골에다 신라 내에서도 김씨와 비견되는 최고의 성씨이다. 그렇다면 혹시 김인문이 부여받은 식읍의 본 주인인 각간 박유가 박도유와 관계된 인물이 아니었을까? 즉 문무왕이 식읍 교체 등을 빌미로 경주 주변의 식읍을 자신의 동생에게 넘기고 박도유 가문에게는 새로운 영토를 개척한 뒤 그 지역을 식읍으로 주겠다고 명했을 수 있다.

정확한 기록이 남아 있지 않아 이 추측에 대한 근거를 찾기는 힘드나 박도유가 국가를 배신한 만큼 가문의 재산과 권력에 관련한 문제에서 왕과 대립하다가 벌인 일일 가능성이 크다. 물론 새로운 외척 가문으로 가야계 김씨가 등장하면서 진골 박씨에 대한 대우가 예전 같지 않게 된 점도 반란을 생각하는 계기가 됐을 것이다. 하지만 자신의 그릇보다 큰 꿈을 꾼 운명은 비극적인 최후로 끝난다. 문무왕은 이 소식을 전해 듣고 곧 군사를 보내 그의 목을 베

김유신 말의 목을 베다

어버리도록 한다. 배신자에 대한 좋은 본보기였다.

　이번 사건에서 문무왕이 놀란 것은 박도유가 한성주총관이 됐을 때 이미 당의 회유에 넘어갔다는 점이었다. 물질적으로나 권력으로나 당에서 보장해줄 수 있는 것이 크다면 넘어가는 자가 생길 수밖에 없었다. 믿을만하다고 여긴 자조차 이런 상황이니 내부의 적을 완전히 뽑아내기란 불가능한 일이었다. 결국 당군을 완전히 몰아내는 것이 내부의 적을 확실히 제압하는 최고의 대안이었다. 다음 해 6월, 문무왕은 죽지를 시켜 옛 백제 영토를 다시금 공략하게 했고 죽지는 왕의 의지대로 당군을 포함한 5천 3백 명을 참수하는 승리를 세운다. 이제 오히려 급해진 것은 당나라였다. 신라의 공세로 인해 웅진도독부가 바람 앞의 등불 상황이 돼고 있었다.

서신 다툼

설인귀는 일개 농민 출신에서 장군의 자리까지 오른 입지전적인 인물로 고구려, 위구르, 티베트, 돌궐 등 당 주변국의 공략전에 골고루 참가했다. 70세의 나이로 죽은 뒤에는 밑바닥에서부터 시작해 큰 성공을 이룬 신화적인 인물로 숭배를 받게 된다. 그런 그가 신라의 웅진도독부 공략이 본격화되자 671년 당군을 이끌고 백제 영토로 들어온다. 당시 설인귀는 무척이나 바빴다. 고구려 평양을 무너뜨린 뒤 군정총독이자 평양군공이 됐는데, 때마침 티베트가 당에 대항하니 그곳으로 원정을 떠난다. 그러다가 신라가 웅진

도독부를 강하기 밀어붙이자 이번에는 계림도행군총관鷄林道行軍摠管이 됐다. 계림은 신라를 의미하니 설인귀는 신라토벌총관의 관직을 황제에게 받은 것이다.

그러나 설인귀가 당의 원병을 막으려는 신라군을 겨우 격파하고 해상을 통해 웅진으로 도착했을 때 상황은 좋지 않았다. 주요 거점지를 제외한 대부분의 백제 영토는 신라에게 귀순했고 그렇게 공을 들이던 박도유도 죽임을 당했다. 설인귀는 웅진에 도착한 뒤 신라 장군 죽지가 이끈 군대와 전투를 벌였다. 결과는 대패였다. 이대로 가면 획기적인 당나라의 지원 없이는 백제 영토에 대한 당의 영향력 확보에 분명 한계가 있을 것이었다. 시간을 벌기 위해서라도 신라와 잠시 휴전을 할 필요가 있었다. 설인귀는 문무왕에게 편지를 보낸다.

7월 임윤법사라는 승려가 설인귀의 편지를 들고 경주로 왔다. 당이나 신라나 불교를 믿는 국가니 승려는 외교에서도 큰 활약을 할 수 있었다. 아무리 적대 관계가 됐다고 하나 스님은 정중하게 대접해야 할 존재였기 때문이다. 설인귀의 편지내용은《삼국사기》에 전문이 남아 있는데 상당히 긴 글이지만 내용은 단순하다. 당을 공격한 신라를 책망하고 조급하게 일을 진행하지 말자는 내용이었다. 물론 계속해서 신라가 압박한다면 당의 대군이 구름처럼 모여들어 신라를 공격할 것이라는 위협도 담겨 있었다.

이에 문무왕도 설인귀에게 답을 보낸다. 이 역시《삼국사기》에 전문이 남아 있다. 내용을 요약하면 '신라는 당과 함께 백제, 고구려 멸망에 힘을 쓰며 충성을 다했건만 사냥이 끝난 뒤의 사냥개

김유신 말의 목을 베다

운명처럼 당이 신라를 함부로 대하고 있다. 황제는 군사를 출동시키기 전에 먼저 그 근본 연유를 물었어야 했다. 설인귀는 이 같은 신라 왕의 이야기를 황제에게 전해 달라'였다. 또한 신라가 백제, 고구려 영토를 획득해야 하는 이유와 정당성을 세세히 설명했다. 당나라 장군 설인귀의 강한 위협에도 주눅 들지 않고 당당하게 항의했으니 문무왕의 강한 자신감이 엿보인 행동이다.

이번 서신 다툼을 통해 알 수 있는 것은 신라는 실력으로 영토를 개척하면서 문헌을 바탕으로 하는 외교술로도 당을 설득할 필요가 있었다는 점이다. 마치 독도를 두고 대한민국과 일본이 대립하는 과정과 비슷하다. 한반도 사람은 당연히 독도가 우리 땅이라는 인식을 가지고 있지만 일본이 주장하는 법률적, 역사적 근거를 바탕으로 하는 독도 여론전에서 해외 여론을 위해 대비를 하는 것과 같은 바탕인 것이다.

또한 문무왕은 설인귀가 편지를 보낸 이유를 알고 있었다. 시간 벌기가 아니겠는가? 이에 전장이 유리하게 진행되는 이상 압박 수위를 더 높이기로 한다. 사실 신라는 빠른 시일 내 백제 영토를 완전히 신라의 것으로 편입시켜야 했다. 고구려를 함락시키고 얻은 북방 영토 관리도 사정이 급했기 때문이다.

문무왕은 편지를 주고받은 뒤 곧바로 백제 수도였던 사비에 소부리주를 설치하고 아찬 진왕眞王을 도독으로 삼는다. 진왕은 그동안 상주군을 이끌고 대백제전 임무를 담당했으니 백제 지역에 대한 경험이 많은 자였다. 박도유의 배신을 경험한 직후이므로 문무왕이 신뢰할 수 있는 충성심이 상당한 인물이었을 것이다. 설인귀가 뭐라 하든 문무왕은 '옛 백제 영토는 신라의 것이다'라고 행동으로 직접 뜻을 밝힌 셈이다. 곧이어 신라는 수군을 이용해 웅진으로 보급 임무를 수행 중이던 당 수송선 70여 척을 격퇴한다. 연속된 승리로 이대로면 신라는 곧 완전한 승리를 얻어낼 수 있을 듯보였다.

김천존

672년 7월, 당나라 장수 고간과 이근행은 각각 군사 만 명과 3만 명을 거느리고 평양을 수복한다. 그들은 평양에 8개의 군영을 세우고 주둔했는데, 이곳을 시작으로 신라와 고구려 부흥세력을 분쇄하고자 한 것이다. 이들의 군사 수는 당나라 군대치고 큰 규모가아니었는데 요동 지역의 고구려 독립 세력 때문에 보급 등의 여건에서 한계가 있는 관계로 신라를 압박할만한 일정 규모의 병력만급한 대로 끌고 온 듯싶다. 신라의 영향력 확대를 두고 볼 수는 없었기 때문이다.

곧이어 8월부터 당군은 성을 하나하나 함락하며 남으로 전진하기 시작했다. 신라의 지원을 받은 고구려 부흥군은 이들을 상대로방어전을 펼쳤지만 게릴라 전투 방식으로는 당나라 4만의 군세를이기지 못한다. 결국 백수성까지 당군이 도달하니 신라는 고구려병사와 함께 당나라 군대를 맞아 싸우기로 정했다.

이때 신라에서 당군을 막기 위해 새롭게 파견한 장군들은 의복

김유신 말의 목을 베다

義褊과 춘장春長 등으로 크게 이름 있는 자들은 아니었다. 분명 이들 위로 전체적인 군사 움직임을 통괄하는 장수가 있었을 것이다. 《삼국사기》에서는 석문전투에 대장군 또는 상장군이라 부르는 인물이 존재했음을 기록하고 있다. 다만 그가 누구인지는 적혀 있지 않다. 우선 당시 대장군 또는 상장군이라 불릴만한 이들을 조사해 보면 김유신, 김흠순, 천존, 죽지, 문충, 인태, 품일, 진춘 등이다. 이들은 신라 최고 관등인 각간 이상에 위치한 인물이다.

이 중 김유신은 수많은 전투에서 대장군을 역임했으나 당시 78세의 고령에다가 병이 들어 경주를 벗어날 수 없었다. 김유신을 대신해 한동안 병력을 이끌던 동생 김흠순은 이때쯤부터 아예 기록에 등장하지 않고 있었다. 형을 대신해 당에 사죄하기 위해 건너가서 홀로 살아 돌아왔지만 오랜 기간 감옥에 있었던 것이 병이 돼 죽은 듯 보인다. 품일은 지금껏 백제 전에서 주로 활약했기 때문에 북방 전투는 익숙하지 않았다. 또한 가문과 깊은 관계였던 김춘추가 죽은 이후로 서열상 단계가 하나 내려간 것 같다. 문충, 인태, 진춘은 많은 전투에 참가했지만 전체 병력을 총괄하는 임무는 맡아본 적이 없다. 그렇다면 이들 중 북방에서 내려오는 당과 맞서서 총지휘가 가능한 인물로는 천존과 죽지가 있다. 다만 죽지는 백제 지역의 가림성을 함락하기 위한 전투에서 당나라 명장인 설인귀와 대결하고 있었기에 또다시 제외된다. 남은 장군은 천존이다.

천존의 지금까지 행적을 보면 김유신이 이끄는 병력을 대리해 지휘하는 경우가 많았으며 김유신이 나이가 들어 후방으로 빠진 뒤에는 김흠순과 함께하며 전장을 누볐다. 《삼국유사》에는 김유신

퇴장 뒤 천존의 위치에 대한 이야기가 남아 있다. 당나라 침공으로 걱정이 된 문무왕이 신하에게 방어 계책을 묻자 천존이 명랑법사를 추천한다. 명랑법사가 문두루 비법을 통해 당군을 몰아낼 것이라는 거다. 이는 불교 종파 중 밀교의 의식으로 천존은 대국과의 전쟁으로 겁에 질릴 군사와 백성 들을 종교의 힘으로 똘똘 뭉치게 하기 위해 이런 주장을 한 듯 보인다. 문무왕은 천존의 말대로 일을 진행하도록 명한다. 이 일화를 볼 때 신라 조정 내 천존의 발언권이 상당했음을 알 수 있다.

밀교는 입으로 진언眞言을 염송하면 누구나 성불할 수 있다고 주장했는데 이 같은 교리를 통해 밀교가 지금껏 삼국시대의 불교가 보여준 귀족적인 성향보다 민중적인 면을 가졌다는 사실을 알 수 있다. 또한 신비로운 주술이라는 이미지도 있어 전투에 앞서 사기를 올리는 데도 쓰였다. 재미있는 사실은 명랑법사와 관련한 밀교와의 인연이 김유신부터 시작했다는 점이다. 미리 밀교의 힘을 깨달았던 김유신은 오래전부터 승려들과 깊은 관계를 맺고 있었다. 문두루 비법의 중심 도량인 원원사는 다름 아닌 김유신이 세운 사찰이었다. 즉 김유신이 이끌었던 죽음을 두려워하지 않는 병사는 종교의 힘이 함께했기에 가능했던 것이다. 김유신은 화랑 조직에 쓰였던 종교적인 힘을 일반 병사에게도 활용했다. 이 비법을 천존이 그대로 문무왕에게 알렸다는 점에서 그가 김유신의 오른팔 같은 장군임을 다시 한 번 증명한다.

천존은 평양 공략전에서 대당총관의 직함으로 군사를 이끈 경험이 있었는데 이때 이미 관등은 각간이었다. 서열도 김유신, 김인

김유신 말의 목을 베다

문, 김흠순 다음가는 순위였다. 이는 비슷한 경력을 쌓아가던 죽지, 품일, 진춘 등이 당시 이찬에 불과한 것과 비교하면 분명 한 단계 높은 지위라 하겠다. 이런 점들을 비춰 보면 김유신, 김흠순이 전장에서 퇴장한 뒤 김유신이 이끌던 친왕계 병력은 천존에 의해 운영됐을 가능성이 크다.

설오유의 압록강 공격전을 통해 알 수 있듯이 당시 북방 경계선은 친왕계 병사가 주력이 돼 방어하고 있었다. 다만 6두품이 군단을 운영하는 분위기로 보아 짜임새 있는 정규 군단이 구성되지는 못한 듯하다. 특히 고구려 투항병은 아직 완전히 신라군에 편재되지 않은 채 모호한 형태로 운영됐다. 하지만 친왕-김유신계 병력은 천존이 지금껏 전쟁에 참가하며 운영해본 군사 조직과 유사했다. 이처럼 여러 추측을 해본 결과 천존이 당에 대항해 신라의 병력을 총지휘한 것으로 보인다.

충격적인 패배

신라군의 출발은 그리 나쁘지 않았다. 백수성에서 당군을 맞아 싸워 수천 명을 죽였고 퇴각하는 당군을 쫓아 석문石門까지 이른다. 석문은 지금의 황해도 서흥으로 평야가 넓게 펼쳐져 있다. 이곳에서 당과 신라군은 진영을 세우고 서로를 노리고 있었다. 그러다 장창당長槍幢이 진영을 따로 운영하다가 운 좋게 당군 3천을 잡아냈다. 급하게 퇴각하다가 뒤쳐진 당나라 부대를 항복시킨 것이다.

장창당은 긴 창을 이용하는 서당의 특수 부대 중 하나로 기마병을 상대로도 상당한 전과를 거뒀다. 기마병은 특유의 돌진 능력과 더불어 기수가 위에서 찍어 내리는 칼과 창으로 인해 엄청난 살상력을 보여준다. 그러나 본래 말이란 동물이 겁이 많은 초식 동물로 눈앞에 장애물이 보이거나 위협이 될 만한 상황이 생기면 기수의 명령을 듣지 않고 본능대로 행동을 하는 경우가 생기곤 했다.

이를 응용해 긴 창으로 말을 한쪽으로 몰아세우듯 밀어붙이면 기마병의 진형을 쉽게 무너뜨릴 수도 있었다. 물론 인간이 훨씬 몸집이 큰 동물을 상대하기 위해서는 그만큼의 강한 통솔과 잘 짜여진 진영을 통해 대응해야 했다. 이를 위해서 엄청난 훈련이 바탕이 됐다. 이러한 남다른 훈련과 무기로 인해 창병은 기마병뿐만 아니라 일반 보병을 상대로도 상당한 전과를 보일 수 있었다.

장창당이라는 부대를 운영했다는 것은 신라군의 훈련도와 통솔 체계가 상당한 수준까지 이르렀음을 알려준다. 문제는 장창당이 운 좋게 공을 세우자 다른 부대가 시기를 했다는 점이다. 부대들은 "장창당이 홀로 자리를 잡아 공을 이뤘으니 반드시 후한 상이 있을 것이다. 우리들은 적절히 주둔하지 못해 한갓 수고로웠을 뿐이다"라 하며 군사를 나눠 각기 진영을 세우기 시작했다. 반응을 보아 장창당이 먼저 다른 부대와 함께하지 않고 독단적인 행동을 보였음을 알 수 있다. 훈련도가 상당한 특수 부대인 만큼 기타 부대와는 다르다는 자부심이 있었던 것일까?

문제는 신라군이 이처럼 뭉치지 못하고 흩어져도 이를 바로잡을 만한 권위 있는 장수가 없었다는 점이다. 천존이 지금껏 많은 전투

김유신 말의 목을 베다

에서 활약을 했다지만 대부분이 김유신이나 문무왕이 뒤에서 지원을 할 때 얻은 성과였다. 당시 북방을 지키는 신라군은 서당, 한성주 병력, 고구려 투항 병력, 기타 지방군 등 다양한 편제로 구성돼 있었는데 이들을 하나로 뭉치기 위해서는 남다른 카리스마와 권위가 필요했다. 이 점에서 천존으로는 부족했던 것이다. 이에 각 군단은 한번 승리한 경험으로 적을 업신여기며 각자 공을 세우는 것에만 관심을 가졌다. 당나라에게는 반전을 만들 수 있는 좋은 기회였다.

당군은 병력까지 흘리며 급히 후퇴하던 중 신라군이 제대로 진영을 갖추지 못한 것을 보고 반격의 시기를 잡았다. 당군의 주력은 기마병이다. 마침 넓은 평야에 위치하고 있었던 터라 공격의 우세를 잡기가 편했다. 당이 군대를 돌려 갑작스럽게 공격하니 특유의 조직력이 사라진 신라군은 각개 격파 당해 완전히 무너진다. 군대가 진영을 유지하지 못하고 흩어지는 순간이 바로 당이 자랑하는 기마병이 정말로 무서워질 때다. 기마병은 도망가는 신라군을 끝까지 쫓아 창으로 찔렀다. 넓은 평지에서 도망갈 곳은 찾을 수 없었다. 대아찬 효천曉川, 아찬 능신能申과 두선豆善을 비롯해 일길찬 안나함安那含과 양신良臣, 사찬 의문意文과 산세山世 등 여러 장수 들이 전사했다. 말을 타고 있던 장수가 이 정도 죽었으니 두 다리로 도망가야 했던 병사들의 죽음은 더 처참했을 것이다.

이때 김유신의 둘째 아들 원술은 비장裨將으로 전장에 참가하고 있었다. 나이가 많아봐야 열여섯 정도에 불과했을 테니 화랑의 신분이었을 것이다. 그러나 신라의 정세가 급하게 돌아가는 만큼 장교의 임무를 지니고 전장에 투입된 듯 보인다. 북방에 있던 군단들은 소속은 달라도 모두 김유신에 의해 키워졌다. 이에 김유신은 젊은 장교인 원술을 통해 김유신 가문이 여전히 신라의 전장에서 앞장서고 있다는 것을 상징적으로 보여주고자 했다. 즉 이번 전투에서 신라군은 대장군 김유신의 대리로 김원술이 나서고 천존은 그와 함께 실질적으로 군사를 통솔하는 임무를 지닌 것으로 추정된다. 편제로는 대장군 김유신의 대리 김원술과 상장군 김천존으로 구성됐을 것이다. 하지만 원술은 화랑으로 훈련을 쌓다가 급하게 장교로 임명받고 북방의 전장으로 이동한 것이라 할 수 있는 일이 거의 없었다. 더욱이 이 같은 패전에서는 어떤 행동을 해야 하는가?

원술은 김유신의 자제인 만큼 어릴 때부터 아버지가 이룬 공과 전장에서 임하는 자세 등을 누누이 듣고 배웠다. 하지만 패전의 상황에서는 수많은 경험이 없다면 무엇을 해야 하는지 쉽게 판단하지 못한다. 처음에 원술은 황산벌의 반굴과 관창처럼 몸을 던져 죽고자 했다. 그러나 막료 담릉이 그의 행동을 저지한다. 담릉은 아무래도 김유신 가문의 가신인 듯싶다. 어린 원술과 함께하며 도와주라는 명을 받았을 것이다.

"대장부는 죽는 것 자체를 어려워하는 것이 아니라 죽을 자리 정하는 것을 어렵게 여기는 것입니다. 만약 죽고서도 이루는 것이 없다면 차라리 살아서 뒷날의 공적을 도모하는 것이 낫습니다."

담릉이 이처럼 말하자 원술은 다음과 같이 대답한다.

"남아는 구차스럽게 살지 않는 것이거늘 장차 무슨 낯으로 내 아버지를 뵙겠는가?"

김유신 말의 목을 베다

그러고는 말을 채찍질해 달려나가려는 것을 담릉이 고삐를 잡고 끝까지 놓아주지 않으니 원술은 남은 병력과 함께 도망치듯 전장에서 빠져나올 수밖에 없었다. 죽는 것도 기회가 있을 때 가능하다. 한 번 죽을 기회를 놓치자 원술은 정신없이 부하의 손이 이끄는 대로 움직이게 된다. 담릉의 입장에서는 천존이 신라 군사를 지휘하더라도 그들의 구심점은 김유신의 아들인 원술인데, 그가 평범한 장수처럼 달려가 죽어버린다면 신라군이 받을 충격이 상당할 것이라 여겼다. 또한 지금 상황에서 원술이 달려가 죽는다고 하더라도 역전의 기회가 생길 분위기가 전혀 아니었다.

당군은 이미 큰 승리를 거뒀지만 승세를 잡은 이상 신라군을 끈질기게 추격했다. 최대한 신라 병사를 많이 죽이고자 한 것이다. 이에 거열주 대감 아진함이 상장군에게 말한다.

"공들은 어서 빠져나가시오. 내 나이 이미 일흔이니 얼마나 더 살겠습니까? 이때야말로 내가 죽을 날이오."

하고 그의 아들과 함께 병력을 이끌고 적진을 향해 뛰쳐나갔다. 살아남은 장수와 김유신의 아들이 빠져나갈 수 있는 기회를 만들기 위해 하나뿐인 목숨을 바친 것이다. 이런 행동을 볼 때 아진함은 김유신과 전장에서 함께한 경험이 있는 장수였던 모양이다. 70이라는 나이면 김유신과도 불과 8살 차이였다. 늙은 장수가 아들과 함께 죽음을 각오하고 치열하게 적의 진격을 막는 동안 패전 군사와 원술은 겨우 전장에서 빠져나올 수 있었다. 신라에게 엄청난 충격을 준 패배였다.

김유신의 분노

석문 전투에서 패배한 뒤 이들 일행은 조용히 경주로 들어왔다. 소식을 들은 경주 사람은 어느 누구라도 말을 잃었다. 여러 장수가 죽임을 당했고 잃은 병사도 상당했다. 문무왕은 소식을 듣고 김유신에게 묻는다.

"아군의 패배가 이러하니 어찌 하겠소?"

김유신도 어이없기는 마찬가지였다. 아마 이번 패배는 이전 백제 의자왕의 공격으로 옛 대가야 지역을 송두리째 뺏겼을 때와 비슷한 파급력을 가져왔을 것이다. 신라의 영토가 될 것이라 믿었던 평양 아래의 영토를 다 잃고 그곳을 방어하는 군사와 장수도 사라졌다. 신라는 작은 나라니 잃는 것을 회복하는 시간이 오래 걸린다. 반면 당은 큰 나라니 금세 군사를 충원하고 진격해 올 것이다. 김유신은 대답한다.

"당나라 사람들의 계략을 예측할 길이 없으니 마땅히 장수와 병사 들로 하여금 요해지를 지키게 하십시오. 단 원술은 왕명을 욕되게 했으며 가훈까지 버렸으니 참해야 합니다."

김유신은 문무왕에게 적극적인 공세는 그만두고 철저한 방어로 작전을 바꾸자고 했다. 요지마다 성을 쌓아 당군의 진입을 막으며 버티자는 것이다. 이제 급해진 건 신라이니 사신을 보내 당에 선물을 뿌려서라도 시간을 벌어야 했다. 문무왕은 김유신의 의견을 따른다.

당장 한산주부터 주장성을 쌓았다. 이곳은 지금의 남한산성으로 아예 한강 북쪽 지역을 잃을 각오까지 하겠다는 것이다. 다음 해에는 경주와 경상북도, 강원도 지역에도 성을 여러 개 쌓는다. 최악의 경우에는 한강을 잃더라도 버티겠다는 의지였다. 또한 백제, 고구려 지역 전투 승리로 그동안 포로로 잡았던 당나라 장수들을 풀어준다. 당에게 무릎을 꿇겠다는 표시였다. 이것으로 끝난 것이 아니었다. 한술 더 떠 문무왕은 참회의 표문까지 당 황제에게 올린다.

신 아무개 죽을죄를 짓고 삼가 말씀 올립니다. 지난날 제가 위급하여 사세가 마치 거꾸로 매단 것 같았을 때 멀리 구원해주심에 힘입어 도륙을 모면했으니 몸을 부수고 뼈를 갈아도 넓은 은혜에 보답하기에 모자라고 머리를 부서뜨려 재와 티끌이 된다 한들 어찌 어진 은혜를 우러러 갚을 수 있겠나이까. (중략) 삼가 생각건대 황제 폐하께서는 해와 달처럼 밝으시어 그 너그러운 빛은 아무리 후미진 곳이라 해도 모두 골고루 비추고, 그 은덕은 처지와 합치해 동물과 식물이 다 그로부터 길러지며, 살리기를 좋아하는 덕은 멀리 곤충에 까지 미치고, 죽이는 것을 싫어하는 어진 마음은 날짐승과 물고기에 까지 흘러드나니, 만약 죄를 자복하고 내쳐지는 용서를 베푸시어 머리와 허리를 베지 않는 은혜를 내려주신다면 비록 죽는다하더라도 산 것이나 다름없을 것이옵니다.

비굴의 극치인 이 표문은 문무왕이 왕으로 모든 치욕을 다 받겠다는 선언이었다. 설인귀에게 보이던 당당함은 사라졌지만 오히려

이 글 속에서 문무왕의 무서운 성격을 느낄 수 있다. 표문은 고개를 숙일 필요가 있을 때에는 확실하게 숙여서 기회를 만들고자 했던 문무왕의 끈질긴 투쟁 심리를 보여준다. 살아남아야 복수도 하는 것이다. 이를 위해 왕이라면 보일 수 없는 비굴한 모습을 보여도 부끄러워할 필요는 없다. 시간을 벌고 살아남는다면 반드시 역전의 기회는 올 것이다. 지금의 치욕은 그때 갚으면 된다.

이러한 문무왕의 태도는 김유신의 삶의 방식과도 통하는 면이 있었다. 가야계라는 제약 속에서 김유신은 역전의 기회를 노리며 오랜 기간 치욕과 무명 생활을 이겨냈다. 그러한 과정을 겪었기에 승리자로 역사에 이름을 남길 수 있었던 것이다. 문무왕도 그러했다. 그는 당장의 자존심으로 먼 미래를 포기하는 인물이 아니었다. 이것이 수많은 승리를 거뒀어도 종국에는 역사의 패배자로 기록된 의자왕과의 차이점이다. 문무왕은 치욕적인 표문과 함께 은 3만 3천 5백 푼, 구리 3만 3천 푼, 바늘 4백 매, 우황 백 20푼, 금 백 20푼, 40승포 6필, 30승포 60필을 황제에게 진상한다. 과거 소정방에게 건네준 것에 10배가 넘는 뇌물이었다.

이처럼 모든 치욕을 견뎌낸 문무왕이지만, 김유신의 의견 중 하나는 거절한다. 김원술에게 무거운 형벌을 내리지 않고 바로 사면한 것이다. 원술은 문무왕에게는 개인적으로 외사촌이자 조카이기도 했다. 어린 나이에 책임을 질 만한 지위에 있었던 것도 아니었으며 단순히 가문의 이름을 걸고 전장에 나선 것을 알고 있기에 벌을 내리지 않은 것이다. 하지만 김유신은 달랐다. 그에게 원술은 더 이상 아들이 아니었다. 신라군의 의기를 잃은 자이며 그동안 나

김유신 말의 목을 베다

라를 위해 피와 살을 바친 여러 화랑을 욕되게 한 자다. 더욱이 황산벌에서 자신의 조카인 반굴을 죽음에 이르게 한 작전을 펼쳤던 김유신이었기에 죽을 때까지 원술을 용서할 수 없었다.

그러나 분위기를 볼 때 김유신은 아무래도 다른 장군들을 살리기 위해 아들을 버리는 고육지책을 세운 듯 보인다. 이번 전투의 실패는 근본적으로 원술의 잘못도 상장군 천존의 잘못도 아니었다. 신라의 국력으로는 모든 병력과 장수가 동원돼야 당과의 접전이 가능했다. 백제 지역뿐만 아니라 고구려 지역까지 전선을 두 군데로 만든 것은 어찌 보면 무모한 도전이었다. 즉 거시적인 작전을 잘못 짠 김유신의 책임이었다.

지금까지 문무왕의 행동을 보면 패전한 장수들을 분명 문책 할 텐데 이 경우 쓸 만한 장수가 더 줄어들게 된다. 무엇보다 북방 군사는 대부분 친왕계 세력이니 더욱 타격이 클 수밖에 없었다. 이에 아들을 쫓아내 가장 큰 책임을 지게 만들고 다른 장수의 죄는 사면시키고자 한 것이다. 실제 그 뜻에 따라 큰 패배였음에도 문무왕이 장군들을 질책하고 벌을 내렸다는 기록은 등장하지 않는다.

한편 《삼국사기》에는 이때 원술이 부끄럽고 두려워 감히 아버지를 뵙지 못하고 시골로 달아나 숨었다고 기록돼 있다. 이후 원술은 당과의 전투에서 공을 세웠지만 여전히 부모에게 받아들여지지 못한 것을 한스럽게 여겨 벼슬하지 않고 일생을 마쳤다고 한다. 그러나 원술이 신라 관등 3위직인 소판까지 오른 것으로 봤을 때 이같은 이야기는 후대에 전설처럼 전해진 것이 아닐까 싶다. 소판이면 김무력이 한강 유역을 통치하며 얻은 관직이고 김서현이 낙동강 방어 사령관을 지내며 받은 관직이기도 했다. 최소한 신라의 중요 지역을 개척하고 방어하는 임무를 가져야 얻을 수 있는 상당히 높은 지위였다는 의미다. 추측해보자면 원술은 김유신에게 크게 혼이 난 뒤 경주에 머물지 않고 곧장 북방으로 다시 간 듯하다. 이곳은 김유신 집안에 있어서도 중요한 지역이었다.

예전에 당 황제는 김유신을 평양군개국공으로 삼고 식읍 2천 호에 책봉했다. 고구려가 멸망한 뒤 당 황제는 김유신에게 조서를 내렸는데, 이 조서는 집안에서 5대째 이어지며 보관됐다고 한다. 단순히 황제에게 받은 조서라 백여 년 이상을 보관한 것이 아니다. 고구려 멸망 뒤 약속대로 김유신을 식읍 2천 호에 봉한다는 내용의 조서였다. 설사 당나라 황제가 상징적인 의미로 내린 벼슬일지라도 김유신뿐만 아니라 신라 입장에서는 이 약조를 그냥 넘길 수는 없었다. 평양이 김유신의 영지라면 김유신이 신라인이니 평양이 신라의 것이라는 해석도 가능하다. 즉 평양 이남은 신라의 것이라는 좋은 근거가 될 수 있는 것이다. 결국 원술은 북방으로 가서 이곳에서 김유신 집안의 영지를 개척하고 더 나아가 신라 북방 영토를 확보하는 일에 열중한 듯 보인다. 《삼국사기》의 기록은 경주와 지방을 엄격하게 차별하던 신라 문화에 따라 원술이 마치 왕경인의 신분을 버리고 멀리 사라진 듯이 표현된 것이다.

17 _____ 최후의 승리

죽음

673년 6월 말, 김유신 집 앞에 창을 든 병사들이 서 있다. 그 옆으로 말과 신하들이 줄을 서서 누군가를 기다리고 있었다. 차분하고 엄숙한 분위기를 볼 때 무언가 중한 일이 있는 듯했다. 해가 서산에 걸릴 무렵에야 문무왕이 여러 사람과 함께 김유신 집 밖으로 나왔다.

"태대각간의 건강을 너무 걱정하지 말고 잘 간호하게."

문무왕의 말을 듣자 함께 따라 나온 비단옷을 입은 여성이 어깨를 들썩이며 눈물을 흘렸다. 문무왕은 그녀를 한참 바라본 뒤 어깨를 잡고 부드럽게 다시 말했다. 지금은 왕이 아닌 오빠로서 가족을 걱정하는 마음이 컸다.

"누이야. 너무 슬퍼하지 말거라. 마지막까지 잘 보살펴 드려라. 그분이 있었기에 지금의 신라가 있고 우리가 있는 것이다."

지소부인은 조용히 눈물을 참았다. 가문의 어른으로 집안 식구의 기둥이 돼야 했다. 약한 모습을 보이면 안 된다.

문무왕이 떠난 뒤 김유신 주위로 부인 지소와 아들 삼광, 원정, 장이, 원망과 딸 그리고 사위 들이 둘러앉았다. 방 안에 가득한 눅눅한 땀내를 향을 펴서 중화시키고 있었는데 향내와 땀내가 합쳐져서 묘한 향기를 풍겼다. 집안의 불당에서 승려들이 염을 하며 기도를 하는 소리가 잔잔하게 복도를 따라 방안을 울렸다.

한참을 자는 것처럼 보이던 김유신이 잠시 정신을 차렸다. 그는 문무왕을 만나 이야기를 나눈 뒤로 기력이 거의 소진된 듯 보였다. 살며시 눈을 뜬 김유신은 멀리 켜져 있는 촛불을 한참 동안 조용히 바라봤다.

"흠. 대왕께선?"

"가셨습니다."

김유신은 큰아들 삼광의 대답을 듣고 난 뒤 조용히 입을 열었다.

"우리 가문은 언제나 신라의 최전방에서 보루 역할을 하며 지내왔기에 가야계 신분임에도 이처럼 중책을 짊어지는 가문이 될 수 있었다. 형제끼리 화목하라는 이야기는 하지 않겠다만 최소한 의자왕이나 연개소문의 자식처럼 서로가 티를 내며 싸워서는 아니 될 것이야. 그러다가는 가문은 멸족하고 나라는 분란에 휩싸이게 된다. 특히 삼광아."

김유신 말의 목을 베다

"예. 아버지."

"둘째인 원술은 지난 전투의 패배로 인해 겉으로는 가문에서 축출됐다지만 너는 우리 가문을 그 아이와 더불어 신라의 최일선을 지키는 집안으로 유지해야 한다. 한 고조가 황제가 된 뒤 한신을 비롯한 공신들 대부분이 죽임을 당한 것. 너도 알고 있을 것이다. 권력이란 그런 것이다. 결국 지금은 힘들게 보일지라도 당과의 전쟁도 언젠가는 끝난다. 항상 그 뒤를 대비해야 하느니."

삼광은 눈물을 참으며 고개를 끄덕였다.

"가문이 오래 유지되기 위해서는 가장 큰 적과 마주치는 지역을 우리 집안이 가장 앞장서서 지켜내야 한다. 그래야 신라 왕실에서도 우리 가문의 필요성을 느끼고 끝까지 계속해서 중하게 쓸 것이다. 내 지금 하는 말을 유언이라 여기고 마음속 깊이 새겨 넣어라."

김유신은 이야기를 끝내고 깊은 한숨을 쉰 뒤 다시 눈을 감았다. 잠을 자는 것은 아니었지만 조금씩 정신을 잃어가는 느낌이 들었다. 단편적인 장면들이 하나씩 머릿속에 천천히 떠올랐다. 화랑이었을 시절 말을 달리던 순간이 눈앞에 펼쳐졌다. 김유신은 스쳐 지나가는 시원한 바람을 느낄 수 있었다. 이어서 젊은 시절 김춘추와 술을 마시던 때가 떠올랐다. 호방한 기분이 들었다. 자식들의 모습도 그려졌다. 아이들을 보고 있으니 따뜻한 느낌이 들었지만 한편으로는 슬펐다. 불안하기도 했다. 역시 죽음을 목전에 두고 있는 김유신의 가장 큰 걱정은 어린 아이들이었다. 백제와 고구려도 떠올랐다. 두 나라가 멸망한 뒤로 이미 오랜 시간이 흘렀지만 생각하는 것만으로도 김유신의 손에 절로 힘이 들어갔다. 그러나 힘이

들어간다는 것은 그의 착각일 뿐 손은 미동도 하지 못했다.

'이제 죽어야 할 때.'

김유신은 속으로 쓸쓸하게 웃음을 터뜨렸다. 죽는 것이 두렵지는 않다. 화랑으로 신라의 장군으로 수많은 목숨을 죽이며 온 자신이 스스로의 죽음 앞에서 두려움을 느낀다면 이도 우스운 일이 아니겠는가. 미륵과 부처도 죽음을 맞이하지 않았던가. 그러나 덤덤하게 이 상황을 맞이하려는 머리와는 달리 가슴 한편으로는 두려움이 밀려왔다. 마치 가슴 가운데 구멍이 생기고 그 안으로 모든 물체가 빨려 들어가는 느낌이다.

'죽음이라.'

김유신은 서서히 정신을 잃었다.

"아버님!"

다시 눈을 뜨니 부인과 아들 들이 주변에 모여 자신의 얼굴을 쳐다보고 있었다. 며칠이 지난 것일까? 아니면 잠깐 잠을 자다 깬 것인가.

"아버님이 깨셨다. 아버님. 좀 어떠세요?"

아들의 다급한 목소리를 들은 김유신이 본능적으로 입을 열었다.

"나는 괜찮다. 다른 병력들은?"

그 말을 듣고 주위의 모든 이들이 눈물을 흘렸다. 김유신은 울음소리를 들으며 다시 정신을 다잡고자 노력했다. 머리에 하나씩 겹쳐지는 이제까지의 상황들이 김유신의 정신을 깨웠다.

"어서 갑옷을 챙겨라. 전장으로 가자."

"어르신, 지금 이곳이 전장입니다."

부인이 눈물을 흘리며 대답했다. 그 말을 들은 김유신이 담담하면서도 기쁜 표정을 지었다. 이윽고 그가 팔을 앞으로 뻗는다.

"전진해라. 앞으로……"

7월 1일, 김유신 집 앞에 사람들이 모여 있다.

"태대각간께서 방금 돌아가셨습니다."

방에서 울음소리가 시작되고 곧이어 집 밖의 장수와 병사, 그리고 하인까지 무릎을 꿇고 흐느끼기 시작했다. 집 주위로 하얀 깃발이 올라가고 스님들은 염을 외웠다. 얼마 뒤 천존이 소식을 듣고 가장 먼저 도착했다. 그 뒤를 이어 오랜 시간 김유신과 함께한 나이 든 낭도와 장군 들이 집 앞에 모여들기 시작했다. 왕궁에도 전해진 비보에 왕은 눈물을 흘리며 비단 천 필과 조 2천 석을 부의로 내리고 장례에 쓰도록 했다. 또한 왕 행차 때에나 쓸 수 있는 북과 피리를 연주하는 군악대 백 명을 특별히 보내 줬다.

김유신의 마지막을 위해 불교식 장례 준비로 한참 바쁜 이때, 천존과 김유신의 아들 들이 방 한쪽에 함께 앉아 있었다. 김유신 집안의 가신들 또한 단 아래에서 그들과 함께했다. 모두 모여 있는 것을 확인한 천존이 고개를 끄덕였다. 곧 김유신의 가신 중 하나였던 자가 끈으로 묶여 있는 종이를 천존에게 건넸다. 끈을 푼 천존은 김유신이 남긴 마지막 글을 모여 있는 이들에게 보여줬다.

"태대각간께서 아드님들께 남긴 유언입니다. 아드님들은 이에 따라 행동하도록 하셨으니 제가 이 자리에서 대신해 글을 읽겠습니다. 경주의 집 재매정택은 부인인 지소에게 그리고 그 주변의 식읍 3백 호도 지소에게 준다. 집안의 노비 남녀 포함 80구도 지소의 것이다. 큰아들 삼광은 가문의 적자로서 경주 식읍……"

천존이 읽는 것은 다름 아닌 재산과 노비 그리고 가신 분배에 대한 김유신의 유언이었다. 모두 그 내용을 듣기 위해 귀를 쫑긋 세웠다. 어느새 유언은 막바지를 향해 갔다.

"둘째 아들 원술은 가문의 가훈을 어긴 자이니 그에게 따로 남기는 재산은 없다. 다만 이전에 넘긴 병력을 이끌고 북방의 영토를 개척할 경우, 본가에 7할을 나머지 3할은 원술이 가진다. 이에 대한 적절한 지원은 가문의 적자 삼광이 결정한다. 태대각간 김유신."

큰 별이 떨어지다

석문의 패배 이후, 신라에는 커다란 위기의식이 생겨났다. 마치 백제 최후에 온갖 괴담이 창궐한 것과 유사했다. 《삼국사기》에 따르면 북방에 혜성이 일곱 번이나 출현했고 큰 별이 황룡사와 월성 중간에 떨어졌다. 북방의 혜성 등장은 신라군의 대패를 의미했다. 황룡사는 진흥왕계 왕실의 자부심을 보여주는 건축물이며 월성은 다름 아닌 신라 궁궐이었다. 이 사이에 떨어진 별이라니, 이 역시 심각한 의미를 지니고 있음이 분명했다. 요사스러운 별이 하늘에 등장하고 지진까지 이어졌다고 하니 이러한 재앙은 실제로 있었다 하더라도 크게 부풀려서 퍼진 이야기일 것이지만 그만큼 신라 사

김유신 말의 목을 베다

람들이 불안해했다는 증거였다. 당연히 왕의 정책을 반대하는 세력의 목소리도 커졌을 것이다.

당과의 전면전은 사실 문무왕과 김유신계열 장군들의 주도로 이뤄졌다. 경주 내 많은 진골 귀족들은 신라 왕의 이러한 행동을 두 손 들고 반기지 않았다. 전쟁을 이유로 물자와 인력을 동원하다 보면 자연스럽게 왕의 힘은 강해지고 귀족의 영향력은 줄어든다. 그나마 백제 공략은 다들 인지하던 문제를 해결하던 것이었으니 참았지만 전쟁이 고구려, 그리고 당과 맞붙는 데까지 이르게 되자 귀족의 불만은 더욱 커져갔다.

고구려 원정에서 대당총관 진주가 문무왕에게 죽임을 당했고 당과의 전쟁에서는 한성주총관 박도유가 배신을 하려다 죽임을 당했다. 그들은 불만을 드러낸 대표적인 반대 인사였을 뿐 숨어있는 자들의 불만도 이들과 유사했을 것이다. 그동안은 왕실과 김유신이 지닌 무력이 두려워 참았지만 북방을 지키던 친왕계 군대의 패배 소식이 전해지면서 신라 귀족의 불만도 전례 없이 크게 터져버린 듯했다.

김유신은 이와 같은 분위기를 자신이 책임지기로 한다. 그가 나서야 할 정도로 여론의 압박과 귀족의 반발이 엄청난 수준이었던 것이다. 김유신은 문무왕에게 나아가 "근자의 변고는 그 액운이 늙은 저에게 있사옵고 나라의 재앙이 아니오니 왕께서는 근심하지 마소서"라 한다. 강경책의 우두머리로 국내외의 불만을 왕이 아닌 자신에게 돌리고자 했으니 마지막 승부수였다. 이는 김유신의 정치 퇴진을 의미했다.

문무왕은 이 상황이 걱정됐다. 어찌 보면 대부분의 진골 귀족들은 신라가 고구려, 백제 영토를 합방해도 당장의 삶에 큰 영향을 받지 않았다. 그들의 식읍과 영지는 대부분 경주 주변에 위치했기 때문이다. 사실 신라가 당에 패배해도 백제의 예에서 볼 수 있듯이 지역 세력가는 적국에게 오히려 좋은 대우를 받기도 했다. 이런 자들이 당으로 투항하지 않으리는 보장은 없었다. 한창 승리할 때는 몰랐지만 패배가 닥치자 이런 문제가 드러나기 시작했다. 그래서 왕은 자신의 가장 큰 울타리였던 김유신의 정치 퇴진을 막을 도리가 없었다. 《삼국사기》에는 다음과 같은 기사가 나온다.

> 673년 6월에는 간혹 군복을 입고 무기를 든 이들 수십 명이 김유신의 집에서 울며 떠나 잠시 뒤 사라지는 것이 사람들 눈에 보이기도 했다. 유신이 그 말을 듣고 말하기를 "이것은 필시 나를 보호하던 음병陰兵들이 내 복이 다한 것을 보고 그 때문에 떠난 것이니 내가 이제 죽겠구나"라고 했다.

마치 영웅을 지키던 귀신이 사라지는 것처럼 묘사됐지만 사실 이들은 신라에서 김유신을 지지하던 자들이었을 것이다. 사태가 이처럼 악화되자 후환이 두려워 김유신을 떠나는 것이다. 지금도 그렇지만 권력이라는 것은 이처럼 허망하다. 지금도 새로운 권력자가 정권을 창출하면 조그마한 떡고물이라도 먹으려는 사람으로 주위가 가득하지만 퇴임 뒤에는 정치적 공격을 받아도 대부분 몸을 사리며 멀리하고 종국에는 모르는 사람인 척 찾아가지도 않는

김유신 말의 목을 베다

경우가 많다. 양심보다는 권력의 생리에 따라 움직이는 인간은 눈치를 살피고 자신의 안위를 챙기는 것에 대해서는 최고의 실력자이기도 하다.

이처럼 패전에 대한 책임과 함께 당나라에 대한 두려움까지 몰려오자 김유신을 떠받들던 사람들이 썰물처럼 떠났고 적극적인 지지자들도 이런 분위기에서는 몸을 사릴 수밖에 없었다. 김유신은 병이 심해져서 자리에 눕게 된다. 그 역시 심각한 상황에 걱정이 들었다. 가야계의 피로 이 자리까지 오는 동안 수많은 전쟁과 정치적 위협을 겪었고 이를 수없이 이겨낸 김유신이었다. 그러나 어느덧 늙은 자신의 힘으로는 어떻게 할 수 없는 상황이 닥치니 무력감 속에서 결국 강인했던 정신력까지 무너져 내린 것이다. 병든 육체를 지탱하던 정신이 쓰러지면서 김유신은 결국 7월 1일 눈을 감는다.

문무왕은 김유신이 병들어 죽음이 임박함을 듣고 친히 그의 집에 왕림했다. 이때 김유신은 다음과 같이 말한다.

"신은 팔다리의 힘을 다해 대왕을 받들고자 했사오나, 제 병이 여기에 이르렀으니 오늘 이후로는 다시 용안을 우러르지 못하겠나이다."

문무왕은 눈물을 흘렸다. 그런 그에게 김유신은 중요한 말을 남긴다.

"신이 예로부터 대통을 이은 임금들을 보건대, 처음을 그럴듯하게 하지 않는 경우는 없으나 끝까지 훌륭한 경우는 드물어 여러 대 동안의 공적이 하루아침에 무너지고 없어지니 매우 통탄할 일이옵니다. 바라옵건대 대왕께서는 공을 이루는 일이 쉽지 않음을 아시고 이룬 것을 지키는 것 또한 어렵다는 것을 기억하소서."

김유신이 마지막으로 문무왕에게 남긴 말의 숨겨진 의미는 고구려, 백제 통합의 길을 포기하지 말라는 것이었다. 진흥왕 시대부터 시작한 신라의 주변국 통합은 여러 대를 거쳐 백제를 멸망시키고 고구려를 멸망시키는 데에 이르렀다. 이제 당만 물리친다면 누대에 걸친 공적이 영원히 사람들에게 남아 길이 전해질 것이다. 그러니 이를 하루아침에 포기하지 말고 끝까지 이어달라는 이야기였다. 문무왕은 울면서 그러겠다고 했다. 김유신 나이 79세의 일이다.

끈질긴 승부

김유신이 죽고 난 뒤 곧바로 아찬 대토大吐가 당에 붙고자 반역을 꾀하다가 걸렸다. 아찬이면 6두품 신분이 가장 높게 올라갈 수 있던 관등으로 대토가 최소 6두품 또는 진골에 해당하는 인물임을 알 수 있다. 문무왕은 곧바로 그를 처형하고 처자식은 천인으로 만들어 본보기를 보인다. 여전히 신라 왕이 경주 내 무력과 정보를 장악하고 있음을 여러 귀족에게 알린 것이다. 다음으로 파진찬 천광天光을 중시로 삼았다. 천광은 서당총관으로 활약했던 인물이니 친 김유신계 인원이었을 것이다. 김유신이 사라졌다고 하지만 당과의 싸움은 포기하지 않겠다는 문무왕의 의지였다. 김유

김유신 말의 목을 베다

신의 장례는 왕실에서 직접 물건을 내려 치르도록 해서 당과 대립하다 외롭게 죽음을 맞이한 김유신을 국가적인 영웅으로 추앙하게 만들었다.

당나라는 신라의 기둥인 김유신이 죽자 연개소문이 죽음을 맞이했을 때처럼 승세를 잡았다고 생각하고 곧장 말갈과 거란 병사를 이끌고 북방 국경선을 침입했다. 하지만 신라가 고구려처럼 단번에 무너질 줄 알았던 당의 기대와는 달리 두 나라는 무려 아홉 번을 싸운다. 결국에는 신라군이 승리를 했고 당군은 병사 2천여 명의 목숨을 잃는다.

거목이었던 김유신의 죽음 이후 신라의 분위기는 다시 한번 전환됐다. 왕을 중심으로 똘똘 뭉쳐 당에 강력한 대항 전선을 펼친 것이다. 그만큼 한 영웅의 안타깝고 외로웠던 죽음이 신라 사람들에게 준 울림은 대단했다. 석문전투 대패로 운신의 폭이 크게 줄어들었던 문무왕이 대당 강경파 김유신의 장례를 위해 왕실 물건을 내려 대규모로 치르게 했다는《삼국사기》 기록을 봤을 때 수많은 사람들이 그의 갑작스러운 사망 소식을 듣고 슬퍼하며 미안한 감정을 가진 것 같다. 이처럼 죽음으로 이어진 김유신의 마지막 정치적 승부는 다시 신라를 결집시키는 효과를 가져왔고 그는 불멸의 영웅으로 기억될 수 있었다.

신라군의 대항이 만만치 않자 당나라는 작전을 바꿔 임진강 북쪽의 성을 함락하며 압박을 시도하지만 신라군은 별다른 반응을 보이지 않는다. 아마도 신라는 임진강을 최종 방어선으로 잡고 여기까지 당군이 진격하면 공격하되 그보다 바깥이면 대응을 하지 않기로 한 것 같다. 김유신의 조언대로 우선 요해지를 지키며 최대한 버티기로 한 것이다.

힘겨운 방어전 중에도 개혁 정책은 계속해서 진행됐다. 신라는 본래 관등에 있어서 왕경인은 경위제, 지방인은 외위제로 구분해 차별했는데 이 제도를 공식적으로 파기하기로 한다. 문무왕 14년의 일이다. 이로써 외위를 받던 자도 경주인에게만 부여되던 경위의 관등을 받아 신라인이라는 정체성을 가질 수 있게 됐다. 고구려, 백제 유민 들도 신라인으로 포섭하겠다는 신라 왕의 의지가 엿보이는 정책이다. 그러나 정당성을 갖춘 정책의 표면 아래에는 국왕의 통치력 강화라는 실질적 이유도 숨겨져 있었다.

외위제는 왕뿐만 아니라 진골 귀족도 독자적으로 지방민에게 부여할 수 있었던 관등으로 영토 확장 시기 귀족의 호응을 높이기 위해 인정되고 있었다. 즉 확장된 영토에 대한 인적 지배권을 진골 귀족에게 나눠 주는 일환으로 인정되던 관등이었던 것이다. 그러나 전제적 왕권을 꿈꾸던 문무왕에게 이 같은 외위제의 성격은 개혁할 필요성을 느끼게 했다. 이에 간접 지배에서 직접 지배로 바꾸는 일환으로 관등을 통일성 있게 국왕이 내리는 직함으로 바꾸고 이를 통해 중앙집권적 체제를 더욱 공고히 만들고자 한 것이다.

사실 거대한 적인 당과의 전쟁을 위해서라도 왕의 명령에 조직과 체계가 하나로 모여 운영될 수 있는 체제로의 전환은 필요했다. 문무왕은 체제의 전환을 새롭게 얻은 백제, 고구려 영토부터 본격적으로 시도하고자 한 것이다. 김유신이 죽고 난 뒤 공석이 된 귀족 대표직인 상대등에는 아무도 취임하지 못하고 있었다. 당과의

김유신 말의 목을 베다

결전을 앞두고 귀족들이 다른 마음을 먹고 움직일 가능성이 있는 기구의 문을 아예 닫아 버렸기 때문이다. 계엄령과 유사한 분위기에서 귀족의 권한을 뺏는 일인 외위제 폐지도 겉으로는 큰 반대 없이 이루어졌을 것이다.

한편 신라가 당과 대등한 전투를 벌이며 여러 제도를 통해 실질적인 세력 확충에 나서자 고구려, 백제 유민 들도 빠른 속도로 신라에 돌아서기 시작했다. 신라 왕이 편입된 백성도 신라인과 동일한 신분으로 대접하겠다고 천명하니 굳이 당의 편을 들어줄 필요가 없었다. 백제 지역은 사실상 신라에게 거의 장악됐고 고구려인은 북방 경계선을 방어하는 신라군에게 자발적으로 투항했다. 당고종은 이러한 신라의 움직임을 듣고 크게 화가 났다. 신라 왕이 빌빌거리며 용서를 빌던 때가 2년도 지나지 않았는데, 어느덧 임진강 아래에 있던 당의 세력을 거의 다 쫓아낸 것도 부족해 평양 이남까지 노리며 충실하게 세력 확충을 하고 있는 것이 아닌가?

김인문, 신라 왕이 되다

당 고종은 조서를 내려 문무왕의 왕 관직을 삭탈한다. 문무왕은 당의 천하관에서 신라 왕이 아닌 일개 반란군 수괴 정도의 지위가 됐다. 당은 당에 숙위 중이던 김인문을 신라 왕으로 삼고 귀국하도록 명했다. 이를 위해 김인문을 계림주대도독개부의동삼사鷄林州大都督開府儀同三司로 책봉한다. 이러한 황제의 명에 김인문은 간곡히 사양했으나 받아들여지지 않았다. 어쩔 수 없이 김인문은 당의 군대와 합류해 신라를 향해 움직일 수밖에 없었다. 두 나라의 극한 대립 속에 자신마저 당 황제의 명을 어길 경우 사태가 어디까지 악화될지 가늠하기가 어려웠기 때문이다.

이렇게 김인문은 자신이 원치 않았음에도 형인 문무왕과 대립하는 입장에 서게 된다. 그에게 신라는 문무왕이 퇴진하지 않는 이상 돌아갈 수 없는 곳이 되고 말았다. 651년부터 시작한 외교관 경력은 결국 674년, 당에 의해 신라 왕에 봉해지면서 비극으로 마무리된다.

이에 대해 문무왕은 궁궐을 크게 짓고 병력을 사열하는 것으로 받아쳤다. 위기상황에도 신라 왕실은 여전히 굳건하다는 의미로 궁을 크게 중수하고 왕실의 위엄을 높이고자 한 것이다. 다음으로 직접 행차해 군대를 사열하면서 당과의 전투는 끝까지 진행할 것임을 천명했다. 이러한 군사 사열은 단순히 당에 대한 도전 의식을 보여주는 것뿐만 아니라 경주 내 귀족에게도 위협을 가하는 일환으로 이뤄졌다. 국내외적으로 약화되는 입장을 방어하기 위해서는 자신의 힘을 일부러도 강한 척 보여줘야 할 필요성이 있었기 때문이다. 특히 문무왕이 아찬 설수진의 6진 병법을 관람한 것에서 곧 있을 당과의 결전에 신라군이 어떠한 형태로 전투를 벌일지를 미리 짐작해 볼 수 있다. 문무왕은 신라군의 조직력으로 기마병을 주력으로 하는 당군을 몰아낼 작정이었다.

한편 당 황제의 명에 따라 유인궤는 총관이 돼 신라를 공략한다. 김인문을 신라 왕으로 삼기 위한 작전이 시작된 것이다. 치열한

　　　　　　　　　　　　김유신 말의 목을 베다

전투 끝에 당군은 임진강에 위치한 칠중성에서 신라군을 격파하는 데 성공했다. 신라에 다시 위기상황이 닥친 것이다. 칠중성이 무너졌다는 것은 곧 한강 유역으로 들어오는 문이 열렸다는 사실을 뜻했다. 이에 문무왕은 또다시 당으로 사신을 보내 조공을 하며 황제에게 사죄한다.

반복되는 상황이지만 당 황제의 반응도 전과 비슷했다. 기분이 풀렸는지 황제는 다시 신라 왕을 용서하고 왕의 관직을 돌려주도록 했다. 당에게는 신라 왕을 빠르게 굴복시키고 요동 지역의 고구려 부흥세력을 제압하는 것이 더 중요한 일이었다. 그렇기에 신라 왕의 빠른 굴복은 그만큼 당 황제의 기분을 풀어줬다. 이처럼 한 명은 자존심만 세워주면 금세 기분이 풀리고 다른 한 명은 필요하다면 자존심을 버려서라도 기회를 엿보고자 했으니 극과 극의 성격을 가진 자들의 싸움이었다.

김인문은 신라로 가던 도중 소식을 전해 듣고 중도에 장안으로 돌아왔다. 그리고 당나라 수도에서 66세의 나이로 죽을 때까지 신라 땅을 밟지 못한다. 이후 황제는 그에게 여러 관등을 내리며 우대했지만 그의 마음을 다 풀어주지는 못했을 것이다. 죽어서야 김인문은 신라 땅을 밟을 수 있었는데, 당시 왕이었던 효소왕은 죽은 김인문에게 태대각간의 관등을 추증했다. 김유신과 동급의 관직을 죽고 난 뒤 얻은 것이다.

외교와 군사 여러 방면에서 눈에 띄는 활약을 보였던 김인문은 당나라 황제에 의해 신라 왕으로 책봉되면서 애꿎은 운명을 탓할 수밖에 없었다. 왕과 형제라 해도 황제가 추인까지 한 잠재적인 권력자를 신라는 비정하게 끊어내야 했다. 하지만 신라의 백제, 고구려 병합에 이어 당과의 결전까지는 김인문이 있었기에 가능한 일이었음은 분명하다. 신라와 당의 대립 때마다 이를 해결하고 양 진영에서 비난을 당하면서도 최후의 핫라인을 이어주는 역할을 한 김인문이 있었기에 신라는 위기 상황에도 극한의 외교적 고립 상황은 피할 수 있었다. 김유신의 조카이기도 했던 그는 대치 상황에서도 최악의 움직임을 막는 방파제 역할을 맡아 신라가 삼국을 통합하는데 주춧돌이 된다.

한편 다시 한번 시간을 벌자 문무왕은 옛 고구려 남부 영토까지 주와 군을 설치할 수 있는 기회를 얻게 된다. 주, 군 설치는 곧 실질적인 통치력을 가지게 된다는 의미다. 드디어 모든 준비는 끝났다. 문무왕은 신라 9개 군단을 출동시켜 곧 있을 당과의 전투에 임하도록 명했다. 백제 지역의 편입이 완전히 끝났으니 모든 군단을 북으로 올려 당과 결전을 치르고자 한 것이다. 물론 당 황제도 문무왕의 행동에 다시 분노를 터트리며 장군들에게 신라를 제압하도록 명했다. 당과 신라의 끈질긴 승부도 끝을 향해 가고 있었다.

매소성 전투

매소성 전투로 신라는 당 세력을 완전히 몰아내는 계기를 만든다. 이 전투 이후에도 산발적인 격돌은 있었지만 한반도 영역에 대한 신라의 권리를 인정하는 선에서 당이 물러나게 된다. 그러나 이렇게 중요한 전투임에도 《삼국사기》에는 자세한 전쟁 양상이 기록돼 있지 않다. 단순히 당나라 이근행이 군사 20만을 거닐고 매소성에 주둔하고 있었는데, 신라군이 이를 쳐서 쫓아낸 뒤 군마 3만 3백 80필을 노획했다는 기사뿐이다.

매소성은 경기도 연천군 청산면 대전리에 있는 대전리산성으로 알려진다. 한탄강에 위치해 임진강과 한강 사이의 주요 전략지였다. 당은 평양을 기점으로 잡고 임진강과 한강에 위치한 신라군을 압박하고자 했다. 이에 유인궤, 이근행, 설인귀 등의 장수 들이 동원돼 서서히 신라 북쪽 성을 격파하며 남으로 전진한다. 당에 대항해서 문무왕은 서해에 백 척의 수군을 배치하고 꾸준히 당의 물자 지원을 가로막았다.

고구려 지역은 여전히 당의 통제 안에 완벽히 들어가지 않았고 바다를 통한 물자 지원도 신라군에 의해 끊기면서 당군의 진격 속도는 신라의 의도대로 굼떠지게 된다. 기회를 잡은 문무왕은 9개 군단을 출격시켜 매소성에 주둔 중이던 당군을 격파한다. 이후 신라군은 북쪽으로 당을 밀어붙이며 열여덟 번의 크고 작은 전투 끝에 당군을 임진강 위로 몰아낸다. 마지막으로 설인귀가 수군을 이끌고 백제 지역에 대한 공략을 시도해 회심의 역전을 노리고자 했으나 이 역시 실패로 돌아간다. 이것이 매소성 전투를 포함한 675년에서 676년 동안 당과 신라가 벌인 전쟁의 양상이다.

《삼국사기》에는 매소성의 이근행 군대가 20만이라고 기록돼 있으나 이에 대해 과장된 수치라는 주장도 많다. 사실 신라는 최후의 방어선을 구축하며 최악의 경우에는 한강 유역도 포기하겠다는 입장이었지만 당은 고구려 영토에 대한 신라의 진격을 막는 것이 1차 목표였다. 마침 서쪽의 티베트 전투가 험난하게 진행되면서 초점을 신라 쪽에만 잡기 힘들어졌기 때문이다. 1차 목표에 초점을 맞춘다면 병력도 이전에 평양을 수복할 때 동원됐던 4만 정도면 충분했을 것이다. 다만 《삼국사기》에 기록된 매소성 전투 이후 신라가 획득한 말의 숫자를 볼 때 대략 당군이 10만 이상의 군사를 동원한 것은 분명해 보인다. 즉 지원 부대에 요동과 평양에 배치된 나머지 부대까지 합치면 당의 군사는 20만에 육박했을 것이다.

당연히 상당한 규모를 지닌 당과의 결전을 위해 신라가 동원한 9개 군단의 병력도 당 못지않게 당당한 규모였을 것이다. 군단 하나가 5천 정도로 추정되니 약 4만 5천의 정규군과 고구려 유민계 만 명에서 2만 명의 군대가 최종 전투에 투입된 것이다. 신라군이 군마를 엄청나게 노획했다는 점에서 당이 자랑하는 기병과의 전투에서 큰 승리를 거두었음을 알 수 있다.

당시 당나라는 자신들이 키운 기병도 강력했지만 여러 유목민을 정복한 뒤 이들이 가진 기마 병력을 이용해 정벌전에 나서곤 했다. 어릴 때부터 말과 함께하며 뛰놀던 유목민의 기병 운영 능력은 농경 국가 기병들이 아무리 말을 타며 훈련하더라도 따라갈 수 없는 실력 차이가 있었다. 같은 숫자의 기병이 정면으로 대결한다면 농경 국가의 기병이 유목민을 이기기 힘들었다. 이번 전쟁에서도 당은 거란과 말갈의 병력을 대규모로 동원한다. 이들은 한때 고구려 통제력 안에 있었으나 주인이 바뀐 이상 이제는 당에 충성을 했다.

이에 신라는 기병뿐만 아니라 장창당과 노병과 같은 특수 병과를 발달시켜 보병으로 기병을 잡는 전략을 폈다. 아무리 유목민이 바탕이 된 기병이 강하더라도 잘 훈련된 창병이 말의 움직임을 성벽처럼 가로막고 그 뒤 화살과 기병으로 제압하면 무너뜨릴 수 있었다. 신라군은 훈련된 보병과 기병을 잘 조합해 강하게 덤벼들던 당의 기병을 제압하고 보병만 남아 방어를 하던 매소성을 포위한다. 결국 식량이 부족한 당나라 군사가 성을 버리고 후퇴하자 신라군은 이들을 일정한 거리를 두고 따라가며 북쪽까지 끈질기게 쫓아 올라간다.

이 전투에는 김유신의 둘째 아들 김원술도 참가했다. 원술은 《삼국사기》 기록처럼 대방전투, 태백산, 매소성전투 등 북방 지역에서 꾸준히 활동했는데, 그로 인해 석문전투 이후 무너져 내린 신라군의 통합과 친왕계 병사들의 사기 진작 등에 도움을 줄 수 있었다. 김유신이라는 이름은 사후에도 여전히 신라군을 통합하는 힘을 가지고 있었던 것이다. 김유신 가문의 이름을 걸고 당과 힘써 싸우는 것으로 원술은 지난날의 치욕을 씻고 문무왕에게 포상을 받게 된다. 이로써 김유신 가문은 다시 한번 더 신라를 지켜냈다. 한 인물보다는 가문의 연속성을 중요하게 여겼던 당시 풍습을 볼 때 신라인은 원술을 통해 김유신이 여전히 신라를 지키고 있다 느꼈을 것이다.

18 왕이 된 김유신

기나긴 전쟁의 끝

소설《삼국지》는 유비, 관우, 장비가 의형제를 맺는 것부터 시작한다. 이후 여러 영웅호걸이 나와 자신의 재주를 자랑하며 겨루다가 하나하나의 작은 세력들이 큰 세력으로 합쳐지게 된다. 그러다 마지막에는 모든 세력이 한 나라로 병합되며 소설도 끝난다. 삼국시대도 마찬가지였다. 수백 년에 이르는 한반도 내 치열한 전쟁은 신라로 하나씩 병합되면서 마무리됐다. 이제 긴 전쟁에서 살아남은 자들의 이야기를 살펴보자.

신라의 전쟁은 676년 기벌포에서 당군 4천 명의 목을 베면서 마무리된다. 이로써 신라는 초강대국과의 전쟁에서 최종적으로 승리했고 당은 패배를 확인하고 물러났다. 이후 정세를 보면 신라의 영역 확보를 인정한 대신 당은 요동에 대한 영향력 확보에 신경을 쓴 듯하다. 사실 당나라는 신라 자체가 지닌 무력이 두려운 것이 아니라 요동을 중심으로 한 거란, 말갈과 같은 유목민을 통제하는 한반도 국가가 생겨나는 것을 걱정했다. 고구려를 끈질기게 공략한 것도 다름 아닌 강력한 기병을 생산하는 유목민을 통제하는 국가였기 때문이다.

반면 신라는 유목민을 적극적으로 통제하는 국가가 아니었고 보병이 중심이기에 설사 백제 영역 전체와 고구려 남부 지역을 확보하더라도 당의 위협이 되기에 한계가 분명했다. 또한 당은 적당한 선에서 한반도 지역의 일을 마무리하고 더 급하고 위협적인 티베트 전쟁에 집중해야 할 필요성도 있었다. 신라의 반발이야 사람으로 치면 팔, 다리가 아픈 정도였지만 티베트는 당의 중심에 위협을 가했기 때문이었다. 신체로 치면 심장에 병이 든 셈이다.

이후로도 한동안 신라와 당의 관계는 냉랭했으나 여전히 귀족과 일반인 들은 당과 인적, 물적 교류를 지속했고 왕실 역시 꾸준히 당과 사신을 통하며 교류를 끊지 않았다. 개인이라면 사이가 나쁜 사람과 만나지 않으면 그만이고 부부라 할지라도 최악의 경우 이혼해 남남으로 살면 된다. 그러나 국가는 아무리 상대가 싫어도 영토가 접해 있다면 항상 이웃 국가와 접촉을 해야 한다. 이에 국가의 관계는 미래까지 염두에 둬야 하기에 당장은 사이가 좋지 않더라도 함부로 관계를 끊거나 국교를 단절하면 안 되는 것이다.

과거 백제는 당과 대립하다 외교 단절까지 하는 바람에 이후 당과 화해할 수 있는 기회조차 얻지 못 했지만 신라는 똑같이 당과 대립하면서도 외교를 이어나갔기 때문에 끝까지 버텨낼 수 있었다. 이렇게 신라는 당의 천하관을 인정하면서 동시에 자신들의 천하를 구성하는 데도 성공했다. 경주를 중심으로 가야계가 편입됐고 한강 유역 주민에 이어 백제인과 고구려인, 일부 말갈인까지 모두가 이제 앞으로의 신라에 포함되는 백성이었다.

　그렇다면 어느 시점부터 문무왕은 기나긴 전쟁이 완전히 끝났다고 생각했을까?

　문무왕 19년, 즉 679년에 각간 천존이 《삼국사기》에 마지막으로 등장한다. 이때 그는 문무왕에 의해 중시로 발탁됐는데, 수상의 지위였다. 어느덧 중시의 힘은 충분히 강화해 왕을 도와 국정을 총괄하고 정치적 책임도 짊어지는 중요한 관직이 됐다. 이를 비춰 볼 때 천존도 석문의 전투에서 패배한 치욕을 다음번 당과의 전쟁에서 다 씻은 듯 보인다. 천존 정도의 인물이 군복을 벗고 문관 최고직을 얻었다는 것은 문무왕이 생각할 때 전쟁이 마무리됐다고 여겨서일 것이다. 문무왕은 천존이 마지막까지 공을 세운 만큼 수상직을 수여해 지금껏 왕실에 보인 충성에 대한 고마움을 표시한다. 그러나 천존은 수상이 된 지 불과 8개월 만에 세상을 뜬다. 김유신의 오른팔답게 군사 일을 끝까지 마무리하고 난 뒤 퇴장한 것이다. 그래도 장수로 시작해 일국의 수상까지 올라 죽었으니 인생에서 해볼 수 있는 일은 다 해본 운 좋은 경우라 하겠다.

　천존과 함께 김유신을 따르던 죽지는 《삼국사기》 기록에는 더 이상 등장하지 않지만 《삼국유사》에 따르면 문무왕 이후에도 생존해 화랑과 관련된 고문 일을 한 것으로 보인다. 문무왕 손자인 효소왕 시절, 죽지를 따르던 낭도 가운데 급간 득오라는 자가 있었다. 그런데 그가 화랑의 명부에 이름만 올려놓고 열흘간 나오지 않았다. 죽지가 알아보니 득오가 부산성의 창고지기로 부역을 떠났다는 것이다. 이에 죽지는 화랑 무리 백 37명을 거느리고 득오를 찾아 떡과 술을 마시고 돌아온다. 이때 죽지가 아간 익선에게 특별히 득오의 휴가를 청했으나 받아들여지지 않았다. 아간이면 신라 17 관등 중 여섯째에 불과하다. 그런 자가 각간의 지위까지 올랐던 죽지의 청을 들어주지 않은 것이다. 전쟁이 끝나고 평화로운 시기가 오자 화랑 조직과 전장에서 큰 공을 세운 무장들이 일개 관료에게도 무시당하는 존재가 된 것이다.

다만 이 소식이 알려지자 신라 왕과 화랑을 책임지는 이가 죽지의 청을 들어주지 않은 자를 크게 혼냈으니, 나라의 큰 영웅을 푸대접한 것이 결국 큰 문제로 터진 모양이다. 죽지는 한때 전장을 호령했던 자신과 현재를 비교하며 격세지감을 느끼다 죽었을 것이다. 그래도 나름 평화로운 말년이었다. 품일과 진춘 등 김유신과 초반부터 함께한 다른 장군 들의 말로는 구체적으로 전해져 오지 않는다. 아마 그들도 죽지와 비슷한 삶을 살았을 것이다.

한편 고구려 왕 안승은 보덕국의 왕이 됐으나 문무왕은 잡찬 김의관의 딸을 그의 아내로 삼게 하고 서서히 역사에서 사라지게 만들었다. 신라에서 살고자 하면 대가야 도설지와 금관가야 김무력이 그랬듯이 안승의 자손 또한 가야 할 길이 정해져 있었다. 이후

김유신 말의 목을 베다

보덕국은 문무왕의 아들인 신문왕 시절 신라로 완전히 편입돼 사라졌다. 안승은 김씨 성을 받고 경주 내 진골 귀족이 됐지만 그 이후의 행적은 묘연하다. 안승의 조카인 대문은 신라에 편입한 고구려인과 함께 반란을 일으켰다가 죽음을 맞이한다. 이렇게 고구려의 후손은 신라에 조용히 굴복돼 사라졌다.

문무왕은 전쟁이 마무리됐다고 생각된 뒤에도 꾸준히 왕권 강화와 관료주의 확립에 관심을 둔다. 세계적인 나라인 당과의 전쟁에서 최종 승리하면서 문무왕의 자부심은 하늘을 찔렀다. 전성기 고구려가 지닌 위상만큼 신라가 올라섰다는 자신감이 신라 전체에서 보이는 분위기였다. 이제 신라가 고구려를 대신해서 한반도로 들어오려는 중국 세력을 막아내고 다양한 종족을 거느리면서 독자적 세력을 구축하는 당당한 나라가 됐다. 그러나 내치 문제에 있어서 당과의 대결만큼이나 어려운 일이 산재해 있었다.

전쟁이 끝난 뒤 왕실은 궁궐을 새롭게 중수했는데 웅장하고 화려함이 상당했다. 고구려, 백제 정벌을 성공리에 마친 왕실의 힘을 보여주기 위해서 이전 삼국 어느 나라에도 뒤지지 않는 궁을 만들고자 한 것이다. 문무왕은 여기서 멈추지 않고 백제의 사비성처럼 도시 외곽에 나성을 쌓으려는 계획도 세운다. 아무래도 사비성 함락 때 백제의 나성을 인상 깊게 보았던 것 같다. 그만큼 백제가 쌓은 높은 수준의 문화에 대한 동경도 있었다.

그러나 이 계획은 의상대사가 백성을 고되게 하지 말자는 이유로 반대하자 중지하기로 한다. 전쟁이 끝난 만큼 민심의 행방이 중요하긴 했나 보다. 끊임없는 전쟁에서 벗어나자 백성들은 긴장을 풀고 일상으로 돌아가는 중이었다. 문무왕은 높은 인기를 왕권 강화로 연결시키려 했지만 계획을 성공시키는 일은 쉽지 않았다.

왕실의 힘은 그나마 궁궐 중수와 기타 토목 공사를 통해 보여준다고 하더라도 지금까지 신라 군사력의 바탕이 된 군벌의 힘을 약화시키는 것은 또 다른 문제였다. 이에 문무왕은 6두품 출신 관료를 성장시켜 유교적 제도를 더욱 제도적으로 확립시키고자 했으며 주군州郡의 병기를 거둬 농기구로 만들고자 한다. 편입된 지역의 군사를 모아 왕실 직계 군단인 서당군으로 편재하는 일도 진행했다. 죽지의 무시당하던 말년도 군벌의 힘을 약화시키고자 한 신라 왕의 노력에 기인된 것이었다. 그러나 모든 일을 완비하기에는 시간이 기다려 주지 않았다. 전쟁이 끝난 지 겨우 5년 뒤, 문무왕도 눈을 감는다. 우연치 않게도 김유신이 죽은 날과 같은 7월 1일이었다. 물과 물고기 같았다는 두 사람은 이렇게 같은 날짜에 죽음을 맞이한다.

가깝게는 아버지인 태종무열왕의 유지를 멀게는 진흥왕 시절부터 시작한 신라의 영토 확장을 마무리한 문무왕은 다음과 같은 유언을 남겼다.

옛날 만사를 아우르던 영웅도 끝내는 한 무더기 흙더미가 되고 말아, 꼴 베고 소먹이는 아이들이 그 위에서 노래하고 여우와 토끼가 그 옆에 굴을 팔 것이니, 분묘를 치장하는 것은 한갓 재물만 허비하고 사책에 비방만 남길 것이다. 가만히 생각하면 마음이 쓰리고 아픈 것을 금치 못하겠으되 이와 같은 것들은 내가 즐겨하는 바가

　　　　　　　　　　　　　　　김유신 말의 목을 베다

아니다. 임종 뒤 열흘이 되면 바로 왕궁의 고문 밖 뜰에서 서역의 법식에 따라 불로 태워 장사 지내고 상복을 입는 경중이야 본래 정해진 규례가 있을 터이나 장례 절차는 힘써 검약하게 하라.

문무왕은 그의 유언대로 화장돼 지금의 경주 동해바다에 위치한 문무대왕릉에 매장됐다. 일반적인 무덤과 달리 바다 위 올라와 있는 자연석 아래의 무덤은 누구나 가질 수 없는 안식처이기도 했다. 삼국을 통일한 큰 공을 세운 왕인 만큼 오히려 이런 능이 그와 어울린다고 느껴진다. 이후 통일신라시대에 이르러 문무왕은 김유신과 더불어 신라인에게 최고로 존경받는 인물로 추앙받는다.

사냥이 끝난 사냥개들

토사구팽兎死拘烹이라는 말이 있다. 춘추시대 월나라 구천왕이 오나라를 멸망시키고 춘추오패에 오른다. 그는 가장 큰 공을 세운 범려에게 상장군의 자리를 줬다. 그런데 범려는 구천왕과는 고난은 함께할 수 있어도 영화는 함께 누릴 수 없다며 월나라를 빠져나와 제나라로 들어가 은거 생활을 한다. 범려는 같은 시기 구천에 의해 승상에 오른 문종에게 편지를 보낸다.

새 사냥이 끝나면 좋은 활은 감춰지고 토끼를 잡고 나면 사냥개를 삶아 먹는다고 한다. 자네도 나처럼 월나라를 피해 은거 생활을 하게.

그러나 문종은 월나라를 떠나지 않았다. 국가 2인자 자리인 승상이라는 직위를 버리기란 마음처럼 쉬운 일이 아니었다. 얼마 뒤 구천은 문종이 반란을 꾀한다고 의심해 자결을 명한다. 범려의 말대로 토사구팽을 당한 것이다.

이와 유사한 일은 역사에서 많이 등장한다. 권력은 둘로 나눌 수가 없는 것이기 때문이다. 다만 흥미롭게도 당과의 전쟁이 마무리된 이후 문무왕이 공신들을 직접적으로 핍박했다는 내용은 기록에 등장하지 않는다. 아무래도 친왕세력의 기반이자 그동안 전쟁에서 함께한 전우 같은 이들이기에 함부로 대하지 않았던 것 같다. 또한 신료들도 문무왕의 카리스마에 눌려 그가 살아 있는 동안은 그 누구도 함부로 행동하지 못했다. 문무왕은 김유신과 유사한 성격으로 자신에게 대항하는 자가 있으면 인내심을 가지고 참다가도 결국에는 뿌리까지 제거했다. 하지만 문무왕이 죽고 나자 곧바로 문제가 발생한다. 결국 가지가 많아지면 솎아낼 필요가 있다.

문무왕이 죽은 직후 김흠돌의 난이 발생한다. 김흠돌은 문무왕의 사돈이며 다음 왕인 신문왕의 장인이었다. 그러나 이것 외에는 김흠돌에 대한 구체적인 기록이 부족해 누구는 그가 신라 전통 귀족 출신이라는 주장을 하고 누구는 가야계 진골 귀족이라는 주장도 한다. 《삼국사기》에는 소판 김흠돌이 여러 귀족과 함께 반역을 꾀하다 처형당했다는 단순한 기사뿐이다. 난이 제압되자 김흠돌의 딸은 궁에서 쫓겨났다. 그러나 남은 기록은 단순해도 당시 신라 조

김유신 말의 목을 베다

정이 받은 충격은 상당했던 것으로 보인다.

이 일로 이찬 김군관金軍官이 연루돼 신문왕에게 아들과 함께 자진할 것을 명받는다. 김군관은 상당히 이름값이 있었던 자로 문무왕 초에는 남천주총관과 한산주도독을 지냈고 평양 공략전에서는 한성주행군총관을 지냈다. 이후 당과의 전투에서도 김문영과 더불어 군사를 지휘해 백제 지역의 열두 개 성을 빼앗는 공을 세웠다. 김문영은 이전에 계백의 5천 결사대로 인해 신라가 약속된 시간을 지키지 못하자 소정방이 본보기로 목을 베려고 했던 장수다. 당시 김유신에게 목숨을 빚진 만큼 김유신계열의 장군이었을 것이다. 이렇게 김군관은 왕실이 적극적으로 추진한 전투에 참가하며 공도 여럿 세웠고 김유신과 연결되는 장군들과도 사이가 나쁘지는 않았던 것으로 추정된다.

이후 문무왕 20년, 김군관은 김유신이 죽은 뒤 한동안 공석이었던 상대등에 취임한다. 이 자리는 김유신이 상대등에 있는 동안에는 왕권과 면밀히 결합해 운영됐으나 본래 귀족 연합체의 대표 조직으로 분위기에 따라 언제든지 왕권과 대립하는 기구로 바뀔 수 있었다. 물론 문무왕이 원하는 임무는 이전의 김유신처럼 귀족을 대표해 왕실을 보좌하는 일이었다. 당을 몰아낸 뒤 문무왕이 통치에 자신감을 가지고 상대등을 임명한 것이다. 김군관은 기대에 부흥해 병부령의 지위도 겸하게 됐다. 병부령은 병권을 담당하는 벼슬로 상당한 힘을 가지고 있었다. 경주 내 병권에 지대한 관심을 지녔던 문무왕이 이 같은 중요한 지위를 맡겼다는 것은 그만큼 그를 믿고 아꼈다는 의미다. 그러나 전성기의 김유신 만큼 탄탄대로를 가던 김군관에게 문제가 발생한다.

　난의 주역이었던 김흠돌은 신문왕의 장인으로 그 역시 대당총관을 오랜 기간 역임한 장군이었다. 대당총관을 하며 자신의 지휘를 따르는 경주 내 병력이 있었기에 반역을 꿈꿀 수 있었다. 그는 흥원, 진공 등과 반란을 기획했는데, 흥원과 진공도 각각 신라의 영토 확장에 공을 세웠던 인물이었다. 다만 구성원 중 흥원은 당과의 결전에서 후퇴해 문무왕에게 면직을 당한 경력이 있었으니 그와 어울린 김흠돌과 진공 등도 분명 이와 유사한 불만을 가졌던 것 같다. 권력층에서도 가장 높은 신분에 속한 인물이었던 이들은 김군관에게 왕에 대한 불만과 반란에 대한 연락을 취했던 것으로 보인다. 김군관은 병부령으로 신라 병권의 일부를 담당했기에 반란군의 규모를 키우기 위해서는 반드시 필요했던 인물이었다. 김군관은 왕과 귀족 사이에서 누구의 편을 들지 선택하지 못하다가 결국 난이 빠르게 제압된 뒤 김흠돌의 난을 미리 알고 있었다는 죄로 자진을 할 수밖에 없었다.

　하지만 여러모로 김군관은 난에 직접 참가한 것이 아닌 신문왕의 왕실 강화 정책에 의해 억울하게 희생된 인물로 여겨진다. 오랜 전쟁이 끝나자 신라 왕은 일반 귀족뿐만 아니라 군벌의 권력에 대해서도 걱정이 들었다. 문무왕 시절 각간이었던 인물 중 대부분이 죽거나 실권에서는 퇴장한 상황이니 왕 다음으로 가장 강한 권력을 가졌던 인물은 김군관이었다. 그는 2등 관등인 이찬에 위치했고 정벌전의 공과 경력도 상당한 데다가 나이도 아직 젊었으며 경주 내 병권도 일부 가지고 있었다. 거기다 귀족 연합체 대표직인 상

　　　　　　　　　　　　김유신 말의 목을 베다

대등을 역임한 경력을 가졌으니 언제든 마음을 먹으면 왕과 대립하는 세력으로 올라설 수도 있었다.

결국 왕과 가까운 인물 중 하나이자 장인이었던 김흠돌의 난 이후 신하를 좀처럼 믿을 수 없게 된 신문왕에게는 김군관이 자신의 권력을 위협하는 위험한 인물로 보일 수밖에 없었다. 왕의 권력에 가장 근접한 인물이었기 때문이다. 죽지와 김군관의 마지막 모습은 사냥이 끝난 사냥개의 운명을 그대로 보여준다. 죽지처럼 나이 든 화랑, 낭도 들과 술을 마시며 노는 행동을 취하며 낮은 자세를 보여주면 목숨이 유지되는 것이고 군관처럼 높은 지위를 얻고 권세를 유지하고자 한다면 죽을 수도 있는 것이 공신이었다. 특히 춘추시대의 범려야 왕이 무서우면 다른 나라로 떠나면 그만이었지만 신라 공신들은 자신들을 받아줄 특별한 곳도 없었으니 살아남기 위해서는 신라 내에서 눈치를 보며 몸을 낮추기 위해 부단히 노력할 수밖에 없었다.

김유신의 후손들

김유신은 신라 영토 확장에 있어 가장 많은 공을 세웠다. 그렇다면 누구보다 신라에 충성을 다했고 그만큼 공도 만만치 않았던 그의 후손들은 이후 어떤 삶을 살았을까?

김유신의 첫째 아들 삼광은 당 황제의 호의로 숙위를 지낸 뒤 신라로 돌아왔지만 이후의 자세한 행적은 기록이 남아 있지 않다.

다만 김흠돌의 난이 제압되자 새로운 왕비를 구하던 신문왕을 위해 왕실 종친으로 활약하는 모습이 기록에 남아 있기는 하다. 최종적으로는 이찬에 올랐다고 하나 중시나 상대등과 같은 중요 지위에는 오르지 못했으니 아버지 공으로 대우받고 지내는 한가한 귀족의 삶을 산 듯 보인다. 사실 역사에서 영웅의 자제치고 화려한 공을 보인 자가 드문데, 삼광 역시 어릴 적부터 당나라 장군직과 신라의 높은 관직 등을 받았지만 아버지의 커다란 그늘에 가려 자신의 능력으로는 이름을 크게 떨치지 못했다. 그러나 아버지가 남긴 식읍 중 경주 주변의 것들은 그가 가져갔을 테니 최소한 물질적으로는 여유로웠을 것이다.

둘째 아들 원술은 3등 관등인 소판까지 올랐다고 기록돼 있다. 남겨진 이야기를 보면 한동안 북방에서 새로운 일을 개척하며 지낸 것으로 추정된다. 그는 형인 삼광과는 달리 둘째인 관계로 자신만의 넓은 영지가 절실히 필요했을 것이다. 원술은 진주 김씨의 시조로도 알려져 있는데 만일 해당 족보 내용이 정확하다면 말년에 경상남도 지역으로 식읍이 옮겨진 뒤 그곳에서 일생을 마친 듯 보인다. 진주는 신라와 백제의 길목에 위치한 곳으로 신라에 편입된 것은 문무왕에 이르러서다. 원술이 왔을 때에는 아직 지방민 통치가 완전하지 않은 지역이었기에 그가 마지막까지 신라 영토 개척의 일선에서 살아갔음을 알 수 있다.

셋째인 원정은 최종적으로 파진찬의 관등을 얻었으며 서원술성을 쌓았다고 전해진다. 서원술성은 현재 충북 청주시에 위치한 상당산성으로 지금의 모습은 조선 시대에 새롭게 지어진 것이다. 다

김유신 말의 목을 베다

만 원정이 쌓은 성은 방어를 위한 개념으로 지어진 기존의 삼국시대 성과는 달리 행정, 군사 중심지 역할을 하기 위해 지어진 성이었다. 평화의 시기가 온 만큼 행정적인 임무를 가진 성이 필요했기 때문이다. 그 역시 가문과 관련 깊은 충청도 지역에서 활약했으니 김유신이 남긴 유산의 덕을 톡톡히 보고 있었다. 나머지 아들들은 장이, 원망 등이 있는데 대아찬까지 올랐다는 기록뿐이다.

김유신의 자식들이 성공적인 삶을 살 수 있었던 것은 아무래도 지소부인이 있었기에 가능한 일이었던 것 같다. 기록에 따르면 지소부인은 김유신이 죽은 뒤 승려가 됐다고 하나 속세와 인연을 완전히 끊지는 않았을 것이다. 김유신이 죽었지만 그녀의 권위는 여전히 상당했는데, 태종무열왕의 딸이자 문무왕의 여동생이고 태대각간 김유신의 부인이라는 명함은 당대 진골 여성 중 왕비를 제외하면 가장 높은 서열에 해당했다. 거기다 그녀는 무척이나 오래 살았는데, 성덕왕 11년 즉 712년에 부인夫人으로 봉해지고 해마다 곡식 천 석을 받았다는 기록이 남아 있다는 것으로 봐서 최소한 남편이 죽은 뒤로도 40년 이상을 더 산 것 같다.

그녀의 당당함은 다음의 일화를 통해서도 알 수 있다. 아버지 김유신이 죽은 뒤 원술이 어머니를 뵙기 청하자 자소부인은 다음과 같이 말한다.

"원술은 이미 선군先君에게 아들 노릇을 못 했는데, 내가 어찌 그의 어미가 될 수 있겠느냐?"

그리고 끝내 원술을 만나주지 않았다. 김유신이 죽었어도 지소부인이 집안을 엄격히 단속하니 가문의 가풍은 끊임없이 이어질 수밖에 없었다.

이처럼 김유신이 죽을 때 적자 자손들은 대부분 20대 언저리에 불과한 어린 나이였지만 지소부인이 자신의 당당한 핏줄과 김유신의 부인이라는 자부심을 잃지 않고 집안을 잘 다스렸기에 자식들도 큰 일탈 없이 훌륭한 인생을 살 수 있었다. 물론 왕실 최고 권위를 가진 그녀가 집안의 울타리가 돼 80살이 가깝도록 버텨준 것 또한 주위의 견제를 막을 수 있던 중요한 힘이 됐을 것이다. 김유신의 부인 역시 김유신 못지않은 능력자였다.

한편 김유신과 전쟁에도 함께 참가했던 서자 군승은 6두품 최고위직인 아찬까지 올랐다. 이를 보면 군승의 어머니는 진골 신분이 아닌 여인이었을 것이다. 신라에서는 결혼한 부부가 가진 두품 중 낮은 서열에 맞춰 자식의 두품이 정해졌다. 태종무열왕의 딸과 결혼한 원효의 자식인 설총이 6두품인 것도 이 때문이다. 군승은 아버지를 따라 오랜 기간 전장에 참가했지만 낮은 두품으로 가문의 적자는 될 수 없었다. 사실상 김유신의 큰아들일지라도 신분 질서가 확연하던 시대였기에 서열에서는 동생들보다 아래에 위치했을 테니 말이다. 그에 대한 상세한 기록은 남아 있지 않으나 아무래도 계속 군대에서 장교로 활약했을 듯하다. 그나마 군대는 신분보다는 능력을 우선하는 조직이니까.

김유신의 동생인 김흠순의 자손에 대한 기록으로는 김영윤金令胤이 남아 있다. 황산벌에서 계백의 5천 결사대와 싸워 장렬하게 전사한 반굴에게는 아들이 있었는데 그가 바로 김영윤이다. 그는 명문가에서 태어났고 할아버지와 아버지의 국가에 대한 충성심을 들

김유신 말의 목을 베다

으며 자라왔다. 목숨을 던져 국가를 위해 살아가는 것이 이 집안의 가훈이었던 듯하다. 결국 김영윤도 황산벌에서 전사한 아버지와 같은 길을 간다.

신문왕 시대에 황금서당黃衿誓幢의 보기감을 지내던 그는 고구려 유민이 신라를 상대로 반란을 일으키자 이를 제압하는 전투에 나서게 된다. 김영윤은 그곳에서 위세를 떨치는 적진을 보고 잠시 시간을 벌다가 제압하자는 신라 장군들에게 "싸움터에서는 전진이 있을 뿐 후퇴가 없다"고 하며 적진을 향해 달려가 싸우다 장렬히 전사하고 만다. 그는 떠날 때부터 "내가 이번 길에서 우리 가문과 벗들에게 좋지 못한 소문이 들리지 않도록 하겠다"고 했는데, 그 마음가짐처럼 목숨을 던져 국가에 보은을 한 것이었다. 왕은 이 소식을 듣고 눈물을 흘리며 슬퍼했다고 전해진다.

시대가 지나 김유신의 적손이라는 윤중允中이 등장한다. 적손이라는 명칭을 보아 적자인 삼광의 자손으로 보인다. 그는 한동안 대아찬의 지위에서 크게 주목받지 못한 인생을 살고 있었다. 《삼국사기》에는 이에 대한 일화가 남겨져 있다.

때마침 한가윗날에 왕이 월성 마루에 올라 달구경을 하면서 시종드는 관료들과 주연을 차려놓고 즐기다가 윤중을 불어오라 명한다. 이에 한 신하가 말하길

"지금 종실과 인척 가운데 어찌 좋은 사람이 없기에 유독 소원한 신하를 부르십니까? 그것이 어찌 친한 자를 친하게 대하는 것이라 하겠습니까?"

이에 왕은 다음과 같이 말한다.

"오늘날 과인과 경들이 평안해 무사한 것은 윤중의 할아버지 덕택이다. 만약 공의 말처럼 그 은혜를 잊고 저버린다면 착한 이를 착하게 대해 그 자손에게까지 미치게 하는 의리가 아닐 것이다."

마침내 윤중이 오자 가까운 자리에 앉히고, 이야기가 김유신의 평생에 이르렀다. 날이 저물어 물러나고자 하자 왕은 윤중에게 명마 한 필을 내려줬다. 신하들은 이런 모습에 서운해 했다.

이처럼 신라가 오랫동안 평화로운 시기를 맞이하면서 김유신 가문의 위엄도 점차 약화되기 시작했다. 그러다 때마침 김유신 가문에 새로운 기회가 찾아온다. 733년 김윤중은 아우 윤문允文과 함께 발해를 공격하는 장군으로 선발돼 북방 전쟁에 임한다. 시조 대조영이 신라 조정에서 겨우 대아찬의 관등을 사여 받은 만큼 본래 신라는 고구려의 유민이 세운 발해를 몇 단계 아래의 상대로 보고 있었다. 그런데 발해의 세력이 급속히 커지면서 어느덧 고구려 옛 영토 대부분을 장악하고 당과 신라에 적대적인 행동을 취하며 군사적인 도발도 서슴지 않는 나라로 성장한 것이다. 신라와 당은 공통된 적이 생기니 다시 연합할 수밖에 없었다.

이때 당나라가 직접 김유신의 손자 윤중을 선택하고 신라 조정에 그를 발해 정벌군 장군으로 삼으라 이르렀으니 보통 일은 아니었다. 아무래도 당 입장에서는 봉상정경평양군개국공奉常正卿平壤郡開國公이라는 작위를 받았던 김유신 가문이 상징적이긴 하나 신라 내에서 여전히 그 작위를 대대로 세습하고 있고 신라에서 당의 높은 작위를 세습하는 몇 안 되는 가문이었기에 특별한 관심을 두고 있었던 것 같다. 이를 볼 때 여전히 김유신 가문이 국내외적으로 신라를 대표하는 군벌 집안으로 유지됐음을 알 수 있다.

결국 윤중은 신라 왕의 발탁으로 소원한 인생에서 벗어나 2등 관등인 이찬과 수상의 지위인 중시까지 오른다. 당나라에서 김유신 가문의 권위를 인정해 준 데다가 발해와의 새로운 냉전을 통해 그는 약해지던 가문의 힘을 바로 세울 수 있게 된다. 또한 발해와의 전쟁이 끝난 뒤에 당 황제가 패강 이남의 땅을 신라에게 내려 주자 신라 왕의 명에 의해 이를 직접 조사하고 살펴본 경력도 가진다. 패강 이남은 대동강 아래로, 즉 평양이남 지역을 의미했다. 드디어 당이 고구려 남부 영토에 대한 주인이 신라라고 공식 인정한 것이다.

물론 당의 공식적인 인정이 성덕왕 34년(735년)에 이루어지긴 했으나 사실상 대동강이남 지역은 신라의 영향력 아래에서 운영됐다. 다만 여러 조건으로 인해 고구려 정벌전에 동원됐던 장군들의 자손들이 이 지역을 식읍과 유사한 형태로 간접 통치한 것으로 추정된다. 공식적인 병합 이전에는 당나라의 눈치가 보여 신라가 대놓고 이곳을 합법적인 영토처럼 지배하기란 불가능했다. 행정을 볼 정식 관료를 보낼 수가 없으니 이 지역을 관리하는 것은 삼국통일전쟁의 영웅 후손들이었다.

그렇다면 김유신의 적손이었던 윤중이 당의 황제에 의해 발해 정벌군 장군으로 선발되고 더 나아가 패강이남 지역을 조사하는 임무를 맡게 된 점도 단순히 당나라 작위가 있어서가 아니라 실제로 북방 지역에 대한 연고가 있었기 때문으로 볼 수 있다. 당시 전쟁을 보면 군사 파병과 이에 필요한 경비 등을 해당 지역에서 많은 부분 감수해야 했는데, 이런 일을 위해서는 그 지역과 연고가 있는 자와의 연결이 무엇보다 중요했다. 지역 민심을 통제하기 위해서 그보다 좋은 방법이 없기 때문이다.

지금까지 김유신 집안을 보면 김무력은 한강 유역을 김서현은 낙동강 유역을 김유신은 신라 최전선 총사령관을 지냈다. 언제나 그 시절에 주요 격전지를 관리하는 임무를 지녔음을 알 수 있다. 통일신라시대에 주요 접전 지역은 새로운 경쟁자로 떠오른 발해와 전통적 강국 당의 인근에 위치한 평양이었다. 그렇다면 이제껏 그래왔던 흐름처럼 패강 지역을 관리해 중앙 관직의 요직을 얻는 방식으로 김유신 가문이 운영됐던 것은 아니었을까? 이 같은 특성을 알았기에 당에서도 윤중을 발해 정벌 장군으로 선택했고 신라 정부에서도 패강진 지역 조사를 윤중에게 맡긴 것이다.

이처럼 남아 있는 단편적 사실들을 연결해보면 이전에 언급했던 고구려 점쟁이의 환생이 김유신이라는 추남설화도 결국 평양을 관리하던 김유신 가문과 깊은 연관이 있는 이야기라 추정할 수 있다. 추남설화는 김유신 가문이 평양 주변을 오랜 기간 관리하면서 그 지역 민중에 의해 만들어진 이야기였던 것이다.

하지만 신라가 공식적으로 평양 지역에 패강진을 설치하는 시기는 당이 공식 인정한 뒤로도 수십 년이 흐른 782년에 들어서다. 패강진이 설치되자 이곳은 신라 왕의 직할지로 운영됐다. 평야가 넓고 개척할 수 있는 공터가 많아 통일신라 후대에 패강진은 어떤 지

김유신 말의 목을 베다

역보다 경제적인 이점에서 각광받는다. 또한 신라, 당, 발해가 해상 육로로 연결되는 고리에 위치한 관계로 물류 중심지 역할도 톡톡히 했다. 신라 대부분의 쓸 만한 지역은 주인이 있거나 개발이 된 상황에서 군침을 흘릴만한 황금땅이었던 것이다. 그런데 신라 정부가 적극적으로 평양 주변을 통치하겠다며 패강진을 설치하기 직전 흥미로운 사건이 연속으로 벌어진다.

《삼국사기》에 따르면 혜공왕 5년 11월에 치악현의 쥐 8천 마리가 평양을 향해 갔다는 기사가 나오고 곧이어 혜공왕 6년, 즉 770년 8월에 파진찬 김융이 반역의 죄로 처형을 당한다. 《삼국유사》에는 이에 대한 의미심장한 전설이 등장한다.

779년 4월 혜공왕 시대에 김유신 무덤에서 회오리바람이 일어난다. 회오리바람 속에 어떤 사람 하나가 좋은 말을 타고 장군의 차림을 하고 있었다. 또한 병장기를 지닌 갑옷 차림의 병사 40여 명이 뒤를 따라오더니 죽현릉으로 들어갔다. 조금 있다가 왕릉 속에서 와자지껄하고 울음소리 같은 소리가 나는데 하소연하는 소리처럼 들렸다.

"제가 살아서는 정치를 돕고 환란을 구제하고 나라를 통일한 공로를 세웠으며 지금에는 혼백이 됐어도 나라를 수호하며 재앙을 물리치고 환란을 구제하고자 하는 마음이야 잠시라도 변함이 없거늘 지나간 경술년(770년)에 제 자손이 죄 없이 처형을 당했고 임금이나 신하들은 나의 공훈을 생각하지 않으니 저는 멀리 다른 곳으로 옮겨가서 다시는 나라를 위해 애써 근심하지 않겠으니 원컨대 왕은 허락하소서."

혜공왕은 이 말을 듣고 겁이 나서 김유신의 무덤에 사과하고
명복을 빌었다.

파진찬 김융이 죽고 몇 년 뒤 김유신 혼령이 등장해서 억울함
을 토로한다. 즉 신라 왕과 김유신 가문 사이에 큰 문제가 발생했
음을 알 수 있다. 당시 신라 왕은 김춘추의 자손이 이어가고 있었
으나 국력은 점차 하향 곡선을 그리고 있었다. 혜공왕이 왕위에 오
를 때 나이는 불과 8세였다. 이에 태후가 섭정을 했다고 하니, 사실
상 외척 가문이 정권을 좌지우지한 시대였다. 왕의 권위가 이처럼
무너지자 자연재해가 끊임없이 일어나고 고위직의 군사 반란이 끊
임없이 벌어졌다. 《삼국유사》에 96각간이 난을 일으켰다고 묘사했
을 정도다. 이런 분위기에서 김춘추와 족보가 다른 김양상과 김경
신 같은 진골은 어린 왕과 그를 옹립한 외척 세력과 대립해 자신들
의 사사로운 세력을 키워가기 시작했다.

이에 왕실은 군사, 정치적인 힘을 대립하는 귀족보다 우위에 있
기 위해서라도 경제적으로 큰 가치가 있는 평양이남 지역이 필요했
다. 혜공왕 5년의 쥐 8천 마리가 평양을 향해 갔다는 기사는 다름
아닌 백성 8천 명을 평양으로 이주시켰다는 의미다. 쥐가 출발했
다는 치악현은 현재의 원주를 의미하는데 이곳은 북원소경이 위치
한 곳으로 신라 왕의 직할지가 설치돼 있었다. 즉 왕의 통솔 아래
에 있는 백성이 평양으로 대거 이주한 것이다.

당연히 왕실의 이와 같은 행동은 이곳에 연고가 있던 김유신 가

　　　　　　　　　　　김유신 말의 목을 베다

문과 대립이 생길 수밖에 없었고 결국 첨예한 대립의 결과로 혜공왕에 의해 경주에 있던 김유신의 적자가 죽임을 당했다. 아무래도 이때쯤에는 신라 왕실과 김유신 가문 사이에 이전과 같은 긴밀한 동질감은 사라진 모양이다. 왕의 평양 지역 귀속은 김유신 가문을 시작으로 귀족 세력을 약화시키겠다는 목적도 가지고 있었다.

김융이 죽을 당시 4등 관등인 파진찬 지위를 지닌 것으로 봐서 가문의 적자가 됐지만 아직 경력이나 지위 면에서 완전한 힘을 발휘하지 못하는 단계였던 것 같다. 이것을 기회로 혜공왕과 왕실 세력가 들은 김융을 처단할 수 있었다. 다만 그 과정이 김유신 가문이 볼 때는 억울하다 여길만한 누명을 씌우고 이루어진 듯하다. 이에 경주뿐만 아니라 신라 곳곳에서 김유신과 관련한 여러 세력이 왕의 행동에 반발을 일으켰다.

이들에게는 삼국통일을 이룩한 영웅의 후손이자 당나라 황제에 의해 왕 다음가는 지위인 공에 봉해졌고 수 대에 걸쳐 신라 주요 가문으로 군림했던 김유신 가문의 어이없는 몰락이 큰 충격으로 다가왔다. 경주의 귀족은 왕이 김유신 가문을 표적으로 공격해 몰락시키는 과정을 보며 자신들에게도 이런 일이 닥칠까 두려워했다. 여론이 크게 악화되자 할 수 없이 왕은 영웅이었던 김유신 무덤에 대신을 보내 공식적으로 자신이 벌인 일에 대한 사죄를 표하며 이들의 불만을 잠시라도 잠재우고자 한다. 이러한 단편적 사실들이 후대에 이야기로 꾸며져 《삼국유사》 속 억울함을 토로하는 김유신으로 등장한 듯싶다.

그러나 김유신의 적자를 죽인 혜공왕도 결국 진골의 반란 속에서 처참한 죽음을 맞이한다. 이찬 김지정이 반란을 일으켜 갓 성인이 된 혜공왕과 왕비를 무참히 살해한 것이다. 대를 이어 함께하자는 약조를 김춘추 후손이 먼저 어기면서 김유신 혼백의 분노를 얻은 것일까? 이후 윤중의 서손이라는 김암金巖이 등장한다. 그는 한동안 패강진두상浿江鎭頭上의 임무를 맡았는데, 경주에서는 평양 지역 주민과 남아 있는 김유신 가문의 반발을 김암을 통해서 위무하고자 했다.

그러나 역사의 흐름을 거스를 수는 없었다. 얼마 지나지 않아 새롭게 신라 왕이 된 내물왕계 김양상은 직접 한산주에 순행해 민호를 대거 패강진으로 옮기는 것으로 평양 지역의 군벌 색채를 완전히 지우고자 했다. 아찬 체신體信이 대곡진 군주로 발탁돼 왕을 대신해 이 지역을 통치하게 된다. 김유신의 할아버지 김무력이 한강 유역에 신주 군주로 부임 받아 백제로부터 빼앗은 영토를 왕을 대신해서 지배한 것과 유사했다.

이후로 패강진은 신라 왕실의 통제 아래 운영된다. 김유신 가문의 이야기도 이 이상 상세히 전해져 오지 않는다. 고구려 멸망 이후 김유신에게 내린 당 황제의 조서가 5세손에 이르러 사라졌다는 《삼국사기》의 기록이 의미심장하게 느껴진다. 김무력의 신라 편입 이후 수 대에 이르며 2백여 년간 신라의 대들보 역할을 하던 김유신 가문은 이렇게 역사의 뒤안길로 물러났다.

김유신 말의 목을 베다

추억

한 시대를 풍미한 영웅에 대한 기억은 동시대를 넘어 후대에도 그 기억의 단편이 전달된다. 그리고 그 단편적 이야기가 결합해 거대한 전설로 연결되니, 《삼국유사》에는 만파식적이라는 유명한 일화가 등장한다.

때는 신문왕이 왕위에 오른 다음 해인 682년 5월, 동해에 작은 산이 감은사로 떠내려와 파도를 따라 움직이고 있다는 소식이 전해진다. 산세는 마치 거북이 머리처럼 생겼고 그 위에는 대나무 한 그루가 있었는데, 낮에는 둘이 되고 밤에는 하나로 합쳐진다고 했다.

이에 흥미를 느낀 왕이 감은사에 묵으며 작은 산을 구경하고자 하자 바람이 그치고 파도가 잔잔해졌다. 왕이 배를 타고 산으로 가니 한 마리의 용이 검은 옥대를 가져다 바쳤다. 왕은 용을 영접하며 함께 자리에 앉았다.

"이 산과 대나무가 갈라졌다 합쳐졌다 하는 것은 무슨 까닭입니까?"

왕이 묻자 용이 대답한다.

"한 손으로 치면 소리가 나지 않고 두 손으로 치면 소리가 나는 것과 같은 이치입니다. 이 대나무는 본시 합쳐진 뒤에야 소리가 나도록 돼 있습니다. 이것은 훌륭하신 대왕께서 소리로써 천하를 다스릴 상서로운 징조입니다. 대왕은 이 나무를 가져가시어 피리를 만들어 불어보십시오. 그러면 천하가 평안해질 것입니다. 지금

왕의 돌아가신 아버님께서는 바다의 큰 용이 되셨고 유신 장군은 천신이 됐습니다. 두 성인께서 마음을 같이해 값으로 따질 수 없는 큰 보물을 내려 저에게 바치도록 한 것입니다."

왕은 기뻐하며 궁궐로 돌아와 그 대나무로 피리를 만들어 월성의 천존고에 보관했는데 이 피리를 불면 적군이 물러나고 병이 낫고 가물 때에는 비가 내리고 장마 때에는 비가 그치고 바람이 멈추고 파도가 잠잠해졌다. 그리하여 그 피리를 만파식적이라 부르고 국보로 삼았다고 전한다.

신문왕은 왕위에 오르자마자 장인인 김흠돌의 난으로 인해 큰 분열을 경험했다. 그런데 《삼국유사》의 기록에 따르면 그 다음해 만파식적이라 불리는 보물이 등장한다. 이 피리는 나라의 모든 근심을 사라지게 하는데, 용의 말에 의하면 문무왕과 김유신이 함께 내려준 선물이란다. 결국 이 설화는 신문왕 초기의 정치적 불안을 문무왕의 대통과 김유신 가문의 지원으로 진정시켰다는 사실을 이야기하는 것이다. 또한 이야기 속 김유신은 신라의 왕실을 지키는 천신으로 묘사됐다.

흥미로운 사실은 통일신라시대에 만들어진 종의 종정부에 실제로 용과 피리 형태의 원통이 함께 조각돼 있다는 점이다. 이는 종을 매달기 위한 고리로 만들어진 조각이나 만파식적의 설화와 연관해보면 신라 사람들이 김유신과 문무왕의 업적을 종의 머리 부분에 새긴 것으로도 볼 수 있겠다. 신문왕은 귀족의 반란을 진압한 뒤 용과 피리 모양의 장식을 한 큰 종을 만들고 이를 절에 안치

김유신 말의 목을 베다

시켜 왕실의 평안을 기원하며 위엄을 세우고자 했던 것 같다. 이러한 이야기가 후대에 만파식적이라는 전설로 전해진 것이다.

　김유신은 이처럼 왕실과 경주 시민 들에게 단순히 여러 전장에서 승리를 얻었던 유명한 장군이 아닌 구국의 영웅이자 김춘추 왕계를 지켜주는 신화적인 인물로서 인식됐다. 이후로도 만파식적 설화는 신라의 위기 때마다 등장해 나라를 구한다. 그러나 이 설화도 8세기 후반을 배경으로 한 만파식적 이야기를 마지막으로 더 이상 구체적인 일화가 전해지지 않는다. 우연치 않게 김춘추 왕계가 끊어지고 김유신 가문이 무너진 때와 일치한다. 두 손으로 소리가 쳐지지 않는 시대가 열린 것이다.

　직계 가문의 소식은 사라졌지만 김유신에 관한 이야기는 그 뒤로 계속 등장한다. 신라 42대 흥덕왕은 김유신을 아예 왕으로 추존한다. 이로써 김유신은 신라가 끝나기 전까지 흥무대왕興武大王이라 불린다. 어느덧 김유신에 대한 존경심과 그가 끼치는 영향력이 경주뿐만 아니라 지방까지 널리 퍼져 있었다. 흥덕왕은 김유신을 왕으로 봉해 혼란한 민심을 수습하고자 했다. 전국에서 그를 추모하니 가능한 일이었다.

　이처럼 시일이 지나면서 김유신의 성공은 단순히 일개 개인의 성공이 아니라 삼국통일시대, 작게는 가야계의 크게는 신라의 성공을 대변했다. 거기다 죽음으로 이어진 당과의 결전을 통해 중국으로부터 삼한을 지켜냈다는 이미지까지 겹쳐지면서 김유신에 대한 인식은 한반도를 지킨 영웅으로 격상했다.

　재미있는 설화가 하나 더 있다. 신문왕 시절 당 황제가 태종무열왕의 묘호 개칭을 요구한 적이 있었다. 당 황제였던 태종 이세민과 김춘추의 태종무열왕이 겹친다는 이유였다. 이때 신문왕은 김춘추가 김유신을 얻어서 삼한을 통일한 공이 있으니 우리도 태종이라 부른다고 당에게 당당히 알렸는데, 황제는 그 글을 보고 뜻밖의 일을 생각해 낸다.

그가 태자인 시절 하늘에서 외치는 소리를 들은 적이 있었는데, "33천의 한 사람이 신라에 태어나서 김유신이 됐다"라는 외침이었다. 이에 그 소리를 그대로 기록을 해두고 있었다. 황제는 태자 시절 이 기록을 꺼내 보고 놀라면서 신라의 태종 칭호를 인정하기로 한다.

이 설화에 따르면 당 황제가 김유신의 이름에 놀라 태종의 묘호를 인정했다는 것인데, 이 이야기는 당나라 황제의 요구를 과감히 거절했던 신문왕의 자존감 가득한 태도를 민간에서 천신이 돼서 왕실을 지켜주던 김유신이 왕을 도와 이루어진 일이라 여겨 만들어진 것 같다. 당과의 결전을 통해 구성된 김유신의 이미지는 당 황제마저도 그를 두려워한다는 민간 신화를 만들어 냈다. 김유신에 대한 무한한 존경심이 표현된 것이다.

세월이 지나 신라가 멸망하고 고려를 지나 조선이 됐지만 김유신은 여전히 삼국시대를 대표하는 가장 큰 영웅으로 인정받았다. 이는 후대 역사관에서도 김유신이 위인으로 부합될 만한 인간상이었기에 가능한 일이었다. 신라에 유교적 기반을 대규모로 도입할

김유신 말의 목을 베다

당시 김유신은 김춘추를 도와 정치적 변화를 앞장서 이끌었으며 군부를 장악한 힘을 가지고 있었음에도 왕에게 절대적인 충성을 보이며 동시대 연개소문과는 다른 유교적 질서에 합당한 신하 상을 보여줬다. 고려, 조선으로 이어지는 한반도 역사에서 유교 질서가 끼친 영향이 상당했음을 볼 때 연개소문과 달리 김유신의 삶에 대한 해석이 호의적으로 나올 수밖에 없었음을 충분히 이해할 수 있다.

특히 고려는 후삼국 통일 이후 북방 세력과 끊임없는 대치 속에서 영토를 북으로 확장하는 정책을 펼쳤는데, 이 같은 노력이 조선까지 이어지며 한반도 영역은 압록강, 두만강에 이를 수 있게 된다. 과거 역사에서 자신들이 처한 상황과 비슷한 경우를 찾던 고려인은 김유신을 특히 주목했다. 그는 삼국통일의 위업을 달성했고 중국 세력과 결전을 통해 한반도 영토를 확장한 영웅이자 한반도를 중국과 구별되는 독자성 있는 지역으로 만드는 데 지대한 영향을 끼친 인물이었다. 고려시대 만들어진《삼국사기》와《삼국유사》에서 김유신을 유별나게 당과 대립한 인물로 그린 이유도 이 때문이다.

고려시대 김유신의 열풍은 꼴을 베고 소치는 아이도 김유신의 이름을 안다는《삼국사기》의 기록과 17만 대군을 이끌고 여진족과 결전을 펼쳐 동북 9성을 개척한 윤관尹瓘마저 공공연히 김유신을 흠모하고 존경함을 표현했다는 일화를 통해서 쉽게 알 수 있다. 마치 조선시대 이순신 장군이 일본과의 전쟁에 승리한 공을 현재 대한민국에서 남녀노소 모두가 칭송하는 것과 유사하다. 현시대의 한반도 사람들에게는 근래 역사적인 굴욕을 준 일본을 이기는 것이 중대한 목표 중 하나다. 이에 조선시대 반일 영웅인 이순신이 떠오르게 된 것이다. 고려인들 역시 대륙 세력과의 끊임없는 대립 속에서 김유신을 통해 자신들이 원하는 영웅 이미지를 만들었다.

만파식적 이야기 그리고 흥무대왕 추존과 당 황제와 관련한 김유신 설화 등이 지금까지 고스란히 남아 이어지는 것도 김유신이 단순히 한때 신라를 지배한 권력자에다 여러 전투를 승리한 무장이어서가 아니라 후대 한반도 사람이 공감할 만한 배경을 지닌 위인이었기에 가능한 일이었다.

이렇게 천년을 넘게 이어져온 김유신에 대한 추억은 현대의 사람들에게도 여전히 이어지고 있다. 한국인이면 누구나 김유신이 말의 목을 벤 일화를 알며 김춘추와의 우정을 기억한다. 뿐만 아니라 황산벌 전투의 치열함이 어땠는지도 바로 어제 일어난 일처럼 이야기할 수 있고 어린 원술이 가훈을 어겼다고 집에서 쫓겨난 일도 바로 옆집에서 일어난 일처럼 잘 알고 있다. 21세기가 됐다지만 김유신은 여전히 사람들의 기억 속에 살아 있는 것이다. 그의 삶은 한반도 사람들에게 여전히 가치 있는 기억으로 남아 있는 듯하다.

우리 시대 속 신라와 김유신

2020년대에 들어오면서 '한국=선진국'이라는 이미지가 국내외적으로 확고히 자리잡는다. 경제, 문화, 국방력, 1인당 국민 소득, 삶의 질, 민주주의, 선진적 국가 시스템 등 여러 분야가 골고루 발전

김유신 말의 목을 베다

하면서 세계 정상급 국가와 경쟁이 가능해진 결과다. 그래서인지 몰라도 기존의 패배주의적 역사관도 점차 엷어지고 있다. 역사 전 공자뿐만 아니라 역사에 관심이 많은 대중까지 점차 객관적 사실 을 기반으로 역사를 해석하고 있다. 우리가 만든 현재의 결과물에 자신이 생기니 보이는 모습이라 여겨진다.

사실 조선시대 후반, 세계사의 빠른 움직임을 제대로 읽지 못 하고 근대화의 조류에서 급속도로 밀리면서 일본의 식민지가 돼 버린 패배의 역사는 우리에게 큰 충격으로 남았다. 이에 반대급부 로 강했던 역사를 찾게 되면서 고대 국가에 대한 향수가 생겨났 고 기존 역사에 상상력이 더해지면서 일부는 실제보다 과장된 제 국의 이미지를 만들어 내기도 했다. 그 과정 속에서 신라는 오히 려 저평가를 받게 되는데, 그러한 생각이 여전히 국내에 다분히 남아 있다.

하지만 신라는 한반도 기반의 국가가 승리를 이룩한 역사 중 중요한 예로 앞으로 한국이 더 큰 성공을 얻기 위해서는 고구려, 백제보다 더 배울 것이 많은 나라라 생각된다. 신라는 백제, 고구 려 등과 경쟁했으나 출발은 이들 중 가장 약한 세력에 불과했다. 하지만 차례차례 이기고 올라가 당나라와의 대결에서도 승리를 거둔다.

물론 중국과의 전쟁에서 승리는 거둔 나라는 고구려도 있다. 수 나라 113만 대군, 그리고 중국 역사상 최고의 황제라 불리는 당 태종 이세민과 싸워 이긴 고구려의 역사는 지금 봐도 짜릿한 성과 이며 큰 감동을 준다. 하지만 고구려는 그 승리의 여운을 오래 이어가지 못했다. 물자가 풍부한 중국과의 대립이 계속되면서 힘이 크게 소비돼 끝내 내부에서부터 무너지고 말았기 때문이다. 반면 신라는 당나라와의 전쟁에서 승리한 직후 한동안 냉랭한 관계를 유지하기도 했으나 결국 적극적 외교를 바탕으로 화해를 이룩하면서 당나라에서도 신라를 중요한 파트너로 인식하게 만든다. 당나라는 신라를 외교상 중요한 나라이자 동맹국으로 인정했고 다양한 인적, 물적 교류를 이어갔다. 그 결과 통일신라는 뛰어난 문화를 선보이게 된다. 지속된 평화 속에서 이어진 고급 문화의 교류가 만들어 낸 성과였다.

그렇다고 신라가 중국에 문화, 외교적으로 의존만 한 것은 아니었다. 김유신을 보면 알 수 있듯 자국의 이익이 걸린 문제에서는 결코 양보하지 않았으며 시간이 걸리더라도 포기하지 않고 인내심을 가지고 하나씩 이익을 얻어갔다. 또한 삼한일통사상, 원효의 불교 사상, 설총의 이두문자, 삼층석탑 등은 신라의 독자적 문화 수준도 상당했음을 보여준다. 중국에서 필요한 부분을 받아와 우리 식으로 해석하고 응용하는 형태로 발전했던 것이다. 그리고 신라 형식으로 재해석된 고급 문화는 일부 중국과 일본 등으로도 전해지면서 문화 전파자 역할도 톡톡히 한다.

이러한 신라의 모습에서 오늘날의 한국이 떠오른 것은 왜일까? 한국은 일제 강점기 식민지 시절과 6.25 전쟁을 경험하면서 미래가 보이지 않는 가난한 시절을 겪은 적이 있다. 뿐만 아니라 주변 국가가 북한, 중국, 일본, 러시아, 미국 등이라 하나 같이 만만치 않은 상대다. 하지만 꾸준한 경제 성장과 민주주의 역량 강화로 이제

김유신 말의 목을 베다

는 꽤나 강한 나라로 올라서게 됐다. 물론 여전히 인구, 경제 규모 등의 격차로 주변 국가 중 확고한 우세를 점칠 수 있는 곳은 없지만 대신 적극적 외교를 바탕으로 부족한 부분을 채우고 있다. 세계 최강국인 미국과 동맹을 유지하면서 중국, 일본, 러시아 등과의 다자 외교를 통해 국가의 이익을 얻는 것이다. 또한 미국에서 받아들인 문화를 재해석해 만든 K-pop, 드라마, 영화, 민주주의 시스템 등을 여러 국가로 수출하는 문화 강대국이 된 것도 과거 신라의 모습과 유사하다.

그렇다면 복잡한 국제 질서 안에서 어렵게 얻은 한국의 발언권과 힘을 오래 유지하기 위해서는 신라의 무엇을 배워야 할까?

결국 삼국통일시기 신라인이 보여준 현실 감각이 중요하다고 생각된다. 김유신을 비롯해서 태종무열왕, 문무왕, 김인문, 김흠순 등은 필요하다면 사회적으로 악당 역할마저 자처하며 자신의 임무를 완수해냈다. 이는 비판이나 비난을 두려워해서는 할 수 없는 행동이기도 하다. 그리고 이렇게 모인 힘을 한 팀으로 구성하면서 승리한 역사를 만들 수 있었던 것이다. 지도자가 솔선수범하며 책임감을 가지고 행동하자 민중 전체가 통합해 움직였던 신라처럼 현재의 한국도 마찬가지다. 작은 나라가 큰 나라로 대접받으려면 지도자의 현실 감각과 책임감이 중요하며 이를 통해 국민 전체의 수준과 행동력이 타 국가에 비해 효율적으로 높아질 때 가능하다.

이 책을 통해 신라의 승리한 역사를 이해하고 더 나아가 현재 한국이 나가야 할 방향을 진지하게 고민해 보는 계기가 됐으면 좋겠다.

참고 문헌

《삼국사기》

《삼국유사》

《일본서기》

《신라의 북방영토와 김유신》, 강경주, 학연문화사, 2007

《삼국통일전쟁사》, 노태돈, 서울대학교출판부, 2009

《신라병제사연구》, 이문기, 일조각, 1997

《신라사회사연구》, 이기동, 일조각, 1997

《신라의 정치구조와 신분편제》, 서의식, 혜안, 2010

《백제부흥운동사》, 노중국, 일조각, 2003

《백제 산성의 이해》, 심정보, 주류성, 2009

《고구려사 연구》, 노태돈, 사계절, 1999

《삼국통일의 정치학》, 구대열, 까치, 2010

〈660년 대백제전에서 발생한 소정방과 김유신의 갈등 사건〉, 남정호, 《역사와 경계》, 2018

〈662년 김유신의 군량 수송작전〉, 이상훈, 《국방연구》, 2012

〈김유신 관련 사료를 통해 본 시기별 인식〉, 박찬흥, 《동양고전연구》, 2018